KB271096

권력과 지식인

해방정국에서 정치적 지식인의 참여논리

권력과 지식인

해방정국에서 정치적 지식인의 참여논리

진 덕 규

· 연세대학교 정외과 졸업
· 연세대학원 석사, 박사
· 현재
　대한민국학술원 회원
　이화여대 이화학술원 석좌교수

권력과 지식인—해방정국에서 정치적 지식인의 참여논리

초판 제1쇄 인쇄 2011. 9. 10.
초판 제1쇄 발행 2011. 9. 15.

지은이　진 덕 규
펴낸이　김 경 희

경　영　강 숙 자
편　집　최 윤 정
영　업　문 영 준
관　리　강 신 규
경　리　김 양 헌
펴낸곳　(주)지식산업사
　　　　본사 ● 413-832, 경기도 파주시 교하읍 문발리 520-12
　　　　　전화 (031) 955-4226~7 팩스 (031)955-4228
　　　　서울사무소 ● 110-040, 서울시 종로구 통의동 35-18
　　　　　전화 (02)734-1978 팩스 (02)720-7900
　　　　한글문패 지식산업사
　　　　영문문패 www.jisik.co.kr
　　　　전자우편 jsp@jisik.co.kr
　　　　등록번호 1-363
　　　　등록날짜 1969. 5. 8.

책값은 뒤표지에 있습니다.

이 책을 읽고 저자에게 문의하고자 하는 이는
지식산업사 전자우편으로 연락바랍니다.

이화학술원
지성사총서 **6**

권력과 지식인

해방정국에서 정치적 지식인의 참여논리

진덕규

지식산업사

차 례

제1장 서 설 : 지식인, 민족주의 그리고 삼균과 민세　　9

　1. 그 시절을 떠올리면　　10

　2. 삼균과 민세를 알기까지는　　14

　3. 삼균과 민세의 민족주의　　17

　4. 오용된 민족주의의 상혼　　23

제2장 정치적 지식인과 권력정치　　29

　1. 지식인의 정치참여　　30

　2. 정치적 지식인의 귀결　　35

　3. 지식상품의 유통망　　41

　4. '만들어진 지식인' 의 한계　　48

　5. 정치적 지식인의 인식 관점　　56

제3장 근대적 지식인과 정치적 지식인　　65

　1. 전통적 지식인의 종교적 기반　　66

　2. 전통적 지식인의 성리학적 사유체계　　78

　3. 근대성과 개화파 지식인의 등장　　84

　4. 식민지 통치기의 근대적 지식인　　100

제4장 1945년 8월의 정치와 정치세력　　111

　1. 해방과 '식민지적' 한국 사회　　112

　2. 건국준비위원회의 조직과 활동　　123

　3. 소극(笑劇)으로서의 '조선인민공화국'　　130

　4. 한국민주당과 우파세력의 대응　　143

　5. '해방을 소진'시킨 사람들　　158

제5장 해방정국의 정치이념과 지식인의 선택　　165

　1. 해방과 정치적 지식인의 선택　　166

　2. 해방정국에서 지식인의 계보　　180

　3. '8월 테제'와 급진 좌파의 논리　　185

　4. 우파 지식인의 정치적 주장　　197

　5. 허구적 논리와 민족주의에 대한 반역　　211

제6장 국민국가의 실종과 식민주의적 분단체제　　217

　1. 국민국가를 위한 지식인의 선택　　218

　2. 미소 점령군의 군정체제와 반탁운동　　223

　3. 미소공동위원회, 민주의원, 민주주의 민족전선　　236

    4. 좌우합작운동과 단정론의 귀착　　253

    5. 대한민국 정부수립으로 지향　　265

제7장 민족주의의 실종과 민족 지식인의 좌절　　275

    1. 지식인과 민족주의　　276

    2. 한국 민족주의의 사상사적 기반　　285

    3. 민족주의론의 전개와 노선의 분열　　295

    4. 삼균주의의 민족주의적 지향　　310

    5. 신민족주의론과 신민주주의론　　320

    6. 민족주의의 퇴각과 민족주의자의 좌절　　328

제8장 지식인의 편 가르기와 정치담론의 전승　　333

    1. 좌우파 문인들의 편 가르기　　334

    2. 좌우의 이념 대결과 지식시장의 경쟁　　346

    3. 정치담론에서 '이념 이탈'의 사례　　354

    4. 지식시장에서 정치담론의 전승　　361

제9장 결 론 : 정치적 지식인을 위하여　367

　1. 관직출사의 비극적 운명　368

　2. 산림처사와 정치적 지식인　373

　3. 정치적 지식인의 한계와 극복　379

　4. 시민정치를 위한 지식인의 관점　385

　5. 지식인의 정치적 과제　391

　6. 지식사회의 정상성을 위하여　397

후 기　403

참고문헌　416

찾아보기　422

제1장 서 설

지식인, 민족주의
그리고 삼균과 민세

1
그 시절을 떠올리면

한국 지성사 100년을 생각하면 마음이 무겁다. 오늘의 관점에서 예사로 그때의 지식인들을 이야기하고 평가하지만, 그러기에는 헤아릴 수 없는 아픔 속에 살았던 그분들의 고난의 세월이 가슴에 통증을 안겨 주기 때문이다.

지식인은 두 가지 사실에서 벗어나기 힘들다. 하나는 시대의 구속성이고, 다른 하나는 사회적 제약이다. 이 두 가지 구속에서 벗어날 수 없음은, 비단 지식인만이 아닌 그들과 함께 시대를 살았던 모두가 다 그렇겠지만, 유독 지식인들은 더한층 심한 고통에 놓였을 것이고 여기에서 벗어나기 위해 몸부림쳤을 것이다.

실로 지난 100년의 한국 역사, 그 가운데 본격적인 외세 침탈로 일본의 국권 침탈이 자행되었던 시절인 1880년대 후반부터 1900년대 초기에 이들은 태어났고 성장했다. 그 뒤 일본 식민지 통치기에 활동했던 이들을 생각하면 마음이 무겁고 가슴도 답답해진다. 그 시절, 고달팠을 그들의 일상이 떠오르고 그들이 겪은 고통을 생각하면 말문부터 막힌다. 전통과 새 문명의 교체기였던 시절에 그들이 받은 정신적인 충격도 그러하거니와 지적인 고통도 말할 수 없었을 것이다. 충군사상과 성리학적 가치관으로는 더 이상 새 문명에 맞설 수 없었기에 신학문을 익히는 데 온 힘을 쏟았을 것이다. 향촌의 서숙과 성균관에서 배웠던 것을 뛰어넘어 새로 유입된 서구사상, 곧 신학문을 학습해야 했고, 여기에서 새 문명의 논리도 알게 되었으며 그것에 의해 왕조도 바꿔야 했고 세상도 변혁시켜야 했다. 그러나 그것은 실패할 수밖에 없었다. 제국주의 주도의 국제정치사의 흐름 속으로 휩쓸렸기 때문이다.

또한 이들보다 10~20세 정도의 연하였던, 구체적으로 1890년대에서 1900년대 사이에 태어나 황실장학생으로 선발되어 일본으로 유학, 그곳에서 세상의 변화를 목도하면서 신학문을 수학했던 이들의 일생도 앞 세대와 별 차이가 없었다. 이들에게도 고통의 세월이 예비되었기 때문이다. 이들 모두가 왕조의 붕괴와 조국의 식민지화에 목 놓아 울었을 그 통한이 가슴에 저려오는 것만 같다. 신학문을 배웠지만 그것을 펼칠 조국은 이미 일본 식민지로 전락되었기에 그들이 나아가야 할 길은 신산한 험로였다. 일본을 이 땅에서 물리치고 총독부를 무너뜨린 뒤 국권회복을 다짐하는 충의의 길은 오직 투쟁에 앞장서는 자기희생뿐이었다.

앞에서 말했던 최초의 망국 세대나 그 뒤의 일본유학생들도 조국광복의 충의로 일신을 내던졌으며, 개인적으로 자기 가정을 돌볼 수 없는 험로를 걸어갔다. 새 학문을 접하게 된 그 시절의 지식인으로 망국의 유한을 안고 고토 회복을 위해 해외로 망명, 그곳에서 조국광복을 위해 피를 흘렸음은 어떤 말로도 서술할 수 없는 통분을 안겨 줄 뿐이다.

국권을 일본에 팔아 일신이나 일문의 부귀에 눈이 멀었던 을사5적 등 매국노나, 일본의 핍박에 왕조의 문을 닫았던 군왕도 더이상 조국의 군왕일 수는 없었다. 국토가 망했고 백성이 노예로 전락되었는데도 여기에 맞서서 무력투쟁조차 펼치지 못했던 용렬한 왕실이라 해도, 변명할 말이 없을 것이다. 그래도 왕실은 침략자로부터 그 나름의 예우를 받기도 했지만 민초들은 노예로 전락했다. 그러니 더 이상 복벽의 논리가 통할 리 없고, 앞으로 모두가 이룩해야 할 나라를 공화제로 선포했음은 잘한 일이었다.

만주며, 중국, 노령, 미주에서 국권회복을 위한 민족투쟁에 앞장섰던 이들의 고통은 극심했으며, 특히 이들을 위해 외지에서 고생했던 교민들이 돈을 모아 군자금이며 독립운동의 자금으로 지원했음도 가슴 벅찬 일이었다. 이들 교민들의 마음에는 언제나 고국은 살아 있었고, 그것도 당당한 모국에 대한 기림이 자리 잡고 있었다.

이 세상 사람들은 그 시절이나 지금이나 고통보다 즐거움을, 고생보다는 편안함을, 슬픔보다 기쁨을 찾았다. 부모 슬하에 귀하게 자라서 좋은 스승을 만나 만권의 서책도 독파하고 벼슬길에 올라 큰 뜻을 펴면서 일문 일가의 번성을 누리고, 자식을 잘 가르치고 어버이를 봉양하면서 일세의 대학자나 고관으로 명예를 누리는 것이야말로 모두가 바라는 희망이었을 것이다. 이 시절 지식인들도 그렇게 할 수 있었는데도 이를 버리고 독립운동으로, 그것도 풍찬노숙의 고통 속에서 오직 조국광복의 대의만을 추구했다. 이것이야말로 민족을 섬기는 매서운 혈기와 민초들을 지키려는 뜨거운 열정이었다.

조국을 다시 찾는 길은 무력투쟁이나 올바른 민중 교육으로, 때로는 세계만방에 민족의 억울함을 알려서 도움을 구하는 등, 이 방법 저 수단이 강구될 수 있었다. 이들은 투쟁으로 일신의 고통은 말할 것도 없었고 일문 일가의 적멸이라는 비극도 겪어야 했다. 이들 가운데는 광복된 조국을 바라보지 못한 채 이역만리에서 눈감았거나, 외적의 뇌옥에서 살해되었고, 국내외의 감옥살이 등 온갖 고통을 감내했음은 필설로 설명될 수 없는 큰 아픔이었다.

이 어른들의 순절과 충절이 영글어져 이룩된 것이 조국광복이었다. 일본 총독부의 강압적 통치가 온 땅을 뇌옥으로 만들었고, 총독부 침탈자들의 억압이 악랄했을 때 여기에 아첨했던 친일파의 추태가 이 땅을 죽음의 동토로 전락시켰다. 그래도 이 땅에는 새싹은 돋아났고, 꽃도 피었으며 열매를 맺었다. 그리하여 고도 산업화며 민주화도 이룩했고 정의, 평화, 복지도 이야기할 수 있음은 이들의 희생과 기원의 바탕에서 비롯된 것이다.

그런데도 사람들이 예사로 그 시절을 조국광복의 역사라는 말로 간단히 말하면서, 민족투쟁에서 이들이 흘렸던 피를 그저 독립운동가라는 말로 이야기하고 있음은 왠지 송구스럽다는 마음을 떨칠 수가 없다. 그 고통의 시대에 조국을 위해 투쟁했던 이들을 조금이라도 생각한다면 함부로 말할 수 없을 것인데도, 여전히 이들의 흔적을 되찾는다는 핑계로 그들의 고투에 찬 민족의 길을 이런 말, 저런 표현으로 이야기하는 허물을 짓고 있음은 그저 죄스러울 뿐이다. 그러면서도 여전히 가슴에 남는 생각은 아무리 그 시절의 고통을 되살려도 직접 겪어보지 못했기에 상상으로 평하고 글 쓰는 허물을 되풀이하는 것, 그것이야말로 더 큰 죄임을 고백하지 않을 수 없다.

2
삼균과 민세를 알기까지는

좀 부끄러운 일이지만 여기서 밝혀 둘 것이 있다. 나는 이 어른들이 당했던 고통의 세월과는 무관하게 상대적으로 좋은 시대에 태어나 공부했다. 해방된 나라, 독립국가에서 살 수 있었다. 그것은 전적으로 이 어른들의 피와 땀이 이루어 놓은 결과였는데, 그것을 모른 채 그렇게 살아왔다. 해방을 맞았을 때 초등학교 저학년이었으니 이들의 험난했던 시절과는 비교할 수 없을 만큼 편하게 지낸 셈이다. 그 시절 철모른 개구쟁이로 다른 사람이 웃으면 따라 웃고, 울면 또 따라 울었다.

1945년 봄, 일본의 패색이 짙었는데도 우리 동네 사람들은 알 턱이 없었고, 그러다 보니 선생님을 따라 등교할 때 마다 일본 신사에 참배했고 조회 때는 일본 왕이 거주하는 동쪽을 향해 허리를 꺾어 큰절까지 했다. 이른바 황국신민서사(皇國臣民誓詞)도 소리 높여 외쳤다.

그러다 어느 날 갑자기 해방을 맞게 되자 내 이름부터 달라지는 경험을 했다. 일장기 위에 조잡하게 색칠해서 태극기도 만들었고, 한글이라는 우리글도 배웠다. 비로소 일본이 우리나라가 아님을 알게 되었다. 모든 것이 당황스러웠지만 그러면서도 신났던 것은 분명했다. 한편으로는 속았다는 기분도 있었지만 그것은 훨씬 뒷날 일이었고, 우선은 구경거리가 많아 신이 났었다. 어제까지 우리들에게 일본을 우리나라라고 가르쳤던 그 선생님들이 이번에는 일본이 우리 민족의 철천지원수라고 소리 높여 말씀하셨다.

그렇게 별로 배운 것도 없이 초등학교 시절을 보냈고, 이번에는 북한의 남침으로 우리 동네까지 피난 온 서울 사람들을 만날 수 있었다. 우리 읍내에도 신설 중학교가 생겼고 그 덕으로 중학생이 될 수 있었다. 그런데 그 때 우리들이 암기해야 했던 것은 대한민국 초대 내각의 장관이며 유명 인사들의 이름이었다. 대통령 이승만, 부통령 이시영, 국무총리 이범석, 내무장관 윤치영, 외무장관 장택상, 무임소장관 이윤영 등을 외워야 했다. 그뿐 아니라 육군 총사령관 정일권 대장, 해군사령관 손원일 제독, 연합군 총사령관 맥아더 장군, 미8군사령관 밴플리트 대장, 릿지웨이 대장 등의 이름도 있었다. 나중에야 알았지만 그 때 그 사람들 가운데는 내 또래의 아이들이 기를 쓰고 외우지 않아도 좋을, 그저 그렇고 그런 인사들도 들어 있었는데도 우리는 그들의 이름을 그렇게 외워야 했다.

중학교나 고등학교에서도 우리나라 역사를 제대로 배운 기억이 없다. 역사 시간에는 환웅이며 단군을 배웠지만 잘 이해되지 않았다. 하늘에서 사람이 내려와 곰과 결혼하고…… 그렇게 역사를 공부했으니 나라를 빼앗긴 조선왕조의 실체도 알 리 없었고 그저 이준 열사가 헤이그 만국평화회의에서 배를 갈라 창자를 끄집어내어 독립만세를 외쳤다는 이야기만이 가슴을 뭉클하게 했다.

그렇게 세월을 보내다 운 좋게 대학생이 되었고, 어느 해 '한국 정당사'를 담당했던 교수님으로부터 삼균 조소앙 선생이며 민세

안재홍 선생의 이야기를 듣게 되었다. 삼균과 민세, 두 분의 민족주의 정치사상이 없었다면 한국의 민족주의는 내용 없는 껍데기가 되었을 것이라는 내용의 말씀을 해주시는 것이었다.

그러다 점점 삼균과 민세를 통해 우리의 문제를 되살려 볼 수 있는 계기를 얻을 수 있었다. 그분들을 통해 우리와 연관된 서구 이론도 생각했고 우리 조상들의 전통적인 것에도 접근해 볼 수 있었다. 물론 삼균과 민세로부터 그 모든 것을 생각하게 되었다는 뜻은 아니다. 그분들의 문제의식에서 한국사의 본질적인 과제를 조금씩 짐작했으며, 앞으로는 어떻게 해결해야 할 것인지도 생각해 볼 수 있었다. 이 점에서 삼균과 민세는 민족에 관한 우리들의 인식을 촉발했고, 때로는 이분들의 주장의 한 귀착점에서 우리 사회의 오늘과 미래를 그려 볼 수 있는 발판이 되었다.

3

삼균과 민세의 민족주의

삼균과 민세는 거의 같은 시대를 살았다. 삼균은 1887년 4월 8일 경기도 파주에서, 민세는 1891년 12월 30일 경기도 평택에서 출생했다. 겨우 4살의 차이였으니 거의 같은 세대라 해도 틀린 말은 아니다. 삼균은 대한제국 유학생으로 동경부립 제1중학을 거쳐 메이지 대학 예과와 법학부에서 수학했고, 민세는 서울의 YMCA에서 선각자들로부터 시대의 흐름을 익혔고 일본의 와세다 대학 정경학부 경제학과에 수학했다. 삼균은 1912년에 대학을 졸업했으며 망국의 소식을 접했던 것은 일본유학 때였다.[1] 민세는 삼균보다 조금 늦게 와세다로 유학을 떠났으며, 두 사람 다 귀국 후, 한때 후진 양성에 힘을 쏟았다. 삼균은 경신학교, 양정의숙, 대동법률전문학교 등에서 후학을 가르쳤고, 민세는 1915년 중앙고등보통학교 학감으로 일했다. 두 사람 모두 독립운동에 매진하기 위해서 중국으로 망명했는데 삼균은 1913년, 민세는 그보다 3년 늦은 1916년이었다.

이들 두 사람은 일본유학생 시절부터 조국에 대한 서로의 생각을 나눌 수 있었고 국권회복을 위한 행동도 함께할 수 있었다. 그

---

1 이 시기에 삼균이 보여 주었던 정신적 방황에 대해서는 다음 책을 참고할 것. 김기승, 《조소 앙이 꿈꾼 세계》, 지영사, 2003, 48쪽.

뒤 삼균은 중국을 중심으로 활동했으며 대동당에서 동제사, 그리고 한국독립당과 대한민국임시정부로 이어지는 해외 한국 독립운동의 사실상의 중심부에서 활동하게 되었다. 민세는 1917년에 귀국하여, 연이어 독립운동에 앞장섰기 때문에 거듭되는 체포와 구속의 역경을 겪어야 했다. 주로 언론기관, 구체적으로 《시대일보》의 창간에도 관여했고 《조선일보》를 중심으로 그의 민족애의 명문장이 집필될 수 있었다. 이들이 보여 준 강인한 독립투쟁의 일상성은 말할 것도 없고 독립운동의 지향점과 그 내용에 대한 구체적인 논리화에 의해 비로소 한국 민족주의라는 주장이 설정될 수 있었다. 그것을 바탕으로, 한 사람은 삼균주의로 다른 한 사람은 신민족주의론으로 그 영향력을 미칠 수 있었다.

삼균주의는 민족주의 바탕 위에 전개된 논리이자, 한국 민족주의가 나아가야 할 방향이었다. 여기에서 한국 민족이 당면한 문제를 어떻게 극복하고, 어디를 지향해야 하며, 그것을 어떻게 이룩해야 하는가를 논의했다. 그의 삼균주의는 기본적으로 두 가지 내용으로 구성되어 있다. 첫째로 식민지 상태에 놓여 있는 조국에 광복의 새날을 어떻게 마련할 것인가에 대한 구체적이고도 현실적인 방안을 제시했다. 그러한 방안으로 그가 설정했던 것이 바로 복국(復國)과 건국(建國)의 단계였다. 그것은 실로 민족독립운동의 보다 현실적이고도 구체적인 논리였다. 물론 그 시절 독립운동에 참여했던 애국지사들도 한결같이 국권을 되찾기 위해 분투했으며 그것을 이룩하기 위한 방법으로 민족투쟁과 연합군 등 외국의 지원에 의해 이를 달성하려 했다. 이러한 인식의 구체적이고도 체계적인 논의가 삼균에 의해 이룩되고 있다. 독립투쟁의 단계 설정과 그것의 연장선 위에서 건국 이후의 지향, 한마디로 삼균주의적 민족정치를 구현하려 했다.

그는 왜 우리가 새로운 민족독립국가를 이룩해야 하는가를 설명하면서, 그것이야말로 바로 삼균의 세상을 이룩하는 것이라는 점에 역점을 두고 주장하고 있다. 여기서, 좀 딱딱할 수 있지만, 그의 말을 인용해 보기로 하자. 그는 "우리나라의 건국정신은 삼균제도의 역사적 근거를 두었으니 선민이 명명한바 수미균평위(首尾均平位)하면 흥방보태평(興邦保泰平)하리라 하였다. 이는 사회 각층 각 계급의 지력과 권력과 부력의 향유를 균평하게 하며 국가를 진흥하며 태평을 보유하라 함이니 홍익인간(弘益人間)과 이화세계(理化世界)하자는 우리 민족이 지킬 최고의 공리임"이라고 적어 놓았다.[2] 이는 곧 우리 민족사회는 오래전부터 높은 사람이나 낮은 사람이나 구분 없이 평등하게 사는 세상을 이룩했으며, 그렇게 되어야만 나라를 일으키고 태평한 세상을 유지할 수 있을 것임을 주장하고 있는 것이다. 균등한 세상을 만드는 것이야말로 한국 민족주의가 지향해야 할 궁극적인 목표임을 강조했으며, 이 점에서 그의 주장이야말로 그 당시 풍미했던 사회주의의 일면도 수용했음을 알 수 있다.

이러한 균등세상을 이룩하는 것이야말로 한국 민족의 지향가치라 할 수 있는 홍익인간, 다시 말해 널리 이 세상 모두를 유익하게 함으로써 사람답게 살 수 있는 새 세상을 만들 수 있을 것이며, 그렇게 될 때 사람의 삶과 생각이 이치와 순리에 합당한 세상이 될

---

2 《素昻先生文集》上, 三均學會, 1979, 148쪽.

수 있다고 여겼다. 이는 곧 한국의 전통사상의 맥을 집성한 것이 며, 여기에서 그가 어제와 오늘 그리고 내일을 하나의 궤로 바라 보고 있음을 알 수 있다.

삼균제도에 대한 그의 주장을 여기서 인용하면 아래와 같다.

> 보통선거제도를 실시하여 정권(政權)을 균(均)하고 국유제도를 채용하 여 이권을 균하고 공비교육(共費敎育)으로써 학권(學權)을 균하며 국내외 에 대하여 민족자결의 권리를 보장하여서 민족과 민족, 국가와 국가와의 불평등을 혁제할지니 이로써 국내에 실현하면 특권계급이 곧 소망하고 소수민족의 침능을 면하고 정치와 경제와 교육의 권리를 고루히 하여 헌 지(軒輊)가 없게 하고 동 민족이 이족에 대하여 또한 이러하게 한다.[3]

삼균의 이러한 논의는 그 시대 사회주의와 자본주의의 대립에 서 오는 갈등에서 대결이나 선택의 문제가 아니라 양자의 절충과 종합을 우리의 주체적인 역사적 전통을 바탕으로 이룩하자는 것 이었다. 이 점에서 그의 삼균주의야말로 현실적이고 절충적이면 서도 미래지향적인 의미를 갖고 있다고 할 수 있다.

삼균의 사상이 현실적인 구체성에 중점을 두었다면 민세의 신 민족주의는 한국의 민족주의의 출발점과 지향성에 대한 이론적인 내용으로 되어 있다. 그는 왜 한국의 민족주의가 신민족주의로 나 아가야 하는가에 대한 논의를 인식의 출발점으로 삼고 있다. 그의 주장에 따르면, 민족주의 자체가 서구에서는 그들의 역사적 산물

---

3 앞의 책, 149쪽.

로, 그것은 곧 특정 지배계급이 전제된 분열된 사회의 갈등을 봉합하는 것이었다. 그 과정에는 자연히 주도계급 중심으로 정치와 경제가 주제되었으며, 그 때문에 한 계급의 지배가 다른 계급으로 이행됨으로써 사실상 지배-복종의 강제적 통합이 이루어졌다고 지적했다. 그는 이러한 성격을 한국 정치사회에서는 그대로 받아들일 수 없는, 오히려 극복의 대상이라고 생각했다.

그렇기 때문에 한국에서의 민족주의야말로 말 그대로 독자적인 것이어야 한다고 강조했다. 그의 주장에서, 한국 정치의 본질은 기본적으로 '다사리'며 이것이야말로 한국 역사의 민주주의적 전통으로 지속되고 있다고 설명했다. 그가 말한 다사리는 '섭리(攝理)와 치리(治理)'로, 이것에 대해서는 아래의 글을 인용해 볼 수 있다.

> 그 회의(여기서는 고대의 국정회의를 말한다-필자)는 후대에까지 존속하였나니 한자로는 '함'(諴)이요 이두로는 '화백'(和白)이다. 함자는 그 자의 함언(諴言)으로 만민 모두 발언권이 있음이요, 화백은 '다사리'의 표의이니 방법으로서는 만민이 '다사리'어 국정에 그 총의를 표명함이요 목적으로서는 만민을 모두 생활 및 생존하도록 하고 만민공생의 도념을 표현함이니 정치의 이념이 본대 만민총언(萬民總言), 대중공생(大衆共生)이라는 민주주의적 지도 원리에 나온 것이다. '다사리'의 치리의 원의가 강폭(强暴), 참월(僭越)과 발호(跋扈) 난동을 금제하고 평정 안녕한 국가사회로서 만민공생, 대중공영의 이상경을 목표로 삼은 것은 분명하다.[4]

---

4 안재홍선집간행위원회, 《민세안재홍선집》 2, 지식산업사, 1983, 37쪽.

그의 이러한 주장은 종래의 민족주의나 민주주의가 아닌 한국 민족에 맞는 새로운 민족주의요, 민주주의이기 때문에 곧 신민족주의, 신민주주의로 규정될 수 있었다. 그는 특히 민족과 민족 사이의 갈등을 넘어서야 하며 계급과 계급의 투쟁도 지양되어야 한다고 하면서, "어느 주의라는 기성관념에 고정 집착하는 것도 과오이니 대중의 확고한 이해가 주안이요 역사의 엄숙한 요청이 지상인 명령인 것이다. 모든 고정된 선입주적 국견이 지양되고 파벌이 지양되고 협동 통합의 민족국가에로 초계급적 초당파적인 회통이 요청되는 것"이라고 강조하고 있다.[5]

삼균과 민세 두 사람의 민족주의를 살펴보면서, 깨닫게 된 것이 있다. 그들은 계급보다 민족을 소중하게 여겼으며, 외세 의존에서 벗어난 민족적 독자성을 주장했으며, 이는 기존의 특정 이데올로기로적 지향이 아니라 민족의 전통성에 발판을 둔 새로운 지향이었다. 삼균과 민세의 민족주의가 약간의 차이를 보여 준다 해도 그것은 구체적인 사항에 대한 표현의 문제일 뿐, 기본적으로는 좌우를 합치고 이념적 갈등을 극복하면서 민족의 독립과 발전, 민중의 공생을 추구하려고 했다는 점에서 같은 논리적 성격을 보여 준다 해도 틀리지 않는다.

---

5 앞의 책, 47쪽.

4

오용된 민족주의의 상혼

삼균과 민세의 관점에서 오늘을 바라보면, 지금 우리사회나 정치가 이들의 기대와는 너무 먼 거리로 치달리고 있다는 생각을 떨칠 수 없다. 오늘의 현실이 민족이나 민족적인 것에서 많이 벗어났다는 의미이다. 그렇다고 삼균과 민세의 민족주의만이 한국 정치사회의 정당한 노선이라고 말하려는 것은 아니다. 그보다는 그들의 논의나 사상적인 주장 자체가 최소한 한국 정치사회의 한 기반일 수 있다는 뜻이다. 이러한 관점에서 먼저 생각해 보아야 할 것이 있다. 그것은 한국의 지난 반세기 이상의 정치적 전개과정이 삼균과 민세의 민족적인 관점과는 얼마나 멀리 떨어졌는가에 대한 문제다.

삼균과 민세는 아마도 해방 이후 한국 정치의 절망적인 전개를 예상하지 못했을 것이다. 설혹 그럴 수 있을 것으로 짐작해도 그 정도로 심한 분열과 갈등으로 뒤엉킬 것이라고는 생각하지 못했을 수도 있다. 이들은 그만큼 현실 상황에 대한 인식을 민족의 관점에서 당위적으로만 생각했다. 현실적으로 권력을 잡기 위해 패거리를 조직해서 민족을 분열시키는 식의 정치적인 작태는 생각조차 못했을 것이다. 민족 구성원으로 무엇보다 먼저 민족의 단합을 이룩해서 국권을 회복하는 일에 진력해야 했고, 민족지도자라면 이러한 열망에 바탕을 두고 서로 손잡고 민족 발전을 모색해야 마땅했기 때문이다.

그런데 이 당연함이 무너졌다. 자기들의 패거리만이 권력을 장악해야 한다고 주장했으며, 민족적 의지와는 무관하게 특정 이념을 강조함으로써 결국 강토가 분단되었고, 한편은 소련의 앞잡이로 다른 한편은 미국에 의존하는, 민족에게 수치스러운 상황을 조성해 버렸다. 그렇게 해서 민족과 나라를 분단시킨, 용서받을 수 없는 죄과를 저질렀고, 그들만의 집권으로 분단체제라는 민족적 비극은 물론이고 그 연장선 위에서 동족끼리 살육을 저지르는 전쟁까지 자행했으니 더 이상 할 말이 없어진다.

왜 그렇게 되었을까? 그 이유는 자명하다. 한마디로 이들 집권 세력들이 민족을 잊었거나 왜곡했으며 민족주의를 변용했기 때문이다. 이들은 올바로 서야 할 민족주의를 무너뜨렸고, 그 자리에 분단체제며 권력장악을 전제로 한 그들 식의 사이비 민족주의를 조성했다. 그런데 여기에서 먼저 생각해 봐야 할 것이 있다. 민족주의의 변용, 또는 유사민족주의 등장의 문제다. 겉으로는 민족이라는 말을 사용하고 민족주의라고 명명하고 있지만, 실제로 그것은 민족도 민족주의도 아니다. 자신들의 패거리를 위한 주장이고 권력행사를 위한 개념과 논리의 조작일 뿐이다.

한편은 민족전통의 민중적 신화를 개인 우상화로 전용해서 민족 성원을 머슴보다 못한 처지로 전락시키고, 그를 상전으로 받들게 하는 신판 노예사회로 전락시켜 버렸다. 그것도 부족해서 소련의 앞잡이로 전락되기도 했다. 다른 한편도 민족주의를 어느 순간 불온사상으로 내몰았고, 자유주의라는 말과 발전된 시대 흐름과는 대립적인, 마치 낡은 옛날 신화처럼 몰아붙였다. 반공을 강조하는 논리에도 이미 민족의 관념은 배척되고 있었다.

분단된 체제로서의 집권경쟁은 결국 북한의 군사적인 남침으로 이어졌다. 이것이야말로 최고의 반민족적인 죄과였고 어떤 논리로도 변명될 수 없는 민족적 수치였다. 전쟁이 몰고 온 참화의 터전에서 민중의 고통이 극도에 달했는데도, 집권세력은 여전히 그들만의 세상을 구가하기 위해서 개인 우상화로 치달리면서 민족의 이름까지 오용했다.

물론 남쪽의 상황도 민족의 관점에서 바람직하게 전개되고 있었던 것은 아니었다. 한국에서는 공산화에서 온 분단을 극복하기 위해서, 어느 면에서는 더한층 민족적인 지향성을 보여 주어야 했다. 그러나 상황은 권위주의적 독재체제로 전락되었으며, 민중의 민족적 열망과는 다른 길로 달려가고 있었다.

그런데 놀라운 사실은 남북한의 집권세력이 각각의 권력적 정당성을 위해 민족주의를 오용했다는 점이다. 북한에서는 이른바 김일성 주체사상에서 민족주의적 성격을 도용했고, 한국에서는 산업화를 위한 민중동원적 차원에서 근대화 민족주의가 등장했다. 분명한 사실은 이들 두 가지가 삼균과 민세가 그렸던 민족주의는 아니었다는 것이다. 그것은 한낱 유사민족주의이거나 변용된 민족주의에 지나지 않았다. 다시 말해, 해방 이후 한반도는 한번도 민족주의를 해본 적이 없었으며 민족주의라는 말만 오용했다. 삼균과 민세가 열망했던 민족주의는 꽃피우지 못한 채, 결국은 유사민족주의에 의해 함몰된 민족주의의 소진 현상만을 보여 주었을 뿐이다. 그리하여 삼균과 민세의 장탄식이 이 산하의 곳곳에서 긴 메아리가 되어 울려 퍼지고 있을 뿐이다.

끝으로 여기에 몇 가지 부기하고 싶은 것이 있다. 첫째로 이 글에서 다룬 정치적 지식인은 정치에 직접 관계를 맺고 정치활동을 적극적으로 추구하면서 자신의 정치적인 논리를 실천하려 했던 지식인을 뜻한다. 그것도 좌우의 지배적인 논리를 중심으로 삼았던 지식인이었기 때문에 이 글에서 다루지 못한 수많은 지식인들에 대해서는 결국 차후로 미룰 수밖에 없게 되었다.

둘째로 이 글에서 다룬 정치적 지식인들의 정치담론은 주로 이데올로기적 지향성을 강조한 것들인데, 이것에 대해서는 비판적인 관점에서 바라보았음도 밝혀 놓아야 하겠다. 그러한 이데올로기는 식민지시대나 그 뒤의 정치상황을 생각하면, 어느 면에서 그들에게는 유일한 희망의 논리였을 것이고, 그것 때문에 스스로를 민족운동이나 정치활동에 적극적으로 나설 수 있게 했을 수도 있다. 또 나라를 되찾고 새 세상을 이룩하려는 열정도 불태웠을 것이다. 그러나 이 책에서는 이들의 이데올로기적 열정이나, 그것에 바탕을 둔 민족투쟁에 대해서 비판적인 관점에 서게 되었다. 왜냐하면 그 이데올로기에 대한 지나친 관념과 추종성이 가져다준 영향력 때문이었다. 이것은 이데올로기에 의한 갈등과 분열로 이어진 상황을 조성했고 끝내는 민족분단으로 귀결했기 때문이다.

이 점에서 이 책은 주로 민족과 민족주의를 전제로 하는 정치상황을 기본으로 삼았으며, 그 때문에 이데올로기에 매몰된 지식인들의 한계를 이야기할 수밖에 없게 되었음을 미리 밝혀 두려고 한다. 이는 그들이 치렀던 민족을 위한 극심한 고통과 험난했던 투쟁을 가볍게 생각했기 때문에 그런 것이 아니었음을 거듭 말해 두고 싶었기 때문이다.

어느 경우나 해방정국에서 활동했던 수많은 정치적 지식인들의 열망이 비록 권력장악일지라도 그것을 통해 민족과 민중을 위한 자기 다짐의 표현이었음도 이해할 수는 있다. 그렇기에 고통스럽던 시절에 활동했던 이들 정치적 지식인 모두에게는 송구스럽다는 말은 꼭 해두고 싶다. 그러면서도 역사는 결국 어제의 일도 오늘과 내일을 말하고 있다는 사실을, 이 점에서 '역사의 미래'가 갖는 의미를 절실하게 살펴볼 수밖에 없게 되었음을 꼭 적어 놓고 싶다. 이 말은 어느 면에서는 이 책이 가진 많은 허물에 대한 스스로의 변명일 수도 있기 때문이다.

제2장

정치적 지식인과 권력정치

1

지식인의 정치참여

지식인은 현실참여의 열정으로 새 세상을 꿈꾼다. 그들에게 연구실이나 작업장 너머 저편은 모순으로 가득 찼기 때문에 당장이라도 이를 바로잡아 정의와 진실을 되살리려는 열정에 사로잡히게 된다. 이들은 많은 사람들의 노력으로 쌓여진 경제적 부도 소수에 의한 전유 때문에 사회갈등이 유발되고 있다고 생각한다. 정치권력도 몇몇 특권층의 권력 전단(專斷)으로 대다수는 압제에 놓여 있다고 여기기도 한다. 사회의 모순과 부정, 불의는 반드시 극복되어야 하고 극복될 수 있을 것이며, 그것도 지식인에 의해 그렇게 될 것으로 확신하고 있다. 이 일을 위해 앞장서서 달리는 것이야말로 지식인의 의무로 믿고 있다.

그렇기 때문에 지식인의 정치참여는 지식인의 운명일 수 있다. 때로는 그것이 수많은 사람들로부터 지탄받을 때도 있었고, 때로는 뇌옥(牢獄)의 수인이 될 수도 있었으며, 대중의 돌팔매에 표적일 수도 있었다. 그래도 그들은 정치에 참여해야 하고, 참여할 수밖에 없었다. 그렇다면 왜 지식인은 그처럼 강하게 정치참여의 유혹을 받았을까? 그 이유로 다음 몇 가지를 생각해 볼 수 있다.

첫째는 지식이 갖는 속성 때문이다. 지식은 대부분의 경우 기존체제를 비판하거나 대안적이며, 긍정보다는 비판적인 성격을 더 많이 담고 있다. 사실, 지식의 본질은 현실 극복의 논리로 이루어 진 경우가 대부분이다. 둘째로 지식인의 지적 관점은 비교에서 출발하기 때문에, 맹목적이거나 추상적인 주장은 배격하게 된다. 지식은 이데올로기의 도그마가 아니다. 지식 탐구의 기본은 언제나 비교하고 비판하면서 더 나은 것을 찾는 지적 모험이기 때문에 현실에 대한 비판적인 접근이 우선적이어야 한다. 셋째로 지식인의 지적 욕구는 늘 새로운 것을 모색하려는 강한 의지를 갖고 있기 때문이다. 기존체제에 참여해서 그 체제의 정당화에 기여하는 지식인도 마음속으로는 그것을 새롭게 변혁시키려는 야심을 떨쳐 낼 수가 없다. 그래서 그들은 항상 새것을 모색하고 이를 현실 속에 실현시켜 더 발전된 정치사회를 이룩하려는 집념을 갖게 된다.

지식인은 현실정치에 대한 비판과 대안을 모색하면서 정치사회의 발전에 온 힘을 기울이지만, 때로는 더 좋은 미래를 이룩해야 한다는 당위성 때문에 '고독한 선지자'의 길을 걸을 때가 있다. 현실은 그에게 견디기 힘든 고통일 때도 있다. 수많은 사람에 의한 배격과 비판이 해일처럼 밀려올 때도 있지만, 그런 상황에서 자신의 정치적 지향을 실천하기 위해 자신을 내던져야 할 때도 있다. 대부분의 지식인들은 현실보다는 미래를 중시하고, 그 미래는 자신의 현실적 고통 속에서 이루어진다고 믿는다. 그가 추구하는 미래에 대한 기대감은 과격한 것일 수도 있고, 급진적인 변혁일 수도 있다. 그러나 그의 가치 관념의 이상적인 지향성을 갖고 있기 때문에, 이를 위해 자신을 불태우는 것이 역사적인 헌신이라고 믿고 있다.

지식인의 현실참여로 사회 발전이 전기를 맞을 때도 있다. 비록 그가 비히모스(behemoth)로 전락된 국가를 바로잡기 위한 제단에 번제(燔祭)가 된다 해도, 그의 현실참여야말로 자신의 관념과 가치의 총체일 수 있다. 그래서 단순히 문자나 언설로만 그치지 않고 현실의 잘못을 바로잡기 위해 정치와 사회 속으로 스스로를 내던지며, 이러한 현실참여야말로 지식인의 자기실현이자 시대와 사회에 대한 그 자신의 응답으로 확신한다.

그러나 현실은 지식인이 바라는 것에서 벗어나 다른 방향으로 나갈 때도 있다. 현실은 논리적으로 분석될 수 없는, 지식인의 연구 대상보다 훨씬 더 복잡하고 다양한 이해와 갈등으로 엉켜 있기 때문에, 지식인의 논리로는 이를 명쾌하게 해결할 수 없다. 지식인의 현실 접근에 대한 지적 논리가 아무리 치밀하고 구체적일지라도 그것은 여전히 '연구실의 논리'나 '살롱의 격정'일 뿐이다. 복잡다단한 현실문제를 해결하기에는 지나치게 단순하며, 정치적 지향에서 넘어야 할 과제를 전제하면 비현실적이라는 평가에서도 벗어나기가 어렵다. 그러므로 지식인의 논리나 주장은 지나치게 '이상적'인 것으로 비판받기 일쑤인데, 그것이야말로 지식인의 논리적인 한계일 수도 있고, 지식인의 현실참여의 비적실성에 대한 예고일 수도 있다.

또 지식인의 현실참여는 급진적인 성격을 보여 줄 때가 많다. 그들은 현실에 대한 긍정보다는 비판을 앞세우며, 지지보다는 극복을 주창하기 때문에, 보수적인 지식인의 주장마저도 변화의 성격을 담고 있을 정도다. 사실 정치는 대부분 협상이며 타협이다. 그러나 지식인의 정치적 사유와 실천은 언제나 좋은 것만 당위로 삼기 때문에 타협보다는 대결을 추구하게 된다. 그들은 타협만으로는 최선을 얻을 수 없다고 생각하며 정치의 협상도 결국 현상 유지로만 맴돈다면서 배격하게 된다. 따라서 지식인의 정치참여나 실천은 기본적으로 급진적인 성격을 보여 주기 마련이다. 그는 항상 비판과 대안을 주장하고 그것에 의해 현실과 미래를 바라보기 때문에, 그의 비판이나 대안은 객관적이기보다는 자기 나름의 논리적 기준 위에 서 있으며, 그 때문에 또 다른 비판을 불러올 수도 있다.

어느 경우이건 지식인의 현실참여에는 현실에 대한 객관적인 분석이 전제되어야 한다. 이때 그가 서 있는 시대와 상황에 대한 정확한 인식도 필요하다. 이러한 과정을 통해 지식인은 그가 속한 사회를 더 나은 미래로 출진시킬 지향논리를 마련할 수 있게 된다. 물론 그것은 남의 것을 모방할 수도 있다. 그러나 남의 것은 비교 대상이지 절대성을 부여할 수는 없다. 지식인의 논리나 전제는 많은 사람들의 이해와 지지를 받아야 하고, 자유롭게 비판되어야 한다. 지식인의 참여 논리는 비교적(秘敎的)인 교리일 수는 없기 때문에 많은 사람들의 논박을 거쳐야 비로소 현실성을 높일 수 있다. 그러므로 지식인의 현실참여는 사회적으로 인증받을 수 있는 자기 논리를 만드는 일에서부터 시작되어야 하며, 이를 바탕으로 실천도 모색되어야 한다. 그렇게 되어야만 지식인다운 현실참여가 가능하다.

이러한 사실을 전제로 할 때 지식인의 현실참여에는 다음 사실들이 우선적으로 고려될 수 있다. 물론 이것은 절대적인 요건은 아니지만, 지식인의 현실참여를 위한 자기 성찰의 한 기준일 수는 있다.

▨ 지식인의 현실참여는 현실문제를 해결할 자기 논리의 설정
　에서부터 시작되어야 한다.

▨ 지식인의 현실참여는 자기 논리를 통한 현실 과제를 해결하
　는 과정으로 이해되어야 한다.

▨ 지식인의 현실참여는 권력의 장악보다는 시민을 위한 '권력
　의 길들이기'라야 한다.

　지식인의 현실참여에서 나타나는 비극은 자신의 지향가치도 설
정하지 않은 채 파당적인 참여로 치달리는 경우가 많다는 점이다.
이렇게 되면 지식인은 어느 한편에 편입되는 전형적인, 전업적인
참여로 나아가게 되며 이는 곧 지식인다움에서의 이탈일 수 있다.
왜냐하면 이러한 참여는 지식인다운 참여라기보다 그저 그렇고
그런 참여로 시종될 수 있기 때문이다.

　지식인의 사회참여는 어떤 특정의 깃발을 위해서도 아니고, 기
존 정파의 어느 한편을 돕기 위한 분파적인 편들기도 아니며, 어
느 특정인의 권력 점유를 위한 전위대일 수도 없다. 그것은 오직
미래를 위한 자신의 관념과 주장이어야 하며, 사회 구성원 모두
를 위해 통합적인 실천이어야 한다. 이러한 참여는 사회를 한 단
계 더 높이 올라서게 하는 발판이며 사회통합을 끌어내는 견인차
이기 때문에 더 없이 소중할 수 있다. 그러나 지식인의 현실참여
가 결여된 정치사회에서는 전업적 정치인에 의해 전단되는 파당
적 정치가 지배하게 된다.

2

정치적 지식인의 귀결

여기서 먼저 생각해야 할 것은 지식인의 개념과 그 유형이다. 지식인은 왜 현실에 참여하며, 지식인의 현실참여는 어떻게 평가되어야 할까? 이 문제를 이해하기 위해서는 먼저 지식인과 연관된 사회의 지적 분위기부터 먼저 생각해 볼 필요가 있다.

오늘 우리 시대에 지식인이라는 말은 하나의 상투어가 되었다. 이 말에는 거창한 수식사와 당위적인 꼬리표, 이를테면 '창조적 지식인'이라든가 '지식인의 헌신', '지식인의 사명'과 같은 표현들이 따라다닌다. 역사를 이야기하다 보면 지식인의 고통을 거론할 수 있고, 문명사를 말하면 지식인의 역할도 말하게 된다. 그뿐 아니라 한 시대의 아픔에 대한 기록에도 유달리 지식인의 희생이 많이 이야기된다. 역사의 고비마다 지식인의 헌신적인 희생이 이야기되고, 그러한 삶이야말로 지식인의 올바른 길로 기록되기도 한다. 그러나 지식인이라는 말에는 일정한 개념이 따른다. 이들 개념을 전제하지 않고 이 말을 사용하는 것은 지식인으로서의 자기 성찰의 결여에서 오는 현상으로 여겨질 수도 있다.

한국에서는 일찍부터 지식인에 대한 개념이 활발하게 논의되고 있었다. 한국 사회는 지식인의 현실참여가 더 없이 필요하며, 그 때문에 지식인에 대한 기대감도 클 수밖에 없었다. 그러므로 여기서 지식인이라고 말할 때, 어떤 기준에 의해 그렇게 할 수 있는지, 어느 정도의 지적 수준이라야 지식인으로 불릴 수 있는지, 그것에 합당한 지식의 소유 여부는 누가 판단하는지, 또 지식인의 현실참 여는 일반인과 어떻게 다른지에 대한 의문이 제기될 수 있다.

지식인의 기준은 그가 갖고 있는 지적 내용이나 수준만으로 결정될 수는 없다. 많이 배우고, 많은 책을 읽고, 많은 글을 쓴 사람이라고 해서 모두 다 지식인이라고 단정하기도 어렵다. 그보다는 오히려 '사회나 시대적인 과제에 대해서 그 나름의 지적 논리를 구축하고 그것을 실천하기 위해 현실에 참여하는 사람'이 더 지식인답다고 할 수 있기 때문이다. 이들은 정치사회가 지닌 온갖 문제들을 논하고 비판하면서 그것에 맞는 논리를 모색한 뒤에 이를 실천에 옮기려는 사람이다. 그러므로 지극히 일반적이고 평범하다고 할 수 있다. 한 가지 다른 것이 있다면 당면한 문제의 본질과 해결을 위해 그 나름의 논리를 갖고 이를 실천하려 한다는 점일 것이다.

물론 이러한 지적 비판논리도 책을 통해서만 이루어지는 것은 아니다. 그것은 현장에서 땀 흘리는 고통 속에서도 얻어질 수 있고, 산야에서 깊은 사색과 관조로 터득될 수도 있다. 분명한 것은 책이 자신의 논리를 이룩할 수 있는 가장 쉬운 길잡이라는 점이다. 그러나 이렇게 해서 일구어진 자신의 논리나 주장도 완전할 수는 없기 때문에 반드시 객관적인 검증과정을 거쳐야 한다. 다른 사람들로부터 지지나 반대의 열띤 공박을 받은 다음 긍정적이거나 의미 있는 주장으로 수용될 때, 다시 말해 논리의 객관성과 타당성이 인정될 때 비로소 실천적 단계도 모색할 수 있기 때문이다. 이러한 과정을 거치지 않고 자신의 주장에만 갇혀 그것만이 유일한 해결책이라고 확신하는 것은 편견의 노예로 전락될 수 있음을 의미한다. 특히 이러한 관념에 의해서 현실참여로 내달리면 때로는 선동가나 매명가로 전락될 위험을 안게 된다.

지식인의 현실참여는 세상의 모든 일, 구체적으로 사회, 문화, 환경, 보건, 교육, 아동, 노인, 복지 등 사회의 모든 일이다. 이들 문제와 맞서서 참여하고 투쟁하면서 더 나은 미래로 나아가기 위한 새 제도적 조치를 모색하기 때문에 지식인의 현실참여는 자연스럽게 정치로 이어지게 된다. 처음부터 지식인의 사회참여가 정치권력을 점유하기 위해서 의도적으로 행해진다고는 단정할 수 없지만, 결과적으로 정치적인 것으로 귀결되고 마는 것이다.

이처럼 지식인의 현실참여는, 대부분의 경우, 정치권력과 관계를 맺게 된다. 때로는 지식인 스스로 정치권력 집단으로 편입되기 위해서, 또는 정치적 지위를 확보하기 위해서 정치사회에 참여하는 경우도 있는데, 이처럼 정치에 참여하기 위해서 지식을 활용하는 지식인을 정치적 지식인이라고 부를 수 있다. 물론 모든 지식인이 다 정치적 지식인인 것은 아니며, 또한 현실에 참여하는 지식인이라고 모두가 정치적 지식인인 것도 아니다. 정치적 지식인은 처음부터 자신의 정치적 목표, 다시 말해 관직 점유나 권력에의 접근을 전제로 현실에 참여하게 된다. 정치적 지식인도 그 나름의 정치사회문제에 대한 극복 의지와 이를 위한 지적논리를 주장하기도 있지만, 대부분은 특정 정치권력 집단을 편들거나 강화하는 성격을 보여 주게 된다.

그런데 정치권력에 접근하려는 정치적 지식인일수록 지식인의 사명을 유달리 강조하고 그것에 의해 자신의 정치참여를 합리화한다. 이들 정치적 지식인은 대부분 정치사회의 혼돈기나 전환기에 등장하는데, 한국에서는 근대화의 이행기나 식민통치기, 해방정국, 6·25 한국 전쟁, 산업화 통치기와 민주화 투쟁기가 여기에 해당된다. 이들은 자신의 권력 의지와 열정을, 지식인의 현실참여의 일반 논리를 차용해서 설명하면서, 다음과 같이 합리화한다.

  ▨ 지식인은 현실정치에 적극 참여해야 할 의무를 지닌 사회적 지도세력이다.
  ▨ 지식인은 한 시대의 가치를 추구하기 위해 현실정치에 참여하는 존재여야 한다.
  ▨ 지식인의 정치참여로 사회 발전이 이루어질 수 있기 때문에, 지식인의 지속적인 참여가 필요하다.

이러한 주장은 정치적 지식인의 현실참여에 대한 합리화의 논리라고 할 수 있다. 첫 번째만 해도 객관적인 인식이기보다는 참여적 지식인의 자기변명적인 성격이 느껴진다. 왜냐하면 정치적 지식인은 그들만의 특정한 조직세력일 수는 없으며 여러 세력들에 섞여서 활동하게 된다. 물론 정치적 지식인도 하나의 정치세력일 수 있으며, 권력점유를 위한 이들의 정치참여 열정도 정치인의 그것과 별 차이가 없을 만큼 정치권력과도 밀접하게 관계를 맺고 있다. 그렇기 때문에, 이들에게 지식은 정치에 참여해서 권력층으로 올라설 수 있는 하나의 수단으로 활용되고 있다.

두 번째로 제시한 지식인의 당위적인 역할, 다시 말해 지식인은 한 사회의 올바른 방향을 추구하고 이를 위해 앞장서야 한다는 논리도 일반적일 수는 없다. 지식인의 주장은 시대나 사회에 영향을 미칠 수도 있고, 나아가야 할 방향에 도움이 될 수도 있지만, 이를 위해서는 무엇보다 먼저 그 주장에 적실성과 당위성이 더해져야 한다. 물론 지식인의 활동이나 주장이 시대적인 적실성이나 당위성을 지녔는가를 판단한다는 것은 쉬운 일이 아니다. 그것이야말로 역사가 맡아야 할 문제로, 정치적 지식인의 주장만이 시대성을 지닌 것으로 단정할 수도 없다.

세 번째로, 지식인의 정치참여가 시대나 사회를 발전시킨다는 주장도 실제와는 다를 수도 있다. 사회 발전은 지식인만의 몫이 아니다. 그럴 수도 있지만 몇몇 지식인의 역할을 모든 지식인의 역할인양 일반화할 수도 없다. 오히려 일부 정치적 지식인의 잘못으로 정치발전이나 통합이 이루어지지 못하고 사회갈등과 정치분열로 공동체가 위기에 처했던 경우도 없지 않다. 이들은 자신의 주장에는 진실이 담겨 있다고 강조하지만, 그 말을 믿고 따랐던 많은 사람들이 결국 시대적인 역행으로 추락하기도 했다. 실제로 한 시대의 발전은 정치적 지식인보다는 농민이나 어민, 그리고 땀방울로 얼룩진 노동자 등 지극히 평범한 사람들에 따라 이루어지는 경우가 더 많은 만큼, 민중의 변혁적 열정이 세상을 바꾸는 원동력이 되었다. 이는 정치적 지식인의 계산된 정치참여와는 달리 열정적이고 헌신적인 자세가 세상을 발전시켰음을 의미한다.

앞에서 전제했던 사실은 일반적인 지식인과 구분되는 정치적 지식인의 자기 합리화에 대한 논리일 수 있다. 수많은 지식인들이 시대와 사회, 그리고 좋은 세상을 일구기 위해 고난의 투쟁을 전개할 때도 이들 정치적 지식인들은 출세를 우선적으로 생각해서 정치에 참여했다. 그런데도 그들의 정치참여가 시대나 사회를 위해서만 그랬던 것으로 주장되었다. 이들의 정치참여—때로는 저항적인 경우까지—는 과장적일 정도로 선전되었고, 특정 정치구호의 반복 주장으로 출세의 사닥다리로 뛰어오른 경우도 있었다.

일반적인 지식인이 보여 주는 헌신적인 활동에 시민들이 지지해서 정치적 지식인으로 옮아간 경우도 있었다. 이들의 정치참여는 처음부터 정치적인 직위를 얻기 위한 계산된 행동이 아니며, 시민들과 함께하는 참여로 시작했고, 그들의 지지를 받아서 그 일에 전신했던 지도자였다. 이들은 처음부터 정치적인 계산과는 무관하게 시민들과 함께 정치활동에 참여했기 때문에 그 목표가 이루어지면 다시 본래의 자리로 되돌아가려는, 정치적 지식인과는 차별성을 보여 주기도 했다.

3

지식상품의 유통망

지식인은 '관념이나 가치관적 지식에 의해서 정치사회에 헌신하는 사람'으로 규정할 수 있는데, 여기에는 그렇게 되었으면 하는 기대감도 들어 있다. 사실 지식인이라고 해서 모두가 사회문제에 적극적인 것은 아니며, 모두가 정치사회에 관심을 갖거나 참여의지를 보여 주는 것도 아니다. 그럼에도 지식인과 사회참여를 등식으로 설정하는 것은 일종의 기대관념이며, 그렇기 때문에 지식인에 대한 올바른 개념이 필요하다. 이를 마련하지 않고서는 정치적 지식인에 대한 설명도 분명하게 할 수 없기 때문이다.

더 정확하게 이 문제를 인식하기 위해, 여기서는 지식인을 역사적인 차원에서 살펴보기로 하자. 물론 이러한 접근도 관념적일 수 있지만 지식인의 개념화나 현실참여의 성격을 밝히기 위해서는 일정한 개념을 먼저 설정한 뒤에 그것에 따라 정치적 지식인을 설명하는 것도 한 접근방법일 수 있기 때문이다.

유럽에서 지식인이라는 말이 본격적으로 사용되기 시작한 것은 18세기였으며, 이때부터 지식을 생계의 수단으로 삼는, 문사로서의 지식인이 등장하였다.[6] 알려진 것처럼, 유럽은 18세기로 접어

---

6 Robert J. Brym, *Intellectuals and Politics*, George Allen & Unwin, 1980, p.11

들면서 근대성에 의한 국민국가의 시대적 변혁을 경험하게 되었다. 한편에서는 부르주아 민주주의에 바탕을 둔 의회제도가 발전했으며, 다른 한편에서는 민족주의에 근거한 절대주의체제가 위력을 떨치고 있었다. 이로 말미암아 부르주아적 상업자본이 산업화를 촉발했고, 부르주아계급이 사회주도층으로 떠올랐다. 부르주아의 정치경제적 영향력이 지속적으로 확대되자 이들에 맞선 프롤레타리아계급의 체제 도전도 되풀이되고 있었다.

이러한 시대상황은 이전부터 문사 또는 문필가로 독점적인 영향력을 구가했던 성직자의 지적 위세를 떨어뜨리게 만들었다. 거의 천여 년 동안 배타적으로 지적 우월권을 점유했던 성직자의 영역에 새롭게 문사인 지식인이 침투하게 된 것이다. 이 시기 대학 등의 고등교육기관도 본격적으로 만들어졌는데, 특히 19세기 독일에서 그러했다. 독일의 대학은 문화국민(Kulturnation)의 형성기관으로서 국가국민(Staatsnation)을 이루는 토대였다. 문화국민과 국가국민 형성에 앞장섰던 인사들은 교양 시민층(Bildungsb ürgertum)으로 불렸던 소수의 지식인들로 이들의 등장에 대해서는 다음의 글에서도 짐작할 수 있다.

교양 시민층은 직업적으로 ①대학교수, 고급 행정관료, 재판관, 김나지움 교사, 프로테스탄트계 성직자 등을 포함한 넓은 의미의 고급관료, ②의사, 변호사, 문필가, 예술가, 저널리스트 등 자유직업인 등으로 나누어지며 이 중에서도 특히 대학교수는 교양이념의 형성자였으며 교양 시민층의 이데올로기의 실천자로서의 교양 시민층의 핵심을 이루었다라

고 할 것이다.[7]

이 글에서 알 수 있듯이, 지식인의 형성에는 두 가지 성격을 찾아볼 수 있다. 첫째는 지식인으로 부를 수 있는 특정 인사들의 집단적인 성격이다. 일종의 동류의식을 가진 인사들 사이에 빈번한 지적 교류로 하나의 공감된 사회의식을 형성하게 되자, 이들의 지적 사유를 현실 사회에 적용시키기 위한 방안이 모색되었다. 여기에서 지식인으로서 정치사회적 활동도 집단적으로 나타났다.

둘째로 이들 지식인이 제공했던 지적 생산물을 구매하는 독서층이 형성되었다. 문자 보급으로 지식이 전파되자 일반 대중도 이를 학습하는, 한마디로 넓은 의미의 독서층이 형성되었는데, 여기에서 지식인의 지적 활동이 가능해졌던 경제사회적 기반을 마련할 수 있었다. 그러나 이렇게 등장한 지식인의 개념도 관점에 따라서 다르게 이해되고 있었다. 왜냐하면 지식인도 그 나름의 사회적 성격을 지닌 존재, 다시 말해 정치사회에 대해 일정한 주장을 제기하는 존재였다. 이들 지식인을 '새로운 계급'(new class)으로 규정해야 한다는 주장도 있지만 지식인의 개인적인 성격은 이미 기존계급에 투영되고 있기 때문에 그들만의 독자적인 계급일 수 없다는 반론도 제기되었다. 이와 달리 지식인은 탈계급적 속성을 지닌다는 견해도 있다.[8] 어느 경우나 지식인의 사회계급적 성격은 다양하게 논의되고 있다.

---

7 이광주, 《지식인과 권력: 근대 독일 지성사 연구》, 문학과 지성사, 1992, 45쪽.

8 Charles Kurzman and Lynn Owens, "The Sociology of Intellectuals" *Annual Review of Sociology*, no.28, 2002, p.63

이 시기 유럽의 지식인을 전제로, 지식인을 "일정한 관념(idea)을 생산하거나 전승, 전파, 보유하는 일에 종사하는 문사(men of letters)"라는 개념으로 설정하기도 한다.[9] 여기에서 '관념'은 일정한 가치체계를 의미하며 그 속에는 세계관과 시대성, 이데올로기 등을 담는다. 지식인은 이들 관념에 따라서 기존체제를 지지, 반대, 저항하는 등 다양한 태도를 보여 준다. 지식인은 일정한 자기 관념과 가치관에 의해 과거, 현재, 미래를 바라보며, 여기에는 사회구조나 개인, 집단 등도 포함하게 된다.

또한 이들은 같은 생각을 가진 지식인들끼리 어울리는 강한 결집력을 보여 주지만 때로는 다른 생각과 주장으로 분파를 일으킬 때도 있다. 그만큼 지식인은 개별적이면서도 집합적이고, 일치되면서도 분열적이다. 지식인은 자신의 관념에 따라 세상을 판단하기 때문에 때로는 그 시대의 이단자로 비판받을 수도 있지만, 이는 곧 주류를 대신할 대안적 가치를 모색하는 지적 활동으로 이해할 수도 있다.[10]

---

9 정치사회에서 지식인과 정치권력에 대한 개념으로는 다음의 글을 찾아볼 수 있다. Seymour M. Lipset, *Political Man*, Doubleday, 1960, p.311 그는 여기에서 "문화, 즉 예술이나 과학, 종교를 포함한 인간의 상징적인 세계를 창조하고 배분하며 응용하는 사람"들을 지식인이라고 규정했다. 이와 비슷한 관점에서 논의된 것으로는 Richard Hofstadter, *Anti-intellectualism in American Life*, Alfred A. Knopf, 1963, p.25; Edward Shils, "The Intellectuals and the Powers" *Comparative studies in Society and History* 1(October, 1958), p.5를 들 수 있다. 또한 Randall Collins, *A Global Theory of Intellectual Change*, Harvard University Press, 2000, p.19에서는 "지식인은 탈상황적 이념(decontextualized ideas)을 생산하는 사람"이라고 첫 구절에 적어 놓았다.

10 지식인의 논의에서는 두 가지로 나누어 설명한다. 하나는 intellectuals며 다른 하나는 intelligentsia다. 흔히 지식인이라고 할 때는 전자를 의미한다. 양자에 대한 구분에 대해서 Alvin Gouldner는 "앞의 것은 비판적, 해방적인 것에 관심을 갖는 존재며, 뒤의 것은 근본적으로 기술적인 지식에 관심을 두고 있다"고 구분했다. 이 점에 대해서는 다음 글을 참고할 것. 앨빈 굴드너, 박영신 역, 《지성인의 미래와 새 계급의 성장》, 이대출판부, 1983.

　지식인은 지식을 수단으로 생활하기 때문에 생활인으로는 문사, 한마디로 글을 통해 생활하는 사람이다. 문사에게 지식은, 그것이 정통적이든 도전적이든, 그들의 생존수단으로 활용된다. 그러므로 지식인은 자신이 만든 지식상품이 일반 대중에게 얼마나 적극적으로 수용되는가를 고려하게 된다. 다시 말하면 자신의 지식이 경제적 요건을 충족해 줄 '잘 팔리는 상품' 으로 대중에게 구매되는가의 여부를 고려하는 것이다. 왜냐하면 지식은 그 자신이 생산 판매하는 상품이며, 이것이 잘 팔릴수록 자신의 경제생활도 보장받을 수 있기 때문이다. 그러나 지식상품도 대중의 기호와 선택에 따라 수요가 결정되기 때문에 지식인은 대중의 기호까지도 창출해서 유행시켜야 하며, 따라서 지식시장의 수요에 관심을 기울일 수밖에 없게 된다.

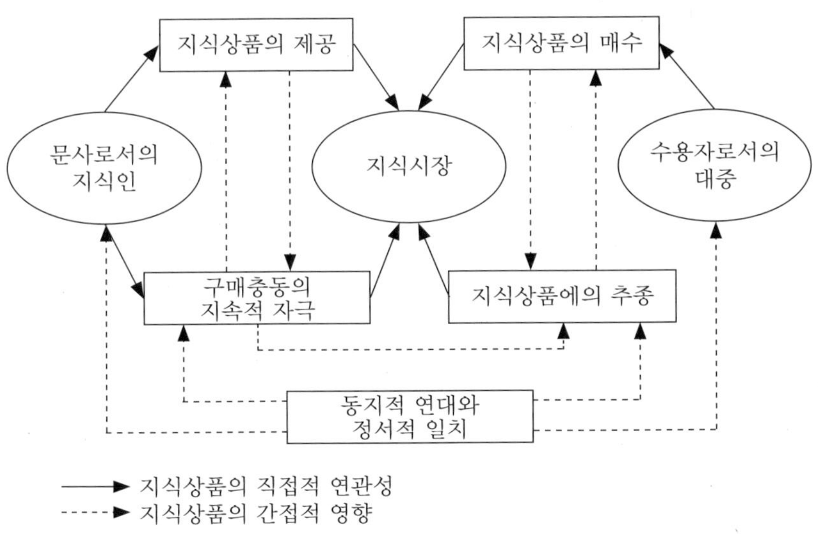

그림 1. 지식상품의 생산과 유통망의 전개

지식인과 일반 대중과의 관계를 지식상품의 수요 공급이라는 틀에서 생각해 보면 〈그림 1〉으로 표시할 수 있다.

이 그림에서도 알 수 있듯이, 지식인은 지식시장에서 구매자인 대중과 수요-공급의 관계망을 형성한다. 지식인 자신이 직접 지식을 생산할 수도 있고, 만들어진 지식을 지식시장에 옮겨 판매할 수도 있는데, 이러한 활동을 통해서 자신의 생활을 위한 물적 기반을 마련할 수 있다. 때로는 팔려 나간 지식을 보수하거나 보강하기도 하며, 판매된 다른 지식을 심사 평가함으로로써 일반대중의 지식 수요와 선택에 도움을 줄 때도 있다.

결국 지식인의 사회적 위치는 그 자신이 생산한 지식상품의 수요에 따라서 결정된다고 말할 수 있다. 지식인에 의해 제공되는 지식상품은 그의 주장이나 이념일 수도 있지만, 때로는 대중의 저급한 욕구에 부응하기 위한 불량상품인 경우도 있다. 지식상품에는 노래, 연극, 영화, 소설, 시와 같은 예술 창작물도 있고, 새로운 이념이나 변혁을 주창하는 이데올로기나 이론도 있으며, 심지어는 기존체제를 공격하는 선언문도 들어있다. 때로는 이들이 서로 뒤섞인 경우도 있고, 시가와 아름다운 회화, 또는 영화나 노래에다 특정 정치이념이나 이데올로기를 포함시킴으로써 기존체제를 공격하고 변혁적인 체제로 지향하려는 의도도 찾아볼 수 있다.

지식시장에서 거래되는 지식상품의 구매자는 학생, 일반인, 그리고 지식인 자신이다. 지식상품의 거래가 활발해야 새로운 이념이 보급될 수 있기 때문에, 언론기관, 출판, 잡지, 방송, 영화, 음반 등에 이러한 판매에 직간접으로 영향을 미칠 수 있는 각종 소개나 평론이 실리게 된다. 지식시장에서 지식상품의 유통과 연관된 사람들, 가령 언론기관의 논설이나 칼럼 집필자, 새 음반을 출간하는 음악인, TV의 코미디언 등도 지식상품의 판매에 직간접적으로 관여함으로써 지식시장의 거래에 영향력을 미칠 때도 있다. 이들은 현대사회에 들어와서는 새로운 문화 권력자로 떠오르고 있다. 이러한 사실을 고려할 때 지식상품의 차원에서 지식인의 범주를 아래와 같이 정리해 볼 수 있다.

- 각급 학교 교사
- 신문, 방송 등 언론기관 종사자
- 사찰, 교회, 성당 등 종교지도자
- 시민단체의 지도자
- 작가, 예술가, 연예인
- 기타

결국 이러한 범주는, 지식인이 사실 일정한 특성을 갖는 사회적 집단이라기보다, 지적 논의를 제기할 수 있는 어느 누구라도 곧 지식인이라는 사실을 보여 준다. 그러나 이들도, 앞에서 적었지만, 그 나름의 관념(idea)을 가져야 하며, 그것의 지향에 직간접으로 영향력을 미칠 수 있어야 한다. 또한 그것에 대한 지지와 반대로 자신의 정치사회적 위치도 설정해야 하고, 주변 사람들에게 그것을 전달하거나 학습, 전승시킬 수 있는 영향력도 수행해야 한다. 따라서 지식인은 단순히 지적 상품의 수용자로서의 생활인이라기보다는 일정한 관념의 소유자며, 이를 대중 속에 직간접으로 전파하는 구실을 수행한다고 할 수 있다.

4

'만들어진 지식인' 의 한계

현대사회에서는 지식시장의 영역이 넓어졌고 그 영향력도 높아졌다. 지식인이 저술한 서책이나 창작물이 광범하게 유통되고 그들의 주장이 전파됨으로써 그들의 존재는 점점 더 부각되고 있다. 이러한 과정을 거쳐 지식인들은 기존체제나 사상을 공박하는 주장도 내놓고 여기에 동조하는 추종자들에 따라 조직체도 형성함으로써 그 분야에서 지도적인 인사나 시대적인 선각자로 존경받기도 한다. 한번 이러한 관계망이 형성되면, 그 지식인의 지식상품은 더 넓은 판매망을 구축하게 되고 그의 지적 상품을 구매한 대중과는 깊은 정서적 관계망을 형성하며, 마침내 '주창자-추종자' 의 관계가 형성된다.

그러나 대중이 존경하는 지식인은 그들의 생각과 다른 경우가 대부분이다. 대중이 존경하는 지식인과 실제 그 지식인 사이에는 큰 거리를 보여 주기도 하는데, 추종자들은 그들이 존경하는 지식인을 자신들의 취향에 따라서 상상하거나 그럴 것이라는 기대감으로 그를 '만들어진 지식인' 으로 변모시키게 된다.

이처럼 지식인과 대중과의 관계에서 발생할 수 있는 비극은 광신적인 추종자가 되어버린 대중에 대한 지식인의 대응에서 비롯되기도 한다. 그들의 대응은 다음 몇 갈래로 나타난다. 하나는 지식인 자신이 대중이 생각하는 지식인과 무관한 그 나름의 존재성을 강조하면서 스스로를 지키는 경우다. 이는 본래의 자기 존재성, 다시 말해 대중의 존경에서 빚어진 '신화적인 존재'에서 벗어나 그 본래 모습을 유지하려는 노력이다. 자신이 추종자가 생각하는 선구자나 해방의 기사(騎士)가 아님을 밝히며 대중의 관심권에서 벗어나기 위해 애쓰기 때문에, 때로는 지식인과 추종자 사이에 긴장이 조성될 때도 있다. 그러나 대중은 일종의 집단 최면상태에 빠졌기 때문에 그들이 숭앙하는 지식인이 신화적인 존재로 남아주기를 요구하게 된다. 이렇게 되면 지식인은 그를 추종하는 대중이 만들어 놓은, 마치 '마구 달리는 신화의 기관차'에 올라타야 하거나 뛰어내려야만 한다. 무서운 속도로 달리는 기관차에서 뛰어내린다는 것은 부상을 입거나 사망을 의미할 뿐이다.

이와 달리, 달리는 기관차에 그대로 앉아 있으면 광신적인 대중의 요구로 그는 종교적 예언자처럼 행동해야 한다. 대중의 정신적 지도자로, 미래의 역사를 예견하고 현실 과제의 해결책을 제시하는 등, '만들어진 지식인'의 구실에 충실해야 하기 때문이다. 이런 상황에 놓이게 되면 그의 주장은 실증이나 비교 성찰의 논리에서는 멀어진 채 오직 대중 선동만을 되풀이하는 성격을 보인다.

또 다른 선택은 스스로 '탈속적인 기인'처럼 행동하는 경우다. 이렇게 하면 신화적인 지도자의 위치에서 벗어나 '친밀한 기인'으로 존재하며, 따라서 그의 일상은 사람들의 호기심을 모으고, 그의 언설이나 책자는 많은 사람들에게 회자되는 등 그의 특이함을 인정받게 됨으로써 그 자신의 논의도 어느 정도 유지할 수 있게 된다.

이처럼 '만들어진 지식인'의 비극적인 귀결은 자신의 지식상품이 지나치게 대중 속으로 전파될 때 생기는 현상일 수 있다. 지식인도 생활인이기 때문에 삶을 유지하기 위해서는 자신의 지식상품이 대중으로부터 많은 관심과 수요를 창출해 낼 수 있도록 노력해야 하는데, 이것은 결국 '만들어진 지식인의 비극'으로 나아가는 빌미가 될 수도 있다.

특히 정치문제에 대한 지식인의 발언이나 참여는 그를 지지하는 대중에게 뜨거운 초점이 되고 문제 해결에 도움을 줄 수도 있다. 그러나 이러한 지식인도 대중의 환상에서 벗어나기가 힘들며, 따라서 여기에는 지식인과 대중의 관계 설정 문제가 제기될 수밖에 없게 된다.

그렇다면 지식인은 대중에게 어느 정도로, 어떤 방식으로 다가서야 할까? 이 물음에 대한 일률적인 대답은 있을 수 없다. 다만 지식인은 자신의 지적 논리를 모색하고, 그것이 정답이기보다는 다소 부족한 것임을 스스로 인정하면서, 계속해서 새롭게 다듬으려는 지적 모색을 보여 주어야 한다. 그렇게 해서 얻어진 지적 논리를 바탕으로 현실문제의 해결로 뛰어드는 것이 합당할 수 있다.

지식인의 현실참여는 시대와 상황에 따라 각기 다른 모습을 보여 주었다. 지식인의 활동이 활발했던 18세기 유럽만 해도 지식상품의 유통망은 극히 한정적이었다. 그렇지만 지식인들은 대부분 중상층 출신이었기 때문에 경제적인 고통에서는 벗어날 수 있었다. 게다가 지식인의 숫자도 한정되었기 때문에 그들 상호간에 활발한 지적 교류가 이루어질 수 있었다. 19세기로 접어들면서 지식시장이 본격적으로 형성되고 독서층이 일반 대중에게로 확대되자 지식인들은 더한층 공적 문제에 대해 관심을 두게 되었다. 이때부터 같은 생각이나 지향성을 가진 지식인들 사이에는 더욱 빈번한 교류가 이루어졌고, 경쟁적으로 자신의 주장도 발표할 수 있었다. 그리고 마침내 동질적인 지향성을 가진 지식인들끼리 집단을 만들었는데, 여기에서 빚어졌던 지식인의 모습이 프랑스 제3공화정의 드레퓌스(Alfred Dreyfus) 사건에서 드러났다. 이것에 연관된 지식인들을 드레퓌스파로 불렸는데, 이들은 기존체제에 대해서 집단적으로 공격을 감행했다. 당시 드레퓌스 사건의 대표적인 지식인인 에밀 졸라(Emile Zola)나 아나톨 프랑스(Anatole France) 등이 보여 주었던 지적 영향력은 지식인의 행동이 정치적인 결정에 직접적으로 영향력을 미칠 수 있다는 사실을 여실하게 보여 주었다.

지식인들이 조직체를 만들어서 지적 정보를 교류했음은 시대나 지역에 따라 차이를 보여 주었다. 18세기 이후 프랑스의 지식인 조직체는 대부분 시민의 복지 증진에 관심을 두었는데, 대표적인 지식인으로는 디드로(Denis Diderot), 볼테르(Voltaire, François-Marie Arouet)와 같은 백과전서파(The Encyclopaedists)를 들 수 있다. 한편 영국에서는 박물학에 대한 관심이 고조되었고 새로운 과학 실험과 탐험이 적극적으로 전개되고 있었다. 부유한 귀족과 상층 부르주아지들은 이들 지식인들에게 재정적 지원을 제공하는 것을 명예로운 일로 여겼다.

후발 사회였던 독일에서는 독일의 현실, 구체적으로 말해 분열된 봉건체제를 극복하고 통일을 모색하면서 독일적인 가치 관념에 바탕을 둔 주체적인 학문 정립을 위한 논리화에 온 힘을 쏟고 있었다. 특히 이들의 지적 활동에서 얻어진 결실은 국가의 존재성과 구실에도 새로운 의미를 부여했을 뿐 아니라 독일의 국가주의 발전에 한 계기가 되었다.

이처럼 유럽의 지식인들은 그 시대의 중요 과제를 다루면서 지속적으로 지적 교류를 나누고 있었다. 그들은 지적 교류의 장(場)으로 연구실이나 강의실 또는 한촌의 조그만 방을 이용했으며 거리의 커피 하우스나 살롱, 때로는 한적한 거리의 모퉁이에서도 뜨거운 논박을 주고받았다. 따라서 18세기나 19세기만 해도 유럽 곳곳의 지식인의 모임에는 '커피나 홍차, 시거 및 돋보기'가 상징물처럼 애용되었다. 그들은 커피나 홍차로 목을 축이면서 긴 담론을 이었고, 때로는 시거를 물고 깊은 사색에 잠기기도 했다. 사색과 비판이 거듭될수록 증거물로 제시된 고문헌이나 회화의 한 조각까지도 세밀하게 살펴보기 위해 돋보기가 중요한 확인 도구로 활용되었다.

당시 지식인 사회를 주도했던 특정 논리는 항상 찬반의 격한 토론을 몰고 왔다. 이들은 열띤 비판으로 잘못된 것들을 걸러 냈으며, 그 때문에 지적 사유가 더욱 세련될 수 있었다. 이러한 과정을 거치기 위해서 지식인의 주장은 다른 지식인에 의해 비판받는 제도적 장치를 필요로 했는데, 이 과정을 거쳐 웬만한 지적 논리는 한 번쯤 여과될 수 있었다. 이러한 과정 없이 지식인의 주장이 다른 지식인에 의해 걸러지지 않고 지식시장으로 마구 유입되었다면 그들 사회도 선동적 지식인이 주도하는 지식사회로 전락되었거나 매명주의자들에 따라 주도되었을 것이다. 특히 특정 지식인 중심의 패거리가 등장해서 그들끼리 서로 격려 지지하면서 지식시장을 독점하는 반지성적 상황도 불러왔을 것이다.

비서구 사회에서는 유럽 사회와는 다른 모습의 지식인이 등장했다. 비서구 사회의 지식인은, 앞에서 살펴본 서유럽과는 달리, 19세기에서 20세기 초기까지 지적 가치의 탐구나 지적 담론에만 매달릴 수 없는 상황에 놓여 있었기 때문이다. 당시 비서구 사회는 서구의 식민지로 전락되었고, 서구 제국주의가 이 지역의 경제사회적 가치를 강탈해서 고스란히 서구 사회로 가져갔으며 제국주의자들의 폭압적 통치에 유린당하는 치욕의 역사를 겪고 있었다. 그 때문에 이들 사회의 전통문화도 처절하게 붕괴되고 있었다. 이러한 상황에서 비서구 사회의 지식인들은 ①민족해방의 논리를 적극 수용하게 되었고, ②제국주의에 맞서는 반제 투쟁에 진력했으며, ③민족-민중의 결집으로 근대국가의 실현에도 앞장서야 했다.

이는 곧 비서구 사회 지식인들을 ①민족주의나 사회주의와 같은 이데올로기적 지향성으로 나아가게 했으며, 이것에 따라 민족의 자각은 물론이고 식민지 지식인의 논리적 기반도 마련했다. ②지식인의 사명은 무엇보다도 국권회복이었기 때문에, 그들은 직접 정치지도자로 나서서 적극적으로 활동할 수밖에 없었다. ③독립을 쟁취하고 근대 국민국가로 발전하기 위해서는 근대성의 수용과 민족적 통합을 우선과제로 삼아야 했다. 이는 이들이 서구의 지식인과는 달리 정치적인 성격으로 나아갈 수밖에 없었으며 이데올로기적인 성격을 강하게 띠게 되었음을 의미했다. 이들은 서구 근대국가의 발전논리나 양식을 적극적으로 모방하면서도, 서구 지식인들의 '지적 담론'을 한가한 청담으로 여길 때도 있었다. 왜냐하면 이들에게 주어진 당면 과제는 생활이 아닌 생존이었으며, 민족독립과 민중해방의 이념적 실천자로 나서야 했다.

이처럼 비서구 지식인들은 민족주의 주장자였으며 민중해방을 위한 정치적 지식인이기도 했다. 기존 정치가들은 대부분 왕조의 지배세력이거나 제국주의와 연계된 인사들이었기 때문에 극복의 대상이었으며, 이들을 대신해서 민족주의적 지식인이 권력을 장악해야 한다고 생각했다. 따라서 이들은 예외 없이 정치적 지식인의 길을 택했다. 이렇게 이들은 권력을 장악하려는 정치적 지식인으로 나서기도 했으나, 다른 한편으로는 민중계몽의 구실로 교사, 문인, 언론인으로도 활동하기도 했다.

'비서구 지식인=민족적 지식인=정치적 지식인'의 등식이 성립되었던 상황에서, 이들은 자기 관념에 대한 객관적인 성찰을 생략한 채 오직 특정 이데올로기에 따른 상황 극복에 힘을 쏟았다. 특정 이데올로기로 민족독립과 민중해방을 이룩하려는 '이데올로기의 정치'에 전념했기 때문에, 이데올로기에 대한 객관적인 성찰은 아예 엄두도 내지 못했다. 그들은 오직 그 이데올로기의 순교자가 되는 것만이 지식인의 사명으로 여겼다. 때로는 민족을 위한다면서도 민족보다 이데올로기를 더 중시했기 때문에 이데올로기의 한계점에 대해서는 애써 외면하려 했다.

이들은 이데올로기를 강조하는 것만으로도 민중으로부터 추앙받는 지도자일 수 있었는데, 이 과정은 '만들어진 지식인'의 전형적인 모습이기도 했다. 이들 지식인에 의해서 강조된 이데올로기는 민족과 민중의 복음처럼 선전되었고, 이것은 오직 그들에 의해서만 실현될 수 있다는 믿음으로 확산되었다. 이러한 과정을 거쳐서 민중의 추앙을 받았던 '만들어진 지식인'들은, 결국 추종자에 따라 만들어진 제단 위로 올라앉아야 했다. 때로는 이들 자신이 그 제단에서 민중의 제물로 바쳐질 때도 있었고, 때로는 민중을 호령하는 통치자로 군림하기도 했는데, 이러한 모습은 20세기 비서구 식민지에서 쉽게 찾아볼 수 있다.

말할 것도 없이 이들의 모습은 '이데올로기 시대'의 전형적인 성격이었다. 현실에 바탕을 두고 미래지향을 추진해야 할 정치적 지식인은, 기존의 이데올로기로 자신의 정치욕망을 추구하려 했으며, 이는 민족적 지식인에서의 이탈로 이어졌다. 그러면서도 이들은 '억눌린 민중'과 '위대한 민족', '찬란한 역사'를 주장하며 민중의 선동에 주력했는데, 이것이야말로 '만들어진 지식인' 뿐만 아니라 추종자인 민중에게도 큰 해악을 끼치게 되는 요인이었음은 분명하다.

5

정치적 지식인의 인식 관점

지식인과 정치권력의 관계는 숙명적일 수도 있다. 앞에서도 말했듯이, 지식인은 현실 상황을 분석 비판하고 대안을 제시하는 과정에서 정치권력과 관계를 맺게 된다.[11] 이러한 관계는 지식인 개개인이 갖는 정치적 관점에서 비롯되며, 이 관점 자체가 지식인의 정치참여를 유도하는 요인이기도 하다. 지식인이 권력에 접근하는 것은 개인적인 속성일 수 있지만 현실의 정치상황이 지식인을 정치에 참여하도록 유도할 때도 있다.

지식인이 현실정치를 바라보는 관점은 크게 다음과 같이 구분해 볼 수 있다. 하나는 권력정치의 관점이며, 다른 하나는 시민정치의 관점이다. 첫 번째는 정치를 지배자에 의한 권력의 행사과정으로 인식하며, 정치는 권력을 점유한 소수 지배세력에 의해서 배타적으로 점유 행사된다고 생각한다. 겉으로는 국민 대다수가 정치에 참여하고 그들의 의사에 따라 '우리들의 정치'가 행해진다고 주장하지만 실제로 현실정치를 움직이는 것은 특정 정치가나 소수의 지배세력이라고 생각한다. 이는 '소수지배자의 원칙'이

---

11 이 점에 대해서 지식인의 구분을 전통적 지식인과 운동에 관여하는 지식인으로 구분해서 설명하려는 논의를 찾아볼 수 있다. 조대엽, 〈지식의 정치와 사회운동: 사회운동에 관한 지식 형성론의 이해〉, 《비교사회》 제3호, 2000, 105쪽.

현실정치에 적용된 것으로, 정치 발전을 위해서는 특정 지배세력이 전제될 수밖에 없음을 뜻한다. 따라서 정치에 참여해서 현실정치를 변화시키려는 지식인이라면 그 자신이 직접 소수의 권력자나 지배집단의 일원으로 참가할 수밖에 없다고 생각한다.

그러나 이와는 달리, 정치는 그 정치에 속하는 모두의 의사로 결정되어야 하며, 정책 결정도 이러한 성격을 반영해야 한다는 것이 두 번째 관점이다. 이 논리에 따르면, 한 사회의 정치는 소수 인사들이 주도하는 것으로 생각될 수 있지만 여기에도 반드시 다수의 지지가 바탕이 되어야 하며, 그 때문에 정치사회의 대다수 구성원인 시민이 정치의 주도세력이 되는 시민정치로 자리 잡아야 한다는 것이다. 이 논리를 주장하는 사람들은 정치란 특정 지도자나 지배세력에 의한 '소수지배자의 원칙'에 따르는 것이 아니라, '우리들 모두가 참여하는 정치'라야 한다는 것이다. 바로 여기에서 '우리'는 정치의 주체인 시민이기 때문에, 현실정치야말로 우리들 시민의 몫이며 시민의 의사와 욕구가 정치에 곧장 반영되어야 한다는 것이다. 시민을 정치의 주체로, 종국적인 책임자로 여기는 이러한 주장이야말로 시민정치의 핵심이다.

지식인도 권력정치의 관점과 시민정치의 관점 가운데 어느 한 편으로 기울어진다. 그 자신이 직접 권력자로 나서서 지배세력의 일원이 되어 정치사회를 이끌어야 한다고 생각하면, 이는 곧 권력정치의 관점에 서 있음을 의미하게 된다. 이러한 관점에 선 지식인의 경우 권력에 접근하기 위해 집권세력과 적극적인 관계를 맺으면서 직접 자신이 권력자의 위치로 올라서야만 자신이 구상했던 정치사회도 이룩할 수 있다고 생각한다. 이 과정에도 다수의 지지를 필요로 하지만 그것은 오직 그의 권력장악을 위한 명분이며, 실제로는 소수 지배자에 의한 통치만이 현실정치의 본질이며 더 나은 정치를 이끌어 갈 수 있는 방법이라고 믿는다.

그러나 시민정치론을 믿는 지식인도 적지 않다. 이들은 시민의 정치의식을 고양시키고 적극적인 정치참여로 정치사회의 발전을 이룩할 수 있다고 확신한다. 이렇게 되어야만 정치사회가 발전된 미래로 나아갈 수 있기 때문에 정치참여는 시민으로 하여금 자발적이고도 주체적으로 하도록 해야 하며, 따라서 시민의 정치적 각성과 참여가 중요하다는 것이다. 이들은 시민을 이끄는 지도자가 아니라 시민과 함께하는 동반자며 그들의 대변인으로 자처하면서 시민의 정치참여의 선두에 서야 한다고 생각한다. 이들은 엘리트 중심의 권력정치를 공박하면서 그것을 시민정치로 전환시킬 때 올바른 정치로의 지향도 가능하다고 믿고 있다. 그 때문에 지배세력이나 엘리트는 극복의 대상이며 권력정치론의 관점도 배격되어야 한다. 이를 대신해서 시민정치가 펼쳐지는 새 세상을 일구는 것이야말로 정치의 지향 과제라는 것이다.

대부분의 지식인은 기존의 정치권력에 대해서 비판적인데, 이러한 비판이 더 큰 발전적 정치사회를 위한 논리적 전제라고 생각한다. 지식인은 기존의 정치권력은 현실이지만 정치에 대한 자신들의 사유는 이상적일 수 있다고 생각한다. 그 때문에 지식인, 특히 정치적 지식인과 정치권력과의 관계는 다양하게 전개될 수 있다. 권력정치의 관점과 시민정치의 관점 가운데 어느 편에 더 많이 기울어지는가에 따라서 정치적 지식인의 인식이나 행동도 달라질 수 있기 때문이다. 이러한 사실을 전제하면 다음과 같은 세분도 가능해진다.

- ▨ 도학자적 지식인
- ▨ 권력적 지식인
- ▨ 저항적 지식인
- ▨ 인퇴적 지식인

정치적 지식인 가운데 도학자적 지식인은 권력의 정상부로 근접할 수 있는 가장 유리한 위치에 있으며, 학문적으로도 높은 수준의 학자로 평가받기 때문에 정치사회에서 필요로 하는 지식을 제공할 수 있는 능력자로 평가된다. 사실 이들은 현실정치에 참여하고 싶었지만, 일정기간 학문연구에 정진함으로써 사회적인 존경도 받고 마침내 지배세력의 관심도 끌 수 있게 된 경우다. 정치적 변동이나 위기상황에서 지배세력은 이들에 대해서, 이른바 삼고초려의 예우로, 고위 관직으로 초빙하게 된다. 이렇게 관직에 나서게 된 도학자적 지식인은 자신의 정치적 논리를 현실정치에 적용하고자 노력한다. 이들은 정치현장에서 권력투쟁보다는 학문적인 전문성 발휘에 관심을 두게 된다. 그러나 이들 또한 정치적 지식인이기 때문에 한번 관직이나 정치에 참여하게 되면 지속적으로 정치활동을 전개하려는, 전형적인 정치적 지식인의 성격을 보여 준다. 이들은 자신의 정치참여가 학자로서 개인적인 희생이지만 시대의 요구에 따른 것으로 자위하면서 정치참여에서 만족감을 즐긴다.

두 번째 유형인 권력적 지식인은 처음부터 정치권력으로 다가서서 직접 권력의 행사자로 나서려는 모습을 보여 준다. 이들은 정치권력과 관계를 맺어야만 자신의 학문적, 정치적 의지가 관철될 수 있다고 믿기 때문에 정치참여에 대한 열정도 일반 정치인의 그것과 별 차이가 없다. 이들에게 지식은 자신이 정치권력자로 활동하기 위한 수단이고, 그것을 통해 사회와 국가에 이바지 하는 것이 자신의 지적 지향이라고 믿고 있다. 그러므로 지식인이 보여 주어야 할 비판적인 논리체계보다는 정치참여의 열정을 더 많이 보이며, 이를 거쳐 정치적인 효과의 확보에 더 큰 의미를 두게 된다. 때로는 이들에게 '어용'이라는 오명이나 '정치권력자의 시녀'라는 비난이 따를 때도 있다. 그는 이러한 비난을 감수하면서까지 꿈꿔 온 정치적 미래를 실현하려는 정치참여야말로 지식인의 사명이라고 강변한다.

셋째로 시민정치의 관점에서, 기존 정치의 변혁을 이룩하고자 자신이 앞장서야 한다는 생각으로 정치에 참여하는 경우도 있다. 이들은 기존의 정치권력은 변혁의 대상이며 이 과제를 위한 투쟁이야말로 지식인의 사명이라고 여긴다. 때로는 기존 정치권력과 밀접한 관계를 맺기도 하지만 그것은 어디까지나 기존체제의 변혁과 새로운 혁명을 일으키려는 수단으로 생각하는데, 이 경우 또한 궁극적인 지향은 현재가 아닌 미래에 두고 있다. 부정과 부패의 온상인 현실정치를 고치는 길은 혁명적인 변혁밖에 없으며 그렇게 해야만 지식인이 꿈꾸는 이상사회도 이뤄질 수 있다고 믿고 있다. 그뿐 아니라 정치 구성원의 가치 실현도 지식인의 변혁적인 참여와 주도에서만 가능하기 때문에 지식인이야말로 사회혁명의 전령사이자 전사가 되어야 한다고 확신한다.

이들은 기존 정치사회의 부패와 타락을 고칠 수 있는 방법은 혁명적인 변혁밖에 없다고 믿는다. 그 이외의 방법은 표면적으로만 현실문제를 치유할 뿐이지 실제로는 부정과 부패, 타락을 더 깊이 뿌리내리게 한다는 것이다. 그러므로 지식인의 임무는 현실을 극복하고 미래를 창조하기 위해서 기존체제에 맞서는 것이라고 생각한다. 이러한 성격의 지식인을 저항적 지식인이라고 부를 수 있다. 그리고 이들은 기존체제에 맞서는 열정과 미래를 창조하려는 변혁적 의지에 따라서 개혁적인 경우와 혁명적인 경우로 구분할 수도 있다.

넷째로 정치적 지식인 가운데 현실에 실망했을 뿐 아니라, 정치적 미래에도 자신의 꿈과 열정을 실현할 수 없음에 절망해서 자기만의 세계 속으로 칩거하려는 지식인도 있다. 이들은 비록 현재는 칩거 상태에 있지만 정치참여의 기회가 주어지면 정치적 지식인으로 적극적인 참여를 보여 줄 정도로 정치에 대한 관심을 그대로 지닌 경우이다. 당장 현실정치에 참여하지 않는 것은, 현재의 정치상황이 자신의 참여를 가로막는다거나 자신의 참여 열망이 그것을 넘어설 정도로 강하지도 않으며 여건도 조성되지 않았다고 생각하기 때문이다.

이러한 지식인은 개인주의적 의식은 강해도 정치사회에 대한 개혁의지나 참여 열정은 약하기 때문에 정치의 현실에서 벗어나서 인퇴적인 성격을 보여 주게 된다. 이들은 정치현실에서 물러나 자신만의 '고독한 성채'를 구축해서는 그 안에 칩거함으로써 정신적 만족감을 얻기도 한다. 때로는 현실 정치세계의 흐름을 불신하는 배격적인 태도를 보여 주기도 하며, 현실정치와의 연계를 반지성적인 것으로 무시할 때도 있다. 그러면서도 내면적으로는 끊

임없이 자신이 갈구하는 정치의 실현에 앞장서고 싶은 충동을 느끼게 된다. 그러나 그것은 이루어질 수 없는 꿈임을 잘 알기 때문에 그는 점점 더 정치에서 멀어지는데, 이러한 지식인을 인퇴적 지식인으로 규정할 수 있다.

정치적 지식인의 유형은 처음부터 정해진 것은 아니다. 상황에 따라서 어느 하나에서 다른 하나로 옮아가기 한다. 도학자적 지식인에서 권력적 지식인으로 변모되기도 하고, 저항적 지식인에서 어느 순간 권력적 지식인으로 변모되는 경우도 있다. 심지어 도학자적 지식인에서 저항적 지식인이나 인퇴적 지식인으로 전환하는 경우도 찾아볼 수 있다.

이러한 정치적 지식인의 위치 변경은 다음 사실과 연계되어 있다. 하나는 지식인 자신의 정치적 관점의 변화 때문이다. 앞에서도 말했지만, 권력정치나 시민정치의 관점 가운데 어느 한편에 서 있다가 어느 순간 현실 정치상황과 자신의 정치적 지향성 사이의 연관성으로 인식 관점이 바뀔 수도 있는데, 이렇게 되면 지식인의 정치적 참여 유형도 변하고 만다.

다른 하나는 지식인의 계급적인 열망 때문이다. 지식인에게 사회계급은 자신의 사회적 토대며 그가 이룩하려는 정치사회의 한 상징일 수 있다. 어느 계급을 위한 정치적 지향인가는 지식인 자신에 따라 설정되기 때문에, 이들은 현재의 계급과 미래의 계급 사이에서 갈등할 때도 있다.[12]

---

12 지식인과 계급의 문제는 크레인 브린턴(Crane Brinton)이 설명했다. 그는 엘리트 상승화의 순환이 차단되면 대부분의 경우 혁명적인 상황으로 치달리게 된다고 단정했을 정도로, 지식인의 수적 증대와 지식인의 계급적 상승화 사이의 반비례관계는 사회혁명의 원인이 될 수 있다고 주장했다. Crane Brinton, *The anatomy of revolution*, W.W. Norton, 1938, p.78

대부분의 지식인은 자신의 소속된 계급과 무관하게 현실에 대해서는 급진성을 보여 준다. 이들은 정치현실과 자신과의 관계에 대한 관심이 크기 때문에, 정치에 대해서는 늘 그 나름의 감정을 쏟아 낸다. 그 때문에 부르주아적 지식인은 더욱더 보수적인 주장을 내세우고, 프롤레타리아화한 지식인은 더 과격한 성격을 주장하게 된다. 물론 이들의 계급적인 주장도 특정 이데올로기로 합리화되기도 하는데, 이 경우 이데올로기는 그의 주장을 합리화하는 논리적 근거이기도 하다. 지식인에게 자기 계급에 대한 인식이나 이데올로기적 지향은 자신의 전체성을 반영하며, 자신을 잉태하고 길러 준 사회의 산물이며 역사적 결과물이라고 생각한다.

이러한 사실은 한국의 지식인, 특히 해방정국의 지식인에게도 예외는 아니었다. 이 시기 한국의 지식인이 정치권력에 강한 지향성, 다시 말하면 정치적 지식인으로 정향은 전적으로 그 당시의 정치현실과 그가 놓여 있었던 사회적 위치에서 초래된 결과라고 할 수 있다. 비서구 식민사회의 참담한 고통을 경험해야 했던 한국 사회에서, 제국주의의 침탈을 극복하고 민중해방을 이룩하려 했던 이들 지식인에게 민족주의-사회주의의 이념적 지향성에서 벗어나기가 어려웠음도, 이러한 상황에서 이해될 수 있다. 그뿐 아니라 약탈과 빈곤에 신음했던 민중의 고통을 생각하면 쉽사리 급진적 이데올로기, 그것이 사회주의거나 다른 어떤 것이거나 간에, 그쪽으로 기울어지지 않을 수 없었을 것이다.

그 당시 정치의 현실을 시민정치의 관점에서 바라보기에는 시민사회의 미성숙을 떨쳐 낼 수 없었을 것이고, 시민사회의 형성을 추구하기에는 너무나 많은 시간을 필요했기 때문에 그들은 시민정치보다는 권력정치의 관점으로 기울어졌을 것이다. 스스로 정치적 지식인이 되어 권력정치의 관점에서 당장이라도 민족독립과 민중해방을 실현할 근대 국민국가를 이루고 싶다는 열망을 억누를 수가 없었을 것이다.

그렇다고 해방정국에서 정치적 지식인의 정치지향이나 행동이 모두 이해될 수 있다거나 긍정적으로 평가될 수 있다는 뜻은 아니다. 왜냐하면 이 시기 정치적 지식인의 주장이나 참여는 대부분 자신의 정치 야망의 실현을 위해서였으며, 정치적 주장도 그 자신이나 집단만을 위한 논리로 시종했기 때문이다. 이들의 정치참여는 기껏해야 특정 정치인의 권력정치를 합리화해 주는 것에 지나지 않았다. 그뿐 아니라 이 과정에서 그 자신도 재화와 지위의 확보에 몰두했기 때문에 개인적인 야심의 충족에 급급했다는 비난에서 벗어날 수 없었음도 분명했다.

그럼에도 전가(傳家)의 보도(寶刀)처럼 활용했던 이데올로기의 한계는 정확하게 인식해야 했다. 해방정국에서 지식인이 보여 준 이데올로기에 광적인 편집과 소영웅주의적 행태는 결국 '지식인의 비극'으로 귀결되었으며, '비정상적인 한국 정치'를 정초(定礎)시킨 한 계기가 되었기 때문이다. 권력을 추구했던 정치적 지식인의 이데올로기적 함성이나 권력자의 시녀로 복무했던 몇몇 정치적 지식인의 일상이야말로 지성사의 비극이었다. 이는 곧 한국 지식인의 지적 담론의 한계와 정치적 지식인의 비극적 종말의 한 모습이었다. 이러한 사실을 유념하면서 한국의 지식인이 왜 정치적 지식인으로 전신(轉身)했으며, 이데올로기적 지향성을 강하게 추구했는가를 다음 장에서 살펴보기로 하자.

제3장
근대적 지식인과 정치적 지식인

1

전통적 지식인의 종교적 기반

한국의 정치사는 정치적 지식인의 통치사라 해도 틀리지 않는다. 국가의 수장인 군왕이나 왕족, 권문세가 등이 권력구조의 최상층을 점했지만 그 체제의 실제 운영은 정치적 지식인, 특히 권력적 지식인이 맡았다. 이들은 정치권력과 일정한 관계를 맺고 자신들의 욕구를 성취했다. 이들의 목표는 고위 관직의 점유며, 그것만이 자신의 권력적 욕망을 실현시킬 유일한 수단으로 여기고 있었다. 한국 정치사에서 이름난 지식인치고 고위 관직자로 출사(出仕)하지 않는 사람이 없었음도 이를 말해 주고 있다. 여기서는 왜 한국의 지식인이 역사적으로 정치적 지식인으로만 일관되었는지를 살펴보면서, 그것이 한국에서 정치적 지식인, 특히 권력적 지식인의 틀을 형성하고 동시에 지속성을 가지게 된 요인이 무엇인가를 밝힘으로써 한국 정치의 전개에서 그 성격과 영향을 살펴보려고 한다.

한국 정치사에서는 권력적 지식인을 시대에 따라 전통적, 근대적, 현대적으로 구분해서 생각해 볼 수 있다. 전통적인 권력적 지식인은 지적 기반을 바탕으로 삼아 정치사회를 이끌려 했는데, 이점은 권력적 지식인의 대표적인 모습이기도 했다. 물론 전통적인 권력적 지식인도 시대에 따라서 차이를 보여 주었다. 일반적으로 통일신라 이후 고려에 이르는 기간에 이들은 불교와 유학에 지적 기반을 두고 있었다. 그러다 조선왕조에 들어와서는 이와는 대조적으로 성리학을 기반으로 삼게 되었다. 어느 경우나 이들이 보여준 중요한 성격으로는 다음 몇 가지를 들 수 있다.

첫째, 지식의 기반과 학문, 사상을 종교적인 것에 의해서 학습했기 때문에 이를 중심으로 정치사회를 인식하려 했다. 둘째, 이들은 관직출사를 기본 목표로 삼았기 때문에 관직자로서의 통치와 지식인으로서 지적 활동 사이에 구분이 이루어지지 않았다. 간혹 관직에 출사하지 않았던 지식인도 있었지만, 이 경우도 관직출사가 자신의 권력적 욕구를 충족할 수 없었기 때문에 빚어진 결과였다. 셋째, 이들은 왕조체제에 대해서 강한 충군사상을 가졌으며, 그것의 일상적 실천이 지식인으로서나 관직자로서의 기본 의무라고 여기고 있었다.

이들도 피지배층인 백성에게 관심을 갖고 있었지만, 이는 어디까지나 왕조체제를 위한 논의의 한 부분에 지나지 않았다. 그러므로 이들이야말로 자신이 권력의 접근을 거쳐서 권력자의 위치로 올라서려 했던 권력적 지식인의 대표적인 범주에 해당되었다. 물론 이들 가운데도 수준 높은 종교지도자와 학자들도 배출되었다. 그러나 이들에게 학문 연구의 궁극 목표는 통치체제를 위한 이념화에 있었으며, 그 체제를 위해 백성을 효율적으로 통치하는 것을 목적으로 삼았고, 이를 위한 논리의 제공자나 집행자로서의 지적 활동에 그 의미를 부여하고 있었다.

여기서는 전통적인 지식인 가운데 불교나 유교와 연관되었던 통일신라 이후로부터 고려 때의 지식인에 대해서 살펴보기로 하

자. 이 시대야말로 전통적인 성격이 주도했던 기간으로, 지식인 자체가 통치체제의 한 부분이었으며 스스로 권력을 행사할 수 있게 일정한 관직 임용과정을 거치게 되었다. 과거제가 시행되기 전의 통일신라 이전만 해도 관직의 점유는 권력층의 세습적인 독점물이었다. 이들 외에도 문리에 능한 비세습적 지식인도 있었지만, 이들 역시 종교적인 지적 기반 위에 있었다. 통일신라 이전의 지식인 가운데는 다수의 고승도 있었는데, 이들은 불교에 기반을 둔 지식인으로 왕사(王師)나 학덕 높은 고승으로 왕조의 정책 결정에 영향력을 행사할 수 있었다.

신라 하대로 들어와서야 유학자들이 전통적 지식인에 포함될 수 있었다. 이 시대의 유학은 세속적인 지배윤리로 자리 잡음과 동시에 민중규제적인 기능을 행사할 수 있었다.[13] 원광(圓光)만 해도, 그는 수(隨)에 유학한 뒤 세속오계를 주창했는데, 이는 유학의 실천적인 가치관의 표현으로 이해될 수 있다. 유학 교육기관으로 국자감도 설치되었고, 교육 내용으로 《논어》와 《효경》, 《예기》, 《주역》 등을 포함하고 있었다. 통일신라 이후 신문왕대에는 유학을 기본으로 한 교육제도의 정비가 행해졌으며 비로소 독서층도 형성될 수 있었다.[14]

이러한 사실에 대해서는 《삼국사기》 권46에서도 읽을 수 있는데, 당시 신라 유학자로 강수(强首), 최치원(崔致遠), 설총(薛聰) 등

---

13 김영하, 〈신라 중대의 유학수용과 지배윤리〉, 《한국고대사연구》 40, 2005, 137쪽.

14 이 시기의 강화된 국학 교육에 대해서는 다음 글을 읽을 수 있다. "國學屬禮部 神文王二年置 景德王改爲太學監 惠恭王復故 卿一人 景德王改司業 惠恭王復稱卿 位與他卿同 博士若干人 數不定 助敎若干人 數不定 大舍二人 眞德王五年置 景德王改爲主簿 惠恭王稱復大舍"(《삼국사기》 권38, 志7 職官上.)

의 이름을 여기에서 찾아볼 수 있으며, 그 밖에 최승우(崔承祐), 최
언위(崔彦撝), 김대문(金大問) 등의 이름도 들어 있다.[15] 이들 가운
데 최치원은 당에 유학한 뒤 유학자로서 무속이나 불교, 도교의
배척에 앞장섰지만 뒷날 왕실과 종실의 부탁으로 불교 저서를 저
술했으며 해인사에 은거하기도 했다. 설총도 불교가문에 태어났
지만, 유학의 9경을 이두로 정리했기에 신라인들도 유학 경전을
쉽게 접할 수 있었다. 신라에서는 불교에 기반을 둔 승려나 지식
인들이 유학을 받아들였으며, 그것에 바탕을 둔 지적 체계를 수립
할 수 있었고 관직자로도 출사할 수 있었다.[16]

　　신라 하대로 내려오면서 당에 유학한 유학자의 수도 늘어났
다.[17] 당에 유학한 신라인의 사회 배경도 시기에 따라 차이를 보여
주는데, 신라 상대나 중대는 진골귀족이 다수를 차지했지만, 하대
로 내려오면 육두품이 다수를 이루었다. 특히 최근 한 연구에 따
르면, 신라의 국학은 육두품의 교육기관으로 기능했으며, 진골과
일부 육두품 자제들도 도당유학(渡唐留學)의 기회를 가질 수 있었
다.[18] 이처럼 유학의 전래는 광범한 독서층을 형성하게 되었고 이

---

15 강수는 자신의 아버지에게 유교를 그의 가치관이라고 말했으며, "불교는 世外敎로 사람들
　　속에 함께 살아야 하는 인간으로는 불교를 배워 어디에 쓸 수 있겠느냐"면서 유학의 학습
　　을 강조했을 정도였다(《삼국사기》 권 46, 강수전). 이러한 사실에 대한 논의는 다음의 글
　　에서 구체적으로 읽을 수 있다. 金福順, 〈신라의 유학자—삼국사기 유학자전을 중심으로〉,
　　《신라문화제학술논문집》 제25집, 218~220쪽.

16 신라 유학자들의 성격에 대한 최근의 한 연구에는 이를 다음과 같이 정리하고 있다. 첫째
　　로, 그들은 유교사상가라기보다는 문장가적 성격이 강했고, 둘째로는 이들은 효보다는 충
　　을 더 강조했으며, 셋째로 인재등용을 위한 시무책의 건의에 치중했다는 점 등이다. 金福順,
　　앞의 논문, 227~231쪽.

17 이 시기의 이들에 대한 기록으로는 다음의 글을 읽을 수 있다. "新羅差入朝宿衛王子并准舊
　　例割留習業學生 及先住學生等 二百十六人請時服粮料"(唐會要 36, 附學讀書條.)

18 金世潤, 〈신라하대의 도당유학생에 대하여〉, 《한국사연구》 37, 1982.

를 바탕으로 전통적 지식인층이 두텁게 형성될 수 있었다. 그리고 이들 대부분은 관직자로도 출사했다.

유학에 기반을 둔 지식인은 고려의 과거제에 의해서 더한층 강화되었다. 왜냐하면 과거에 합격해야 관직을 얻을 수 있었기 때문이었다.[19] 고려 무신정권에도 과거제도는 관직출사의 필수 과정이었으며, 이 시기 관료들이야말로 집권세력에게는 그들의 통치권을 정당화해 주는 구실을 맡고 있었다. 고려에서 불교는 왕조의 정신적 지주로 기능했기에 왕실과 귀족의 보호를 받을 수 있었으며, 그 때문에 그들의 위세가 막강했다. 이러한 성격은 사원경제(寺院經濟)의 확장을 가져오게 되었고, 사찰은 거대규모의 전지와 노비를 소유하는 대농장으로 발전하였다. 이러한 현상은 그 당시의 성리학자들에 의해 강한 비판을 받기도 했다.[20]

고려 후반기로 들어서면 불교와 성리학 사이의 대립이 격화되었으며, 이는 조선왕조의 개창에도 영향력을 미치는 요인으로 작용했다. 성리학에 의한 불교의 제압이 조선왕조 개창의 특징이었다. 조선에서 성리학은 통치 이데올로기였으며, 이는 다음의 《조선왕조실록》 태조의 즉위 교서에서도 읽을 수 있다.

---

19 고려 광종 때 실시된 과거는 고려 초기까지 지속된 신라의 신분제적 잔재를 청산하는 계기로 활용되었으며, 귀화 중국인 쌍기(雙冀)의 중용으로 당시 귀족화된 신라 지배층을 몰아낼 수 있었다. 특히 고려 문종 이후 과거제의 정비로 유학의 비중이 높아졌다. 과거를 통한 관직은 유학인들에게는 출사를 위한 유일한 길로 정착되었다. 그 때문에 과거에 응시하기 위한 준비기관인 국자감과 같은 관학만으로는 과거 응시희망자를 모두 수용할 수 없을 만큼 유학 학습의 열기가 높았다. 그 때문에 문종 이후 私學十二徒가 나타났다. 이들 사학은 사립교육기관으로써 과거시험의 준비기관으로 기능했다. 물론 이들 기관에 의해서 숭문적인 사회 분위기도 조성되었고, 결과적으로 점점 문벌사회로 고착되는 한 계기도 되었다. 許興植, 〈고려 과거제도의 검토〉, 《한국사연구》 10, 15쪽.

20 서경요, 〈조선조 전기 중세적 사유체계의 형성〉, 《동양철학연구》, 33쪽.

문무(文武) 두 과거(科擧)는 한 가지만 취하고 한 가지는 버릴 수 없으
니 중앙에는 국학(國學)과 지방에는 향교(鄕校)에 생도(生徒)를 더 두고 강
학(講學)을 힘쓰게 하여 인재를 양육하게 할 것이다. 그 과거(科擧)의 법
은 본디 나라를 위하여 인재를 뽑았던 것인데,……지금부터는 중앙에는
성균정록소(成均正錄所)와 지방에는 각 도의 안렴사(按廉使)가 그 학교에
서 경의(經義)에 밝고 덕행을 닦은 사람을 뽑아……시강(試講)하되 사서
(四書)로부터 오경(五經)과 《통감》(通鑑)이상을 통달한 사람을, 그 통달한
경서의 많고 적은 것과 알아낸 사리(事理)의 정밀하고 소략한 것으로써
그 높고 낮은 등급을 정하여 제일장(第一場)으로 하고, 입격(入格)한 사람
은 예조(禮曹)로 보내면, 예조에서 표문(表文)·장주(章奏)·고부(古賦)를
시험하여 중장(中場)으로 하고, 책문(策問)을 시험하여 종장(終場)으로 할
것이며, 삼장(三場)을 통하여 입격(入格)한 사람 33명을 상고하여 이조(吏
曹)로 보내면, 이조에서 재주를 헤아려 탁용(擢用)하게 하고, 감시(監試)는
폐지할 것이다.……

조선은 성리학적 지식인에 의한 지배체제였다. 14세기 후반부
터 성리학적 지식인들은 능문능리(能文能吏)로, 양반지배층으로
올라설 수 있는 기회를 갖게 되었다. 이들은 불교의 배척에 앞장
섰으며 성리학을 통해서 새로운 통치구조와 그 논리화는 물론이
고 사회윤리의 확립에도 기여하게 되었다.[21]

---

21 조선에서 성리학의 이념은 君主와 士民관계를 忠으로 정립했고, 父子 중심의 가족관계를 孝
로 설정했다. 그 때문에 국왕과 신민, 어버이와 자식, 부부, 형제, 친척, 붕우의 관계도 일정한
윤리적인 수직적 위계질서로 정립될 수 있었다. 물론 이러한 사회관계와 혈연관계는 전적으
로 성리학적 지식인에 의하여 주도되었으며 강화되었다. 성리학적 지식인이 주도했던 성리
학적 사회관계는 지주-전호 사이의 사회관계는 물론이고 그 밖의 생산관계에 대해서도 중
세적인 윤리관의 실천적 적용을 모색했다. 즉 "전호는 지주를 침범해서는 안 되고, 지주는

이처럼 조선조 지식인은 성리학의 이상을 실현하고자 노력했으며, 공·맹은 물론이고 정·주의 사상에 따른 사회의 재편만이 성리학적 이상사회의 지향이라고 확신했다. 이 점에서 성리학은 당시 지식인의 가치 관념이자 실천의 내용이기도 했다. 결과적으로 조선조 지식인의 기본 지향은 성리학적 지배이념에 따른 획일적 일체성으로 지향이었다. 이러한 성격은 뒷날 성리학과 정치권력과의 결합으로 사색당쟁은 물론이고 정태적 사회로 고착된 사유체계의 성격을 보여 주기도 했다. 조선왕조의 지식인에게는 성리학적 이상의 구현이 절대적인 과제였으며, '공맹의 논리에 입각한 왕조사직의 정립'을 기본 지향으로 삼았다. 그 때문에 지식인의 의식은 물론이고 사회 분위기도 성리학의 구속을 받을 수밖에 없었다.

조선왕조는 성리학에 기반을 둔 권력적 지식인의 통치체제였다. 성리학은 조선왕조의 지식인에게는 정치적 행동준칙이었으며 지향가치였다. 그것에 대한 실증적 비판이나 문제 제기는 엄격히 금지되었으며, 공맹의 도만이 통치의 기본이었다. 국왕은 말할 것도 없고 성리학적 지식인이 그 대열에 앞장섰으며 관직자들은 이를 위한 행정에 진력해야 했다.

또한 성리학은 당시 지식인들에게 동질적인 집단적 연대체제로 결속될 수 있었던 학문적인 기반으로 작용했다. 이러한 집단화로 지식인들은 개인적인 사유나 행동에서 그가 속한 학료집단(學僚集團)이 부여해 준 사유체계를 수용, 학습, 실천하려 했다. 이러한

___

전호를 학대해서는 안 된다"는 규정은 양자의 관계가 성리학적 생활윤리의 구체적인 실천을 의미하는 것이었다. 이우성, 〈조선전기 성리학과 사대부〉, 《국학논집》 제2집, 2쪽.

현상은 조선 중기 이후의 각종 사화와 당쟁의 심화로 변질되는 일
면을 보여 주기도 했다. 구체적으로 조선왕조의 개창에 공헌했던
훈신과 척신이 통치권을 독점, 전횡함으로써 여기에 맞서려는 도
전이 유학자들에 의해서 간단없이 되풀이되기도 했다. 특히 이러
한 성격은 지방 유학자들이 관직에 진출함으로써 필연적인 현상
이었다. 이들 신진 학자들은 성리학적 왕도정치를 추구하면서, 이
상적인 유교왕국의 건설을 당면의 목표로 삼았고, 이를 이루고자
힘을 다했다. 조선왕조 성종 때부터 지방 유학자들도 중앙 관직으
로 출사할 수 있었으며. 집권층인 훈신들과 대립적인 위치에 설
정도로 새로운 정치세력으로 등장할 수 있었다.

특히 성종은 훈신들의 권력행사를 견제하기 위해서 지방의 사
림을 중용했는데, 그 때문에 선산(善山)의 김종직(金宗直)과 그 문
하생 다수가 출사할 수 있었다.[22] 사림파는 정몽주(鄭夢周)-길재
(吉再)-김숙자(金叔滋)-김종직의 학풍과 학맥을 계승함으로써 조
선왕조의 개창에 반대했던 성리학자들에 의한 학맥을 형성할 수
있었다. 김종직 중심의 신진 사림파와 집권층인 훈신 사이에는 대
립이 빚어질 수밖에 없었으며, 사림파는 훈신을 성리학적 관점에
서 공격했고, 여기에 맞서 훈신들의 반격도 자행됨으로써 몇 차례
에 걸친 사화가 일어나기도 했다. 훈신과 사림 사이의 대립관계는
조선왕조 중기 이후에는 사색당쟁으로 옮아갔다.

이처럼 성리학은 조선왕조의 지배문화를 만들었다. 그 결과, 한
편으로는 긍정적인 면도 있었지만 다른 한편으로는 비판받아야

---

22 한영우, 《다시 찾는 우리 역사》, 경세원, 2003, 347쪽.

할 부분도 적지 않게 나타났다. 이 점에 대한 논의로는 현상윤(玄相允)의 《조선유학사》에서도 읽을 수 있는데, 그는 조선왕조에서 유학의 긍정과 부정적인 성격을 설명하면서, 먼저 긍정적인 면은 이렇게 적어 놓았다.

> 儒學이 조선 문화에 남겨 놓은 발자취에는 두 가지가 있으니 其一은 인륜도덕에 대한 그것이오, 其二는 理學 卽 철학사상에 대한 그것이다. 먼저 인륜도덕에 있어서는 오륜사상을 人人이 尊尙하고 家家에서 高調하여 이것이 풍속이 되고 습관이 되어 비록 삼척동자라도 愛親敬長의 道를 斟酌하며 愚夫愚婦라도 孝悌忠信을 가히 힘써야 될 것을 확신하여 조정은 인륜도덕의 앙양을 위하여 관리를 責하며 인민을 고무하고 학자는 이것을 위하여 언론과 문장으로 세인을 교도하며 子弟를 勤戒하여 상하가 오직 이것을 힘쓰기에 급급하였다. 그리하여 그 성적은 과연 볼만한 것이 있어서 어떤 시대에 있어서는 그 발달된 정도가 唐虞三代를 능히 指望하고 접근할 경지에 도달한 감이 불무하였다. 그리고 理學 즉 유교 철학의 사상에 있어서는 李朝유학의 대부분이 이것에 종사하였던 만큼 이 방면의 기록과 업적은 실로 위대한 것이라고 말하지 아니할 수 없다. 대체로 또 표면으로 볼 때에는 朝鮮 理學이라는 것이 支那 선유들의 사상을 한갓 연구하고 소개하며 해석한 것에 불과하다는 느낌이 없지 아니하나 그러나 이 가운데는 조선유학으로서 자랑할 만한 독특한 업적이 또한 다대한 것을 우리는 기억하지 아니하여서는 불가하다.[23]

---

23 현상윤, 《조선유학사》, 민중서관, 1949, 484쪽.

또한 부정적인 면에 대해서는 다음과 같이 정리했다.

……유학의 末弊가 나날이 증가하여 종말에는 그 末弊로 말미암아 李朝는 드디어 終局을 고하게 된 것이다. 이제 그 顯著한 자를 들면 첫째 門閥로 取人하였으니 朝家의 본의는 儒賢을 존경하는 데서 그 유래가 시작된 것이나 그러나 그 末弊는 양반사상을 고취하여 한편으로는 인재 등용의 기회를 杜絕케 하고 다른 한편으로는 반상의 계급적 마찰을 야기케 한 것이다. 그리고 그 다음은 家族主義의 弊害인데 이것 역시 최초의 목적은 효도를 권장하고 가족 간의 돈목을 위하여 출발한 것이나 그러나 末流의 弊害는 국민으로 하여금 국가나 사회를 생각하는 마음보다 利己利家의 생각을 제일으로 알게 만든 것이다. 그 다음은 당쟁의 弊害인데 선조조의 동서분열이 있은 이후로 黨爭은 산림에까지 파급하여 서로 반목하고 서로 모함하니 저절로 학문연구에 정당한 비판이 행해지지 않고 국정의 논의에 공평한 의견이 나오지 아니하였다. 그뿐만 아니라 이같이 黨同伐異하는 동안에 국민은 和衷協同의 미덕을 잃고 나날이 편협과 중상을 일삼아 당내에 당이 있고 파중에 파가 생겨서 그 底止할 바를 모르게 되었으니……그 다음은 文弱의 弊害인데 유자들 사이에 말로는 '文武等矣'라 하여 講武의 필요를 논한 이가 간혹 其人이 불무하나 이것은 말뿐이오 실제에 있어서는 자기 자신이 武弁을 천시하여 무예를 배우지 아니하고 또 자기의 자제가 병적에 편입되는 것을 원치 아니하는 것이 보통이었다.……또 그 다음은 貧窮의 弊害인데 빈궁을 명예로 알고 상공업을 천업으로 아는 이상에는 오백년을 一日 같이 원시농업의 충충한 생활을 自敢치 않을 수 없다.……이제 그 원인을 찾고 연유를 생각하면 우리는 그 책임을 유교의 말폐에 돌리지 않을 수 없다. 그러나 오호라 유학

의 末弊는 과연 유학 자체의 잘못이냐 또는 조선 사람의 잘못이냐.[24]

위의 글은 조선왕조가 성리학에 의해 흥륭했고 폐망했음을 말해 주고 있다. 어째서 성리학은 흥륭의 요인도, 폐망의 원인도 될수 있었을까? 이 물음은 성리학의 평가에 대한 문제이기보다는 그 시대 성리학을 받아들였던 지식인의 성격에서 찾아야 할 것이다. 앞의 글에서도 "유학의 말폐는 과연 유학 자체의 잘못이냐 또는 조선 사람의 잘못이냐"라고 되묻는데, 이는 그러한 말폐의 원인이 성리학적 지식인에 의해서 비롯되었음을 뜻하고 있다. 성리학은 조선왕조 초·중기만 해도 성리학적 지식인에 의해 왕조체제의 기본적인 가치체계로 기능했으며, 집권세력에게는 자기 규제의 엄격한 기준으로, 피지배층에게도 윤리적 일상에 대한 교훈으로 강요되었다. 이러한 성리학이 조선조 중·후기부터 성리학적 지식인의 출사와 연관됨으로써 급격하게 이데올로기적 성격을 강화하게 되었다. 특정 사상이나 종교도 한번 이데올로기화하면 정치와 시대상황을 왜곡하는 요인으로 작용하게 되는데, 이 점에서는 성리학도 마찬가지였다.

성리학적 지식인도 공맹을 말하고 왕도정치며 충군애민을 강조했지만, 실제로는 일문일족을 위해서 학연에 의한 파당적 논리화로 시종하고 있었다. 그들의 파당만이 정당하고 다른 파당을 배척했던 상황에서 공맹의 사상도 반시대성으로 오용될 수 있었고, 동시에 반사회적인 성격조차도 여기에서 연원하고 있었다. 아무리

---

24 앞의 책, 486~488쪽.

고상한 논리로 그들의 주장이 합리화되어도 그 내면에는 일당 일파의 이해와 독점적 권력행사의 욕구가 깔려 있었기 때문이다. 이러한 상황에서 왕조는 백성의 안위나 복리와는 무관한 한낱 약탈과 강제적 통치기구에 지나지 않았으며, 천하의 이치를 말해도 그것은 그들만의 논리로 한정될 수밖에 없었다. 이 점에서 조선왕조 중·후기에 성리학에 바탕을 둔 지식인의 정치참여는 성리학적 이데올로기화로 시종하는 일면만을 강조했으며, 그것에 따라 자신들의 관념과 논리의 무장에 치중했고 이를 현실정치에 구현하기 위한 시도로만 일관했다. 이는 곧 성리학에 근거했던 지식인의 통치가 그 시대 백성들의 열망과는 무관한 오직 '그들만의 통치'였음을 의미했다.

따라서 조선왕조를 폐망으로 몰고 갔던 것이 성리학이라고 단정하기보다는 그것을 특정 집단의 정치 논리로 활용했던 성리학적 지식인의 한계에서 빚어진 현상으로 인식하는 것이 올바른 접근일 수 있다. 이들 때문에 조선왕조는 패망의 길로 접어들었고, 그 시대 백성들의 고통도 가중될 수밖에 없었다. 이것이 조선왕조 중·후기 이후 권력과 밀접하게 연관된 성리학적 지식인의 한계로 작용했으며, 그 귀결이 조선왕조를 폐망으로 몰아넣게 되었다.

2

전통적 지식인의 성리학적 사유체계

현상윤은 조선왕조를 폐망으로 이끈 원인을 성리학의 폐해에서
찾고 있다. 그의 논의에도 찬반의 시비가 따를 수는 있다. 성리학
이 조선왕조 권력적 지식인의 행위에 일정한 정향성을 부여했음
도 분명하다. 그것에는 좋은 점도 있을 수 있고 그렇지 않는 점도
있었을 것이다. 그러나 전반적으로 성리학은 조선왕조 지식인들
을 일정한 틀 속에 고착시켰으며 사유와 비판의 자유로운 토대를
붕괴시켰음도 사실이었다. 대부분의 이념이 그렇듯이, 현실에 대
한 객관적인 인식보다는 관념 자체에 매몰됨으로써 그 관념의 논
리화를 위해 현실을 지나치게 도식적으로 인식하는, 탈시대성을
보여 주었다 해도 틀리지 않는다.

17세기 말에 이미 시대는 근대의 이행기로 접어들고 있었다. 그
러나 조선은 이러한 시대적 변화에서 벗어난 채, 전근대적 관념에
만 고착되었는데, 이는 그 시대 권력적 지식인의 성리학의 전용
(轉用), 다시 말해 그들의 집권을 정당화하기 위한 성리학적 이데
올로기화에서 설명될 수 있을 것이다. 이러한 사실을 그 시대 권
력적 지식인에 의한 성리학의 오용(誤用)이라는 관점에서 다음 몇
가지로 정리해 볼 수 있다.

▨ 성리학의 이데올로기화는 권력적 지식인의 사유에서 근본주의적 인식논리로 기능하게 되었다.

▨ 성리학의 이데올로기화는 권력적 지식인의 대외 의식에서 사대주의로 지향하는 요인이 되었다.

▨ 성리학의 이데올로기화는 권력적 지식인에게 파당적인 대결 논리를 심화시켰다.

▨ 성리학의 이데올로기화는 권력적 지식인에게 정치행위에서 고착적인 사고를 확정했다.

위의 사실은 성리학이 사상적 탐구나 실천보다는 권력적 지식인, 한마디로 관직에 출사했던 지식인에 의해서 자신들의 정치적 직위의 상승을 위한 논리로 전용되었음을 의미했다. 그 결과 성리학은 한편에서는 학문으로서만 존재했고, 다른 한편에서는 권력적 지식인에 의해 이용되어 통치 이데올로기로 전락됨으로써 양자 사이의 격차를 보여 주었다.

권력적 지식인의 사유에서 성리학은 근본주의적 이데올로기로 활용되었다. 이들은 성리학을 현실 정치사회에서 일자 일획도 틀리지 않게 적용하려는 원칙주의로 달려갔다. 그것에서 조금이라도 벗어난 해석이나 인식은 철저히 배격했다. 이 시대 권력적 지식인은 정사 시비 곡직을 강조했으며, 현실 속에서도 성리학의 이론체계의 적용에 진력했다. 곧 지식인은 성리학을 현실 사회에 적용 실천하는 것만이 이상사회로의 지향이라고 믿었다. 사람들 사이의 바람직한 사회관계도 성리학적 사유와 실천 범주에 의해서만 구현될 수 있다고 생각했다. 이러한 인식은 결과적으로 현실

중시나, 일상적인 타협과 공존의 모색을 모두 일탈적인 작태로 배격되었다. 그 때문에 성리학에서 벗어나는 것은 일체 용인될 수 없는, 배타적인 순수성만의 강조로 이어지게 되었다. 이는 정치적 현실보다는 성리학의 존재적 당위성만을 유달리 강조하는 성리학적 이상주의로 나아가게 했다.

또한 성리학은 이 시대 지식인에 의해서 사대주의로 전용되는 한계점도 보여 주었다. 주희(朱熹) 등 송대(宋代) 성리학의 수용이 조선의 지식인들에게는 공맹을 포함한 중국 유학자들에게 맹목적일 정도로 존숭의 감정을 심화시켰다. 이것 자체가 중화주의나 또는 소중화주의로의 종속의식 심화에 한 계기가 되었다. 더욱이 청이 명을 대신하자 조선의 권력적 지식인들은 스스로 소중화라고 자처하면서 사대주의의 일상화에 치중하는 탈시대적 성격도 보여 주었다. 대외관계에서 중국을 대국으로 섬기는 변방지식인적 성격에 젖어서는 이소사대(以小事大)의 종속성에 기울어졌으며 이를 천도(天道)에 합당한 행태라고 강조했을 정도였다. 국제정치에는 약소국가도 강대국의 영향권에서 벗어나기 위해 온갖 노력을 다함으로써 그들 국가의 주체성 확립을 추구해야 함에도 이것과는 사뭇 대조적인 현상으로 나아갔기 때문이다.

한편, 성리학은 조선왕조 지식인들을 극심한 당쟁으로 몰아넣는 이론적인 계기로도 작용했다.[25] 당쟁에서 같은 당파의 구성원

---

25 여기에서 지적되어야 할 사실은, 최근 조선왕조의 당쟁을 현대적 정당과 유사하다는 식의 주장도 없지는 않다. 그러나 이는 정당과 당쟁을 이념적으로나 현실적으로 올바르게 구분하지 못해서 생긴 현상이다. 당쟁은 현대 정당의 '공존적인 경쟁성'과는 무관한 '적대적인 대립'이었다. 물론 조선조의 당쟁도 군왕의 의지로 보합조제의 경우도 있었고 탕평정치도 모색했다. 그러나 그것은 군왕의 통치과정의 한 모습이었다. 현대 정당정치에서 각 정당 사이의 공조나 정책 등은 국민의 정치적 선택과 지지를 확보하기 위한 신축성 있는 정책으로

들은 통일적이고도 획일적인 가치체계만을 신봉해야 했다. 이는 지역, 사우, 서원 등을 중심으로 재야사림은 말할 것도 없고 중앙 정계의 핵심인사들까지도 사우와 파당에 의한 권력관계를 두텁게 형성하는 계기가 되었다. 이는 정책이나 일반적인 시무(時務)에서 자신들의 당파에 대한 절대성에 대해서 맹목적인 확신으로 이어 졌다. 그 때문에 다른 파당과 극렬하게 대립하는 것을 당인(黨人) 의 구실로 여겼을 정도다. 자신이 속한 당파에 대립하거나 새로운 주장은 사문난적으로 배격했으며, 심한 경우 삭탈관직은 물론이 고 정배(定配)와 처형까지 강제했을 정도였다. 조선왕조의 권력적 지식인이 보여 주었던 당파성은 조선왕조 통치의 특징적인 성격 으로 전승되었다.

성리학적 지식인의 또 다른 성격으로 지적될 수 있는 것은, 그 것이 지난날의 과거지향적 인식의 심화를 가져왔다는 점이다. 요 순시절을 최고의 정치체제로 절대화했으며 공맹은 물론이고 송 대 성리학자들을 존숭함으로써 그들의 저술과 사상을 되풀이 암 송 훈고하는 것이 최대의 학문적 연구라고 여겼다. 그 때문에 변 화하는 시대의 흐름이나 미래지향적인 논리에 대해서는 외면했으 며 모든 가치의 기본은 지난날 요순시대에서만 찾을 수 있다고 믿 고 있었다.

이처럼 성리학에 기반을 둔 조선왕조 지식인의 한계에 대해서 는 박은식(朴殷植)도 이렇게 적어 놓았을 정도다.

"슬프다. 한국의 선비들은 발자국이 대문과 마당을 벗어나지 못하고

제시된 것이기 때문에 조선왕조의 당쟁에서는 이러한 성격은 찾을 수가 없다.

눈길이 바다 바깥에 미치지 못하는데, 이제 여섯 대륙이 서로 통하고 열강이 패권을 다투는 날을 만나서도 좁은 식견을 굳게 지키면서 자신이 현명하고 자신이 옳다고 여긴다. 옛 책이나 파고 있을 뿐 현실에 적합함을 밝히지 못하면서 공허하게 의리를 논하지만 실지로 나라를 경영하고 세상을 구제하는 일에는 어두우며 여러 나라의 온갖 이롭게 쓰이고 민생을 향상시키는 새 학문과 새 방법에 대해서는 원수처럼 보고 배척하여 물리치니 드디어 온 나라의 인민을 모르는 사이에 가두어 놓고 움직이지도 않고 변하지도 않는 것을 스스로 편안하게 여긴다."[26]

이처럼 조선왕조 지식인은 지배층으로는 일반 민중과 거리를 두었고 그들만의 통치 영역에 안주했으며 모든 사유를 성리학에서만 구함으로써 우당(虞唐)시절을 절대화했다. 시대의 흐름에 대한 새로운 인식을 배격했으며 그들 사이에도 당 중심의 파벌적인 권력장악이 극심한 당쟁으로 이어졌음은 앞에서도 지적했다. 그 결과 지식인과 정치권력의 점유자가 일치됨으로써 지식인이 권력자로 출사하는 것 자체가 당연한 것으로 여겨졌다. 이것이 조선왕조의 지적 전통으로 정립되었기 때문에 지식인에 의한 지식상품의 생산과 독서층의 광범한 형성은 이루어질 수 없었다.

근대 지식인의 등장에 필연적인 요소인, 일반인들의 기호에 충족되는 지식상품의 제공이나 유통을 위한 독서층 중심의 시장 형성은 이룩될 수 없었다. 따라서 근대 지식인의 형성과 등장은 점점 지체될 수밖에 없었으며, 통치 권력에 맞서거나 대립적인 지식

---

26 《朴殷植 全書》, 10쪽.

인의 등장도 차단되었다. 권력적 지식인으로써의 성리학적 지식인들은 오직 출사만을 전부로 여겼으며 이러한 한계성은 정치사회의 발전적 미래를 차단시키는 한계점이 되기도 했다.

3

근대성과 개화파 지식인의 등장

한국에서 1880년대 말부터 1910년대까지는 유례없는 정치적 격변기였다. 이 시기는 성리학에 바탕을 둔 전통적 사유로부터 근대적 지식체계로의 이행기에 해당된다. 이 시기 지식의 흐름은 전통적 지식인으로부터 근대적 지식인으로 대치됨으로써 구체화되었다. 근대적 지식인은 근대성을 수용함으로써 근대적인 사유와 행동을 지적 기반으로 삼았던 문사들이었다. 물론 시대상황을 고려할 때 근대적 지식인을 개화기 지식인과 식민지시대의 계몽적 지식인으로 구분해서 생각해 볼 수 있다.[27]

근대 지향의 개화사상은 전통과의 맞부딪침, 다시 말해 전통성과 근대성 사이의 착종 현상을 보여 주었다. 이는 종속과 사대를 근간으로 한 동아시아의 전통적 국제질서에 대한 도전이자 변혁이었다. 물론 개화도 그 이면에는 제국주의적 패권체제로의 편입의 성격이 없지 않았지만, 전통적 관점에서는 전통의 붕괴를 몰고

---

[27] 여기에서는 개화기 지식인을 근대적 지식인의 주류로 설정한다. 계몽적 지식인은 한국이 식민지로 전락된 이후에 활동했기 때문에 부분적으로는 현대적 성격을 보여 준 것도 사실이다. 따라서 여기서는 근대적 지식인을 개화기 지식인을 중심으로 살펴보기로 한다. 근대적 지식인으로서의 개화기 지식인을 다룰 때 먼저 생각해야 할 것은 그것이 놓여 있는 지적 기반으로서의 개화기, 다시 말해 근대성에 대한 인식이다. 이것의 인식이 전제되어야만 개화기 지식인의 성격을 찾아볼 수 있기 때문이다. 이 점에 대해서는 다음의 글을 참고할 수 있다. 김동노, 〈한말 개화파 지식인의 근대성과 근대적 변혁〉, 《아시아 문화》 제14호, 1998.

온 위기의 원인이기도 했다. 전통성과 근대성 사이의 착종은 정치사회를 위기로 몰아넣기에 충분한 성격을 지니고 있었다.

이러한 상황에서 조선왕조 말기에는 독립과 발전을 이룩하기 위해 전통과 근대성 사이의 효과적인 접합이 이루어져야 했지만, 불행히도 이것을 이룰 수 있는 상황에서 벗어나고 있었다. 그 때문에 혼돈과 붕괴로 점철되었으며, 결과적으로는 전통과 근대성의 중첩적인 혼돈만을 가중시켰다. 어느 면에서는 전통만을 고집할 수도 없었고, 그렇다고 근대적으로만 치달릴 수도 없는, 결과적으로 양자 사이에 '열성적(劣性的)인 조합(組合)'이 빚어지게 되었다. 순수한 의미에서 전통일 수 없는 '전통적인 것'과, 근대성으로 규정될 수도 없는 '근대성', 이것들이 서로 맞물려 빚어놓았던 이상한 조합이 조선 사회에서 '근대'라는 이름으로 전개되고 있었다. 이러한 상황에서는 개화로 달려갈수록 식민화로 전락하는 이상한 양상의 근대화가 진행될 수밖에 없었다.[28]

물론 어느 사회에서도 직선적이고 단일적인 발전과정으로 근대화가 전개되는 것은 아니다. 흔히 말하는 '전통사회→전통과 근대의 혼돈기→근대로의 이행기→근대사회'라는 순차적인 전개는 현실적으로 존재하지 않는 하나의 관념적 인식논리일 뿐이다. 이

---

[28] 최근 이러한 상황을 '삼중 번역된 근대'(triple-translated modernity)로 설명하는 논리도 이러한 성격을 말해 주고 있다. 다시 말해 근대성은 한국의 지식인들에게는 중국에 의해서 번역된 서구와의 첫대면을 갖게 되었고 이어서 다시 일본 지식인들에 의해서 번역된 서구 세계를 접하게 되었다는 점에서 이러한 논의가 주장되고 있다. 이 점에 대해서는 다음 것을 참고할 것. 마루야마 마사오·카토 슈이치, 임성모 역, 《번역과 일본의 근대》, 이산, 2000, 255쪽; 허동현, 〈朝士視察團의 일본 경험에 보이는 근대의 특성〉, 《韓國思想史學》 19, 2002, 529쪽; 장규식, 〈개항기 개화지식인의 서구 체험과 근대인식; 미국유학생을 중심으로〉, 《한국근현대사연구》 28, 2004, 8쪽.

러한 사실은 근대성의 이행이 국가나 사회에 따라 각기 달리 전개될 수밖에 없었음을 의미한다. 영국에서의 근대성 전개과정을 중국의 근대성 전개과정에 그대로 대입할 수 없고, 미국의 근대화가 일본의 근대화와 다를 수밖에 없다. 전통이 다양하듯이, 근대성이나 근대화의 수용과 전개도 사회나 시대마다 다를 수밖에 없기 때문이다.

근대화과정에서 근대성으로 규정될 수 있는 사실로는 먼저 다음 몇 가지를 생각해 볼 수 있다. 이러한 인식 자체가 도식적일 수도 있지만 근대화 사회의 성격을 이해하는 준거가 될 수 있다. 결국 근대화는 다음 것을 이룩하려는 것으로 이해할 수 있다.

근대성의 전개와 사회구조의 변화

정치 :	치자와 피치자의 구분 없는 정치체제	→ 의회주의적 민주주의
경제 :	이익의 확대 재생산을 추구하는 자본주의	→ 시장 중심적 자본주의
사회 :	계급적 불평등성의 극복을 모색하는 평등주의	→ 연대와 통합적 평등주의
문화 :	다양성의 공존을 전제로 한 문화다원주의	→ 경쟁과 공존으로의 지향을 위한 문화주의
노동 :	분업에 의한 노동의 분화와 역할의 전문성	→ 노동 분업에 의한 다양한 직종과 전문화

어느 경우나 근대성은 전통사회의 특징성—특정 종교의 지배에 의한 권위적이고 수직적인 사회관계—에서의 벗어남이며, 새로운 변화로의 지향이었다. 전통사회로부터 근대로의 지향은 '벗어남'과 '극복'이 전제된 내적 갈등을 수반하였다. 이러한 갈등으로, 때로는 전통적 지배체제에 의해 근대성의 진행이 차단될 때도 있었지만, 전통사회는 그 나름의 근대로의 이행을 모색했으며, 전통사회의 내적 역량에 의해 그 실현이 추구되었다. 다시 말해 기존 지배체제가 근대화의 변화를 어느 정도로 인정 또는 배제하는가에 따라, 그것의 추진세력의 전략이 결정된 뒤에 비로소 근대화로의 추진이 전개되었다.

대부분의 경우, 전통사회는 그들의 전통성에 내재하는 근대성의 씨앗을 발아시켜 이를 중심으로 근대로의 지향을 추구하려는 시도를 보여 준다. 그러나 이 경우는 근대성의 지향가치, 내용, 지도체계 등에서의 문제로 정상적인 기능화가 확보될 수 없었다. 그 때문에 서구 근대성의 모방에 의한 근대화로의 시도가 일반적이었다.

근대화는 시대와 상황에 따라 각기 다르게 전개되기도 한다. 한국의 근대화도 그 나름의 독자성을 보여 주고 있다. 이를 표현하는 것으로 '개화기'라는 말이 사용되기도 한다. 이 말에는 전통에서 근대로의 이행에 따르는 과도기적 의미와 함께, 다음 몇 가지의 사실이 함축되어 있었다.

첫째, 근대성을 위한 근대화로의 지향은 닫힘에서 열림, 낮은 것에서 높은 것으로의 지향, 나쁜 것에서 좋은 것으로 나아감과 같은 일정한 가치성이 담겨진 것으로 이해되었다. 그 때문에 그들 사회의 전통에 대해서는 강한 비판과 배격을 주조로 하게 된다.

둘째, 개화기라는 표현에는 이를 주도하는 특정 정치세력을 개화파로 상정했으며, 여기에 그 나름의 의미를 부여했다. 이들은 기존의 가치에서 벗어나 서구 근대성을 수용하거나 모방하려는 지향성을 보여 주었으며, 그것이 시대적으로 의미 있는 것으로 전제되고 있었다.

셋째, 개화라는 말은 그것이 몰고 올 혼돈이나 갈등보다는 이상적인 것으로 귀결될 수 있을 것이라고 생각하게 했으며, 여기에 더 큰 의미를 부여하려 했다. 따라서 근대 서구 사회는 모방의 대상일 수밖에 없었으며, 그것을 추구하는 것이 개화의 궁극적인 지향이라고 확신했다.

물론 서구의 근대화도 그 속에 갈등과 대립, 심각한 혼돈이 내재되어 있음에도, 이것에 대해서는 별다른 관심을 기울이지 않았다. 더욱이 개화파는 개화의 본보기로 삼았던 일본의 '근대화'를 성공적인 모델로만 생각했다. 따라서 이들은 서구 강대국은 말할 것도 없고 일본을 모방하는 또 다른 사대주의로 흐를 수밖에 없었다. 개화를 주장할수록 서구 강대국이나 일본의 세력권으로 전락하게 되는 사대주의의 수용으로 흘렀기 때문이다. 그 결과 개화파의 시도는 주체적인 근대성의 모색이나 추구보다는 서구나 일본을 맹목적으로 따르는 사대주의로 전락되고 말았다.

이러한 사유체계는 근대적 지식인의 형성에도 영향을 미쳤다. 이 시기로 접어들면서 전통적 지식인에서 근대적 지식인으로 전향하는 사람도 나타났다. 이들은 근대 지식을 '성리학에서 벗어남'으로 여겼으며, 동아시아 국제질서에 대해서도 이전의 사대 종속적 의존에서 벗어나서 서구나 일본과의 관계설정에 새로운 의미를 부여하려 했다. 이러한 흐름은 북학-실학파 지식인에게도 찾아볼 수 있다. 물론 '북학파→실학파→개화파'라는 식으로 근대 지식인의 계보적 흐름을 단정할 수는 없다. 왜냐하면 이들 사이에 사상적 계승의 측면도 있었지만 그렇지 않는 면도 있기 때문이다.[29]

북학이 실학으로, 실학이 다시 개화로 이어진 면도 있었지만 단절이나 극복도 있었다. 거듭 말하거니와, 근대 지성사에서 북학파는 소중화(小中華)적 관념에 젖었던 송시열(宋時烈)계의 노론학통의 계승자이면서도 그것의 극복을 시도했던 인사들이었다.[30] 이들은 중화문명과 대립적인 것으로 생각했던 청의 제도와 문물의 수용을 강조했는데, 이러한 주장이야말로 당시로는 불가피한 선택이기도 했다. 이 점에 대해서는 다음의 글에서도 짐작할 수 있다.

18세기 중엽 이후로 서울학계를 지배했던 노론의 일각에서 주자성리

---

29 노론에 속했던 북학파 지식인과 기호남인계 지식인에 의해 주도된 실학사상은 동시대인으로서의 유사성과 연계성을 보여 주었다. 청을 거쳐 서양의 사정을 수용하려 했던 북학파와 천주교 신부와의 교류에 관심을 두었던 실학파 사이에는 비슷한 점이 있었음은 이러한 사실을 말해 주고 있다. 노론 학통에서 연유된 북학이 뒷날 실학사상의 흐름으로 이어지고 있음을 박규수(朴珪壽)의 사상사적 전개에서 읽을 수 있다. 이 점에 대해서는 다음 책을 참고할 수 있다. 김명호, 《환재 박규수 연구》, 창비, 2008. 또한 노론계로 산림 유학자의 위치에서 있었던 척사파 지식인들의 경우, 이들도 한국의 근대사에서 중요한 지식운동과 영향력을 행사했지만 서구 근대성의 실제적인 수용과정의 전개에서는 거리가 있었기 때문에 여기서는 근대적 지식인의 범주에 포함시키지 않았다.

30 노론의 소중화사상은 그 시대의 통치이념으로, 조선은 明이 망한 뒤 공자의 가르침에 바탕을 둔 중화문명의 순수성을 보존하는 천하 유일의 국가로 자처했으며 이를 小中華라고 생각했다. 의관문물조차 중화제도를 그대로 따라야 하며 명에 대한 再造之恩의 의리도 지키고, 앞으로 한족 중심의 국가가 다시 수립될 때를 대비해서 중국 대륙을 지배하는 오랑캐인 청에 맞서는 중화문명의 수호자로서의 사명을 다해야 한다고 생각했다. 이는 그 시대 통치층의 관념이었지만 기본적으로는 문화적 사대주의의 추종성 그 이상도 이하도 아니었다. 자기와 타자를 외면한 채 조선에서 통치세력으로 군림하기 위한 이데올로기였다.

학을 계승하면서도 시대의 변화를 능동적으로 수용하려는 새로운 학풍이 일어났다. 이 학풍은 청나라에서 배우자는 내용을 담고 있어서 흔히 북학(北學)이라고 한다. 이때는 청이 강희(康熙, 1662~1722), 건륭(乾隆, 1736~1795)의 문화적 전성기를 구가하고 있던 시기로서 중국 역대 문화의 정수가 총정리되고 산업발전과 서양 과학기술문명 도입도 앞서 있었다. 따라서 청의 주인인 여진족은 여전히 멸시하되 그 안에 담긴 중국문화와 산업, 기술문화는 수용한다는 유연한 자세가 바로 북학이다. 이러한 북학의 대표자는 홍대용(洪大容), 박지원(朴趾源), 박제가(朴齊家), 이덕무(李德懋) 등이다.[31]

이들 북학파 인사 가운데 박규수(朴珪壽)는 북학과 실학, 그리고 개화파를 잇는 사상사적 연결 고리였다.[32] 그가 법고창신(法古創新)과 북학을 추구했던 박지원의 사상을 계승했으며, 뒷날 그의 문하에 개화파 지식인이 배태되었기 때문이다.[33] 박규수는 동시대

---

31 한영우, 《다시 찾는 우리역사》, 경세원, 2004, 418쪽.

32 이들 북학파 인사 가운데 박규수를 우선적으로 생각할 수 있는데, 그의 가계는 趾源-宗采-珪壽와 瑄壽형제로 이어진다. 박규수는 순조 7년(1807)에 출생했으며 36세에 성균관 유생으로 42세에는 증광시 문과에 급제했다. 사간원 정언을 시작으로 동부승지 등을 역임, 54세에는 청의 열하 문안사의 부사로 파견, 그곳 학자들과 접촉했다. 56세에 진주농민항쟁의 안핵사로 활동했으며, 이어 도승지, 대사헌, 한성판윤으로 임명되었다. 평안감사로 재임했을 때 제너럴 셔먼(General Sherman)호를 화공으로 격침시켰다. 그 공로로 정2품 정헌대부로 가자되었으며 홍문관과 예문관 대제학, 형조판서를 거쳐 66세에는 북경의 동치제의 결혼 축하의 진하사 겸 사은사로 임명, 수역 吳慶錫과 북경에 다녀왔다. 67세에는 우의정, 70세에는 최익현에 대한 국문을 요청하는 시원임(時原任) 대신들의 연명차에 동참했고, 그해 12월에 타계했다. 그의 이러한 삶의 전 과정을 살펴보면 북학과 실학, 그리고 개화를 잇는 중요한 고리 역할을 맡고 있음을 읽을 수 있다.

33 법고창신은 본래 박규수의 외종조였던 유화(柳訴, 1779~1821)의 주장인데 박규수는 이를 법고, 즉 고전에 대한 피상적인 모방만을 추구하는 경향과 창신, 즉 주관적 개성을 극단적으로 추구하는 경향이 대립하고 있음을 문제시했으며 당대의 현실을 올바르게 그린 고전의 기본 정신을 본받아서 오늘의 현실을 정확하게 서술할 수 있는 문학론이어야 한다고 강

북학파로 앞에서 적은 홍대용, 박제가, 이덕무 외에도 유득공(柳得恭)과도 교분을 가졌으며, 청에 내왕하면서 그곳에서 서양 문명의 침투를 목도하였다. 그의 사상은 1860~70년대 실학으로부터 개화로의 전환을 보여 주었다고 설명된다.[34]

박규수는 두 차례 연행사절에서 서법과 서양 사정에 대한 문헌을 접했으며, 그것이 동도서기론(東道西器論)으로의 지향에 영향을 미쳤다. 그러나 그는 유교와 중화문화 우월론자였다. 서구문화, 특히 기독교와 제국주의적 통상 요구에 중국이 직면했지만, 이는 일시적인 현상이며 앞으로 서양도 중화문명권으로 포섭될 것이라는 중화문화 중심의 낙관론을 가지기도 했다.[35]

박규수의 이러한 인식은 서구 침탈이 자행된 시점에도 그것에 대한 정확한 정보와 인식이 결여되었음을 의미했다. 문제는 이러한 박규수로부터 개화파 지식인의 계보가 형성되었다는 사실이다. 박규수에 따라 개화파의 흐름, 다시 말해 온건 개화파와 급진

조했다. 孫炯富,《朴珪壽의 開化思想研究》, 一潮閣, 1997, 8~12쪽; 김명호,《환재 박규수 연구》, 창비, 2008, 36쪽. 또한 다음 책도 참고할 것. 李完宰,《韓國近代 初期 開化思想의 研究》, 漢陽大學校 出版部, 2000.

34 1860년대에 개화사상가로 전환했다는 주장은 다음 글에서 읽을 수 있다. 신용하,〈김옥균의 개화사상〉,《동방학지》46·47·48 합본, 1985, 162~167쪽. 그리고 1870년대 전환설은 다음 글에서 읽을 수 있다. 이광린,《한국개화사상연구》, 일조각, 1979, 42~43쪽; 강재언,《한국의 개화사상》, 비봉출판사, 1981, 131쪽.

35 그는 1848년에《闢衛新編評語》에서 위원의《해국도지》에 의거하여 천주교를 비판하고 그 대책을 제시했다. 여기에서 그는 천주교를 미개한 종교로 폄하하면서 서양의 우수한 천문 역법도 실은 고대 중국에서 기원한 것이라는 청의 매문정이 주장한 '서학중원설'을 강력하게 지지했다. 특히 그는 서양의 개신교 선교사들이 싱가포르나 말라카에서 유교 경전을 번역 학습한다는《해국도지》의 정보에 근거하여 동서 교섭의 결과로 서양인들이 동양의 도에 감화될 날이 오리라는 낙관적 전망을 하기도 했다. 이와 같이 박규수는 동양의 문화적 우월성에 대한 자신감 위에서 서양과의 교섭에 진취적으로 대처하고자 했다. 이러한 그의 사상적 대응에서 개화사상의 하나인 東道西器論의 맹아를 발견할 수 있다. 김명호, 앞의 책, 708~709쪽.

개화파의 한 계기가 마련되었음은 역설적인 일이기도 했다.

박규수를 따랐던 그 시대 지식인은 근대성을 전통성과 대결적인 것으로 설정했으며, 전통적 사유체계를 회의적인 눈으로 바라보았다. 이러한 사실은 당시의 시대적 상황에도 살펴볼 수 있는데, 이 시기야말로 동아시아에서는 문명사적 전환기였다. 1842년 남경조약, 1858년 미일수호통상조약 등은 동아시아 전통체제에 대한 제국주의의 침탈의 이정표였다. 그 연장선 위에서 한국도 급격한 변혁의 과정으로 떨어질 수밖에 없었다.

그러나 당시 조선의 통치자들은 이러한 위기상황을 극복할 능력이나 의지를 보여 주지 못했다. 어느 면에서 조선왕조는 시대적으로나 사회적으로 붕괴 직전의 상황에 놓여 있었다. 그런데도 지배세력은 '무너져야 할 왕조'의 통치권을 장악하기 위해, 그들만의 사이에서 격심한 분열로 치달리고 있었다. 더욱이 1876년 조일강화도조약, 1882년 5월의 조미수호조약, 그리고 같은 해 6월의 임오군란을 겪으면서 조선은 제국주의의 침탈 대상지로 전락될 수밖에 없는 상황에 놓이게 되었다.

여기에서 조선왕조는 더 이상 쇄국정책을 취할 수 없었으며, 제국주의세력의 강압에 굴복해서 개국을 받아들여야만 했다. 그것은 전적으로 타율적인 문호 개방이었고, 조선왕조를 체제위기로 몰아넣는 실제적인 계기였다. 이 시대 지배세력과 지식인 사이의 유파와 상호 관계는 〈그림 2〉와 같이 그려 볼 수 있다.

지식인의 계보 가운데 개화파는 개항 이후 집권세력인 민당(閔黨)과 연계를 맺었고 고위 관직자로도 중용될 수 있었다. 당시 민당은 청에는 영선사를, 일본에는 수신사를 파견하는 등 시대 변화

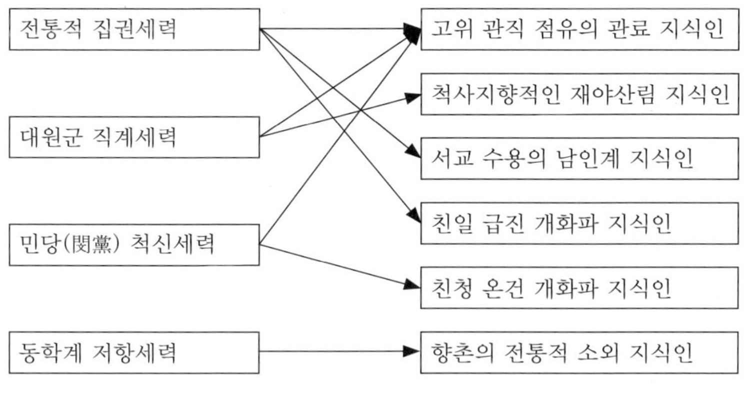

그림 2. 정치세력과 지식인의 연계

에 대응하려는 모습을 보여 주었다. 이러한 민당의 개화지향적 정책은 대원군 세력에게는 일대 위협이었으며 그 때문에 대원군과 이념적으로 연계된 노론계 산림인 척사파 지식인에 의한 척사론이라는 반론이 제기되었다. 이들의 주장은 이 시기 전통적 지식사회의 중심논리로도 부각될 수 있었다. 이러한 흐름, 다시 말해 실제적이고도 효과적인 대응보다는 전통적인 성리학적 관념에의 고착이 전통적 지식인들이 갖고 있었던 대외적 대응태도였다. 척사지향적 지식인들은 전통적 성리학의 관점에 서서 사대교린을 묵수하려 했으며, 일본이나 서양과의 문호 개방, 화친조약의 체결을 적극 반대했다. 이들은 성리학적 가치관을 그 시대에도 그대로 지킴으로써 사실상 시대의 흐름을 외면하는 위치에 서게 되었으며, 이는 어느 면에서는 반시대적일 수 있었다.

임오군란으로 민당과 개화세력이 한때 타격을 입게 되자, 이 틈을 타서 대원군이 재집권할 수 있었지만 청군의 개입으로 오래 지속될 수는 없었다. 조선왕조의 통치에 직접 개입했던 청나라 조선 주둔군의 위안스카이(袁世凱)는 전통적인 청한(淸韓) 종속관계 이상의 실질적인 종속화를 추진했다. 따라서 청나라의 간섭을 받아들이면서 그 속에서 온건한 개화정책을 추진했던 친청 온건 개화파가 이 시기의 정국을 주도하고 있었다. 그 대표적인 인사는 김홍집(金弘集), 김윤식(金允植), 어윤중(魚允中) 등이었다. 이들은 민비(閔妃)를 정점으로 민영목(閔泳穆), 민태호(閔台鎬) 등 민씨 척족의 집권세력과 정치적으로 제휴를 맺고 있었다. 당시 친청 온건 개화파 지식인들의 사고는 박규수의 대외인식을 그대로 계승하고 있었으며, 이러한 성격은 특히 김윤식의 청나라 의존외교에서 찾아볼 수 있다.[36]

김윤식은 청나라에 영선사로 가기 이전과 이후에 생각의 변화를 보여 주었다. 가기 전에는 대외관계에서 개방의 불가피성을 받아들였으면서도 이를 근대적인 균세외교(均勢外交)로 타개하려 했다.[37] 그가 말한 균세외교는 만국공법(萬國公法)에 바탕을 둔 외교관계를 의미했다. 만국공법에 따른 균세, 현대적인 표현으로는 세력균형(balance of power)을 전제하면서 이를 활용하려 했다. 사실 이러한 논리적 전개는 당시 터키를 강대국의 분할점령정책에서 막을 수 있었던 대외정책적 방법이라고 믿었다. 강대국들 사이에 세

---

36 김윤식은 박규수의 東道西器論의 계승자였으며, 친청 사대주의적인 개화로 나아갔다. 이는 중국이 취했던 개화의 방식인 洋務自强論의 한국적 수용이었다. 이는 서구의 사회제도나 정신적 가치를 거부하면서도 서구에 의해 이룩된 물질적인 기술 문명은 수용하려 했다. 그렇게 하는 것이 동양의 도, 다시 말해 전통과 가치를 지키고 이것에 바탕을 둔 개화를 이룰 수 있다고 믿고 있었다.

37 최진식, 〈갑신정변을 전후한 개화파의 외교인식론〉, 《부산사학》 제32호, 58쪽.

력균형을 이룩함으로써 서로 침범함이 없고 약소국은 이것에 의해 국가의 안녕도 도모할 수 있다는 것이 그 논리의 요점이었다.[38] 따라서 강대국과 수교를 함으로써 그 강대국의 영향력을 상호 균형과 견제로 이끌어 낼 수 있을 것이라고 여겼으며, 이렇게 하는 것이 국권 유지의 한 방식일 수 있다고 믿었다. 이러한 사실은 김윤식의 다음 글에서도 읽을 수 있다.

> 우리나라는 본시 청국과 일본에 대한 사대교린 이외는 타국과는 교류하지 않았다. 수십 년 이래로 세계정세는 일변하여 서구가 웅장하여 동양의 제국이 모두 만국공법을 준수하고 있다. 우리나라가 이를 지키지 않으면 세계에서 고립되고 도움을 받지 못해 스스로 보전할 수 없을 것이다. 청국과 일본은 서구 여러 나라와 수교를 맺은 것이 20개국에 가깝다.[39]

김윤식은 그 시대의 국제질서에 대해서는 지적인 한계를 보여주었다. 김윤식 자신이 영선사로 청국에 가서 그곳의 양무론자(洋務論者)들과 접촉하면서 만국공법이 약소국인 조선에 그대로 적용될 수 없다는 것을 알게 되었으며, 이때부터 그는 친청자주론자(親淸自主論者)로 선회했다. 이것은 조선왕조의 외교전례인 사대외교를 바탕으로 청의 도움을 받아 조선의 자주국가로의 발전을 모색하려는 것이었다. 청의 도움으로 일본과 연계된 서구의 침탈을 막으려는 것이 기본적인 의도였다. 이러한 생각은 미국과의 통상조약 체결과정에도 드러나고 있다. 그 때문에 김윤식은 '조선은

---

38 이 시기 만국공법에 대한 연구로는 다음 책을 참고할 것. 김용구, 《만국공법》, 소화, 2008.

39 金允植, 《雲養集》, 卷十四 雜著, 天津奉使緣起.

중국의 속방' 이라는 조약문을 명기하자고 주장했던 이홍장(李鴻章)에 적극 동조했을 정도였다. 이렇게 해야 할 이유로 그는 다음과 같이 적어 놓았다.

> 우리나라가 중국의 속방임은 천하가 다 아는 바이며, 항상 중국이 착실히 담당해 주지 않을까 염려된다. 우리는 고약지세(孤弱之勢)거늘 만약 중국이 종래와 같이 착실하게 보호해 주지 않는다면 실로 유지하기가 어렵다.[40]

김윤식은 천진에 있을 때 임오군란의 소식을 접하게 되었다. 그는 임오군란이 대원군 세력인 이재선(李載先), 안기영(安驥泳)의 반정 음모사건과 연계된 그들의 소행이라고 생각했으며, 이 사건을 계기로 일본군이 출병할 테니 사전에 기선을 제압하기 위해서도 청군이 먼저 조선에 출병해야 한다면서 청군의 출병을 강력히 요청했다. 김윤식과 어윤중은 청군의 향도관이 되어 귀국했으며, 청군을 도와 대원군을 납치, 그를 청의 보정부(保定府)로 보냈고, 민당(閔黨)의 집권 회복에 앞장섰다.

이처럼 김윤식은 민당 주도의 왕조 복구를 위해 청의 속방으로 귀착될 수 있는 사대종속주의를 적극적으로 실천하고 있었다. 그 결과 임오군란이 평정되었을 때 청의 위안스카이는 조선주재 총리교섭통상사의(總理交涉通商事宜)로 서울에 주재할 수 있었고, 조선의 내정과 외교를 간섭하는 등 사실상 조선총독처럼 행동하게

---

40 金允植, 《陰晴史》 高宗 18년 12월 27일조.

되었다. 이러한 상황으로 전락되었는데도 김윤식 등은 동도서기론(東道西器論)에 입각한 친청 온건 개화론자의 길을 걷고 있었다.

한편 급진 개화파에 속한 김옥균(金玉均), 박영효(朴泳孝), 서광범(徐光範), 홍영식(洪英植) 등의 개화사상은 두 갈래의 형성과정을 보여 주었다. 하나는 박규수에서 비롯되었다. 김옥균 등은 재동의 박규수 사랑에서 당시 국제정치와 서양 사정을 접했는데, 이 점에 대해서는 다음의 글에도 읽을 수 있다.

> 김옥균이 일찍 우의정 박규수를 방문한즉 朴氏가 그 벽장 속에서 地球儀 一座를 내어 金氏에게 보이니 該儀는 곧 朴氏의 조부 燕巖 선생이 중국에 유람할 때에 사서 휴대하여 온 바더라. 朴氏가 地球儀를 한번 돌리더니 金氏를 돌아보며 웃어 가로되 "오늘에 중국이 어디 있느냐. 저리 돌리면 미국이 중국이 되며 이리 돌리면 조선이 중국이 되어 어느 나라든지 中으로 돌리면 중국이 되나니 오늘에 어디 정한 중국이 있느냐" 하니 金氏 이때 개화를 주장하여 신서적도 좀 보았으나 매양 수백 년래 유전된 사상 곧 大地 中央에 있는 나라는 중국이요, 동서남북에 있는 나라는 四夷니 四夷는 중국을 높이는 것이 옳다 하는 사상에 속박되어 독립 국가를 부를 일은 꿈도 꾸지 못하였다가 朴氏의 말에 크게 깨닫고 무릎을 치고 일어났더라. 이 끝에 갑신정변이 폭발하였더라.[41]

박규수로부터 국제정세를 접하게 된 김옥균 등은 개화사상의 수용이 필요하다는 점을 절감했다.[42] 김옥균 등의 개화사상 수용

---

41 신채호, 〈지동설의 효력〉, 《개정판 丹齋申采浩全集》 하, 384쪽.

42 이 점에 대해서는 다음의 글에서도 읽을 수 있다. "그 신사상은 내 일가 박규수 집 사랑에

에서 또 다른 접근로는 일본이었다. 1884년 갑신정변 이전, 개화
파 지식인들도 민당(閔黨)의 통치세력에 편입되어서는 권력적 직
위로 급속하게 상승하고 있었다. 그러나 이들의 개화사상 수용은
척신 세력에 의한 방해라는 두꺼운 벽에 부딪치게 되었다. 개화사
상의 실천에 조급했던 급진 개화파는 그것을 실현하기 위한 방법
으로 쿠데타를 시도했는데, 이것이 갑신정변이었다. 정확한 의미
에서 이는 개화를 위한 것이기보다 이들 자신의 통치권 장악을 위
한 쿠데타의 성격을 갖고 있었다.

물론 이들의 개화논리에도 한계점이 들어 있었다. 이들은 개화
의 본질에 대한 기본 인식이 처음부터 결여되어 있었다. 단순히
일본을 비롯한 외국의 근대 제도의 모방을 개화로 여기고 있었다.
그 때문에 이러한 방식의 개화를 성공시켜도 그것은 곧장 제국주
의의 침탈에 의해서 식민지로 전락된다는 사실을 제대로 인식하
지 못하고 있었다.

또한 개화를 실현하기 위한 지향이념과 그 내용에서도 구체성
을 지니지 못했다. 이들은 개화의 기본 목표로 오직 부국강병만을
주장했을 뿐이다. 이 주장은 본질적으로는 왕조와 통치세력 쪽의
논리였다. 그들에게 국가는 오직 왕조만을 의미했으며, 집권세력
에 의한 통치체제만이 전부였다. 그러므로 근대국가의 본질이나
그것에 의한 민본적 부국강병책은 전제될 수 없었다. 단순히 일본
근대 제도의 모방만을 개화로 여겼으며, 그것만을 추구하려 했을

서 나왔소. 김옥균, 홍영식, 서광범, 그리고 내 백형(여기서는 박영교(朴泳敎)를 말함-인용
자)하고 재동 박규수 집 사랑에 모였지요.……연암집의 귀족을 공격하는 글에서 평등사상
을 얻었지요."(이광수, 〈박영효씨를 만난 이야기〉, 《동광》 1931년 3월호.)

뿐이다.

또한 개화의 실현 방법도 체계적이지 못했다. 개화야말로 '위로부터의 개혁'이며 그것은 근대 국민국가의 실현을 목표로 한 것이어야 했다. 근대 국민국가는 근대성에 바탕을 둔 제도적인 혁명적 재편이기 때문에 전통적인 가치관과 제도의 극복을 전제로 하게 된다. 따라서 전통적 지배체제와 전통적 관념을 대치할 새로운 설정이 필요했고, 이것에 의한 구체적인 실현도 모색되어야 했다. 그런데도 개화파는 통치권만 장악하면 모든 것을 해결할 수 있다는 식이었다. 그것도 일본의 힘을 빌려 그렇게 하려 했던 것이 갑신정변이었다. 급진 개화파에 따른 갑신정변이야말로 친일적인 모험주의자들의 정치 쿠데타에 지나지 않았다. 이 점에서 개화파는 '개화=친일'의 등식을 성립시키게 되었으며, '개화파 지식인=친일 외세주의자'라는 설정에서 벗어날 수 없는 한계를 맞게 되었다.

4
식민지 통치기의 근대적 지식인

1900년대를 전후로 한국은 근대 국민국가로 가는 길목에서 완전히 좌초하고 말았다. 일본의 식민지로 전락되었기 때문이다. 이러한 시대상황은 당시의 지식인을 식민지 지식인이라는 한계 상황으로 몰아넣었다.[43] 그들 가운데 일부 지배층과 청년 지식인들에 의해 새 문명의 수용이 강조되었으며, '민중의 힘을 길러 국권 회복'을 최대의 과제로 설정하게 되었다. 그러나 이들 가운데 대다수는 그러한 전개과정을 일본을 통해 이루려는 비극적인 선택을 했다. 사실 국권회복은 일본에 대한 투쟁이 전제되어야 했지만, 일본으로부터 배워야 하는 현실이 이 시기 지식인들에게 심각한 갈등을 일으켰다.[44]

1900년대 초기, 적지 않는 젊은이들이 일본 등 서구의 각급 학교로 유학했으며 신지식도 학습할 수 있었다. 그 때문에 젊은이들

---

43 식민지시대의 지식인에 대해서는 이 책의 총서의 한 형태로 별도로 집필될 것이기 때문에 여기에서는 단지 한국 지식인의 전체적인 흐름에서 그 시대의 성격만을 개관하는 형식으로 살펴보게 될 것이다.

44 물론 전통적인 수구 노선에 입각한 지식인의 활동도 나타났다. 그러한 성격의 조직체로 최초 등장한 것이 1907년의 대동학회(大東學會)였다. 신기선(申箕善), 민병석(閔丙奭), 이용직(李容稙), 홍승목(洪承穆), 박제빈(朴齊斌), 이응익(李應翼), 서상훈(徐相勛), 홍우석(洪祐晳), 조중응(趙重應), 여규형(呂圭亨), 정인흥(鄭寅興), 조병건(趙秉健), 윤덕영(尹德榮)이 발기인으로 참여했다. 그러나 이들은 그 뒤 친일에 앞장섰던 대표적인 인사들이기도 하다. 강명관,《일제초 구지식인의 문예활동과 그 친일적 성격》, 창작과 비평, 1988, 143쪽.

에게 성리학적 가치관은 점점 외면받게 되었다. 그들은 전통에서 벗어남을 시급한 과제로 여겼다. 젊은이들은 "배워야 산다. 아는 것이 힘이다!"라는 주장을 더 없이 중요한 가치로 받아들였다. 여기에서 배워야 할 것은 신지식이며, 그것은 미국과 일본에서 배우는 것이었다.

신지식을 열망했던 젊은이들은 성리학적 학습과정과는 전혀 다른 길을 찾게 되었다. 전통적 지식인의 지적 성장과정은 '향촌 서당→향시 합격→성균관 입교→식년시 합격→관직출사'였고, 그것의 궁극적인 목표는 특정 당인으로의 편입과 권력의 핵심부로 진입하는 것이었다. 이 과정에서 성리학은 관직출사의 유일한 지적 기반으로 활용되었다. 그 때문에 지식인으로서의 자율성이나 독자성은 이룩될 수 없었고 성리학의 학습만이 전부로 여겼다. 그러나 1900년대로 접어들면서 서구와 일본에서 유입된 신지식이 더 중요한 것으로 평가되었으며, 그것에 대한 학습이 '서구와 일본으로의 유학→신학문의 수용→근대적 지식인'의 정립으로 진행되었다.[45]

본격적인 해외 유학은 일본을 중심으로 행해졌는데, 이 시기 일본유학생들은 이전의 전통적 지식인과는 다른 모습을 보여 주고 있었다. 이들 대다수는 사회계층면에서는 중인층 출신과, 중하층 관직자의 자제들이 다수를 이루고 있었다. 집권세력인 권문세가

---

[45] 이 시기에 미국에 유학했던 젊은이들도 있었다. 구체적으로 1883년 9월 遣美使節團, 報聘使 일행이 미국에 첫발을 내디뎠고 1888년 1월 미국에 상주 공사관이 개설되는 등 미국과의 접촉이 본격화했다. 특히 1883년 보빙사 일행으로 미국에 따라갔던 俞吉濬 이래로 1885년 徐光範, 徐載弼의 유학과 1886년 邊燧, 그리고 1888년의 尹致昊 등이 미국에 유학했다. 그러나 이들도 뒤에는 대부분 일본과의 관계를 맺게 됨으로써 갑신정변에 관계하는 등 친일개화파의 범주에 포함되었다. 張圭植, 앞의 논문, 9쪽.

의 자제들은 상대적으로 그 수가 적었다. 중인층 출신이 다수였음은 시대 변화에 높은 적응성을 보여 주었던 중인층의 성격에서도 이해될 수 있는데, 그들 가운데는 역관, 의관 출신의 자제와 지방의 호족이나 지주와 상인층이 다수 포함되었다. 이들은 새 것을 받아들이는 데 적극적이었으며, 그렇게 하는 것이 가문의 융성과 신분상승의 한 방도라고 여겼다.[46]

그러나 일본에 유학했던 젊은이들이 일해야 할 곳은 식민지 조선 사회였다. 식민지 사회라는 상황은 일본유학생들에게는 사회진출과 출사에서 유리한 조건이 될 수 있었다. 식민지 조선은 이들 일본유학생들을 식민지 관료로, 또는 지도적 지식인으로 받아들였기 때문이다. 특히 언론기관이나 각급 학교 등 근대 지식기관의 등장으로 근대적 신지식인이 필요했다. 1940년대 이전까지만 해도 이들 지식인의 활동기관은 대략 다음과 같았다.

■ 언론 출판기관 : 《동아일보》, 《조선일보》 등 일간지와 《개벽》, 《조선 문단》 등 잡지.
■ 전문학교 등 각급 학교 : 보성, 연희, 이화 등 전문학교를 비롯한 각급 학교.
■ 총독부의 관료 및 산하 기관 : 총독부의 관료나 그 산하의 각종 단체와 연구기관.

---

46 1930년대 이전만 해도 일본의 대학과 전문학교에 유학했던 학생 수는 약 2,000명이 넘었다. 미국에 유학한 숫자는 300명 선이었다. 초기에 일본에 유학했던 유학생 가운데는 대한제국의 관비 유학생과, 종교기관의 도움을 받았던 이들도 들어 있었다. 당시 일본에 유학했던 이들은 관직으로의 출사가 유학의 동기였다. 이는 관직 등용에서 일본 유학이 출세의 보증 수단으로 여겨지고 있었음을 의미했다.

▨ 극단을 비롯한 예술 단체 : 음악, 미술, 연극, 영화 등을 비롯한 각종
　예술 활동.

▨ 자유 문필가 : 소설가나 시인, 번역가 등의 문필 활동.

　그런데 이들 지식인의 인식관점은 계몽적 사고의 함양과 그 실
천에 두고 있었다. 이를 각급 학교나 언론기관을 통해 또는 문필
활동으로 민중을 계몽시키는 것이었다. 이들에게 계몽은 몽매한
민중이나 젊은이에게 신지식에 따른 교육적 각성으로 여겼으며,
그렇게 해서 새로운 시대에 맞는 의식과 행동을 조성하려 했다.
　계몽의 중심 내용인 신지식은 한국의 역사적 전통이나 제도에
대해 두 가지 양태로 표현되었다. 하나는 한국의 전통적 가치를
근대적인 것으로 발전시키려는 민족주의적 의식의 발로였다. 다
시 말해 민족주의적 관점에서 한국의 전통적 근대화에 의미를 부
여하려 했다. 다른 하나는 일본의 근대화과정을 수용 모방하는 것
으로, 한국 근대화를 위한 유효한 방법이라고 생각했다. 이러한
인식은 결과적으로 친일지향성을 보여 주었다. 한마디로 전자가
민족주의적 근대화였다면 후자는 친일적 근대화로 나아갔다.
　전자는 한국의 전통과 가치에 바탕을 둔 민족국가의 수립을 목
표로 삼았다. 그 때문에 한국의 문화와 전통을 비교 대상이 아닌
절대적인 가치로 여기고 있었다. 일본에 견주어 뒤처지지 않는,
어느 면에서는 앞선 한국적 전통과 가치를 주장했으며, 그 의미를
강조했기 때문이다. 이러한 성향의 지식인들은 일본에서 습득한
신지식을 한국 민족의 발전을 위한 방법으로 활용하려 했다. 따라
서 이들은 일본 총독부의 고위 관료와 같은 친일적 직위로의 진출

은 받아들이지 않았으며, 대신 사립학교의 교사나 민족언론사 등에서 주로 활동하였다.[47]

또한 일본에 유학했던 지식인 가운데는 한국의 전통성을 낡은 것으로 치부하며 그것에서 벗어남이 한국의 미래를 위한 필연적인 과정이라는 생각을 가진 이들도 있었다. 이들은 새 사상과 새 제도의 수용만을 중시했으며, 일본에서 배운 것만이 의미 있다고 생각했다. 이들의 인식은 민족 전통성에 대한 부정으로 흘렀으며, 일본 총독부의 식민지 통치를 그대로 수용했다. 이들은 기꺼이 일본 총독부의 관직자로 일본의 식민통치에 앞장서기도 했으며, 언론기관이나 각급 학교에서 근무해도 친일적인 논조와 행동을 서슴없이 자행하기도 했다.[48]

이들은 1920년대 이전의 일본근대화의 수용, 1920년대의 민족개조와 실력양성론, 1937년의 중일전쟁 이후의 대동아공영권의 건설 등에 적극 참여했으며, 동시에 일본의 천황주의로 기울어진 반민족적 성격도 보여 주었다. 이 당시 대표적인 인사로는 최남선과 이광수를 들 수 있다. 이광수의 친일 관념에 대한 논의로는 다음 글에서도 잘 읽을 수 있다.

이광수는 당시 일본을 풍미하고 있던 비정치적 교양주의, 문예주의로

---

47 이 시기 국내의 선각적인 지식인 가운데서 전통에 대한 깊은 연구와 천착에 힘을 쏟았던 지식인도 적지 않았다. 특히 한국의 전통에 바탕을 둔 역사학이나 고전문학, 사상 등에 대한 연구가 행해졌으며 그러한 활동에 앞장섰던 대표적인 인사들이 국학파 지식인이었다.

48 이 시기에 이러한 성격의 대표적인 지식인으로는 초기의 이인직과 이광수를 들 수 있다. 이인직에 대한 논의는 다음 글을 참고할 것. 고재석, 〈이인직의 죽음, 그 보이지 않는 유산〉, 《한국어문학연구》 42, 2004. 그리고 이광수에 대한 대표적인 연구로는 다음 것을 들 수 있다. 김윤식, 《이광수와 그의 시대》, 한길사, 1986.

경도되었다. "정치에 대해서는 냉연 불관한 태도(《이광수전집》9권, 114쪽)"를 갖게 된 것이다. 이광수는 조선의 전통문화를 개혁되어야 할 문화로 인식하고 그 반작용으로 일본의 근대문화를 이상화했다.

원래 근대문물이 발달한 사회는 서구였다. 그러나 이광수는 이를 자신이 체험한 일본으로 치환했다. 서구가 아니라 일본과의 접촉을 통해 일본화된 근대를 인식했던 것이다. 명치유신 이후 문명개화, 식산흥업에 성공한 일본은 하나의 훌륭한 모델이었다. 이 시기 이광수에게 가장 중요한 것은 문명개화였다. 그리고 그 표준은 일본이었다.[49]

여기서 지적해야 할 사실은, 앞에서 구분한 민족주의적 근대화론자와 친일적 근대화론자 사이에서 1920년대 후반기부터 이른바 민족개조운동과 실력양성운동이 점점 비슷한 관점으로 나아갔으며, 결국 함께 손을 잡기 시작했다는 것이다. 이는 좌파의 계급투쟁노선과는 전혀 다른 길로 나아갔음을 의미하게 된다.

조선총독부의 통치체제가 1930년대로 넘어서면서, 식민지 조선의 지식사회는 이데올로기에 의한 분화를 보여 주었다. 이 시기 국내의 각급 학교에서 교육받은 젊은이의 수도 급증했다. 더욱이 1924년 경성제대(京城帝大)의 설치로, 매년 한국인 졸업생을 약 40~60명 정도 배출하였다. 그 밖에도 연희, 이화, 보성, 숭실, 혜화 등 여러 전문학교와 고등보통학교에서 졸업생이 배출되어, 1930년대로 들어서면 젊은 지식인의 수는 급격하게 증대되었다. 이처럼 근대적 신지식을 수용했던 젊은 지식인들은 식민지적 현

---

49 이준식, 〈일제 강점기 친일 지식인의 현실 인식; 이광수의 경우〉, 《역사와 현실》 37, 179쪽.

실 상황의 극복에 대한 강한 민족적 열망을 보여 주게 되었다.[50]

그러한 열망의 분출은 사회주의 사상으로 나타나기도 했다. 사회주의는 3·1운동 이후 민족운동의 새로운 전략을 모색했던 젊은 지식인에게 강한 호소력을 지니게 되었다. 이들은 이전까지의 민족주의가 계몽적인 성격에 머물러 있었으며 민족해방과 독립을 위한 구체적인 전략과 실천성을 결여했다고 생각했다. 그 때문에 젊은 지식인들은 1920~30년대로 들어서면서 사회주의에 깊은 관심을 드러냈다.

민족주의가 식민지적 현실에 대한 문제의식을 제고시켰다면, 사회주의는 그 현실문제를 식민지적 계급문제와 연관시켰다. 식민지 해방을 노동자 농민의 계급투쟁과 결부시켰기 때문에 좀 더 현실적인 투쟁전략이라고 생각하게 되었다.

따라서 식민지 통치기 조선의 지식사회는 ①민족주의적 지향, ②사회주의적 지향, ③그리고 친일인사로의 전신으로 세분되는 상황을 빚고 있었다. 결과적으로는 식민지 지식인의 중요한 특징의 하나인 이념의 분화로 이들 사이에도 극심한 대립이 조성되고 있었다.

이러한 사실을 고려할 때 식민지시대 근대적 지식인의 특징은 전통적 지식인이나 근대적 지식인의 지향의식에 견주어서도 크게 다르지 않았다. 이러한 성격을 대조적으로 비교해 보면 〈표 1〉과

---

50 물론 경성제대의 설립은 일본 총독부의 관료 충원과 친일적인 지식인 양성도 전제되고 있었다. 이들 가운데 총독부 고등문관시험에 합격, 총독부 관료로 출사하는 경우도 있었고 각급 학교의 교원으로나 문필가로 활동하는 이도 적지 않았다. 그러나 신학문을 배우려는 일념으로 여기에 진학했고, 그 때문에 이들 가운데는 민족주의적 지향성을 보여 준 이도 적지 않았으며 사회주의자로 활동한 이도 있었다.

	전통적 지식인	근대 지식인
대외 의식	사대종속적 관념	강대국 중심의 중심부–주변부적 의식
정치관계	파당적 붕당 중심	민족주의적 투쟁과 사회주의로의 지향
활동영역	관료로서의 출사	식민지 관료, 학교와 지식인적 활동
가치지향	성리학적 가치관	가문 중심의 족벌의식과 집단주의
개별성확보	관직중심의 지적 생활	독자성 확보를 위한 지식시장의 한계

표 1. 전통적 지식인과 근대 지식인의 지향에 대한 비교

같은 도식적 논의도 가능해진다.

전통적 지식인으로부터 근대적 지식인으로의 전개는 학문적 바탕이 성리학에서 서구 근대적 지식체계로의 전환을 의미했다. 물론 근대 지식체계도 지식인 자신과 가문을 위한 출세의 수단으로 활용된 경우가 대부분이었다. 이 점에서 정치지향적 지식인은, 전통적이거나 근대적이거나, 관직출사를 목표로 삼았으며, 그것도 대부분 권력적 지식인이거나 저항적 지식인의 유형에 속했다. 따라서 지식인과 정치권력과의 관계는 필연적인 것이었다. 기존체제의 지지나 반대는 기본적으로 정치권력과의 관계를 맺음으로 지식인 자신이 권력에 접근하는 한 방식이었다. 그 때문에 학문적 연구에 따른 지식인의 독자성이나 지적 사유, 실천에서 독립성은

이루어지지 못했다.[51]

어느 경우나 전통적 지식인으로부터 근대적 지식인으로의 전환에서 지식인의 전통적 성격은 크게 달라지지 않았다. 학문의 연구 대상이 성리학적인 것에서 근대 학문으로 옮겼다는 정도였으며, 여전히 관직출사를 목표로 삼았다. 또 전통적 지식인의 이념지향이 군왕체제의 충군사상이었다면, 근대적 지식인은 근대성에 따른 근대국가 수립이라는 정도였다.

물론 근대적 지식인 가운데 일본 총독부를 근대국가의 한 과정으로 수용하려는 경우도 있었다. 또한 사대주의적 종속의식을 가졌던 전통적 지식인에서 근대적 지식인으로 전환은 서구문명과 그 제도의 수용이었지만, 강대국에 대한 사대적 종속성만은 그대로 지속되고 있었다. 전통적 지식인이 이념과 혈연, 지연에 따른 분파의식에 사로잡혀 있었다면, 이와 마찬가지로 근대적 지식인도 이념적 지향성을 보여 주었으며, 여기에서 맑스주의와 민족주의로의 분화도 나타났다.

이러한 사실을 고려한다면, 한국의 지식인은 19세기 말부터 20세기를 넘어서면서 전통적 지식인으로부터 근대적 지식인으로 변모했지만, 그러한 변화는 외피에 불과했다. 지식인의 기본 속성, 특히 정치권력에 대해서는 별 차이 없이 그대로 유지되었다. 개인적인 출세와 가문을 위한 관직출사의 입신출세가 전통적 지식인이나 근대적 지식인에게도 마찬가지로 적용되고 있었다.

---

51 다시 말하면 지식시장이 이루어지지 않았기 때문에 독립적인 지식인의 존재는 불가능했으며, 이는 지식인과 정치권력과의 연계성이 필연적일 수밖에 없음을 의미하게 되었다. 이 점에서 지식인이 어느 정도로 독자성을 갖고 정치권력에 대해 그 나름의 인식기준으로 지지나 반대로 나아가게 된 것은 대체로 1970년대 후반기부터라고 할 수 있다.

　이처럼 한국의 근현대사에서 지식인은 권력과의 관계를 통해서만 자신의 정치사회적 위치가 설정된다고 믿었다. 그 때문에 지식인의 개별적이고도 독자적인 자기 이념의 설정이나 지적 논리의 발전을 위한 지적 탐구는 제약될 수밖에 없었다. 그러면서도 권력에 접근하려는 지식인적 열망만은 시대를 넘어 그대로 지속 강화되었다. 이 점에서 정치적 지식인—권력적 지식인이거나 저항적 지식인이거나—이 지식인 사회를 주도했는데, 이는 어느 면에서 한국 지식인의 태생적 한계이기도 했다. 결국 한국의 지식인은 권력과의 관계에서 얼마나 자유로울 수 있는가에 따라 그 위치를 결정하는 상황에 놓이게 되었다.

　결국 이러한 성격을 지닌 지식인의 지향과 상황 사이의 갈등이 그 뒤의 한국 사회, 특히 해방정국에서 심각한 상황을 빚게 되었다. 민족독립과 민중해방이 민족사회의 미래지향임은 분명했으며, 그것을 위한 구체적인 도정에서 민족적 자율성을 어떻게 확보하는가가 최우선적인 지적 과제였다. 이러한 과제에 천착했던 지식인들이야말로 도학자적 지식인 사이에서 일부 찾아볼 수 있다. 이들은 앞에서 제기한 민족독립과 민중해방 그리고 국가사회의 발전이라는 과제를 이론적으로 구축하고 현실적으로 실천할 수 있는 정치 방안의 모색에 진력했으며, 이렇게 해서 이룩된 것을 실천하기 위해 정치의 현실로 뛰어 들기도 했다.

　이들과는 다른 모습의 정치적 지식인, 다시 말해 민족의 독자성보다 외세나 특정 이데올로기에 의존해서 집권 경쟁으로 치달렸던 정치적 지식인들이 한국에서 정치적 지식인의 큰 흐름인 권력적 지식인과 저항적 지식인의 맥을 구축했음은 또 다른 비극의 시작이었다. 정치적 지식인이 그 시대의 이데올로기의 대립과 경쟁에 앞장서는 기수가 되었으며, 여기에서 오는 반사이익으로 정치권력자의 위치로 올라서게 되었음은 해방정국의 한 모습이기도 했다. 이 점에 대해서는 제4장의 해방정국의 정치상황에서 다시 다루어 보기로 하고, 여기서는 거듭 한국 지식인의 역사성에서 읽을 수 있는 권력과의 직접적인 관계가 지식인의 일반적인 특징이 되었음을 밝혀 두기로 하자.

제4장

1945년 8월의 정치와 정치세력

1
해방과 '식민지적' 한국 사회

해방정국은 지식인들을 일거에 정치적 소용돌이로 몰아넣었다. 전통적으로 관직출사를 기본으로 삼았던 한국의 지식인들에게 해방이야말로 관직으로 나아갈 수 있는 호기였다. 따라서 지식인의 정치참여도 활발했으며, 특히 해방의 시점에서 이루어져야 할 민족 과제보다는 관직 출사를 위한 정치활동에 앞장섰다. 그 때문에 해방정국은 지식인, 특히 정치적 지식인의 정치참여의 과잉으로 정치 혼돈이 조성되고 있었다. 정치적 지식인 사이의 극심한 대립이 일상화될 정도였다. 해방정국의 혼돈은 지식인의 혼란이었고, 해방정국의 정치적 분열은 지식인 사회의 분파적 대립의 반영이었다.

지식인의 정치참여에서 지적해야 할 사실은 이들의 정치참여가 독립이나 자주국가 수립 등 당위적인 지향보다는 특정 정파 위주로 나아갔다는 점이다. 몇몇 도학자적 지식인에 의해 민족주의나 민족독립이 논리적으로 주장되기도 했지만, 대부분의 정치적 지식인은 민족과 민족주의를 겉으로만 주장했으며 실제 행동은 여기에서 벗어났다. 당시 정치적 지식인들은 민족독립과 발전을 이루기 위해서는, 민족투쟁의 연장선으로 먼저 조선총독부부터 무너뜨려야 마땅했다. 이것이야말로 해방의 시점에서 한국의 지식인—그들이 정치적 지식인이든 그렇지 않던 간에—의 당면 과제였다.

사실 한국의 정치적 지식인들은, 전통적 지식인이 그러했듯이, 이념에 강한 종속성을 보여 주고 있었다. 1920년대를 고비로 공산주의 이데올로기의 수용에 따라, 그것의 지지와 대립관계가 지식인 사회를 양분시켰다. 국내 정치세력은 심각한 분열과 대립으로 나아갔으며, 여기에다 가혹한 일제의 식민통치로 지식인의 분열은 물론이고 민족운동도 극도로 제약될 수밖에 없었다. 그 때문에 국내외 민족운동에서 주도권 경쟁이 치열해졌다. 더욱이 나라 밖에서도 이념과 계파의 분열로 단일적인 민족투쟁이 이룩되지 못했기 때문에, 해방정국에서도 주도권을 장악하려는 그들 사이의 경쟁이 치열하게 전개되었다.

해방을 맞은 상황에서, 지식인들은 서로 긴밀하게 협의함으로써 정부수립을 위한 국민회의나 그 준비회의와 같은 범민족적 조직체를 만들어야 했다. 그러나 나라 안팎에서 민족투쟁에 앞장섰던 세력들은 서로 깊은 대립으로 분열되었고, 이는 지식사회의 한계를 드러내고 있었다. 구체적으로 해방을 맞은 시기에 좌파는 우파를 조선총독부의 협조세력이라고 공격했고, 노동자 농민을 약탈하는 친일세력으로 몰아붙였다. 여기에 맞서서 우파도 좌파를 친소적이고 반민족인 집단으로 공박했으며, 민족분단에 앞장선 소영웅주의자로 배격했다. 이들 사이의 대립은 당면하고 있는 절박한 민족 과제, 다시 말해 독립국가의 수립의 명제 앞에서는 상상할 수 없는 비극적 상황의 연출이었다.

1945년 8월의 해방이 '강대국에 의해 주어진 것'일지라도, 이를 민족해방으로 귀착시키기 위해서는 정치세력 사이의 연대와 협력이 절실했다. 비록 정치이념이 달라 권력장악을 위한 경쟁이 불가피했어도, 맨 먼저 독립국가부터 수립하는 것이 최우선 과제라야 했다. 그런데도 식민지시대 한국의 정치세력들, 특히 정치적 지식인들은 이데올로기로 분열되어서는 상대방을 배격하는 데 온 힘을 쏟고 있었다. 이들은 '죽기 아니면 살기' 식의 극단적인 대결만을 연출했다. 이러한 대립이 결과적으로는 식민지적 성격을 지속시켰던 한 요인이 되었다.

정치에서 중시되어야 할 것은 이데올로기가 아니다. 그보다는 민족적 연대와 통합, 다시 말해 현실적인 민족과제의 실현이 더 중요하다. 막연한 구호에 지나지 않았던 이데올로기에 사로잡혀서, 사대주의적 성격까지 보여 준 것이 해방정국의 대다수 정치적 지식인들의 모습이라 해도 틀리지 않는다.

이러한 논리를 전제로 할 때, 해방정국에서 정치에 적극 참여했던 정치적 지식인은 사실상 도학자적 지식인이기보다 권력적 지식인이나 저항적 지식인이 대다수를 차지했으며, 그 때문에 민족 자주국가 수립의 이념적 가치는 점점 뒤로 밀리고 있었다. 오직 분파적인 권력 점유를 위해, 한편에서는 권력적 지식인이 다른 한편에서는 저항적 지식인이 극단적으로 대립하는 상황을 심화시키고 있었다. 다시 말하면 해방정국에서 정치적 지식인은 양분된 분파, 권력적 지식인과 저항적 지식인으로 나눠져서, 서로 사이에 극단적인 대립으로 달려갔으며, 그 때문에 도학자적 지식인은 점점 뒤로 밀리는 상황을 빚고 있었다.

해방을 맞은 그 시점에 남한의 경우, 미군의 진주 전까지는 여전히 일장기가 휘날리고 있었다. 그뿐만 아니라 일본 총독을 비롯한 총독부 관리들이 이전과 다름없이 통치권을 행사하고 있었다. 비록 패전에서 오는 충격으로 총독통치를 마감하고 일본으로 귀환하기 위한 일에 골몰하면서도, 그들은 여전히 통치자로 남아 있었다. 이러한 상황에서, 먼저 한국의 지식인들은 좌우파의 구분 없이 서로 연대해서 일본 총독부의 통치체제부터 끝장내야 했고, 신생국가 수립을 위한 전 국민적인 합의기구부터 조직해야 했다. 이 과정에서 극단적일 경우, 일본의 식민지 통치세력과의 유혈 투쟁도 각오하는, 실로 민족해방의 투쟁이 치러져야 했다.

그런데도 조선총독부가 여전히 통치권을 행사하고 있었음은 어떤 논리로도 설명될 수 없는, 한국의 민족적·정치적 한계를 의미하는 것이었다. 이러한 사실을 유념하면서, 왜 해방을 맞았는데도 정치적 지식인들이 이처럼 심한 갈등과 대립으로 떨어지게 되었는지를 살펴보고, 그것이 끝내 분단으로 이어지게 된 상황에 대해서 알아보기로 하자.

1945년 8월 15일 일본 국왕의 항복조서가 방송된 직후 조선총독 아베 노부유키(阿部信行)도 패전유고(敗戰諭告)를 발표했다. 패전국 총독으로 당장 쫓겨나야 할 조선총독이 점령군 사령관처럼 유고를 발표하는 기막힌 일이 아무런 방해 없이 이루어지고 있었다. 여기서 그의 유시 일부를 인용해 보자.

우리 반도에 있어서도 이 사이에 군관민 협동일치 내선일체 철통의 단결하에 전력을 증강하여 전선에 있어서는 허다한 특공용사를 배출하고 또 다수 지원응소에 의하여 황군(皇軍)의 유력한 일익을 형성하고 총후(銃後)에 있어서는 연년(連年)의 기상불순에 불구하고 식량의 증산공출에 국책을 봉행하고 공장, 광산, 또한 운수, 통신의 각 부문이 모두 사명으로 하는 직능을 발휘하여 전력증강에 기여하고 특히 가향(家鄉) 멀리 내지(內地) 기타 이경(異境)에 가서 군사사업에 종사한 다수한 근로자가 있음을 상기할 때 감개무량함을 금할 수 없다. 참으로 내선(內鮮)간의 고래의 혈연적 문화적 심연(深緣)에 더하기를 병합시정 이래 삼십육여 년 황택(皇澤)이 흡(洽)하여 민생화육(民生化育)하여 융합일체 능히 금차 성전의 대의를 공감 파악하고 이에 순(殉)하는 지향이 치열하기 때문이다.……스스로 동요 혼란에 빠져 동포 상극함과 같은 경거를 경계하고 친화경양(親和敬讓) 사회의 유대를 굳게 해야 된다.[52]

그는 여기에서 일본의 억압 통치를 일본 천황의 황택이라고 표현하는 등 그들의 침략 전쟁을 정당화하고 있다. 식민지 통치가 민생의 화육을 이룩했고, 융합일체를 실현했다는 식의 논리는 해방의 상황에서는 상상할 수 없는 표현이었다. 식민지 통치로 조선 사람들이 더 잘 살게 되었고 일본인들과 어울려 잘 지냈다는 식의 논리도 마찬가지다. 더한층 놀랄 일은, 태평양 전쟁을 성전이라고 불렀으며, 한국의 청장년들을 징용, 징병으로 강제 동원했던 것을 지원해서 참전했다고 주장했다는 것이다. 그러면서도 그는 한국 내 일본인들의 안전을 위해 친화경양의 유대관계를 지키라고 명령하고 있다. 가증스러운 언설이었는데도 이것이 통용된 것이 해방 당시의 한국이었다.

---

52 《每日新報》 1945년 8월 15일자.

이처럼 잘못된 조선총독의 행동의 이면에는 당시 조선의 유력
자들, 이들 대부분은 정치적 지식인으로, 이들에 대한 총독부 고
위 인사들의 접근도 한 요인으로 작용했다. 조선총독부 고위 관리
들의 조선 유력자에 대한 접근 가운데 하나가 건국준비위원회(이
하 '건준'이라고 함)의 조직이었다. 이 시기에 조선총독부 고위 인
사들은 여운형(呂運亨)을 통해 조선의 치안을 유지하고 일본인의
안전도 지키려 했다. 이러한 사실은 여운형의 1945년 8월 16일의
연설에도 알 수 있다. 그는 이날 오후 서울 계동의 휘문중학교 운
동장에 모인 5천여 명의 군중들에게 20여 분 동안 연설했는데 그
의 연설의 중요 요지를 정리하면 다음과 같다.

① 어제 8월 15일 아침 여덟시, 조선총독부 정무총감 엔도오 류사쿠
(遠藤隆作)의 초청으로 요담했다.

② 엔도오는 "지난 날 조선과 일본, 두 민족이 합한 것이 조선민중에
합당하였는지의 여부는 말할 것이 없고, 다만 서로 헤어질 날을 당해서
마음 좋게 헤어지자. 오해로써 피를 흘린다던지 불상사가 일어나지 않도
록 민중을 잘 지도하여 달라"고 요청했다.

③ 여운형 자신은 이에 5가지 요구조건을 제출해서 즉석에서 응낙받
았다.[53]

④ 이로써 해방의 첫발을 내디뎠으니 우리가 지난날 아프고 쓰라렸던

---

[53] 여운형은 총독부에 대해 다음 5가지 요구조건을 내걸고 수락한 것으로 되어 있다.
  1. 전국적으로 정치범과 경제범을 즉시 석방할 것.
  2. 해방 이후 3개월 간(8~10월)의 식량을 보장해 줄 것.
  3. 치안유지와 건국을 위한 정치 운동에 대해서 일체 간섭하지 않을 것.
  4. 학생과 청년을 훈련 조직하는 데 간섭하지 않을 것.
  5. 노동자 농민을 건국사업에 동원하는 것에 간섭하지 않을 것.

것은 이 자리에서 모두 잊자.

⑤ 이 땅을 이상적인 낙원으로 건설하기 위해 개인적인 영웅주의는 없애고 일사불란하게 단결하기로 하자.

⑥ 앞으로 외국군대가 입성할 것인즉 부끄럽지 않는 태도를 보여 주자.

⑦ 치안을 확보하기 위해 전문대학 학생들로 경비원을 배치했다.

⑧ 해외 지도자들도 곧 입국하게 될 것이다.[54]

당시 여운형은 국내 최고지도자 가운데 한 사람이자, 젊은이들의 열렬한 지지를 받고 있었던 민족적 지도자였다. 그의 개인사도 민족사와 마찬가지로 민족투쟁의 험난한 고통을 걸었다. 그 때문에 해방 당시만 해도 많은 사람들로부터 존경받고 있었으며, 그를 따랐던 수많은 젊은이들은 '가장 탁월한 민족지도자'로 그의 지도를 기대하고 있었다. 그의 개인사적 이력이나 고투에 찬 민족투쟁에 대해서는 다른 책에서 다루기로 하고, 여기서는 해방정국에서 그의 정치활동에 대해서만 논의해 보기로 하자.[55]

---

54 《每日新聞》 1945년 8월 17일자.

55 여운형에 대한 평전이나 정치적 활동에 대한 여러 저술이 출간되었는데, 이들을 크게 나누면 여운형의 중도파적 지향성을 논의하면서 그가 민족주의자였음을 강조하는 경우를 들 수 있고, 다른 한편은 여운형을 중도 좌파로 분류하면서 그의 활동을 설명하고 있다. 또한 그밖의 것으로는 여운형이 기본적으로 중도 좌파 내지 좌익적 지도자임을 전제로 하고 있다. 이들 대부분의 논의는 인물사의 성격을 보여 주고 있기 때문에 시대상황으로서의 정치적 현실과 결부해서 비판적으로 논의하는 경우는 드물다. 여운형에 대한 대표적인 논의로는 다음의 글을 인용해 볼 수 있다. "여운형이 공산당과 긴밀한 관계를 맺게 된 것은 해방조선이 소련군의 지배하에 들어갈 것이라고 생각했기 때문이다. 그는 미군이 남한에 상륙한 후에도 평양을 왕래하며 남북의 공산당의 협조관계를 유지하려는 노력을 계속했는데 여기에는 여운형의 사상 그리고 소련과 공산당에 대한 이미지가 강력히 작용했다." 이정식, 《대한민국의 기원》, 일조각, 2006, 279쪽. 그 밖에 그에 대한 폭넓은 인식이 전제된 저서로는 다음의 것도 적을 수 있다. 정병준, 《몽양 여운형 평전》, 한울, 1995; 이정식, 《시대와 사상을 초월한 융화주의자 여운형》, 서울대 출판부, 2008; 몽양학술심포지엄 논문자료집, 《여운형을

말할 것도 없이, 당시 그를 비롯한 한국의 민족지도자들은 무엇보다 먼저 총독부 당국자에게 그들이 한국 민족에게 저질렀던 온갖 악행에 대해 사과하도록 요구해야 했다. 그리고 그 시점에 즉각 통치권을 한국인에게 넘겨주고 한국에서 물러나도록 조치해야 옳았다. 조선총독부야말로 한국 민족에게는 처절한 민족의 탄압기구였고 약탈적 통치기구로, 치유될 수 없는 민족적 상처를 만들었다. 따라서 악질적 식민지 관리나 폭압적인 일본인 경찰 등에게도 그것에 상응한 응징을 가해야 했다. 이것이야말로 그 시대의 민족적인 요구일 수 있었다. 그런데도 이러한 문제는 전혀 전제되지 않은 채 한국에 거주하는 일본인의 안전부터 고려했고, 그 요구를 총독부 관리로부터 받아들임으로서 건준의 조직을 우선시했음은 한계적인 선택이라는 비판에서 벗어날 수 없었다.

물론 여운형을 비롯한 민족지도자들 가운데는 해방을 맞았던 그 시점에 건국을 위한 조직적인 기구를 하루빨리 만들어서 총독부로부터 통치권을 인수하는 것 자체가 시급한 과제라고 여겼을 수도 있다. 그렇게 해야 해방정국의 치안은 물론이고 독립국가로 발전할 수 있을 것으로 생각했을 것이다. 그러나 이러한 생각은 결국 조선총독부라는 기존의 통치구조의 테두리 안에서 이루어진 건국 준비라는 한계에서 벗어날 수 없게 되었으며, 그렇게 하는 것 자체가 해방의 의미를 퇴색시키는 것일 수도 있었다.

또한 건준의 부위원장으로 영입된 안재홍(安在鴻)은 민족주의 진영의 대표적인 사상가로 국민들에게 깊은 존경을 받고 있었다.

말한다》, 아름다운 책, 2007; 강덕상, 《여운형평전 1》, 역사비평사, 2007.

그는 우선 좌우파 지도자들이 서로 협력함으로써 빠른 시일 내에
국민적 총의를 바탕으로 하는 건국사업을 실현하는 것이 중요하
다고 생각했기 때문에, 여운형의 건준 참여 제의를 받아들였다.
　안재홍의 참여는 건준의 초기 활동에 중요한 의미를 부여했다.
그는 8월 16일 오후 3시 10분부터 약 20분 동안 경성중앙방송국을
통해서 다음과 같은 내용을 방송했다. 여기에서 한국에 거주했던
일본인의 안전의 보호가 일본에 거주하고 있는 우리 동포의 안전
을 지킬 수 있는 방도임을 강조하면서, 이러한 활동의 전개를 건
준의 중요한 역할로 여기고 있었다. 그의 이러한 생각을 다음의
방송 내용에서도 읽을 수 있다.

　　근본적인 정치운용의 최대 문제에 관하여는 금후 급한 문제는 대중의
　파악과 국면수습으로써 첫째 민족 대중 자체의 일상생활에서 생명재산
　의 안전을 도모함이요, 또 하나는 조일양민족(朝日兩民族)이 자주 호양태
　도를 견지하여 추호라도 마찰이 없도록 하는 것입니다. 즉 일본주민의
　생명 재산의 보장을 실현하는 것입니다.……최종으로 국민각위 남녀노
　유는 이지음 언어동정(言語動靜)을 각별(格別)히 주의하여 일본인 주민의
　심사감정을 자극함이 없도록 진력하지 않으면 아니됩니다. 과거 40여
　년간의 총독정치는 벌써 과거의 일이요 하물며 조일 양 민족은 정치 형
　태가 여하하게 변천되든지 자유호양으로 아세아 제 민족으로서 떠 매고
　있는 각자의 사명을 다하여야 할 국제적 조건하에 놓여 있는 것을 똑바
　로 인식하여야 합니다.[56]

---

56 《每日新報》1945년 8월 17일자.

실제로 건준은 한국에 거주했던 일본인의 보호와 그들의 안전을 유지하기 위한 치안기구와 같은 역할을 행하기를 바라는 조선총독부의 지원을 받기도 했다. 특히 이 시기 한국에 주둔했던 일본조선군관구사령관의 다음과 같은 경고문도 한국이 여전히 일본의 식민지 압제에 놓여 있다는 생각을 떨쳐낼 수 없게 했다.

> 대일본정부(大日本政府)와 조선총독부에서는 국민의 복지를 기원하여 대처하고 일반은 당국의 지시에 기(基)하여 생업에 안심할 따름이지 결코 경거망동에 빠짐이 없도록 요망한다. 만약 인심을 교란하여 치안을 해하는 것과 같은 일이 있다면 군은 단호한 조치를 취하지 않을 수 없을 것이다. 우(右)에 관하여 미리 경고를 발(發)하여 일반의 주의를 환기한다.[57]

이쯤 되면 해방이 아니라 총독부에 의한 식민지적 상황의 연속이라 해도 틀리지 않다. 조선주둔 일본군, 그것도 패전군 사령관이 해방을 맞은 민족에게 강압적인 명령을 내렸음은 '실로 용납할 수 없는 일'이었고, 민족지도자라면 이 일부터 배격해야 마땅했으며, 그 당사자를 처단하려는 민족적 투쟁이 즉각적으로 전개되어야 했다.[58]

---

57 《每日新報》 1945년 8월 17일자.

58 여기에 덧붙여 한 가지 더 적을 것은 식민지하에서 한국인을 직접 가혹하게 탄압했던 조선총독부의 경기도 경찰부장이 일반민중의 절대적인 자중을 요구하는 경고문을 발표했다는 점이다. 여기에 그 주요 내용을 적으면 다음과 같다. "경찰은 내선(內鮮) 양 민족의 강녕을 보지하고자 군과 협력하여 민족운동에 대하여 다음과 같은 방침을 취하기로 되었다. 즉 민중은 침착 냉정하여 경거망동을 삼가라. 시위운동 등은 일체 인정치 않으니까 절대로 자중하여야 한다.……쓸데없는 유언비어에 동요치 말고 경솔한 행동을 삼가하는 한편 내선 이간을 동요시킬 염려가 있는 언어와 행동 또는 폭행이나 그 밖에 일체의 직접 행동을 전혀 행치마라. 만약 이런 일이 있으면 엄중한 처치를 하겠다."(《每日新報》 1945년 8월 17일자.)

현실적으로도 해방을 맞았지만 한국은 여전히 일본 총독부 통치 아래 놓여 있었다. 이는 자신의 힘으로 쟁취하지 못한 해방이었기 때문이었다. '해방된 한국 사회'는 존재하지 않았고, 식민지적 상황 속에 권력만 쫓는 정치세력과 정치적 지식인의 대립과 갈등만이 해방의 의미를 점점 더 퇴색시키고 있었다.

2

건국준비위원회의 조직과 활동

조선총독부로부터 치안유지를 부탁받은 여운형은 처음에는 우파의 송진우와도 협력관계를 모색했지만 송진우는 여기에 불응했다.[59] 여운형도 송진우가 불응할 것으로 짐작했음에도 그와 협력하고자 한 것은, 그가 건준에 참여해 준다면 건준이 건국 준비의 유일기구가 될 수 있을것으로 자신했기 때문이었다. 그러나 송진우는 여운형의 부탁 자체가 건준의 합리화를 위한 시도에 지나지

---

59 여운형이 우파의 송진우와 협력관계를 모색했으나 송진우 측의 불응으로 부득이 우파의 참여 없는 건국준비위원회가 조직되었다는 것을 송남헌, 《解放三年史 1; 1945~1948》(까치, 1985)에서 밝히고 있다. 그런데 필자인 송남헌은 金奎植계로 온건 우파에 속했다. 그는 이 책에서 여운형의 '건국준비위원회'가 송진우 등과 연대하기 위해 노력했다는 사실을 주장하고 있다. 송진우가 여운형과 협력하지 않았던 이유로 ①송진우는 자존심이 강한 사람으로 여운형이 주도하는 건준에 들어간다 해도 한낱 보조역할을 하게 될 것이며, 특히 좌파가 다수 참여하는 건준에서는 자신의 보수적 성격에 발언권조차 얻을 수 없게 될 것으로 생각했고, ②중경임시정부와 해외세력이 들어오면 이것과 합작하는 것이 새 정부의 수립에 주도권을 장악할 수 있다는 점, ③김성수 중심의 《동아일보》, 보성전문학교, 중앙학교, 경성방직 등 여러 기관 인사들을 총망라하게 되면 재정적으로나 인재에서 국내의 어떤 세력에게도 승리하게 될 것으로 여겼기 때문이라고 밝혀 놓고 있다. 그는 결론적으로 이렇게 적고 있다. "송진우를 포함한 당시의 대다수 국내 지도자들은……해방을 맞이하고도 속수무책으로 연합군의 진주와 임시정부의 환국만을 기다리고 있었음을 알 수 있다. 그들은 이인(李仁)의 합작주선도 정백(鄭栢)이 제안한 송진우를 중심으로 한 우익세력과 여운형을 중심으로 한 혁신세력이 합작하기만 하면 국내에서는 이에 대항할 만한 세력이 없을 것이고 건국 준비도 급속도로 진행될 것이라는 합작제의도 거절하고 그렇다고 자기 자신의 독자적인 활동도 못하면서 표면상 명분으로는 해외혁명지사들의 환국을 내세워 그것만을 기다리고 있었다."(같은 책, 11쪽) 그러나 이러한 논의는 여운형의 건국준비위원회 측의 관점에서 서술된 일면을 보여 주고 있음도 사실이다. 당시의 상황을 객관적으로 인식한다면 여운형의 건준의 독주가 송진우 등과의 연대 의사와는 어느 정도 거리가 있었다는 인식도 가능해진다.

않으며, 건준과 같은 조직체 자체가 해방정국의 정치상황을 혼란 속으로 몰아넣을 것이라고 우려했다. 그런데도 건준이 안재홍의 협력을 얻게 되었음은, 앞에서도 말했지만 여운형으로는 대단히 큰 소득이었다.[60] 여운형은 이전부터 그가 조직했던 '조선건국동맹'과 공산주의자가 다수 참여한 건준의 간부진용을 구성했다.[61]

여운형은 건준을 총독부와 합의했던 치안유지 그 이상의 역할, 다시 말해 건국을 위한 실제적인 준비기구로 활용하려 했으며, 그 때문에 때로는 조선총독부와도 마찰을 빚기도 했다.[62]

---

60 여운형과 안재홍의 관계는, 안재홍이 여운형보다 5년 연장이었으며 여운형의 동생 呂運弘이 안재홍과 동갑이었다. 일제 식민지시대 두 사람은 교분이 깊었으며 한 사람은 민족주의자로 다른 한사람은 사회주의자로 활동하면서도 민족운동에서 연대적인 관계를 맺고 있었다. 뒷날 건준 부위원장직에서 물러났던 안재홍은 이렇게 그간의 사정을 적어 놓고 있다. "건준이 성립된 후 夢陽은 左方的인 공작, 또는 건국동맹을 주력으로 자기의 정치 공작에 여념이 없는 편이었다. 1945년 8월 18일 자정이 지나는 때 나는 몽양과 계동의 모 장소에서 장시간을 단독 회담하였으나 몽양의 의도하는 바가 나의 포부인 민족주의 진영의 주도 세력하의 건국방침과는 상당 거리 있는 편이어서 사실의 내면에서는 이날로써 거의 결렬하였고……9월 4일에 건준 퇴각과 함께 몽양과는 다시 사이가 벌어졌다." 安在鴻, 〈夢陽 呂運亨씨의 追憶〉, 《民世安在鴻選集 2》, 지식산업사, 1983, 204~205쪽.

61 조선건국동맹은 1944년 8월 10일 여운형을 중심으로 조동호(趙東祜), 현우현(玄又玄), 황운(黃雲), 이석구(李錫玖), 김진우(金鎭宇) 등 국내의 노장 사회주의자 일파를 중심으로 서울 경운동 삼광의원에서 조직되었다. 여기에 참여한 숫자는 약 만 여명으로 알려졌고, 그 지향의 3대 강령으로는 "거국일치로 일본 제국주의 세력의 구축과 조선민족의 자주독립, 연합국과 협력하여 조선의 완전독립을 위한 일체의 반동세력의 박멸, 민주주의 원칙에 의거하며 노농대중의 해방에 치중할 것"을 결정했으며 그 간부진으로 내무부에 조동우, 현우현, 외무부에는 이걸소(李傑笑), 이석구(李錫玖), 황운(黃雲), 재무부에는 김진우(金鎭宇), 이수묵(李秀穆) 등이었다. 宋南憲, 앞의 책, 15쪽.

62 조선총독부와 건국준비위원회와의 마찰은 건국준비위원회 치안대, 또는 보안대의 완장을 찬 젊은이들이 서울 시내의 경찰서(용산경찰서와 본정〔중부〕경찰서는 제외)를 '조선건국준비위원회'라는 표찰을 걸었다. 그뿐 아니라 신문사나 주요한 기관을 점수하기도 했고 그렇게 요구했다. 이 점에 대해서 총독부의 엔도우 정무총감은 경성보호관찰소장 長崎祐三을 통해서 총독부의 접수는 연합국이 하는 것인 만큼 건국준비위원회는 치안유지의 협조라는 점을 전했으며 8월 18일에는 이들이 안재홍에게 건국준비위원회의 해산을 요구하기도 했다. 이 점은 다음 책을 참고할 것. 森田芳夫, 《朝鮮終戰の 記錄: 米ソ兩軍の 進駐と 日本人の 引揚》, 東京: 巖南堂書店, 1964.

건준은 8월 16일 건국치안대와 식량대책위원회를 조직했으며, 건국치안대장으로 여운형의 직계이자 건국동맹원인 YMCA 체육부 간사 장권(張權)을 임명했다.[63] 건국치안대는 체육계와 중등학교 체육교사, 전문학교 학생들로 구성되었다. 당시 건국치안대 대원은 약 2,000여 명이었으며, 이들 가운데 전문학교학생 등 200여 명이 별도 선발되어 지방으로 파견, 지방 치안대를 조직했다. 이들의 활동으로 해방 직후 사회 혼란의 상당부분을 막을 수 있었다. 식량대책위원회는 총독부 식량영단에 관계했던 김재홍(金在弘)과 총독부 양정과의 안창수(安昌洙), 원용석(元容奭) 등 10여 명에 의해 조직되었다. 이들은 일본 총독부에 의한 식량 관계 자료의 소각을 막았고 식량사찰대를 조직해서는 식량의 부당유통도 감시했다.

건준은 8월 17일에 제1차 핵심 간부진용을 공표했다.[64] 이어 같은 날, 여운형은 건준의 성격에 대해서도 언급했는데 그 주요 부분을 인용하면 다음과 같다.

> 정권이 물러나고 대중이 해매는 이때 가장 걱정되는 것은 대중이 형편없이 날뛰는 것이고 가장 필요한 것은 대중을 잘 이끌어 가면서 그 역량

---

63 치안대의 조직과 간부로는 대장 張權, 사무국장 丁相允, 총무부장 宋秉武, 경제부장 韓弼求, 경리부장 石鎭慶, 정보부장 金圭燁, 동원부장 李景錫, 운송부장 李龍震, 학도동원부장 李圭鉉, 그리고 실제행동대로는 건설대장 金東永, 전령대장 李元泳, 소방대장 方泳斗, 선전대장 金容七, 공작대장 金龜永, 구호대장 金晟鎭, 감호대장 安臺慶이었다. 특히 장권은 본래 여운형의 건국동맹에서 활동했으며 이 점에서는 여운형의 '무조건 지지자'였다. 呂運弘, 《夢陽呂運亨》, 靑廈閣, 1967, 150쪽.

64 위원장 여운형, 부위원장 안재홍, 총무부장 최근우(崔謹愚), 조직부장 정백(鄭栢), 선전부장 조동호(趙東祜), 재정부장 이규갑(李奎甲), 무경부장 권태석(權泰錫) 등이었다.

을 살리고 잘 육성하여 나가는 것입니다. 이 사명을 띠고 나온 것이 조선 건국준비위원회입니다. 그리고 이 건국준비에 가장 필요한 것은 첫째 치안을 유지함이요, 둘째는 모든 전국의 소요되는 힘과 자재와 기구 등을 보관하고 육성하여 새로 탄생되는 국가를 되도록 건전하게 건설하자는 것입니다. 치안유지에는 치안대와 무위대(武衛隊)를 차례로 조직 사용하는 한편 기왕에 있는 정리(町里)조직도 활용할 수 있을 것이요 대중의 식량 확보에는 최대한 노력을 하기로 합니다.[65]

그리고 건준의 이름으로 건국공작에 국민적인 협조를 당부하는 지시문도 발표했다.[66] 이 지시에 따라 건준의 지방 지부도 조직되었다. 지부 조직은 대부분 지역 유지나 청년들의 자발적인 조직체에다 건준이라는 이름을 갖다 붙이는 식이었다. 1945년 8월 말에는 전국적으로 145개의 건준 지부가 조직되었다.

점점 해방의 감격도 사라지고 기대감도 충족되지 못하자 건준에 대한 비판적인 시각이 나타나고 있었다. 특히 우파의 격렬한 비판이 큰 부담이 되었다. 여기에다 김구의 '대한민국임시정부'가 건준에 불만감을 표시했다는 사실이 국내에 알려짐으로써 건준은 점점 더 큰 어려움 속으로 내몰리게 되었다. 더욱이 포츠담

---

65 《每日新聞》 1945년 8월 18일자.

66 이를 정리하면 다음과 같다. ①어느 기간까지 우리는 자발적으로 자치수단을 강구하여야 하겠다. ②이 자치수단은 가장 신속하고 가장 효과적인 방법을 선택하여야 하겠다. ③이 자치수단은 어디까지든지 평화적이라야 되겠다. ④모든 공사기관 기능을 확보하기 위하여 소속인원은 현 직장을 엄수하여야 되겠다. ⑤각 원은 각기 지역에서 적극적으로 건국준비위원회 공작에 협력하여야 되겠다. ⑥단 자치기관의 명칭은 전국 가가 읍면 공안대로 하되 각기 지방유지가 중심이 되어 청년층 학도 등을 동원하든지 종래의 경방단을 개편 조직하여도 무방하겠다. 그리고 조직이 완료된 시에는 건국준비위원회에 연락함이 좋겠다. 《每日新聞》 1945년 8월 18일자.

선언으로 미국과 소련이 한반도에서 군정을 실시할 것이라는 사실이 알려지게 되자, 건준의 활동도 제약을 받게 되었다. 그러나 여운형은 건준 중심의 국민적 합의를 이루어 미군이나 소련군이 한반도에 진주하기 전에 건국 사업을 완료하려 했다.

이 시기 건준의 주도권은 공산주의자들이 장악하고 있었다. 8월 22일 건준의 조직체계는 12부 1국제로 개편되었으며, 8월 25일에는 건준의 강령과 간부명단이 발표되었다.[67]

건준의 강령발표는 마치 특정 정파의 조직체와 같은 인상을 안겨 주었다. 이어 건준은 곧장 내분 상태로 떨어지게 되는데, 주요 원인은 건준의 모체인 여운형의 '건국동맹'과 건준 간부들 사이의 대립 때문이었다.[68] 또한 우파의 공세도 여기에 한몫했다. 우파의 김병로(金炳魯), 백관수(白寬洙), 이인(李仁), 박명환(朴明煥), 김용무(金用茂), 박찬희(朴瓚熙), 김약수(金若水) 등은 건준의 좌경 독주를 방관할 것이 아니라 우파도 여기에 적극 참여해서 건준을 개

---

67 건준은 다음의 강령을 발표하였다. ①우리는 완전한 독립국가를 기함. ②우리는 전 민족의 정치적 사회적 기본 요구를 실현할 수 있는 민주주의 정권의 수립을 기함. ③우리는 일시적 과도기에 있어서 국내 질서를 자주적으로 유지하여 대중 생활의 확보를 기함. 그리고 간부 진용의 명단은 다음과 같았다. 위원장 여운형, 부위원장 안재홍, 총무부 崔謹愚, 조직부 鄭栢, 尹亨植, 선전부 權泰錫, 洪起文, 정부 李奎甲, 鄭珣容, 식량부 金敎英, 李珖, 문화부 李如星, 咸尙勳, 치안부 崔容達, 劉錫鉉, 張權, 鄭宜植, 교통부 李昇馥, 權泰彙, 건설부 李康國, 梁在廈, 기획부 金俊淵, 朴文圭, 후생부 李容卨, 李義植, 조사부 崔益翰, 金若水, 서기국 高景欽, 李東華, 李相熹, 崔星煥, 鄭和濬.

68 건국동맹은 여운형에 의해 1944년 8월에 비밀결사체로 조직되었는데, 조동호, 김진우, 이석구 등 좌익계 노장층을 중심으로, 여기에 이동화, 양재하, 이상백, 이여성, 허규, 김세용 등이 참여했다. 매주 토요일에 서울 경운동의 현우현의 한약방인 삼광의원에서 모임이 열렸다. 건국동맹은 비밀조직이자 수차례 회원의 가입이 있었기 때문에 서로를 잘 몰랐으며 이들 사이에 서로 건국동맹의 핵심세력임을 주장함으로써 대립이 일어났다. 건준 요직에는 이여성, 함봉석, 김오성, 양재하, 김세용, 이강국, 박문규, 이상도, 이정구, 최근우, 장권, 조용세, 김재홍, 이동화, 오재일 등이 일했고, 건국동맹 본부에는 이만규, 이걸소, 이상백 등 3인이 일했다. 呂運弘, 《夢陽 呂運亨》, 1967, 청하각, 148~149쪽.

조하자는 주장을 내놓았고, 그렇게 하기 위해 노력 했다.

이들은 건준 부위원장인 안재홍과도 몇 차례 회합을 가지기도 했다. 이 회합에서 좌우파 인사들로 '전국유지자대회'를 소집해서 이들의 의견을 바탕으로 건준을 재편하기로 일시 합의하기도 했다. 이에 480명의 초청인사 명단도 작성되었고, 8월 18일에 대회를 열기 위한 준비 작업에 들어가기도 했다.

그러나 건준 내 공산주의자인 이강국(李康國), 최용달(崔容達), 정백(鄭栢) 등의 극심한 반대로 초청 인사를 135명으로 축소했으며, 이것도 끝내는 성사될 수 없었다. 이 과정에서 안재홍은 자신의 뜻이 관철되지 못했음을 이유로 건준 부위원장직에서 물러나게 되었다. 안재홍의 물러남은 결국 건준이 여운형 등 좌파 인사들의 정치적 집단임을 보다 공개적으로 드러내었다. 안재홍이 맡았던 부위원장 자리를 좌파의 허헌(許憲)이 맡음으로써, 건준은 사실상 건준은 좌파 조직체로 공고화되었다.

9월 6일에는 건준의 이름으로 '조선인민공화국'의 조직을 선포하기도 했다. 다시 말해 건준의 활동으로 조선인민공화국이라는 정부의 조직이 이루어진 것처럼 발표함으로써, 이것을 정식 정부의 출범으로 주장했다. 이때부터 건준은 '조선인민공화국'에 그 활동을 넘기고 자진 해산했다. 이렇게 하여 건준의 존속 기간은 겨우 20여 일에 지나지 않았다.

건준에 대해서는 각자의 관점에 따라 다른 평가를 내릴 수 있다. 해방의 혼돈기를 건준의 역할로 치안이 유지될 수 있었다는 긍적적인 평가도 내려지기도 하지만, 건준은 총독부의 협력기관에 지나지 않았으며 몇몇 좌파 인사들이 집권하기 위한 그들의 정치조직체였다는 비판도 제기될 수도 있다. 이 점에 대해서는 여운형의 아우인 여운홍(呂運弘)의 다음 글에서도 그 성격을 짐작할 수 있게 된다.

> 9월 6일 저녁 돌연히 인민공화국이 수립됨으로써 건준은 그 다음날인 7일 발전적 해소를 하지 않을 수 없었다. 이리하여 건국준비위원회는 불과 20여 일의 단명으로 끝나기는 하였지만 해방 직후 극도로 혼란한 시기에 처하여 그것이 치안유지와 민심안정에 이바지 하는 바 컸었다는 사실은 높이 평가되지 않으면 안 될 것이다.[69]

---

[69] 呂運弘, 앞의 책, 153쪽.

3

소극(笑劇)으로서의 '조선인민공화국'

　　해방정국에서 한편의 소극은 '조선인민공화국'이었다. 이것은 건준에 의해 만들어진 또 다른 좌파의 정치조직체였다. 정부수립이나 국가 건설은 일정한 절차를 밟아 합당하게 이루어져야 한다. 최소한 국민적인 동의가 기본 전제이다. 또 서로 다른 주장을 가진 정치지도자 사이에의 의견 조율이 우선적으로 이루어져야 한다. 그런데 이러한 과정이 생략된 채 특정 세력이나 집단만으로 국가를 수립하려 했던 것이 '조선인민공화국'이었다. '조선인민공화국'이 이처럼 급조된 이유는 미군이 9월 8일에 인천에 상륙한다는 소문이 나돌았기 때문이었다. 좌파는 미군이 진주하기 이전에 그들이 주도하는 "자주적인 정부로서의 '조선인민공화국'을 수립"해서 이를 미군으로부터 기정사실로 인정받으려 했다.

　　건준의 임원들은 1945년 9월 6일 오후 9시 재동의 경기여고 강당에서 '건국인민대표자대회'라는 이름으로 약 천여 명의 인사들—대다수는 건준 소속의 좌파들이었다—이 모였다. 이 모임의 사회자는 건준 선전부의 이여성(李如星)이 맡았다. 그의 개회선언으로 시작된 이날의 회의는 먼저 여운형을 의장으로 선출하는 것으로 시작했다. 이어 참석자 전원의 기립으로 해방 전선에서 희생된 선배동지들을 위한 추도 묵념도 가졌고, 국가도 제창되었다. 건준 부위원장 허헌의 경과보고와 '조선인민공화국' 조직의 기본법에 대한 축조 심의가 있은 뒤 이것에 따라 인민위원의 선출을 위한 여운형, 허헌 등 5명의 전형위원을 선정했으며, 이들이 55명의 전국인민위원과 20명의 후보위원, 고문 12명을 선출하기로 했다.

이날 모임에는 여운형의 격려사도 있었다. 그는 격려사를 통해서 왜 '인민공화국'을 급히 조직해야 했고, 앞으로 어떻게 할 것인가에 대하여 다음과 같이 말했다.

> 갑자기 인민대표대회를 개최한 데 대하여 여러분에게 미리 알리지 못한 것을 나로서는 사과한다. 그러나 지금은 건국의 비상시이니 비상조치로서 그렇게 할 수밖에 없었다. 선출된 인민위원은 각계각층을 망라하였다. 그러나 아주 완전하다고 할 수 없고 이제부터 인민 총의에 의한 대표위원이 나올 때까지의 잠정적인 위원이라고 할 수 있다. 선출된 위원은 대개는 승낙한 것으로 생각한다. 말할 것도 없이 건국의 대업은 힘든 일이다. '로마는 하루에 이루어진 것은 아니다'라고 한 것과 같이 건국의 대업이 하루에 되는 것은 아니다. 그러나 연합군의 진주가 금명에 있을 것이니 연합군과 절충할 인민총의의 집결체가 없으면 안 될 것이다. 그 집결체의 준비공작으로서의 급히 전국 대표자회의를 개최하지 않으면 안 되게 된 것이다.[70]

이날 여운형 등 좌파에 의해 일방적으로 선출된 인민위원으로는 이승만, 여운형, 허헌, 김규식, 이관술, 김구, 김성수, 안재홍 등

---

70 宋南憲, 《해방 30년사 1》, 까치, 1985, 48쪽.

55명이었다. 말할 것도 없이 이들 가운데 절대 다수는 좌파였다. 이승만, 김규식, 김구, 김성수, 김병로, 신익희 등 우파도 들어 있었지만 이들에게 사전 승낙이나 통보는 전혀 없었고, 그들 마음대로 일방적으로 선정한 것이었다.

이어 9월 8일 오후 4시 건준 회의실에서 인민위원 37명의 출석으로 인민위원회 제1차 회의가 개최되었다. 여기에서 이강국의 개회선언과 허헌의 개회사를 듣고서 곧장 '조선인민공화국'의 임시집행부를 인선했다. 이날 인민위원회의 의장으로는 이만규, 서기에 정태식이 선출되었으며, 정태식의 다음과 같은 경과보고도 있었다.

> 비상한 사태에 직면하여 평상한 시기와 같은 민주주의적 선거방법에 의한 대표선출은 사실상 불가능하며 그것은 한 개의 공식론에 불과하므로 우리는 건준의 전국적인 조직을 최대한 동원하였고 또 해외의 여러 동지들과도 힘을 다하여 연락한 결과 다수의 해외 대표와 해외장병단의 참가를 얻어 인민대표대회가 열렸었고 그들의 전원일치로 55명의 위원선출의 경과를 낱낱이 보고한 바 있었다.……각부 위원의 선거 건에 대해서는 아직 해외위원들이 귀국에 시간이 걸릴 터이므로 제반 사정에 밝은 여운형, 허헌, 양인에 위촉키로 가결하였고, 각 기관 접수 임시위원 선출의 건은 9월 9일까지 발표할 조건으로 역시 여운형, 허헌, 최용달 3인에게 일임키로 하고 기타 사항에 들어가 이강국의 선언 정강발표에 대하여 동의가 있어서 그 기초위원으로 이강국, 박문규, 정태식 3인을 선임, 가급적으로 단시일 내에 위원회에 제출키로 하고 오후 7시 10분 휴회했다.[71]

---

71 《每日新報》 1945년 9월 9일자.

이어 9월 14일에는 '조선인민공화국' 정부 부서의 책임자 명단도 발표되었다.[72] 여기에 거명된 사람 가운데는 이승만, 김구, 김규식, 조만식, 김병로, 김성수, 신익희 등 우파 인사들도 포함되었지만 이번에도 이름만 있었을 뿐 사전 의사의 타진이나 연락은 이루어지지 않았다. 그리고 임시대리를 임명해서 실질적인 일은 좌파가 맡기로 했다.

'조선인민공화국'의 설립을 주도했던 여운형은 10월 1일 기자회견에서, 먼저 국호를 '조선인민공화국'으로 정한 이유는 단군 이래로 조선이라는 말이 널리 사용되었기 때문이며, 주권은 인민에 있다는 의미로서 인민을 덧붙였다고 말했다. '조선인민공화국'을 급하게 만든 이유에 대해서도 이렇게 설명했다.

3천만 조선동포는 과거 36년간 유혈의 투쟁을 계속해 왔으므로 혁명에 의하여 오늘날 자주독립을 획득한 것이다. 그러므로 혁명에는 기탄(忌憚)이 필요치 않다. 혁명가가 먼저 정부를 조직하여 인민의 승인을 받을 수 있다. 급격한 변화가 있을 때 비상조치로 생겨난 것이 즉 인민공화국이다. 인민이 승인만 한다면 조선인민공화국과 그 정부는 그대로 될 수 있다고 생각한다. 당초에 연합군이 진주만하면 즉각 국권을 받아들일 수 있도록 준비한 것이 즉 조선인민공화국의 내각이었다. 약체이면 보강

---

[72] 주석 이승만, 부주석 여운형, 국무총리 허헌, 내정부장 김구(金九)(임시대리 허헌), 외교부장 김규식(金奎植)(임시대리 여운형), 군사부장 김원봉(金元鳳)(임시대리 김세용), 재정부장 조만식(曺晩植), 보안부장 최용달(崔容達), 사법부장 김병로(金炳魯)(임시대리 허헌), 문교부장 김성수(金性洙)(임시대리 이만규), 선전부장 이관술(李觀述), 경제부장 하필원(河弼源), 농림부장 강기덕(康基德), 보건부장 이만규(李萬珪), 체신부장 신익희(申翼熙)(임시대리 이강국), 교통부장 홍남표(洪南杓), 노동부장 이주상(李胄相), 서기장 신강옥(申康玉), 법제국장 최익한(崔益翰), 기획국장 정백(鄭栢).《每日新報》 1945년 9월 15일자.

하여 난국에 처할 수 있게 하겠다. 혁명 초에는 혁명단체가 조각하는 것이오, 인민이 조각하는 것이 아님은 손문을 보아도 알 것이다.[73]

그는 해방 당시의 상황을 혁명기로 규정했으며, 그 혁명기에는 혁명단체가 국가를 조각하는 것이 올바른 방식이기 때문에 '조선인민공화국'을 만들었다고 주장했다. 그는 대한민국임시정부의 법통성을 부인하며, 임시정부는 한낱 '해외정권'일 뿐이라고 단언했다. 더욱이 그는 '해외정권'은 중경의 임시정부만 있는 것이 아니라 미국에도 두 파가 있고, 중국의 연안이며 시베리아에도 있기 때문에 사실상 5개가 있다고 말했다. 그는 중경의 대한민국임시정부만이 정부로 여기면 해외동포의 독립운동을 분란시키는 것이 되고 만다고 주장했다. 다시 말하면, 대한민국임시정부는 하나의 해외 독립운동단체에 지나지 않는다는 것이다.

또한 그는 '조선인민공화국'을 '붉다'고 비판하는 것에 대해 "해방의 시기에 적색이 어디 있느냐"고 되묻고는 공산주의자들을 배척할 필요는 전혀 없다고 강조했다. 모든 것은 인민투표로 결정하면 그만이라면서 "노동자 농민, 일반 노동대중을 위하는 것이 공산주의냐? 만일 그렇다면 나도 공산주의자가 되겠다. 노동대중을 위하여 여생을 바치겠다. 우익이 만약 반동적인 탄압을 한다면 오히려 공산주의 혁명을 촉진시킬 뿐"이라고 단언했다.

그러나 당시의 시대상황, 즉 미군의 진주가 시작된 시점에서 대다수 국민의 관심은 건준이나 '조선인민공화국'에서는 사실상 벗

---

73 《每日新報》 1945년 10월 2일자.

어나고 있었다. 아무리 해방의 시기를 혁명의 시기로 규정했고, 건준에 의한 혁명적인 국가조직체로 조선인민공화국을 만들었다 해도 그것은 한낱 '정치 놀음'에 지나지 않다는 비난이 우파로부터 격렬하게 일고 있었던 시점에서는 전 국민적 관심사에서 점점 벗어날 수밖에 없었다.

해방의 시기를 혁명기로 규정했다면 혁명에 걸맞는 정치적 투쟁부터 행해져야 했다. 혁명적으로 타도해야 할 일차 대상으로 조선총독부를 선정해야 했고, 그리고 좌파가 주장했던 식민지 민족부르주아의 반민족적 행위에 대한 논의도 분명히 매듭지어야 했다. 그럼에도 건준 세력은 혁명의 당위성이나 해방의 의미, 또는 그 투쟁적 지향에 대해서 구체적이고도 전략적인 접근을 보여 주지 못했다. 단지 건준을 혁명단체로, 그 혁명과정에서 '조선인민공화국'을 수립할 수밖에 없었음을 되풀이해서 강조할 뿐이었다.

더욱이 '조선인민공화국'이 발표된 9월 8일에 미군이 인천에 상륙했다.[74] 하지(John Reed Hodge) 중장의 지휘 아래 미 제24군단은 9월 8일 인천을 거쳐 서울로 들어왔다. 그리고 9월 9일에는 조선총독부 청사 제1회의실에서 조선총독부의 항복문서 조인식이 있었고, 그날 오후 4시에 비로소 한반도에는 일장기가 내려졌다. 35년 동안 한국인의 억압과 고혈을 착취했던 일장기가 사라지고 그 자리에 태극기가 아닌 미국의 성조기가 올라갔다. 한국을 지배했던 조선총독의 자리에는 미군사령관 존 알 하지 중장이 앉았다. 이날 하지 중장은 점령군 사령관으로 한국민의 절대적인 복종

---

74 진덕규, 《한국현대정치사서설》, 지식산업사, 2000, 9쪽.

을 요구하는 명령문도 발표했다. 그것에서 "……(본인은) 국제법에 의해 점령군에게 과하여진 기타 제 의무를 이행하노니 점령지역에 있는 제군도 또한 의무를 다 하여라! 여(余)의 지도하에 있는 제군은 연합군 총사령관의 명령에 의하여 장차 발할 여의 제종의 명령을 엄숙히 지켜라"[75]라고 포고함으로써 또 다른 총독의 모습을 보여 주고 있었다.

이는 해방과 독립을 갈망했던 한국인의 기대와는 너무 먼 거리에 서 있었다. 다시 말하면 새로운 점령군에 의한 통치의 시작을 알리고 있었다. 하지 사령관은 9월 12일자로 조선총독 아베 노부유키(阿部信行)를 해임시켰고, 미 제7사단장 아놀드(A.V.Arnold) 소장을 군정장관으로 임명했다. 이어 조선총독부의 고위층 인사도 교체했다.[76] 니시히로시 타다오(西廣忠男) 경무국장을 파면했고 그 자리에 미군헌병대장 쉬크(Lawrence E. Schick)를 임명했다.

이 시기에 우파는 미군정에 협조했으며, 미 군정청은 10월 5일 자로 각계의 명망 있는 조선인 지도자들을 군정장관의 고문관으로 임명했는데, 김성수(교육가), 전용순(실업가), 김동원(실업가), 이용설(의사), 오영수(은행가), 송진우(정치가), 김용무(변호사), 강병순(변호사), 윤기익(광업가), 여운형(정치가), 조만식(정치애국가) 등 11인이었다. 이들 가운데 조만식은 북한에서 활동했기 때문에 미군정 고문관회의에 불참했다. 첫날 모임에서 이들은 무기명 투표로 김성수를 위원장으로 선출했다. 그러나 여운형은 "10월 14

---

75 國史編纂委員會, 《資料大韓民國史 1》, 探求堂, 1970, 71쪽.

76 이때 해임된 총독부의 고위 간부로는 정무총감 遠藤柳作, 재무국장 永田直昌, 광공국장 鹽田正洪, 농상국장 白石光治郎, 법무국장 早田福藏, 학무국장 武永憲樹, 체신국장 伊膳泰吉, 교통국장 小林泰一 등이었다.

일의 현 정세하에서 내가 맡을 수 있는 임무가 아니라고 생각한다"면서 사표를 제출했다.[77]

이 모임에서 알 수 있듯이 미 군정청은 그들에 적극적으로 협조했던 우파 인사들을 고문관으로 임명했다. 다만 북한의 대표적인 지도자로 민족주의자인 조만식을 포함시켰으나 그는 여기에 참여할 수 없었고, 여운형은 그 자신이 한 말과 같이 이들 모임에 참여를 자신의 정치적 노선에서는 받아들일 수 없는 일이었기 때문에 사퇴하게 되었다. 이로써 미 군정청의 정치적 지향은 우파의 협조를 얻어 38도선 이남을 친미우파정권의 수립임을 드러내기 시작했다.

이러한 조치와 함께 미군사령관 하지는 남한에서 미군정의 당면과업이며 그 의미에 대해서도 다음과 같이 밝혀 놓았다.

군정청이라는 것은 일본의 통치로부터 인민의, 인민을 위한, 인민에 의한 민주주의 정부를 건설하기까지의 과도기간에 38이남의 조선지역을 통치, 지도, 지배하는 연합군최고사령관 지도하에 미국군으로써 설립된 임시정부이다. 군정부는 남부 조선에 있어서 유일한 정부이다. 군정부는 군정청 본부급 도청 군을 통하여 설립된 각 기관을 운영하는 것이며 군정부의 유일한 정부는 조선의 복리와 조선을 위하여 견고한 정부와 건전한 경제의 기초를 확립하는 데 있다.[78]

---

77 미 군정청은 10월 5일자로 군정장관고문관들의 무기명 투표에 의하여 김성수가 위원장에 당선되었다(《자유신문》 1945년 10월 7일자). 이들 가운데 여운형만이 좌파라고 할 수 있는데 그는 10월 14일 "현 정세하에서 그가 맡을 수 있는 임무가 아니"라는 이유로 군정고문관의 사표를 제출하였다(《자유신문》 1945년 10월 15일자).

78 《每日新聞》 1945년 10월 16일자.

그런데 하지의 이러한 성명보다도 더 극적인 것은 미군정 장관 아놀드 소장의 기자 회견에서, '조선인민공화국'에 대한 다음과 같은 극단적인 비난이었다.

> "……북위 38도 이남의 남한에는 오직 한 정부가 있을 뿐이다. 이 정부는 맥아더 원수의 포고와 하지 중장의 정령과 아놀드 소장의 행정령에 의하여 정당하게 수립된 것이다. 아놀드 군정장관과 군정관들이 엄선하고 감독하는 조선인으로 조직된 정부로서 행정 각 방면에 있어서 절대의 지배력과 권위를 가졌다. 자천 자임한 관리라든가 경찰이든가 국민전체를 대표하였노라는 대소 회합이라든가 자칭 조선인민공화국이든가 자칭 조선공화국 내각은 권위와 세력과 실제가 전연 없는 것이다. 만일 이러한 고관대직을 잠칭하는 자들이 흥행적 가치조차 의심할 만한 괴뢰극을 하는 배우라면 그동안 즉시 그 극을 폐막하여야 마땅할 것이다.…… 만일 이러한 괴뢰극의 막후에 그 연극을 조종하는 사기한이 있어 어리석게도 조선정부의 정당한 행정사무의 일부분일지라도 단행할 수 있다고 생각한다면 그들은 마땅히 맹연 각성하여 현실을 파악하여야 할 것이다.……"[79]

아놀드는 '조선인민공화국'을 희대의 사기꾼들이 연출한 한낱 괴뢰극이라고 비난했으며 그 존립의 부당성은 물론이고, 그들의 도덕성까지 공격했다. 아놀드의 비난에 '조선인민공화국' 측은 "우리에게 대한 몰이해며 조선민족에 대한 모욕이나, 우리는

---

[79] 《每日新報》 1945년 10월 11일자.

이것이 조선인 자신의 비열한 자기 모독과 왜곡된 보고에 기인된 것임을 생각할 때 민족적 치욕을 느끼며 통분함을 금할 수 없다"면서 "아놀드가 38도 이남의 조선정부 운운하지만 조선의 정부는 전체 조선의 정부이어야 하며 조선의 문제는 전체로서 제기되고 해결되어야 하며 이 문제의 완전한 해결은 오직 조선민족 자신의 손으로만 될 수 있는 것"이라고 반박했다.[80]

더욱이 '조선인민공화국' 중앙인민위원회의 이름으로 발표된 아놀드에 대한 반박문도 아놀드를 비롯한 주한 미군의 몰이해에서 빚어졌다면서 이렇게 되기까지에는 미군정에 가담했던 친일파들의 농간에서 비롯되었다고 주장했다. 물론 이러한 공격은 한국민주당(이하 '한민당'이라고 함)을 겨냥한 것이며 "이들 민주 반역자들을 배격하고 타도하고 매장함으로써만 우리 민족의 통일인 완전 독립이 달성될 것"이라고 단언함으로써 우파와는 완전 절연을 선언하기도 했다. 그러면서 "우리의 독립국가 건설은 해방될 조선 인민에게 부여된 자유이며 이것이 또한 국제헌장의 정신이요, 사명"임을 강조했다.

이들은 나아가 "될 수 있는 대로 속한 기한내의 군정의 철폐"를 요구했다. 이들의 논지를 살펴보면, 해방정국에서 '보수 우파＝친일 반민족 세력＝미군정 협력자'라는 등식을 설정했으며, 좌파만이 민족과 민중에 합당한 정치세력이라고 주장했다. 결국 이들과 미군정 사이에는 점점 더 간격이 넓어지고 있었다. 그 때문에 좌파는 38이북을 점령한 소련군과 더한층 긴밀한 연계를 맺게

되었고 38이북에 수립된 공산주의 통치기구에 부속되는 일면도 강하게 보여 주고 있었다.

미군정의 하지 중장은 1945년 12월 12일 여운형−박헌영의 조선인민공화국에 강한 불신감을 표시했는데, 앞으로는 '조선인민공화국'이 정부라는 말을 절대로 사용할 수 없으며 그것은 단순한 정치조직체에 불과할 뿐이라는 내용의, 다음과 같은 성명도 발표했다.

내가 통솔한 미군이 조선에 진주하기 전에 조선인민공화국이라는 단체가 조직되었다. 이 단체의 명칭이 표시하는 바와 같이 이 단체는 한 정당이라기보다 오히려 정부로 조직된 것이다. 그리고 이 단체의 지도자들도 조선인에게 이것이 그들의 신정부라고 선전한 것이다. 이것이 민간에 많은 오해의 원인이 되었고 조선독립을 원조하려는 나의 노력에도 지장이 되어 왔다.……조선공화국 지도자와 누차 회담한 결과 그들도……잘못했다는 것도 자인했고 11월 20일 서울에다 자기네 대표자대회 개최만 내가 허락해 준다면 자기네 단체를 오직 한 정당으로만 재조직하여 조선민중에게 자기네 태도를 명시하겠고, 또 한 걸음 더 나아가 자기네 단원에게도 모든 오해가 없도록 하겠고, 자기네 정단원은 장차 행동으로 조선의 독립준비와 경제 안정책 수립에 있어 군정에 협조하겠다는 것을 보장하겠노라고 네게 언약한 것이다.……나는 충분한 신임을 가지고 그들의 대회를 허락했고 경찰로 그 대회를 보호하기까지 해준 것이다.……그 대회가 끝난 후에 나는 매우 놀랐고 실망하였다.……지도자와 대표자들은 그 대회를 이리저리 이용하여 자기네의 단체가 조선정부인 것 같이 한층 더 자기네를 확대시킨 것이다.……앞으로 조선민중이 다시 그릇 인

도되어 오해를 가지지 않게 하기 위하여 사실을 명백히 말하도록 된 것이다.[81]

이 말에서 알 수 있듯이 미군정은 더 이상 '조선인민공화국'이 정부처럼 대중을 속이지 말아야 한다고 경고했다. 이는 공산당이 주도한 '조선인민공화국'을 인정하지 않겠다는 점을 명백하게 밝힌 것이다. 하지 중장의 이 성명서에 대해 '조선인민공화국' 중앙인민위원회는 여전히 '조선인민공화국'이 "조선 국민의 동경의 구호며 의욕적인 단체이므로 군정과는 하등 모순 대립되는 것이 아니다"라고 주장하면서 미군정의 궁극적인 지향이 '조선인민공화국'으로 귀착되는 당위적 귀결로 나가야 한다고 강조했다. 그뿐 아니라 미군정과 '조선인민공화국'을 이간시키는 세력이 미군정에 등용된 친일파와 민족반역자들이며, 이들 때문에 이런 일이 빚어졌다고 단언했다. 그러나 '조선인민공화국'이 좌파의 정치단체며, 현실적으로는 '이룩될 수 없는 그들만의 권력장악을 위한 조직체'라는 사실이 점점 드러나고 있었다.

미군정의 '조선인민공화국에 대한 비난'으로 그 조직체의 활동은 점점 약화될 수밖에 없었다. 그 때문에 해방정국에서 좌파가 추구했던 '공산주의 정권의 수립'은 끝내 무위로 종결되었다. 특히 이 시기 우파는 좌파의 '조선인민공화국'을 '지상조각'(紙上組閣) 또는 '삐라 정권'이라고 비난했다. 여운형이 "비상한 시기에 비상한 인물만이 비상한 일을 할 수 있다"면서 앞장서서 조직

---

81 國史編纂委員會, 《資料大韓民國史 1》, 탐구당, 576~577쪽.

했던 건준과 '조선인민공화국'은 국민적인 합의를 바탕으로 이룩
되지 못했기 때문에 결국 여운형과 박헌영 등 좌파만의 '잔치'로
종결될 수밖에 없는 상황에 봉착하게 되었다. 이로써 해방정국에
서 좌파의 정치활동은 점점 위축되었으며 뒤로 밀리게 되었다.[82]
물론 이러한 상황은 그들이 점점 지하로 스며들 수밖에 없었던 요
인이었으며, 끝내는 폭력투쟁으로 치달릴 수밖에 없었다.

---

[82] 조선인민공화국은 그 뒤에도 표면적인 활동을 계속했다. 구체적으로 10월 19일에 경제학자
와 기업가 등을 초청해서는 경제대책간담회를 가졌는데, 여기에서 경제건설의 기본 방침,
경제부흥, 조선 인민의 생활안정 대책으로 물가안정과 물자, 통화, 수송 등의 문제를 논의했
다. 여기에 초청된 주요 인사로는 白南雲, 朴克采, 尹行重, 李丙虎, 崔虎鎭, 金錫範, 宋乙秀,
裵成龍, 朴文圭, 權五翼 등이었다. 《每日新報》 1945년 10월 15일자.

4

한국민주당과 우파세력의 대응

우파는 1945년 8월 중순까지도 적극적인 정치활동을 펼치지 못했으며, 해방 직전의 시기에 그들만의 정치조직체를 가질 형편도 아니었다. 더욱이 민족 우파의 구심점인 《동아일보》가 강제 폐간되어, 우파의 민족활동은 일종의 소진상태에 놓여 있었다. 그렇기 때문에 해방 당시 우파는 즉각적인 정치활동을 재개하는 데 상당한 시간이 필요했다. 이와는 반대로 여운형을 중심으로 한 좌파세력은 당장이라도 건국할 것 같은 분위기로 치달리고 있었다. 해방 정국에서 좌파는 건준을 통해서 그들이 주도하는 독립국가를 이룩할 것이라는 기대감을 국민들 속에 심어 주고 있었다.

우파가 본격적으로 정치활동을 전개하게 된 것은 미군의 한반도 진주, 특히 인천상륙을 전후로 한 시기였다. 이때부터 비로소 우파는 정치적인 조직체를 만들기 시작했다. 이들은 대한민국임시정부와 미군을 환영하기 위한 조직체부터 만들기로 결정했다. 우파는 좌파의 건국준비위원회에 맞서기 위해서, 해방 초기 중경(重慶)의 대한민국임시정부만이 정통성을 가진 정부라면서 임시정부 봉대론을 강력하게 주장했다.[83] 이러한 주장은 국민들 마음

---

83 여기에서 우파가 미군과 임정의 환국을 환영하는 논리로서 그들이 내놓았던 다음의 성명서를 인용할 수 있다. "이 날을 맞기 위하여 30유여 성상을 갖은 고난을 겪으면서 악전고투하

속에 내재하고 있었던 임시정부에 대한 지지감정을 이용할 수 있었고, 나아가 '대한제국→3·1운동→대한민국임시정부'라는 정통성의 명분도 활용할 수 있었다. 우파의 이러한 주장은 실제로 좌파의 건준에 대항하는 효과적인 선전이었다.

그 뒤를 이어 우파는 '한국민주당', 한민당을 조직함으로써 정치적인 영향력을 증대하기 위한 본격적인 활동을 전개하였다. 우파 인사 700여 명은 1945년 9월 6일 4시 협성실업학교 강당에 모여서 한민당 창당모임을 가졌다. 이 모임의 주도자는 김성수, 송진우, 장덕수, 조병옥, 백관수, 김병로, 함상훈, 김도연, 이인, 백남훈(白南薰), 이기붕, 윤치영, 백낙준, 유억겸 등이었다.

이날 한민당은 "우리의 독립운동의 결정체요 현하 국제적으로 승인된 대한민국임시정부 이외 소위 정권을 잠칭하는 일체의 단체급 그 행동은 그 어떤 종류를 불문하고 이것을 단호히 배격한다"는 결의문을 채택함으로써 건준에 대한 직접적인 공세를 감행할 수 있었다.[84]

다가 마침내 큰 뜻을 이루고 고국으로 돌아오는 우리의 선배들을 충심으로 환영하고 성의껏 위로하는 것은 우리 순정의 발로이며 재내동포로서의 떳떳한 의무이다. 연합군은 막대한 희생으로 얻은 승리의 기쁨과 혜택을 홀로 취하지 않고 우리에게도 나눠주려는 민족해방의 은인이다. 우리가 이들에게 충심으로 감사하고 마음껏 환영하는 것은 인정이며 예의며 도리이다. 우리는 정치적 견해와 외교적 관계를 초월해서 다 같이 우선 마음껏 환영하고 위로하고 감사해야 할 것이다."

84 이 성명서는 여운형에 대한 공격으로 시종했다. 그 중요한 내용은 "여운형은 마치 독립정권 수립의 특권이나 맡은 듯이 4~5인으로써 소위 건국준비위원회를 조직하고 혹은 신문사를 접수하며 혹은 방송국을 점령하여 국가건설에 착수한 뜻을 천하에 공포하였을 뿐 아니라 경찰서, 재판소 내지 은행, 회사까지 접수하려다가 실패하였다.…… '조선인민공화국' 정부란 것을 조직하였다고 발표하였다. 가소타 하기에는 너무도 사태가 중대하다. 출석도 않고 동의도 않은 국내 지명인사의 명을 도용한 것은 말할 것도 없고 해외 우리 정부의 엄연한 주석 부주석 영수되는 제영웅의 영명을 자기의 어깨에다 같이 놓아 모모위원 운운한 것은 인심을 현혹하고 질서를 교란하는 죄 실로 만사에 당한다.……일찌기 여 등은 小磯 총독

이어 한민당은 그 다음 날 '국민대회소집준비회'를 동아일보 강당에서 300여 명의 참집으로 개최했으며, 다음과 같은 '국민대회준비취지서'도 발표했다.

……강토는 잃었다 하더라도 삼천만 민족의 심두에 응집된 국혼의 표상은 경술국변이래로 망명지사의 기백과 함께 해외에 엄존하였던 바이니 오늘날 일본의 정권이 퇴각되는 이 순간에 있어서 이에 대립될 우리의 정부, 우리의 국가대표는 기미 독립이후로 구현된 대한임시정부가 최고요 또 유일의 존재일 것이다.……우리 전 국민의 당면 관심사는 우선 국민의 총의로써 우리 재 중경 대한임시정부의 지지를 선서할 것, 국민의 총의로서 연합각국에 사의를 표명할 것, 국민의 총의로서 민정수습의 방도를 강구할 것 등이다.[85]

여기서 알 수 있듯이 한민당과 국민대회소집준비회는 사실상 같은 조직체였다. 국민대회소집준비회는 건준에 맞서기 위한 우파의 연합체였으며, 이들은 미군정에도 적극 협조함으로써 유대관계를 맺을 수 있었다.

물론 우파의 지속적이고도 체계적인 정치조직체로는 한민당을 들 수 있다. 한민당의 조직은 1945년 9월 16일 오후 3시 서울 경운

관저에서 합법운동을 일으키려다 예소(嘲笑)를 당한 도배이며 해운대 온천에서 일인 眞鍋某와 조선의 '라우렐'이 될 것을 꿈꾸던 도배이며, 일본의 압박이 소환(消渙)되자 정무총감 경기도 경찰부장으로부터 치안유지 협력의 위촉을 받고 피를 흘리지 않고 정권을 탈취하겠다는 야망을 가지고 나선 일본제국의 주구들이다." 國史編纂委員會, 《資料 大韓民國史 1》, 탐구당, 1970, 61쪽.

85 앞의 책, 58쪽.

동 천도교 대강당에서 1,600여 명의 참석으로 시작했다. 이날 사회는 백남훈이 맡았으며, 김병로가 의장으로 선출되었다. 그리고 원세훈의 '해외임시정부요인과 연합군 총사령관 맥아더(Douglas MacArthur) 원수에 대한 감사 결의안'도 채택했고, 이인(李仁)의 긴급 건의안도 가결되었다.

그 주요 내용으로, 첫째, 남북의 분단을 넘어 통일국가 수립에 미군의 적극적인 지원을 요구했고, 둘째, 미군정의 행정기구에 그때까지 잔류한 일본인 관리들을 즉각 추방하고 그 자리에 유능한 한국인을 임명해 달라는 건의도 들어 있었다. 이어 김도연의 경과보고와 조병옥의 국내외 정세보고도 있었다. 한민당은 이날 강령과 선언문을 채택했으며[86] 장덕수의 인도로 당원 일동의 기립 선서도 있었다. 더욱이 한민당은 그들의 영수로 이승만, 서재필, 김구, 이시영, 문창범, 권동진, 오세창 등 민족운동의 원로들을 추대함으로써 한민당만이 한국 민족운동의 정통 주류임을 자처하게 되었다.

한민당은 종로국민학교를 본부로 삼아 여기에서 9월 21일 오후 3시 백여 명의 인사들이 모여 당무를 맡을 총무위원 9명의 선정을 위한 전형위원으로 원세훈, 이인 등을 선출했으며, 이들의 협의로 백관수, 송진우, 원세훈, 서상일, 조병옥, 백남훈, 김도연, 허정 등이 총무위원으로 선임되었다. 그들 가운데 수석총무로는 송진우

---

86 이날 채택된 강령으로는 ①조선민족의 자주독립 완성, ②민주주의 정체 수립, ③근로대중의 복리증진, ④민족문화의 양양, ⑤국제헌장의 준수였으며, 8대 정책도 결의했는데 이는 ①국민 기본생활의 확보, ②호혜평등의 외교정책, ③언론·출판·집회·결사·종교의 자유, ④교육 및 보건의 기회균등, ⑤중공업주의의 경제정책, ⑥주요 산업의 국영, ⑦토지제도의 합리적 재편성, ⑧국방군의 창설 등이었다. 《每日新報》 1945년 9월 17일자.

를, 사무국장은 나용균, 당무부장 이인, 조직부장 김약수, 외무부
장 장덕수, 재무부장 박용희, 선전부장 함상훈 등 25인의 간부진
용을 구성하게 되었다.[87]

한민당은 미군정에 긴밀히 협조했으며, 미군정의 핵심요직에는
한민당 인사들이 대거 기용되었다. 그들 가운데 조병옥이 경무국
장으로, 수도경찰청장에는 장택상이 임명됨으로써 사실상 한민당
출신인사들이 경찰권을 장악하게 되었다. 이는 좌파의 정치활동
에 대한 철저한 견제가 가능해졌음을 의미했으며, 그 때문에 좌파
의 활동은 점점 위축될 수밖에 없었다. 또한 미군정의 대법원 재
판장에 김용무(金用茂), 특별검찰위원회 위원장에 이인(李仁)이 임
명되었고, 대법원과 각급 법원의 요직에도 한민당 인사들이 다수
임용되었다.

특히 이 시기 우파에 힘을 보태 준 것이 이승만의 귀국이었다.
이승만은 한국을 떠난 지 33년 만인 1945년 10월 16일 오후 5시,
김포공항으로 귀국했다. 그의 귀국은 해방정국의 정치상황을 변
모시킨 한 계기로 작용했다. 이승만은 대한민국임시정부의 대통
령이었으며 대외적으로도 한국의 대표적인 독립운동가이기 때문
이다. 그의 귀국은 좌우파의 대결이 건준이나 인민공화국 등에 대
한 논의에서 벗어나 더 현실적인 문제들, 다시 말해 반탁과 찬탁,
단정론과 협상론 등 실체적인 정치문제로 옮겨갈 수 있게 했으며,
그 중심에는 항상 그가 서 있었다.

이승만이 귀국한 뒤 최초로 대중 앞에 나타난 것은, 10월 17일

오전 10시 하지 중장의 안내로 온, 군정청 제1회의실의 기자 회견장에서였다. 이날 그는 자신의 귀국은 "임시정부의 대표도 아니요, 외교부의 책임자로 온 것도 아닌" 한 사람의 평민으로 귀국했다고 밝혔다. 그는 이날 중앙방송을 통해서도 좌우를 넘어 "일심협력으로 자주독립"을 이룩하자고 호소했다. 또 "맥아더 대장, 하지 중장, 아놀드 소장 등도 모두 우리들의 동정자"이기 때문에 우리들이 일심협력으로 이 기회를 잃지 말아야 한다고 강조했다.

말할 것도 없이 이승만도 귀국 초에는 자신을 중심으로 한 좌우파세력의 결집에 관심을 두고 있었다. 이미 이 시기에 우파는 이승만을 자신들의 지도자로 명시했으며 이승만의 건국사업에 적극 협력할 것임을 공언했다. 좌파 또한 이승만이 그들과는 다른 노선을 걸을 것으로 예견했으면서도 그가 지니고 있었던 국민적인 신망과 정치적인 비중을 고려해서 자신들의 정치활동에 이용하려 했다. 그러므로 좌파는 이승만의 귀국 초기에는 그의 귀국을 환영한다는 성명서도 발표했으며 이승만을 조선인민공화국의 주석으로 추대했음도 상기시켰다. 그리고 여운형과 허헌은 최용달, 이강국 등을 대동하고 이승만이 묵었던 조선호텔로 찾아가 해방 이후의 국내 정치상황을 보고하고 참고자료도 전달했을 정도로 정중하게 그를 조선인민공화국의 주석으로 예우했다. 동시에 그의 귀국을 환영하는 군중대회도 앞으로 가지게 될 것이라고 공언했다.

좌우파에 의해 이승만의 환영 모임이 10월 18일 조선호텔에서 열렸다. 이 자리에서 이승만은 "우리가 파가 갈리고 각자가 자기 의견만 갖고 쟁론하면 우리가 찾을 것은 못 찾게 될 것입니다. 그러니까 찾을 것을 찾고 나서 연합군이 떠나고 난 뒤 각자의 의견도 발표하고 주장을 위해 싸워도 좋을 것입니다"라고 언급함으로써, 그가 주장했던 "뭉치면 살고 흩어지면 죽는다!"는 대동단결론도 강조했다.[88]

그러면서 초기에는 공산주의자들에 대해서도 자신의 우호적인 태도를 밝혔는데, 10월 21일 서울중앙방송을 통해 자신은 공산당에 대해서도 호감을 갖고 있다고 말했다. 특히 그는 과거 한인 공산주의자들을 둘로 구분할 수 있는데, 하나는 경제 분야에서 근로대중에게 복리를 주기 위해 노력하는 인사들이고, 다른 하나는 공산주의 정권을 수립하기 위해서만 무책임할 정도로 사람들을 선동하는 공산주의자들이라고 말했다. 그의 이러한 구분은 박헌영계의 공산주의자들이 근로대중을 위한 공산주의자로 활동해야 한다는 사실을 강조하기 위한 것이기도 했다. 그러면서도 그는 좌우의 총결집을 강조하면서 이를 구체화하기 위해서 '독립촉성중앙협의회'를 조직하자고 제의했으며 그 뒤 그는 이를 성사시키고자 온 힘을 기울였다.[89]

이승만은 이 조직체를 통해서 좌우 통합의 새 정부를 자신을 중심으로 수립하려 했다. 그 때문에 10월 31일에 자신이 묵었던 돈암장에서 박헌영과 3시간의 회합을 가지기도 했으며, 통일정

---

88 《자유신문》 1945년 10월 20일자.

89 이 조직체는 1945년 10월 23일 조선호텔에서 약 200명이 회합을 갖고 이 문제를 토론했는데, 여기에는 한국민주당, 조선공산당 등 각계각층의 조직체가 참여했다. 이날 모임에서 일부 인사들, 가령 공산당과 학병동맹 청년단체 대표 등은 이미 조직된 '조선인민공화국'이 우리의 의견에 가장 가까운 조직체임을 강조하면서 이를 지지해 줄 것을 요구하기도 했다. 이 자리에서 이승만은 각계각층의 조직체의 연대기구로 '독립촉성중앙협의회'를 조직하기로 결정했다.

부수립의 조직체로 '독립촉성중앙협의회'(이하 '독촉'이라고 함)에 공산당도 참여해 줄 것을 희망한다고 밝혔다. 그는 "이 협의회를 3천만의 총의에 의해서 이루어진 통일기관으로 공산당도 시인하는 동시에 여기에 참여해서 함께 힘을 합치자"고 요청했다. 그러나 박헌영은 통일의 절대적인 의미는 인정할 수 있지만, 그렇게 하기 위해서는 먼저 일정한 원칙부터 마련하고, 그 원칙에는 민족 반역자인 친일파는 제외시켜야 한다고 강조했다. 이승만은 건국 사업에서 친일파 제외의 원칙은 인정할 수 있지만, 지금은 바쁜 때이니, 그들의 처단은 당장 실시하는 것은 어렵다고 말했다. 결국 이날의 논의에서 박헌영도 독립촉성중앙협의회에 참여하기로 했으며, 11월 2일 오후 2시 천도교 대강당에서 열린 그 모임에 공산당도 참여하게 되었다.

이날 회의에서는 이승만의 사회로 ①조선의 즉시 독립, ②38도선 철거, ③신탁통치 절대 반대의 결의문이 채택되었다. 이어 독립촉성중앙협의회 집행위원의 인선 문제도 논의했다. 이 문제에 대해서는, 먼저 구성원 가운데 친일파를 제외하기로 합의했으며 위원의 구성은 이승만에게 일임하기로 결정했다. 그러나 이날의 조직체에 대해서 공산당의 박헌영은 곧장 부정적인 시각을 표명했다.

그 다음날 11월 3일에 박헌영의 조선공산당은 독립촉성중앙협의회를 비판하는 장문의 성명서를 발표했다. 그 요지는 이러했다. 독립촉성중앙협의회가 오늘의 조선 문제를 해결하기 위해서는 먼저 원칙적인 조건부터 천명해야 하고, 이를 실천해야 한다면서, 그 조건으로는 ①일본 제국주의 세력과 친일파와 민족반역자를 숙청할 것, ②진보적 민주주의의 원칙에 입각해서 민주세력에 의한 민주주의적 강령의 선포, ③민주주의적 기본과업의 실현, ④통일전선을 중심으로 한 통일정권 수립 등을 내놓았다. 그러면서 이승만의 독립촉성중앙협의회가 이러한 원칙에서 멀리 떨어진 조직체로 달려가고 있다고 비판했다. 더욱이 친일파를 제거하자는 좌파의 요구를 이승만은 묵살했으며, 회의에 참여한 정당대표에 대한 엄밀한 심사도 행하지 않았고, 회의진행도 비민주주의적으로 실시했다고 비난했다.[90]

공산당은 앞으로 더 이상 독립촉성중앙협의회의 모임에는 참가하지 않을 것임을 선언했다. 이러한 공산당의 비판에 이승만은 11월 7일 중앙방송을 통해서 여운형–박헌영의 조선인민공화국이 마련한 주석직을 더 이상 수락하지 않을 것임을 천명함으로써, 좌파와 이승만 사이의 관계는 회복될 수 없을 정도로 서로 다른 길로 달려가게 되었다.[91]

이 시기에 중경의 대한민국임시정부 요인들도 속속 귀국했다.

---

90 《每日新報》 1945년 11월 4일자.

91 이승만의 이날 방송에서 조선인민공화국 주석직의 수락 거부를 다음과 같이 말했다. "내가 고국에 돌아와 보니 인민공화국이 조직되어 있고 나를 주석으로 선정하였다 하니, 나를 이만치 생각해 준 것은 감사하나, 나는 그것을 정식으로나 비공식으로나 수락치 않았다. 나는 중경임시정부의 한 사람이다. 임시정부가 들어와서 정식 타협이 있기 전에는 아무런 데도 관계할 수가 없다. (미) 군정청에서는 인민공화정당은 허락하되 공화국정부는 허락하지 않는다."(《自由新聞》 1945년 11월 8일자.) 이승만의 이러한 결정에 좌파 청년단체들은 거듭 조선인민공화국 주석으로 취임해 달라는 결의문을 채택, 이를 이승만에 전달했다. 여기에 참여했던 좌파 청년단체로는 조선학병동맹, 조선근로청년동맹, 해방청년동맹 등으로 되어 있다(《自由新聞》 1945년 11월 8일자). 또한 조선인민공화국 중앙위원회는 이승만의 주석 거부 방송에 대하여 "그러나 (이승만) 박사의 통일운동은 조선 인민의 유의소재를 추구하여 조선인의 총의의 결집 위에 서야 될 것을 모략분자에 둘러싸여 가지고 이것을 타파치 못하였다.……우리는 이 박사의 이 모든 태도를 종합하여 이제부터는 그를 초당파인으로 취급할 수 없다"라고 성명했다(《自由新聞》 1945년 11월 10일자).

대한민국임시정부 요인의 귀국 소문은 1945년 11월 5일 이승만이 "한국 임시정부 김구 주석은 5일 중경을 출발하여 그리운 고국으로 돌아오게 되었는데 도중에 상해에 잠시 들리므로 10일 안으로 서울에 도착할 것"이라는 말에서 국내에 알려지게 되었다. 미군정장관 아놀드 소장도 "김구는 이승만의 경우와 마찬가지로 개인자격으로 환국하게 될 것"이라고 말했지만, 임시정부 요인의 귀국은 국민들의 지대한 관심의 대상이었다. 이들의 귀국으로 좌우파가 임시정부를 중심으로 뭉치게 될 것이며, 그렇게 되면 통일정부도 수립될 것이라는 기대를 했기 때문이다. 또 오래 동안 중국 등 외지에서 독립투쟁에 신명을 바친 독립운동가들에 대한 고마움과 김구를 비롯한 특정 독립운동가의 정치지도자들이 해방정국의 혼탁함을 극복할 수 있을 것이라는 막연한 기대감도 작용하고 있었다.

이러한 기대감 속에 1945년 11월 23일 김포공항에 입국했던 인사는 주석 김구(金九), 부주석 김규식(金奎植), 국무위원 이시영(李始榮), 문화부장 김상덕(金尙德), 선전부장 엄항섭(嚴恒燮), 참모총장 유동열(柳東悅) 그리고 수행원으로는 선우진(鮮于鎭), 안미생(安美生), 민영완(閔泳琓), 유진동(柳振東), 이영길(李永吉), 백정갑(白正甲), 장준하(張俊河). 윤경빈(尹慶彬), 김진동(金振東) 등이었다.[92]

김구 일행의 귀국은 임정 선전부장 엄항섭의 기자회견에서 "군정하에 있는 조선이니 하지 중장의 지시를 받아 행동하게 될 것"이라고 언급함으로써 임시정부도 미군정 아래에서 미군의 통제를

---

92 國史編纂委員會,《資料 大韓民國史 1》, 탐구당, 1970, 448쪽.

받아야 하는 독립운동단체임을 스스로 밝혔다. 이 말은 대한민국임시정부가 귀국하면 남한의 미군정도, 북한의 소련군정도 즉각 통치권을 대한민국임시정부에 이양하게 될 것이라고 믿고 있었던 한국민의 열망이 무너지는 순간이었다. 결국 대한민국임시정부도 미군정의 지배를 받아야 하는 하나의 정치단체임을 알게 되었을 때 국민의 기대감은 일순간에 무너질 수밖에 없었다.

사실 대한민국임시정부는 27년 동안 조국광복을 위해서 피나는 투쟁을 전개했었다. 이를 위해 독립운동에 앞장섰던 인사들은, 김구, 엄항섭, 조소앙 등의 한국독립당과 김규식, 김원봉의 민족혁명당, 김붕준, 홍진 등의 신한민주당, 김성숙의 공산주의세력, 유림(柳林) 중심의 아나키스트 등 5개 독립운동세력의 결합체로, 그들이 모인 임시정부는 2차 대전 종전까지 중국 등지에서 대일전에 활약했던 민족투쟁의 총 본산이었다.

그 때문에 사람들은 대한민국임시정부를 해외에 있는 '우리 정부'로 여겼으며 그들이 귀국하게 되면 하나 된 민족국가로의 발전이 이룩될 것이라고 믿고 있었다. 그러한 기대감이 임시정부가 귀국했던 그 즉시, 그것도 미군정과 국내 정치세력과의 관계에서부터 무너지고 있었으며 결국 대한민국임시정부 역시 '하나의 정치집단'임을 알게 되었을 때 국민적 비감은 끝이 없었다.

이러한 상황에도 1945년 12월 2일에는 대한민국임시정부의 제2진으로 임정 의정원 의장 홍진(洪震)을 비롯하여 조성환(曺成煥), 황학수(黃學秀), 장건상(張建相), 김붕준(金朋濬), 성주식(成周寔), 유림(柳林), 김성숙(金星淑), 조경한(趙擎韓), 조완구(趙琬九), 김원봉(金元鳳), 신익희(申翼熙) 등이 귀국했고 그 수행원으로 이계현

(李啓玄), 김준엽(金俊燁) 등이 들어왔다.

앞에서도 말했지만, 당시 국내 상황은 대한민국임시정부에게 하나의 거대한 시련이었다. 무엇보다 먼저 미 군정청은 대한민국임시정부를 망명정부나 국민적 통일체로 인정해 주지 않았으며, 독립운동가들의 모임으로만 보았다. 아놀드 군정장관은 "임시정부 요인들은 처음부터 개인자격으로 입국했다.……임시정부는 조선에서 정부로서 승인되지 않았고, 또 존재하지도 않는다. 그러므로 행정권은 이양될 수 없다"고 말했을 정도였다.[93] 미군정의 이러한 발표에 따라 공산당을 비롯한 좌파도 대한민국임시정부에 대한 그들의 견해를 밝혔는데, 이들은 대한민국임시정부란 조선인민공화국과의 협의대상에 불과한 하나의 정치조직체라고 주장했다.[94]

이러한 국내 사정에 대해서, 대한민국임시정부의 외교부장 조소앙은 기자회견에서 대한민국임시정부의 의미를 이렇게 밝혀 놓았다.

> 민족전체의 공구로서 독립운동의 공구(公具)로서 존재했던 우리는 최후까지 민족전체의 공구노릇을 할 것을 자임하는 바이다. 정부는 몇몇 개인의 정부가 아니요, 인민의 정부이다. 정부의 주인은 민중이다.……

---

93 《서울신문》 1945년 12월 5일자.

94 이러한 성격은 좌파 성격을 갖고 있었던 조선학술원, 진단학회, 조선과학자동맹, 조선프로예술동맹 등 8개 단체의 성명에서 이를 읽을 수 있다. 여기에서는 "조선인민공화국은 남북통일의 유일한 유대인 각도 인민위원 대표의 지지하는 바이니 인민의 소리를 듣고 인민의 요구를 만족시키는 정부를 수립하려 한다면 인민공화국과 임시정부 사이에는 추호라도 주종적인 감정적 대립이 있을 리가 만무할 것"이라는 성명을 발표했다. 《中央新聞》 1945년 12월 9일자; 《資料大韓民國史 1》, 519쪽 재인용.

흔히 임시정부의 사상체계는 무엇이냐는 질문을 받는다.……우리는 봉
건제도를 지키려는 것도 아니요, 자본주의를 고수하려는 것도 아니며 오
직 인민대중에게 기초를 둔 정부를 조직하려는 것이다. 우리의 정치포부
는 영국노동당보다 더 진보적인 정치 포부를 가졌음을 말해 둔다.[95]

대한민국임시정부의 최고 이론가인 조소앙의 주장은 임시정부
의 정치지향성을 나타낸 것이기도 했다. 우파의 자본주의도, 좌파
의 혁명적 계급주의도 배격하면서, 민족적인 차원에서 진보적인
사회개혁을 추구할 것임을 강조하는 것이었다. 그의 논의에서 임
정이 영국노동당의 민주사회주의로 나아가게 될 것임을 밝혔음은
흥미로운 일이었다.

조소앙은 좌파와 우파 모두를 아우를 수 있는 이념으로는 민주
사회주의뿐이라고 강조했다. 그러나 좌파는 이것을 우경 기회주
의적인 발상으로, 일부 우파는 좌경논리로 평가했으며, 그 때문에
사실상 좌우파 모두가 임시정부를 공격하는 상황을 빚어 놓았다.
물론 좌파는 이를 노골적으로 공박했고 우파는 속으로만 불만을
키우고 있었다. 그 가운데 좌파의 임시정부에 대한 공격은 박헌영
에 의해서, 다음과 같은 극단적인 폄하로 나타났다.

그들은 망명정객으로……마땅히 할 일은 안 하고 쓸데없는 일에만 몰
두하고 있다. 그것은 즉 망명정부가 일종의 임시정부인 것처럼 신문지
기타 선전운동에 전력을 경주하고 있는 것은 통일을 위한 노력이 아니라
도리어 분열을 조장하는 행동이라 아니할 수 없다.……국제관계와 국내

---

95 《自由新聞》 1945년 12월 7일자.

제 세력을 옳게 파악하고 결코 망명 정치단을 가지고 임시정부의 행사를 하지 말 것이오, 개인자격으로 들어와 본분을 지켜야 국제신의가 서게 될 것이고 또한 통일정부수립을 제안하고 있는 국내의 진보적 세력과 접근하기에 노력을 아끼지 말아야 할 것임에도 불구하고 완고만을 주창함은 심히 통일을 위하여 유감스러운 것이다. 그분들은 좀 왕가적 전제적 군주적 생활의 분위기에 해탈하고 나와서 조선의 인민 특히 근로대중과 친히 접촉하여 조선인의 새로운 공기를 호흡할 필요가 있다.[96]

그러나 일반 국민들에게 대한민국임시정부에 대한 기대감과 지지도는 여전히 높았다. 이들에 대한 귀국환영회는 우파의 주도에 의해 열렸고, 좌파에 속한 전국청년단체총연맹도 '김구선생 환영회'를 개최했다. 여기에서 청년단체총연맹 간부들은 '친일파 처단'을 대한민국임시정부 측에 요구했는데, 이는 한민당계의 보수세력에 대한 공격이기도 했다. 이날 모임에서 조소앙은 "우리는 국내외 정예분자로 정부를 조직하여 대중을 토대로 한 참다운 민주주의를 건설하려 한다"고 주장했으며, 김원봉은 "청년은 진리를 위하여 강하게 돌진하라. (친일)반역자의 처단은 반드시 단행한다"고 부르짖었다.

하지만 대한민국임시정부는 좌파의 '조선인민공화국'과는 이념적으로나 구조적으로 대립적인 성격을 보여 주고 있었었다. 우파와는 연대적인 성격을 보여 주었지만 좌파와는 대립적일 수밖에 없었다.

---

96 《서울신문》 1945년 12월 13일자.

　1945년 12월로 접어들면서 미군정은 좌파의 '조선인민공화국' 해체를 적극적으로 요구했다. 그 때문에 좌우파의 대결은 점점 격화되었다. 특히 1945년 12월 신탁통치 문제가 그 계기였다. 좌우파의 대립전선에서 약세로 몰리게 된 좌파세력은 이른바 좌파 3당 합당을 모색함으로써 난국을 돌파하려 했다. 그러나 이 시기에 '정판사 위폐사건'으로 그들의 활동은 점점 지하로 잠입하게 되는 모습을 보여 주어야 했다

　좌파가 정치의 표면에서 점점 물러나게 되자, 이번에는 우파 사이에 대립의 조짐이 일어나고 있었다. 구체적으로 국내의 전통적 보수 우파세력인 한민당과 이승만의 독립촉성중앙협의회, 그리고 김구의 대한민국임시정부 사이에는 점점 주장의 차이가 드러나고 있었으며, 정권 장악을 위한 분파적인 정치활동이 전개되고 있었다. 결국 1945년 8월 15일부터 그해 연말까지는 좌우파의 분파적 대립 때문에 귀중한 시기를 정치파쟁으로만 소진시킴으로써 국민국가 수립에 실패하는 유한을 민족 전체에 안겨 주게 되었다. 좌우파의 극심한 대결은 결국 외세추종적인 분단체로 귀착하게 되어 민족적 비극을 불러오는 또 다른 상황으로 전락시켰다.

5

'해방을 소진' 시킨 사람들

1945년 8월 15일은 한국 민족에게 겨우 며칠의 민족해방의 감격만을 안겨 주었을 뿐이었다. 해방에 걸었던 기대감, 나라를 다시 세우고 모두를 위한 새 세상을 이룩하게 될 것이라는 그 기대감은 무너지고 있었다. 그것은 이데올로기 때문이었고, 정당의 파벌 때문이었으며, 지도자들의 개인적인 권력 욕망 때문이었다. 확고한 자기 신념이나 정치지향성을 갖지 못했던 대부분의 정치적 지식인, 한마디로 정치세력들은 권력에 덤벼드는 불나비와 같았으며, 끝내는 자기는 물론이고 나라도 불태워 버리는 비극적 상황으로 떨어지고 있었다.

그 시대의 정치적 지식인들은 모두 지도자로만 나서려 했고, 당장이라고 권력을 잡을 것처럼 행동했다. 왜 권력을 잡아야 하는가에 대한 자신의 정치신념이나 정치지향성은 처음부터 제시하지 못했다. 정치에 뛰어들어 권력만 잡으면 그만이라는 식이었는데, 이는 왕조시대의 전통적 지식인의 속성을 그대로 이은 권력적 지식인의 전형적인 모습이었다.

이 당시 시중에 떠돈 다음의 풍자는 이러한 상황을 말해 주고 있다. "미국에서 돌아오면 박사, 중국에서 오면 장군, 일본에서 오면 선생." 이 말에는 지식인에 대한 국민들의 강한 불신이 담겨 있었다. 박사도, 장군도, 선생도 모두 각각 자신만이 권력을 잡아야 한다고 주장했지만, 어느 누구에게도 국민들의 기대는 충족될 수 없었다. 우선 그들, 다시 말해 정치적 지식인들은 그럴 만한 능력도 수준도 가지지 못했다. 오직 사색당쟁에 물들었던 전통적 지식인의 모습만을 계승하여 재연하고 있었을 뿐이었다. 그들은 국민이나 국가, 시대, 역사보다 자신의 권력장악을 우선으로 여겼던 전형적인 정치적 지식인의 모습만을 되풀이하고 있었다.

지식인과 정치인들이 권력을 잡기 위해 광분했던 바로 그 시점에도, 민중들의 생활은 극도의 궁핍상태에 놓여 있었다. 1937년부터 시작된 중일전쟁으로 극심한 경제적 궁핍 상태에서 벗어나지 못했다. 전쟁이 최고조로 치달렸던 1940년대 초, 대부분의 사람들은 굶주림에 시달려야 했다. 사람들은 배급으로 지급된 안남미(베트남 산 쌀)에 쌀겨나 만주에서 들여온 콩깨묵을 섞어서 끼니를 해결해야 했다. 해마다 봄이면 '춘궁기' 또는 '보릿고개'라는 말로 아사상태에 떨어진 사람들의 고통이 묘사되고 있었다. 이 시대의 극심한 생활고도 해방을 맞아서 오히려 더 나빠졌다는 느낌이 국민들 사이에 팽배했다.[97]

한국에 살았던 일본인들은 해방을 맞아 그들 나라로 되돌아가

---

[97] 이 시기의 경제적 혼란에 대해서 이승만은 12월 5일자의 중앙방송을 통해서 "금일 제일 급한 것은 기아에 빠져있는 백성을 구하는 것이다. 그것에는 첫째 비싼 쌀값이 문제"고 말했으며 그 원인으로 농민들이 쌀을 감추고 팔지 않기 때문이며, 심지어 "해안에 살고 있는 사람들이 쌀 한 섬을 800원에 사서 일본에 가지고 가면 2만원에 팔 수 있다고 매일같이 수천 석 씩 밀수출하기 때문"이라고 주장했다(《서울신문》 1945년 12월 7일자). 그러나 이러한 인식은 잘못된 것이었지만, 미가 폭등의 책임이 해안가에 거주하는 사람들 때문이라면서 그들을 비난했다. 그러나 실제는 미군정 당국자는 물론이고 미 군정청에서 이 일을 맡았던 한국인 관리들의 책임이 더 컸던 것은 분명했다.

면서 그 재산을 암거래로 처분했고, 돈 가진 사람들이 그것을 손에 넣었다. 그 과정에는 미군 헌병들, 즉 MP들도 적산(敵産:일본재산)처분에 한몫 거들었다. 뇌물을 뜻하는 '와이루'라는 말이 일상어로 통용되었던 때가 바로 이 시기부터였다. 미군 MP와 손잡은 한국인 모리배들이 온갖 협박과 감언이설로 일본인 소유의 주택이며 건물들을 점유했던 일은 서울과 시골에서 너무나 흔하게 일어났다. 이전에는 알지 못했던 온갖 비리들이 예사로 자행되고 있었다. 해방의 시점에는 법도 없었고 질서도 없었으며 오직 '통역정치'만이 난무했다. 서투른 한두 마디 영어로 미 군정청의 통역관이 되어서는 미군 장교나 MP를 앞세워 온갖 협잡으로 자신들의 이권을 챙겼던 것이 이때의 한 모습이었다.

이 시기에 국민들만이 온갖 고통을 고스란히 다 받아야만 했다. 당시의 사정을 풍자했던 다음의 말도 이 시기의 상황을 잘 말해주고 있다. "왔다리 갔다리 전기회사, 내일 모레 면사무소, 몽둥이 찜질 경찰서, 있으나 마나 소방서"라는 말이다. 가정집에는 더이상 전기가 들어오지 않았다. 북한의 송전선 단절로 전기 사정은 최악이었기 때문이다. 각급 행정기관, 특히 말단 면사무소는 문은 열어 놓았지만 별로 하는 일 없이 그냥저냥 보내고 있었다. 막상 일 때문에 면사무소를 찾게 되면 제대로 민원사무를 처리해 주기보다는 내일 오라거나 그 다음 날로 미루는 식으로 행정처리가 지연되고 있었다. 그러면서도 경찰서의 위세만은 대단했다. 사상이 의심스럽다는 이유만으로 경찰서로 연행되었고, 그곳에서 무조건 몽둥이로 난타 당하거나 물고문 등 온갖 반인간적 만행에 시달리게 되었다. 물론 이러한 시대에서 소방서라고 제 기능을 발휘할

리 없었다. 그런데도 소방서는 존재했었다.

이러한 모습이 바로 해방의 상황에서 빚어졌던 일들이었다. 다시 말하면, 껍데기만의 통치구조가 미군정이었고, 해방은 혼돈과 무질서로 뒤범벅되고 있었다. 그러면서도 정치가나 지식인들은 그 책임을 다른 사람의 탓으로 떠넘겼다. 이를 목격했던 미군정 당국자조차 아래와 같이 말했을 정도였다.

> (조선 지식계급들은) 정치적 고담준론만하지 말고 실천적 행동을 하라. 세상은 무뢰배, 허무주의자, 친일파의 손에 농락되고 있지 않느냐. 일본인 지식계급은 도처에 숨어서 이들을 조종하고 있다.……조선의 지식계급이 정치론만 말하지 말고 대중 속에 뛰어 들어가 민주주의가 무엇이며 민족독립이 무엇인가를 설명하여 친일파, 무뢰배, 파괴자 일본인들에게 농락되지 말기 바란다.[98]

이쯤 되면 당시 고통스럽게 살았던 사람들에 대한 궁극적인 책임이 기껏 밀수출하는 몇몇과 숨어 암약했던 친일파 모리배에게 있다는 식으로 전가될 수는 없었다. 엄격하게 말하면, 그렇게 만든 일차적인 책임은 전적으로 여운형, 박헌영, 송진우, 이승만, 김구, 김규식 등을 비롯한 그 시대 지도자, 정치적 지식인들의 책임이었다. 권력장악을 위한 그들의 분열과 대립이 끝내는 극단적인 궁핍의 시대를 가져왔기 때문이었다. 그리고 종국에는 외세 의존의 분단체제로 귀착되는 민족의 비극을 불러왔다. 그것은 미국,

---

98 國史編纂委員會, 《資料大韓民國史 1》, 탐구당, 342~343쪽.

소련만의 책임이 아니다. 그 시대 정치적 지식인과 정치세력, 이들 중 권력경쟁에 실패했기 때문에 뒷날 국민적인 동정심에 더한 온갖 찬탄과 칭송까지 받았던 인사들까지도 그 책임에서는 벗어날 수 없다. 그럼에도 한낱 감상적인 한두 마디 표현만으로 더할 수 없는 민족지도자로 존경받았다. 이러한 상황은 그 시대에 대한 정확한 인식이 그만큼 어려워질 수밖에 없었음을 의미한다.

한국 정치의 혼돈과 갈등을 일으킨 기본 문제는 특정 집단만이 권력을 잡아야 한다고 주장하면서 이를 관철하려 했던 정치적 지식인들의 권력 욕망과 패거리의식에서 비롯되었다. 이들에게 타협은 비겁한 행동으로 배척되었다. 연대는 약자가 취하는 행동으로 폄하되고, 통합은 원칙 없는 기회주의의 작태라고 공격받았다. 진선진미의 절대성, 그것은 자신만이 행할 수 있으며 그 때문에 자신이 장악하지 않는 권력은 오직 배격의 대상이라고 생각했다.

그렇다고 이 시기의 정치적 지식인들이 권력을 잡아 나라를 올바르게 이끌 능력을 가졌는가는 별문제였다. 불행하게도 이 시대 한국의 정치적 지식인이나 정치세력에게는 저우언라이(周恩來)도, 호치민(胡志明)도 없었다. 권력 욕망으로 응결된, 조선왕조 시대의 관직출사에 목을 매었던 파당적인 문사들만이 민족을 말하고 애국을 주장하면서 정치의 길에서 활보하고 있었다.

상황을 더한층 어렵게 만들었던 것은 1945년 12월부터 한국이 강대국에 의해 그 진로가 결정되는, 모스크바 3상회의, 신탁통치, 국제연합한국임시위원회 등을 거치게 되었다는 점이다. 이때부터 정치적 지식인들은 강대국에 추종하는 사대주의적 성격을 적극적으로 드러내게 되었다. 다시 말해 한국 정치에서 정치적 지식인의 전통적 속성, 즉 사대주의가 짙게 배어나고 있었다. 이들은 친미파, 친소파, 친중파로 나눠져서는 민족 분열을 가속화시켰다.

이처럼 정치적 지식인의 한계가 한국을 분단체제로 몰아넣는 계기가 되었으며, 한편에서는 친미 사대주의자가, 다른 한편에서는 친소 사대주의자가 남북 분단으로 집권세력으로 올라서는 민족 분단의 비극이 연출되고 있었다. 결국 이들의 정치적 작태로 한국 민족 모두는 '해방의 소진'이라는 비극적 상황을 경험해야 했고, 그 뒤 민족분단이며 동족 사이의 전쟁의 참화를 겪어야 하는 더 없는 고통으로 떨어졌다. 이처럼 참담한 민족적 희생을 치르게 하면서도 반민족적 외세주의자들만은 분단체제에 입각한 그들의 권력구조를 공고화하고 있었다

제5장
해방정국의 정치이념과 지식인의 선택

1

해방과 정치적 지식인의 선택

한국의 지식인에게도 1945년 8월 15일은 해방의 날이었다. 대부분의 지식인들은 해방이 그렇게 찾아올 줄을 짐작조차 못했다. 중일전쟁에서 태평양전쟁에 이르는 15년 동안 한국의 지식인 대다수는 일본군의 승리를 믿고 있었다.[99] 개전 초기 일본군의 연전연승이 대동아공영권을 이룩할 것으로 생각하고 있었다. 그러나 1944년부터 전세가 역전되어 미군기의 폭격이 일본 전역에 이루어졌고, 1945년이 되자 나가사키와 히로시마는 원폭 투하로 초토로 변했다. 그런데도 한국의 대다수 지식인들은 일본의 승리를 확신했고, 일부 지식인들의 친일활동도 그대로 지속되고 있었다.

해방을 맞았던 시점에도 다수의 지식인들은 해방의 의미조차 정확하게 파악하지 못했다. 그래도 민중들은 해방의 기쁨에 넘쳐났고, 새 나라를 세우려는 욕망으로 들끓었다. 해방이 독립이고, 그것이 조선총독부로부터 곧장 벗어나는 과정이라고 생각했다. 그러나 그 이면에 흐르는 국제사정에 대해서는 너무나 둔감했다.

---

99 물론 일본의 제국주의적 침탈에 맞섰던 지식인들 가운데는 일본의 패전을 예감한 경우도 없지 않았다. 그러나 대다수 지식인들, 즉 일본의 압제에 시달렸던 지식인들의 경우는 일본의 패전을 정확하게 예견한 경우가 드물었던 것이 사실이다. 그리고 패전을 예감해도 이를 드러내서 이야기할 형편도 아니었다. 이 시기의 지식인 가운데 일본의 패전을 예감한 경우에 대해서는 다음 책을 참고할 것. 김기협, 《해방일기 1》, 너머북스, 2011, 6쪽.

더욱이 해방을 맞아 새 국가 수립의 방법에 대해서는 지도자나 지식인 사이에 갈등만이 되풀이되었다. 이 시점에서 지식인들도 몇 갈래로 나눠져 각기 다른 주장만 내놓고 있었다.

특히 정치적 지식인은 해방을 당장이라도 관직출사로 나아갈 수 있는 기회로 여겼다. 그 때문에 경향 각지의 지식인들이 해방정국의 흐름에 관심을 집중시키고 있었다. 더욱이 정치적 지식인의 경우 그러한 성격은 더한층 심했다. 대부분의 지식인이 권력적 지식인으로서 가능성을 모색했다. 그러한 모색의 하나로 여운형의 건국준비위원회의 활동을 들 수 있다.

그러나 이들 정치적 지식인도 미군정의 등장으로 권력적 지식인과 저항적 지식인으로 양분되기 시작했다. 전자는 주로 한민당을 중심으로 한 우파 지식인들이었고, 후자는 공산주의자나 그들과 연계된 건준계 지식인들이 주류를 이루었다.

마침내 이들 사이에 정치상황에 대한 인식이나 정치의 지향성을 중심으로 이념적인 논전이 전개되었으며, 그 과정에서 먼저 논리적 헤게모니를 점했던 것이 박헌영의 '8월 테제'였다. 이것은 조선공산당의 관점에서 해방정국의 정치상황을 분석했으며 앞으로의 정치적 지향성을 논했지만, 그 기본 의도는 그들의 권력점유를 위한 전략이었다. 해방정국에서 공산주의가 정치적 지향가치로 추구되어야 한다는 점을 강조함으로써, 다른 이념이나 세력에 대한 배격을 전제하고 있다. 기본적으로 파쟁적 성격을 담고 있었기 때문에, 이것에 대한 반격은 우파만이 아닌 같은 공산당 내에서도 제기되었다. 이러한 공박은 이 시기의 지식인들을 결국 어느 한편으로 몰아넣는 계기가 되었다. 적극적인 지지인가 아니면 배격적인가의 차이만 있었을 뿐이지, 그 시대 지식인에게 '8월 테제'는 해방정국에 대한 인식의 한 출발점이 된 것은 분명했다.

그런데 여기서 이 시기 정치적 지식인의 주장을 살펴보기 위해 먼저 다음 몇 가지 사실을 생각해 보는 것이 도움이 될 것 같다. 식민지로부터 독립국가의 수립과정에 대한 인식이다. 이는 해방의 시점에서 급박하게 해결해야 할 정치과제의 이해에도 도움이 될 수 있다. 일반적으로 식민지로부터 독립국가의 수립과정에는 다음 방법 가운데 어느 하나로 나아가게 된다.

▨ 망명정부에 의한 국권의 회복 : 외국의 침략으로 주권과 국토가 유린되었을 때, 그 국가의 통치세력이 외국으로 망명해서 그곳에서 망명정부를 수립하는 경우에 해당된다. 그러나 조선왕조는 일본에 병합당한 뒤에 해외에 망명정부를 세우지도 않았으며, 오히려 반대로 일본으로부터 작위와 은사금을 받는 등 친일의 길로 나아갔다.

▨ 해외 임시정부의 국내 귀환 : 식민지로 전락하면 국내 민족지도세력이 외국으로 망명해서 그곳에 임시정부를 수립하고 독립 쟁취를 위해 무력투쟁을 전개하게 된다. 이러한 활동은 국제적으로도 교전단체나 임시정부로 승인받게 되며, 국민도 망명정부를 '우리 정부'로 여기는 충성심이 생기게 된다. 그러나 한국의 경우 3·1운동 이후 중국에서 대한민국임시정부를 수립했고 독립투쟁도 전개했지만, 해외 독립운동단체와 민족세력의 분열로 효과적이고도 단일한 민족투쟁전선을 이룩할 수 없었다. 따라서 국제사회로부터 교전단체나 망명정

부로 인정받지 못했으며, 결국 하나의 독립운동단체로 인식되었을 뿐이다.

▨ 국내 정치세력에 의한 제헌의회의 구성 : 해방을 맞아 국내외의 민족지도자들이 힘을 합쳐서 정부수립을 위해 협의과정을 거쳐서 제헌의회 조직을 위한 규정을 만들고, 이 규정에 따라 국민들의 직접 선출에 의한 제헌의원들이 제헌의회를 구성해서 헌법을 기초하고 이를 통과시키는 역할을 맡게 된다. 이 과정에는 국민투표로 통과된 헌법에 대한 국민적 지지를 확보하고, 이 헌법에 따라 새 정부수립의 전반적인 과정을 거치게 된다.

▨ 민족−계급에 기반을 둔 국내외 정치세력의 무력투쟁 : 특정 정치세력들이 특정 이념을 중심으로 민족투쟁을 전개함으로써 민족적 지지를 얻어 정권수립을 도모하는 경우도 있다. 이 활동으로 국내 특정 지역을 중심으로 반제 민족투쟁을 전개할 때도 있고, 외국의 특정 지역에서 민족투쟁을 전개할 때도 있다. 국내에서 군사적인 투쟁을 통해 점령지역 안에 정권을 수립하고 국민 다수의 지지로 정부를 수립하는 방식을 취할 때도 한다. 이러한 방식으로 민족적 정당성을 가진 유일한 합법적 정치체제로의 지향을 모색한다.

해방을 맞은 한국 사회에서는 위의 여러 방법 가운데 어느 하나도 해당되지 않는 특이한 성격을 보여 주었다. 그 이유는 외국 군대—미군과 소련군—가 한반도의 남북한을 강점했고, 한국 내 여러 정치세력 사이에는 극심한 분열이 전개되었기 때문이다. 이것은 결과적으로 분단체제로 귀착되는 요인이 되기도 했다. 이러한 성격의 전개과정을 다시 한 번 정리하면 다음과 같이 요약할 수 있다.

①조선총독부가 여운형에게 치안 협조를 제의→②여운형의 주도로 건국준비위원회가 구성되고, 해방정국에서 주도적 정치활동을 전개→③건국준비위원회의 조직과 활동에 대한 우파의 공세→④미소군의 진주와 38도선의 획정→⑤남북한에서는 미소의 군정이 실시되었으며→⑥모스크바 3상회의에서 한국의 신탁결정에 따라 찬탁–반탁의 대립이 일어나, 미소 점령군은 각기 남조선과도정부와 북한인민위원회를 수립했으며→⑦남한에서는 단정론과 남북협상론의 갈등을 불러와 결과적으로 1948년 8월과 9월에 남북한의 분단체제가 수립되었다.

해방 이후 한국의 분단체제로의 전락은 미소의 한반도 점령과정에서도 설명될 수 있다. 제2차 대전 뒤 미소의 냉전체제가 한반도를 각기 그들의 군사 교두보로 설정, 점령하게 했으며, 이데올로기의 전초기지로 활용되었다. 그 때문에 한반도는 분단체제로 고착될 수밖에 없었다. 여기에 덧붙여, 국내의 정치세력들 사이에도 극심한 분열이 일어났으며 그것 또한 분단의 한 요인으로 작용했다. 민족분단은 어느 면에서는 분열된 국내외 정치세력이 미소 강대국과 손잡아 정권을 창출하려 했기 때문에 빚어졌던 것으로 이해해도 틀리지 않는다.

이러한 사정을 살펴보기 위해서는 먼저 식민지시대 국내 정치세력, 특히 지식인의 분열에 대해서도 살펴볼 필요가 있다. 이들 지식인 사이의 분열은 식민지시대 민족운동의 성격과 방법론의 차이에서 비롯되었다.

1919년 3·1운동의 여파는 젊은 청년들에게는 심한 좌절감을 안겨 주었고, 33인의 민족지도자들에 대한 불신감을 갖게 했다. 3·1독립선언서만 해도 대일투쟁선언서가 아닌 한낱 독립청원서와 같았으며, 당시 일부 인사들은 독립만세만 부르면 곧장 독립이 이루어질 것처럼 선전했었다. 그 뒤에도 민족지도자들이 보여 준 불철저한 항일태도 등에 젊은 지식인들은 크게 실망했다. 실제로 이들 가운데 몇몇은 민족지도자의 자격조차 의심받을 정도였는데도 버젓이 그 자리를 차지하고 있었다. 더욱이 3·1운동 후 몇몇 민족지도자들은 민족개조운동을 전개하는 등 지식청년들의 기대와는 다른 모습으로 달려가는 경우도 있었다.

따라서 1920년대부터 파급된 공산주의 사상과 그 연장선에서 이루어진 1925년의 조선공산당 조직은 그 시대 젊은 청년들에게는 새로운 기대감으로 다가왔다. 맑스주의의 반제·반봉건 투쟁론을 민족해방을 위한 유일한 논리로 여겼을 정도였다. 조선공산당의 조직적 반제투쟁은 국내 반일투쟁에 치열한 투쟁의 족적으로 여겨졌으며, 이 시기 공산주의 이론은 식민지 지식 청년들에게는 하나의 큰 희망을 안겨 주었다. 그 때문에 1920년대 중후반기 국내 지식 청년들에게 맑스주의에 대한 기대감이 커질 수밖에 없었다.

물론 다른 한편에서는 각급 학교와 언론기관에서 활동했던 지식인 가운데 우파 민족주의적 관념을 주장했던 이들도 적지 않게 나타났으며, 이들에 의한 민족투쟁도 민족운동의 중요한 족적으로 기록되고 있었다. 그러면서도 좌우파 사이에는 이념적 대립은 물론이고 독립운동의 방법에서도 차이를 보여 줌으로써, 그들 사이의 극단적인 대립이 점점 첨예화되고 있었다.

이러한 분열을 극복하고 좌우파 사이의 합작노선을 확보하기 위해 신간회가 조직되었지만 곧 실패함으로써 좌우파 사이의 갈등은 점점 더 고조되고 있었다. 더욱이 우파 일부에서 행해졌던 민족계몽운동은 1930년대 중반기 이후부터 자치운동으로 선회하는 등 친일양상을 보여 주기도 했다. 이와 달리 좌파는 코민테른의 지령에 충실히 묵종하는 모스코바의 추종자로 전락됨으로써 좌우파 사이의 이념 대립은 점점 더 격화되고 있었다.

해방 시점에서는 독립국가를 수립하는 것이 최우선적인 과제였으며, 이를 위해서는 정치세력들 사이에 협력이 이루어져야 했다. 그런데도 지식인들은 각기 파벌을 형성해서는 이념적인 분파로 치달렸으며, 자기 집단만의 통치권을 장악하기 위해서 강대국에 추종하는 모습도 보여 주고 있었다. 이러한 성격이 마침내 분단체제라는 비극을 불러온 한 요인이 되었다. 다시 말하면, 한국의 분단체제는 정치적 지식인들 사이의 이념 분열과 대립에 그 책임의 일단을 물어도 틀리지 않는다 할 것이다. 이러한 성격을 지닌 좌우파의 대립을 구체적으로 살펴보기 위해서 먼저 식민지시대 지식인의 이념적 성격을 다음 몇 갈래로 구분해서 살펴보기로 하자.

▨ 민족적 지식인 : 조선총독부에 저항하면서 국권회복을 위해 투쟁했던 지식인들이 여기에 해당된다. 이들을 다시 민족 우파 지식인과 민족 좌파 지식인으로 구분해서 생각할 수 있다.
▨ 친일적 지식인 : 이들은 총독부의 회유와 강제에 굴복했거나 스스로 친일활동 참여했던 지식인들로, 이들 가운데는 총

독부 고위 관직자도 있었다. 이들도 구체적으로 매국노적 지식인, 변절적 친일 지식인, 관료적 친일 지식인, 기업가적 친일 지식인, '동원된' 친일 지식인 등으로 구분할 수 있다.

▨ '길들여진' 지식인 : 앞의 유형 가운데 어느 한편에도 연관되지 않는 지식인으로, 이들은 조선총독부에는 소극적으로 추종하면서도 다른 한편으로는 민족투쟁에도 방관자적인 모습을 보여 주었다. 어느 면에서는 기회주의적인 체제지향성도 드러내고 있다.

이들 가운데 민족적 지식인은 직접적으로 독립투쟁에도 참가했으며, 그 때문에 심한 압제를 받기도 했다. 국외의 민족투쟁과 마찬가지로 국내의 민족투쟁도 온갖 고통을 감내해야만 했다. 이들은 식민지시대에 개인적으로도 고난 속에 살았으며, 심한 경우 옥살이 등 극심한 억압을 당해야 했다.

민족적 지식인은 이데올로기 차원에서 민족 우파 지식인과 민족 좌파 지식인으로 나눌 수 있다. 전자는 한국 민족주의를 바탕으로 근대국민국가 수립을 위해서 민족투쟁에 앞장섰다. 이들은 민족정신과 민족전통의 계승과 국민들에게 민족정신을 일깨우는 일에 진력했다. 특히 3·1운동을 한국 민족주의의 출발점으로 생각했으며, 이를 각급 학교나 언론을 통해 국민들에게 널리 주지시키기 위한 민족사 보급에도 힘을 쏟았다.

한편 민족 좌파 지식인은 국권회복을 사회주의 사상과의 연계로 찾으려 했다. 다시 말해 사회주의적인 투쟁에 의해 민족독립을 이룩하려 했다. 더욱이 이들은 노동자와 농민에 의한 사회변혁운동을 민족해방의 중요한 방법으로 여기고 있었다. 물론 이들은 사회주의적 관점에 서 있었으면서도 조선공산당에 소속했던 인사들과는 달리 코민테른을 추종하지 않았으며, 사회주의와 민족주의의 결합의 가능성을 믿고 있었다. 때로는 민족 우파 지식인과 민족 좌파 지식인 사이에서 갈등이 빚어지기도 했지만 민족독립이라는 큰 차원에서는 서로 연계를 도모할 때도 있었다.

친일적 지식인은 일본의 패전과 해방을 예견하지 못했으며, 그런 생각조차 거부하려 했다. 그 때문에 일본의 패전은 그들에게는 일대 위협일 수밖에 없었다. 물론 그들은 한국 민족에게 용서받을 수 없는 존재였다. 그들이 추종했던 조선총독부도 해방 상황에서는 이들의 안위조차 보장해 줄 수 없었다. 식민지시대 민족적 지식인들이 극심한 고통에 떨어져 지낼 때 이들 친일적 지식인들은 총독부의 고관이나 협조자로 개인적인 영달을 누렸으며, 한국 민족이 식민지적 압제로 고통받고 있을 때 그들만은 호화로움과 부귀영달을 차지했었다. 그 때문에 친일적 지식인은 한국 민족에게는 반민족적인 존재 그 자체였다.

친일적 지식인도 활동시기와 그 성격에 따라 다음 몇 가지로 세분해 볼 수 있다.

▨ 매국노적 친일 지식인 : 이들은 자발적으로 친일파로 적극 활동했던 인사들이다. 1905년의 통감부와 1910년대의 국권침탈에 협력했던 매국노들이 여기에 속한다. 이들은 조선총독부로부터 각종 은전과 특혜를 받았으며 자손들에게 이를 전승시키기도 했다. 식민지 당국자로부터 각종 훈작도 받았고,

총독부 중추원 참의 등으로 식민지 통치구조의 최고위층으로 군림했다.

▨ 변절적 친일 지식인 : 1920년대와 30년대로 들어서면서 친일 지식인의 구성에도 변화를 보여 주었다. 한때 민족운동에 참여했던 지식인 가운데 친일적 지식인으로 변절해서 친일행각을 벌였던 지식인들이 나타나게 되었다. 이들 가운데는 자신들의 시국관 때문에 변절했던 경우도 있었고, 총독부의 회유로 그렇게 된 경우도 있었다. 이들은 주로 각급 학교나 언론기관, 교회, 사찰 등 종교기관, 친일 기업체 등을 활동무대로 삼고 있었다. 대표적인 인사로는 윤치호(尹致昊), 최린(崔麟), 최남선(崔南善), 이광수(李光洙) 등이 여기에 속했다. 이들은 일본을 한국이 본받아야 할 국가라고 강조했으며, 한국이 일본의 식민지가 되는 것 자체가 근대 문명사회로 나아가는 불가피한 과정이라고 주장하기도 했다.

▨ 관료적 친일 지식인 : 1920년대 후반부에는 또 다른 성격의 친일적 지식인들이 대거 등장했다. 이들은 일본에 유학했거나 국내에서 경성대학이나 각급 전문학교에 수학했던 젊은이들 가운데 조선총독부의 관료나 판검사로 출사했던 인사들이다.[100] 이들 대다수는 경성대학 법문학부 등에 수학했으며 고등문관시험에 합격, 조선총독부의 고위 관료가 되는 것 자체

---

[100] 조선총독부에서 이들의 등용은 사법 관료의 경우 문관고등시험사법과에 합격함으로써 이루어질 수 있었다. 식민지 통치기인 1925년부터 1943년까지 이 시험에 합격했던 숫자를 272명으로 계산한 다음의 연구는 이 방면에 대한 좋은 시사점을 던져 주고 있다. 전병무, 〈일제시기 조선인 사법 관료의 형성과정: 문관고등시험 사법과 합격자를 중심으로〉, 《한국근현대사연구》 46, 2008.

를 출세로 여기고 있었다. 이들에게 조국이나 민족독립의 문제는 관심사항 밖에 놓여 있었다. 오직 총독부 관료로 출세하는 것만을 중시했던 전형적인 친일 관료로서의 출세의 길을 걷고 있었다.

▨ '동원된' 친일 지식인 : 1937년 중일전쟁 이후 이른바 전시동원체제가 시작되면서 조선총독부의 강압으로 '동원된' 친일 지식인도 나타났다. 전쟁이 확전되자 조선총독부는 조선인 사회유지나 지도자들을 친일활동에 앞장서도록 강요했다. 그 때문에 친일 지식인이 된 사람들 가운데는 이전까지 민족교육자로, 실업가로, 언론인으로, 문필가로 이름을 날렸던 이들이 상당수 들어 있었다.

이들은 일본 총독부의 강압으로 자신이 속했던 학교나 단체를 위한다는 명목으로 친일 지식인으로 전신하기도 했다. 이들 가운데 참여 정도나 관여의 폭이 '강제'나 '동원'이라고 표현하기에는 적절치 않을 정도로 적극적으로 친일활동에 앞장선 인사들도 적지 않았다. 이들의 친일활동으로 수많은 젊은이들이 징병이나 징용으로 끌려가는 참사가 벌어졌으며, 한국 민족에게는 독립적 자주의식을 약화시켰다. 이 점에서 이들이 져야 할 책임은 다른 친일파보다도 더 크다 해도 지나치지 않는다.

▨ '길들여진' 지식인 : '길들여진' 지식인은 그 당시 대다수 지식인들에게서 찾아볼 수 있었던 성격이었다. 식민지시대 교사나 문필가로 활동했기 때문에 식민지 당국자의 감시에 벗어날 수 없었다. 이들은 식민지 지식인의 한계적 성격을 그

대로 보여 주었으며, 그 때문에 어느 면에서는 식민지 통치자에 의해 '길들여진' 존재였다. 다시 말해 이들은 오랜 기간 식민지 지식인의 순치(馴致)과정을 거쳤으며, 그 때문에 일본 총독부 체제에서는 '충량(忠良)한 신민(臣民)'으로 생활하고 있었다.

물론 민족 의지에 충일된 모습을 보여 줄 때도 있었다. 그러면서도 이들은 식민지의 통치에 적극적으로 맞서지 못했던 식민지 지식인의 나약한 모습을 그대로 드러내고 있었다. 일반적으로 이들은 일본의 지식사회에 대한 강한 지적 종속성도 보여 주었다. 이들은 일본 근대화의 길이야말로 한국도 수용해야 할 방법이라고 믿었다.

이들 가운데 총독부의 통치논리에 반발했던 이들도 없지는 않았지만, 끝내 그 생각을 행동으로 옮기지는 못했으며, 그보다 일본의 식민지 통치에 유순하게 순종하고 있었다. 이들은 식민지 통치체제의 선전논리도 받아들였으며 그것을 자신의 문예작품이나 교육활동, 또는 언론 등으로 전파하기도 했다. 실제로 식민지 통치기의 지식인 가운데는 사실상 '길들여진' 지식인들이 다수를 차지하고 있었다.

식민지 통치기를 경험했던 이들 지식인들이 1945년 8월의 해방을 맞자 새로운 선택을 강요받는 위치에 놓이게 되었다. 이념 선택의 문제가 그것이었다. 민족주의, 맑스주의, 사회주의, 서구민주주의 가운데 어느 하나를 선택해야만 했다. 이러한 선택과정에는 식민지시대의 오랜 정치적 탄압에서 오는 반동적 속성도 작용했다. 대표적으로 문필가의 활동영역에서 그 모습이 두드러지게 나타났는데, 이들은 해방을 맞자 이념을 중심으로 집단을 조직했으며 적극적으로 정치에 뛰어들기도 했다. 이들의 활동은 특정 정치집단의 선전 선동원과도 비슷한 모습을 보여 주었다.

그러나 이들이 먼저 해야 할 당위적인 과제는 해방의 의미를 올바로 규정하는 일이어야 했으며, 국가나 사회가 나아가야 할 옳은 방향과 시대정신의 정립을 우선적으로 모색해야 했다. 지식인의 정치활동이 그들만을 위한 것이 아닌 한국 민족 전체의 지향성을 담아야 했다. 그런데도 이들은 정파적인 문필가의 모습만을 보여 주었으며, 특정 이데올로기나 집단만을 위한 정치투쟁에 진력하는 또 다른 정치가적 태도로 일관했다.

사실 이들은 근대 국민국가의 건설과 그 지향성의 모색에 치중해야 했고, 국민적 결속을 이룩할 수 있는 통합적인 위치에 서야 했다. 그러나 이들은 지나치게 파당적 정치성을 보여 주었는데, 편파적이고 분열적인 정치활동에 참가했음은 물론이고, 스스로 정치가로 나서기도 했고, 특정 정파만을 위한 정치선동에 주력하기도 했다.

이들의 활동을 종합적으로 정리하면 다음과 같이 적을 수 있다. 첫째로 지나치게 파당적이었으며, 특정 정치집단과의 연계된 활동에 치중했다. 둘째, 현실 상황을 무시한 채 교조적인 특정 이념에만 지나칠 정도로 집착했다. 셋째, 정치가나 이들 집단의 활동에 편승함으로써 사회통합의 구심체적 역할에서 벗어났다.

결국 이들은 시대와 상황에 대한 정확한 인식보다는 기존의 관념적인 이념에 따라 파당적인 활동으로 달려갔으며, 특정 정치세

력의 선전꾼이나 하수인으로 전락되고 말았다. 그 결과 이들의 정
치적 활동은 그들 자신이 주장했던 이념과도 멀어지게 되었으며,
심지어 민족 노선에서 이탈된 파당성만 강조하는 특정 이념의 노
예로 시종하는 비극을 경험할 수밖에 없었다.

2
해방정국에서 지식인의 계보

　해방은 식민지시대 지식인에게 그들의 위치에 따라서 해방의 의미는 물론이고 한국의 정치사회의 지향에서도 각기 다른 주장으로 나아가게 된 계기였다. 이러한 흐름을 도식적으로 그려보면 〈그림 3〉와 같다.

　앞에서도 적었지만, 해방정국에서 지식인의 정치활동은 지나치

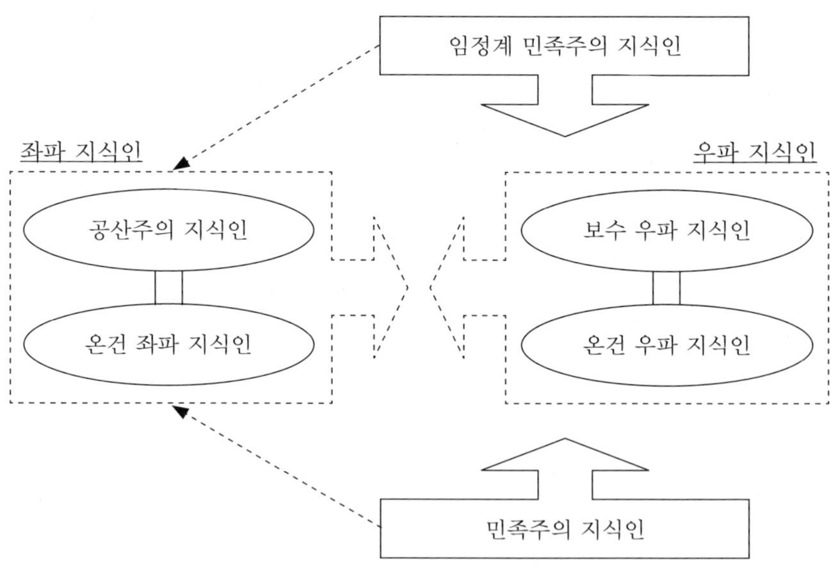

그림 3. 해방공간에서 지식인의 이념 분포

게 이데올로기적이었다. 특히 미군의 한반도 진주 이후 우파는 미국식 자유민주주의를, 좌파는 친소적인 공산주의를 주장했다. 여기에다 그 실현방법을 중심으로 온건-급진으로 양분되었는데, 이를 기준으로 해방을 맞은 시점에서 정치적 지식인을 다음과 같이 구분해 볼 수 있다.

- 민족주의 지식인
- 우파 지식인
- 좌파 지식인
- 공산주의 지식인
- 임정계 지식인

먼저, 민족주의 지식인들은 해방정국에서 정치활동과 비교적 거리를 두고 있었으며 특정 정파와 직접적인 관계를 맺지 않았다. 강한 민족의식을 가졌기 때문에 민족주의에 입각한 근대국가의 수립에 대한 당위성을 문필로 주장했다. 이들 가운데 다수는 식민지시대 한국의 전통과 역사를 연구함으로써 전통문화와 민족주의에 대한 지적 논리를 구축하였다. 이들은 민족정신과 민족문화야말로 근대 국민국가 수립의 기본 바탕이라고 확신하고 있었다. 그 때문에 이들은 식민지시대 민족운동에도 적극적으로 참여했다. 또한 민족문화를 지키기 위한 각종 민족문화활동도 전개하여 옥중생활까지도 경험했었다. 여기에 속했던 국내의 대표적인 지식인으로는 정인보(鄭寅普), 안재홍(安在鴻), 현상윤(玄相允), 황의돈(黃義敦), 손진태(孫晉泰), 조윤제(趙潤濟) 등을 들 수 있다.

이들과 달리, 우파 지식인은 식민 통치기에 총독부를 비판하는 민족활동에 참여했고 그 때문에 옥중 생활도 경험했던 인사들이다. 그러면서도 이들은 그 당시 유행병처럼 번지고 있었던 맑스주의의 반제 계급투쟁론은 받아들이지 않았으며, 민족적 전통성에 입각한 민중의 민족적 각성으로 독립을 쟁취하려 했다. 이들은 해방정국에서도 좌파의 맑스주의적 계급투쟁노선에 맞섰다. 대한민국임시정부의 정통성을 비롯한 우파의 정치노선을 지지하였고, 미군정에도 협조적이었다. 여기에 속했던 대표적인 지도자로는 김성수(金性洙), 송진우(宋鎭禹), 장덕수(張德秀) 등을 들 수 있으며, 이들의 대표적인 지식인 논객으로는 김준연(金俊淵), 조병옥(趙炳玉), 설의식(薛義植),[101] 홍성하(洪性夏), 김삼규(金三奎), 우승규(禹昇圭), 이건혁(李健赫) 등을 들 수 있다. 이들의 활동을 이면에서 적극적으로 지원했던 정치세력이 보수 우파 지향의 한국민주당이었다.

같은 우파에 속했지만 앞에서 말한 한국민주당계의 지식인들과 구분되는 온건 우파 지식인으로 안재홍(安在鴻), 김규식(金奎植),

---

101 설의식은 함경남도 단천(端川) 출생으로 니혼대학(日本大學) 사학과를 졸업했으며, 1922년부터 《동아일보》 사회부기자로 언론계에서 활동하면서 편집국장 등을 지냈고, 1929년 주일특파원으로 있다가 귀국해서는 《동아일보》의 〈횡설수설〉 단평란을 집필했고, 1931년 잡지 《신동아》(新東亞)를 창간할 때에는 편집국장대리로 제작을 총괄했다. 그가 편집국장으로 있던 1936년 8월 《동아일보》와 그 자매지 《신동아》, 《신가정》(新家庭)의 일장기말소 사건을 일으켜 신문사를 떠났다가 해방 후 《동아일보》의 복간과 함께 주필과 부사장을 지냈다. 1947년 동아일보사를 떠나 순간지(旬刊紙) 《새한민보》를 창간했다. 그는 미소공동위원회의 성공을 지지했고, 남북협상을 기대하는 등, 중간파적 정치 입장의 논조를 발표했고, 《서울신문》의 고문을 지내기도 했다. 그가 주로 제직했던 해방 후 동아일보에서 그의 논조는 보수 우파적인 논리로 되어 있다. 6·25전쟁 이후에는 주로 충무공 연구에 전력을 기울여 《난중일기》, 《민족의 태양》 등을 저술했고, 8·15해방 후에 생긴 조선신문학원에서 문장론과 시사문제를 강의하기도 했다.

원세훈(元世勳) 등을 들 수 있는데, 이들 또한 조선총독부에 맞서 적극적인 투쟁을 전개했었다. 그 때문에 투옥 등 극심한 고통도 감내해야 했다. 이들 가운데 한국민주당 등에 연계된 경우도 있었지만, 파쟁적인 분파활동에서는 벗어나려 했던 이들도 있었다. 이들은 국내외의 민족단체들이 힘을 모아 자주정부부터 수립하는 것을 가장 중요한 과제로 여기고 있었으며, 좌우파 사이의 극단적인 정파활동은 결국 민족분열로 이르고 말 것이라고 우려했다. 이들 가운데는 자신들의 정치적 지향을 목표로 한 정당이나 정치단체도 조직했지만, 한국민주당이나 조선공산당이 펼쳐 놓았던 좌우파의 두꺼운 벽을 넘어설 수는 없었다.

공산주의 지식인은 조선공산당계 인사들인데, 대표적으로 정태식(鄭泰植), 권오직(權五稷), 김삼룡(金三龍), 김철수(金綴洙), 강진(姜進), 이정윤(李廷允) 등을 비롯하여 박헌영 직계로 활동했던 이강국(李康國), 이주하(李舟河), 이현상(李鉉相), 김삼룡(金三龍) 등을 들 수 있다. 이들은 맑스-레닌주의에 기반을 둔 반제 계급투쟁론을 주장했으며, 미군정과는 대립적인 위치에 서서, 소련에 추종했던 친소 국제공산주의 노선을 받아들였다. 이 점에서 이들에게는 민족적 공산주의자의 성격은 찾아볼 수 없었다.

박헌영의 조선공산당에는 관계하지 않았지만 공산주의 이론을 추종했던 좌파 지향적 지식인들, 이들 가운데는 여운형과도 연관을 맺었던 이만규(李萬珪)와 이동화(李東華)는 물론이고 독자적으로 좌파적 성격을 보여 준 백남운(白南雲), 홍명희(洪命熹) 등도 있었다. 이들은 조선총독부에 맞서서 민족독립운동을 전개했고 사회주의적 관점에서 조선사회를 분석했으며 노동자 농민을 위주로 한 계급투쟁은 물론이고 진보적인 정권을 수립하려 했다. 이들은 자본가 계급에 의한 노동자 농민의 약탈에 대해서도 비판적이었다. 해방을 맞아서 박헌영의 공산주의적 정치투쟁에서는 어느 정도 거리를 두기도 했으며 그들 나름의 이념적인 진보성을 견지하려 했다.

한편 해방을 맞아 환국한 대한민국임시정부는 항일투쟁의 중요한 기지이자 국민적인 지지를 받고 있었기 때문에 임시정부로서의 법통성을 주장했다. 이들은 중국 등지에서 항일투쟁의 군사활동을 전개했으며 그 과정에서 큰 희생을 치르기도 했다. 이들의 정치 논리나 지향은 국내의 독립운동에도 영향을 미쳤지만, 정작 해방을 맞아서 국내로 귀국한 뒤에는 미군정이라는 시대상황 때문에 그들의 정치적 영향력은 상대적으로 줄어들 수밖에 없었다. 이들은 해방 이후 좌우파의 극심한 갈등과 미군정의 대한민국임시정부에 대한 조치, 다시 말해 김구 등 임정 요인을 개인자격으로 귀국하게 했다거나, 임정의 법통성에 대한 부인 등으로 그 위상에 타격을 입기도 했다. 이 시기 임정계의 이론가였던 조소앙(趙素昻)과 엄항섭(嚴恒燮)의 논리는 해방의 시점에도 삼균주의 중심의 복국과 건국의 논리의 실천을 모색했었다.

이처럼 해방의 시점에서 지식인들은 이념에 따라 서로 다른 길로 나아갔다. 사실 이 시기 다수의 지식인들은 시대상황에 대한 정확한 인식이나 한국의 미래를 위한 발전적인 논리보다는 기존의 특정 이념에 매몰되었으며, 심지어 강대국의 지배 이데올로기를 맹목적으로 추종하는 성격도 보여 주었다. 그 때문에 한국 정치는 이념에 의한 분단체제로의 귀착이라는 비극을 경험하게 되었다.

3

'8월 테제'와 급진 좌파의 논리

　이 시기에 지식인들이나 정치세력은 각기 특정 이념을 중심으로 조직화를 서두르고 있었으며, 그들 사이에 정치지향적 문건이 경쟁적으로 발표되었다. 이를 통해서 당시 지식인들의 시대관념과 사회의식 등 정치적 관념도 살펴볼 수 있다. 이들 문건은 대부분 미사여구로 표현되었으며, 미래에 대한 낙관적인 기대감으로 가득차 있다. 그러면서도 이들 집단의 정치 교본으로 채택해서는 구성원들의 정치적 결정과 행동의 지침으로 삼기도 했다.

　해방정국의 정치문건 가운데 박헌영의 '8월 테제'가 먼저 발표되었다.[102] 박헌영은 경성콤 그룹의[103] 대표로 전남 광주에서 해방

102　해방 이후 그 다음 해 1월까지 공산주의 진영에서 출간된 중요한 테제로는 6가지가 있다는 이완범 교수의 주장이 있다. 첫째, 장안파인 최익한(崔益翰), 이청원(李淸源)의 〈현단계의 정세와 우리들의 임무〉(9월 15일에 나온 것으로 추정), 둘째, 박헌영의 〈일반(적) 정치 노선에 대한 결정〉에 약간의 수정을 가한 9월 25일의 〈현 정세와 우리의 임무: 정치 노선에 대한 결정(잠정적)〉으로 출판한 속칭 '8월 테제', 셋째, 1925년부터 1945년 8월까지 일본에서 지냈던 임해(任海: 본명 임길봉)가 1945년 9월에 집필한 〈조선의 독립과 공산주의자의 긴급임무〉, 넷째, 조선공산당 중앙 직속의 조사연구기관인 조선산업노동연구소(朝鮮産業勞動硏究所)가 편집한 〈옳은 노선을 위하여〉(서울: 우리문화사, 1945), 다섯째, 역시 産勞의 임해가 집필한 〈朝鮮革命의 段階 方向 及 展望: 프롤레타리아트의 窮極的 勝利를 위하여〉(《産業勞動時報》 제1권 제1호, 1946년 1월), 속칭 '산로테제', 여섯째, 朝共서울위원회 宣傳部에서 편집한 《民主主義 朝鮮의 現段階》(서울: 朝共 서울 위원회 宣傳部, 1946년 1월)로 적어 놓고 있다. 이완범, 〈해방직후 공산주의자들의 혁명단계론〉, 《정신문화연구》 2008년 가을 호(제31권 제3호), 10~11쪽.

103　조선공산당은 수다한 분파의 특징을 보여 주었다. 이를 개관하면 다음 4개의 계파로 구분

을 맞았다. 그는 서울 명륜동 김해균(金海均)의 집에서 8월 20일부터 경성콤 그룹의 공산주의자들과 만났으며, 화요계를 중심으로 '조선공산당재건준비위원회'를 결성했다. 이 모임에서 〈현 정세와 우리의 임무〉라는 제목의 '8월 테제'가 채택되었다.[104] 그 뒤 8월 테제는 해방정국에서 급진 좌파의 기본 문건으로 자리 잡게 되었다. 이 테제는 6개 항목으로 구성되었는데, ①현 정세, ②조선혁명의 현 단계, ③조선공산주의 운동의 현상과 그 결점, ④우리의

할 수 있다. ①1923년 7월 7일 서울 낙원동에서 홍증식(洪增植), 윤덕병(尹德炳), 홍명희(洪命熹), 김병희(金炳僖), 이재성(李載誠), 이승복(李昇馥), 조규수(趙奎洙), 이준태(李準泰), 원우관(元友觀), 홍덕유(洪悳裕), 김낙준(金洛俊) 등이 '신사상연구회'를 조직, 이것이 '화요회'로 이름을 고쳤다. 여기에 박헌영(朴憲永), 조봉암(曺奉岩), 권오설(權五卨), 김단야(金丹冶), 임원근(林元根,) 조동우(趙東祐), 홍남표(洪南杓), 이승엽(李承燁), 조두원(趙斗元), 주세죽(朱世竹), 최원택(崔元澤) 등의 가세로 1925년 '조선공산당'과 '고려공산청년회'가 조직되었고 코민테른으로부터 승인을 받았다. ②1921년에 김사국(金思國), 이영(李英), 장덕수(張德秀), 김한(金翰), 이득년(李得季), 김명식(金明植), 윤자영(尹滋英), 오상근(吳祥根) 등의 '서울청년회'에서 그 모임의 주도권을 김사국이 잡고 책임비서가 되어 1924년 10월 서울계의 '조선공산당'을 만들었다. 여기에 참여했던 인사로는 이영, 정백(鄭栢), 이정윤(李鼎允), 김유인(金裕寅), 박형병(朴衡秉), 이병의(李丙儀), 김영만(金榮萬), 최창익(崔昌益), 강택진(姜宅鎭) 등으로, 이를 흔히 '서울당'이라고 불렀다. ③ML당은 1926년에 김철수(金綴洙), 김준연(金俊淵), 김세연(金世淵), 안광천(安光泉), 이우적(李友狄), 오희선(吳羲善), 원우관(元友觀), 양명(梁明), 권태석(權泰錫), 김강(金剛), 하필원(河弼源), 최익한(崔益翰), 한위건(韓偉健), 남천우(南天祐), 김광수(金光洙), 박낙종(朴洛鍾), 온낙중(溫樂中), 송언필(宋彦弼), 김철(金哲), 김상혁(金相爀), 정익현(鄭益鉉), 최창익(崔昌益), 이정윤(李鼎允) 등으로 구성되었다. ML당은 앞의 화요계 중심의 조선공산당이 2차례나 왜경에 피검 파괴되자 서울계 소장파와 상해파가 주동이 되어 파벌과 무관하게 공산주의자들을 포섭 조직하게 되었다. ④ '경성콤그룹'은 1939년 조선공산당의 재건을 위해서 조직한 것으로 여기에는 형무소에서 출옥했던 박헌영을 책임자로 해서 이관술(李觀述), 이순금(李順今), 장순명(張順明), 정태식(鄭泰植), 권오직(權五稷), 김섬(金暹), 김삼룡(金三龍), 이현상(李鉉相), 이인동(李仁同) 등이 참여했다. 이들도 1941년과 그 다음해의 일제 검거로 명맥이 끊어졌다. 스칼라피노, 李庭植 譯,《韓國共産主義運動의 起源》, 한국연구원 도서관, 1961, 64쪽; 김남식·심지연 편저,《박헌영 노선비판》, 세계, 1986, 26~27쪽.

104 최초 잠정적으로 채택된 것을 조선공산당에서는 9월 25일 장안파의 주장 등을 일부 반영해서 다시 조정해서 발표한 것이 〈현 정세와 우리의 임무〉인데, 이것을 '8월 테제'라고 불렀다. 앞의 책, 30쪽.

당면임무, ⑤약간의 이론 문제로 되어 있다.

그는 먼저 현 정세에서 '조선 해방'의 의미를 다음과 같이 규정했다.

> 독일의 붕괴, 일본의 무조건 항복으로 2차 세계대전은 마침내 끝이 나고 말았다. 국제파시즘과 군벌 독재의 압박으로부터, 투쟁의 고통으로부터 전 세계 인류는 구원되어 해방과 자유를 얻은 것이다. 그러나 우리는 전쟁에 이겼다는 것으로써 만족할 것이 아니다. 무엇보다도 전후 여러 가지 국제문제의 해결과 평화유지를 위한 국제기관의 창설이 필요한 것이다. 이것을 위하여 상항회의, 뽀쓰담회담이 열렸던 것이다. 이에 국제문제는 어느 정도 바르게 해결되었고 영구는 못 될지언정 상당히 오랜 기간의 세계평화를 위한 평화유지기관은 조직된 것이다. 이에 조선의 해방은 실현되었다. 그러나 그것은 우리 민족의 주관적 투쟁적인 힘에 의해서보다도 진보적 민주주의 국가 소, 영, 미, 중 등 연합국 세력에 의하여 실현된 것이다. 즉 세계문제가 해결되는 마당에 따라서 조선해방은 가능하였다. 그러므로 금일에 있어서는 어느 나라를 물론하고 한 개로 분리하여 고립적으로 부분적으로 보아서는 안 된다.

8월 테제에도 해방을 국제적인 차원에서 인식해야 한다는 점을 강조했다. 특히 한국의 해방이 한국인의 자주투쟁에 의한 산물이 아니라 연합국이 가져다준 것이기 때문에, 한국 문제는 국제적인 관점에서 바라봐야 그 해결의 방안도 찾을 수 있다고 적어 놓았다. 이는 곧 모스크바를 중심으로 바라봐야 한다는 논리로, 소비에트 러시아에 대한 추종성을 드러냈다. 또 미국, 영국, 소련 등 연합 국가를 동일한 정치체제로 규정하는 잘못도 범했다. 즉 이들 국가들이 모두 진보적 민주주의 국가라고 규정하고 있다.[105] 그러면서 앞으로는 어떤 나라도 국제사회에서 고립적으로는 존립할 수 없으며, 그러한 성격은 추구될 수도 없다고 단언했다.

이 논의에서 공산주의의 민족주의화, 즉 민족을 위한 공산주의에 대한 논의는 처음부터 모색될 수 없었으며 오직 이전의 코민테른의 논리 위에 집착하고 있음을 말해 주었다. 그 당시만 해도 중국에서는 마오쩌둥(毛澤東)의 중국식 민족 공산주의운동이 행해지고 있었음에 비추어 볼 때, 한국 공산주의자의 민족적 한계성을 짐작해 볼 수 있다. 이러한 성격은 '8월 테제'의 다음 구절에서도 읽을 수 있다.

> 이번 반파시스트 반일전쟁에 있어서 조선은 전체로 보아 응당한 자기 역할을 놀지 못하였다. 그것은 조선의 지주와 민족뿌르죠아지들이 전체로 일본 제국주의의 살인 강도적 침략적 전쟁을 지지하기 때문이었다. 이들 반동세력은 전시 국가총동원체제 밑에서 조선의 노동자, 농민, 도시빈민 등 일체 근로인민의 진보적 의사를 무시하고 잔인무도한 군사적 제국주의적 탄압을 행하였다. 그러나 솔직하게 말하면 그것은 민족의 혁명적 투쟁이 대중적으로 전개되지 못한 약점이다. 여기에서 우리의 조선은 민족적 자기비판을 하여야 할 모멘트에 이르렀다. 이것은 조선이 앞으로는 국제정국에 있어서 진보적 역할을 놀기 위한 전제조건이 되기 때

---

105 여기서 진보적 민주주의 국가라는 것은 공산주의의 논리에 따르면 노동자 농민의 프롤레타리아계급 독재가 자행되는 국가를 의미한다. 이 점에서 미국과 영국을 소련과 동일한 국가체제로 잘못 인식했음을 찾아볼 수 있다.

문이다. 그러면 금일과 같은 이러한 세계혁명 발전과정에 있어서 어떠한 특수한 나라, 즉 조선과 같은 데에 있어서는 평화적으로 혁명의 성공이 가능하다는 실례를 보여 주었다.

이 글은 태평양전쟁에서 한국 민족의 투쟁적 한계점을 지적하면서, 그 이유로 지주와 민족부르주아지들의 친일행동 때문에 빚어졌다고 말하고 있다. 앞으로는 "평화적으로 혁명"을 성공시킬 것임도 공언하고 있다. 민족투쟁으로 해방을 이룩하지 못한 이유로는 지주 등 부르주아의 친일 행위 때문이라고 못 박기도 했다.

이러한 논의는 부분적으로는 타당한 일면도 있지만 전적으로 다 옳은 것은 아니었다. 민족부르주아지와 지주, 상공업자 가운데도 민족운동에 참여했던 인사도 있었기 때문이다. 민족부르주아지 모두를 식민지시대의 친일파로 규정하는 것은 지나치게 단정적인, 무리한 논리라고 할 수 있다. 물론 이는 식민지시대 민족운동이 공산주의자에 의해서만 행해졌다는 그들의 주장을 강조하기 위한 논리일수도 있다. 그러나 민족투쟁은 무력투쟁만이 아니고, 각양각색의 반일투쟁으로 표출되었으며, 민족부르주아 가운데도 반제 민족투쟁에 직접 참여했던 경우도 적지 않았기 때문이다.

또한 8월 테제에는 '조선 혁명의 현 단계'에서 이렇게 적어 놓고 있다. "금일 조선은 부르주아 민주주의의 혁명단계를 걸어가고 있나니, 민족적 완전 독립과 토지문제의 혁명적 해결이 가장 중요하고 중심이 되는 과업으로 되어 있다"라는 구절이다. 앞으로 공산주의가 나아가야 할 방향을 "부르주아 민주주의의 혁명단계"라고 규정한 것에 대해서는 공산주의 진영 내에도 많은 논의가 빚어졌다.

이 문제를 인식하기 위해서는 먼저 공산주의에서 말하는 부르주아 민주주의 혁명에 대해서 살펴볼 필요가 있다. 공산주의자들의 문건에 따르면 부르주아 민주주의 혁명은 "봉건세력을 반대하여 부르주아적인 사회정치적 개혁을 실천함에 있어서 노동계급을 비롯한 근로대중이 자기의 독자적인 정치경제적 요구를 내걸고 적극적으로 참가하는 혁명투쟁으로, 부르주아 혁명투쟁에 비해서 봉건잔재를 철저하게 청산하고 노동계급의 혁명투쟁을 더욱 발전시킬 조건을 조성하지만 생산수단에 대한 사적 소유 일반을 폐지하는 것을 자기의 직접적인 목적으로는 내세우지는 않는다"고 적어 놓았다.[106]

이 논의에 따르면 부르주아 민주주의 혁명과 사회주의 혁명의 구분이 전제되고 있다. 부르주아 민주주의 혁명의 기본 과업은 민족독립과 토지문제의 완전해결이라고 적어 놓았다. 민족독립이야말로 시대적인 과제며, 토지문제 역시 지주-소작농 문제의 극복이라고 생각했다. 그러면서도 여기에는 몇 가지 모순점을 발견할 수 있다. 부르주아 민주주의 혁명의 역사적 의미에 대한 인식을 전제하지 않았다는 점이다. 부르주아 민주주의 혁명은 근대사회 이행기에 봉건 영주나 귀족의 전제적 통치로부터 부르주아에 의한 민주주의 지배체제로의 이행을 의미한다. 물론 여기에는 봉건적 요소의 청산이라는 근대적 의미도 담고 있다. 특히 여기에서 지적해야 할 것은, 부르주아 민주주의 혁명을 거쳐 프롤레타리아

---

106 《정치사전》, 평양: 사회과학출판사, 1973, 481쪽.

혁명으로 이행된다는 공산주의적 혁명단계론이다.

8월 테제는 해방의 시점에서 곧장 프롤레타리아 혁명으로 나아갈 것이 아니라 과도기적인 중간 단계로서의 부르주아 민주주의 혁명단계를 설정하고 있으며, 이를 거쳐 공산주의 사회로의 전개를 주장했다. 이러한 인식은 곧 현재의 시대상황 자체가 여러 정치세력들과의 협력적 관계를 이룩해야 할 필요성을 전제한 것에서 비롯된 것이라고 말할 수도 있다. 공산주의 사회의 실현을 위해서 철저한 계급투쟁을 전개하는 것이 아니라 일부의 부르주아 세력과도 협력하는 단계적인 또는 과도기적 기간을 설정했기 때문이다. 이 점에서 공산주의 안에서도 이 문건을 '기회주의 또는 우경적인 주장' 이라는 비판이 제기될 정도로 강한 비판을 받기도 했다.

또한 토지문제에 대해서는 이렇게 적어 놓고 있다.

> 우리 조선사회제도로부터 자본주의적 봉건적 잔재를 깨끗이 쓸어버리고 자유발전의 길을 열어주기 위하여 우리는 토지문제를 혁명적으로 해결하지 않으면 안 된다. 무엇보다도 먼저 일본 제국주의자와 민족적 반역자와 대지주의 토지를 보상을 주지 않고 몰수하여 이것을 토지 없는 또는 적게 가진 농민에게 분배할 것이요, 토지혁명의 진행과정에 있어서 조선인 중 소지주의 토지에 대하여는 자기 경작 토지 이외의 것은 몰수하여 이것을 농작자의 노력과 가족의 인구 수 비례에 의하여 분배할 것이요, 조선의 전 토지는 국유화한다는 것이요, 국유화가 실현되기 전에는 농민위원회, 인민위원회가 이것(몰수한 토지)을 관리한다.

토지문제에서는 맑스의 공산주의의 혁명이념을 그대로 주장하고 있다. 그러면서도 여기에서는 소지주의 자가 경작지를 인정하는 선에서 토지국유화를 주장했다. 이는 모든 농토의 전면적인 국유화 직전의 단계를 설정하고 있음을 의미한다. 더욱이 8월 테제는 농민들의 토지소유에 대한 욕망을 실현시켜 줄 것임을 약속했다. "토지문제를 용감히 대담스럽게 혁명적으로 해결함으로써 광범한 농민계급을 자기의 동맹자로 전취하는 계급만이 혁명의 영도권을 잡을 수" 있을 것이라는 논의가 이를 말해 준다.

여기에다 다음의 말도 덧붙였다. "조선에 있어서 가장 혁명적인 조선 프롤레타리아만이 이 혁명의 영도자가 되는 것이다.⋯⋯ 지주, 고리대금업자, 반동적 민족부르주아지는 종래의 친일적 태도를 어떠한 희생을 아끼지 않고서라도 이것을 감추고 새로운 캄푸라지를 쓰고 있다."

더욱이 8월 테제에서는 "민족 급진주의자, 민족 개량주의자, 사회 개량주의자(계급운동을 포기한 일파), 사회 파시스트(일본 제국주의자와 협력하는 변절적 일파) 들은 '민주주의', '사회민주주의', 혹은 '공산주의'의 간판을 들고 나서고 있다"면서 이들을 '사이비 혁명가'로 규정하고 있다. "이들도 형식적 민주주의 국가의 건설로서 그들 지주와 대자본가의 독재하에 그들의 이익을 옹호 존중하는 정권의 수립을 기도"한다는 것이다.

더욱이 8월 테제에서는 우파를 정면공격했는데, 이들 우파가 "형식적 민주주의 국가의 건설"을 획책하면서 "지주와 대자본가의 이익을 옹호 존중하는 정권 수립을 기도"한다는 것이다. 특히 해외에 있는 "망명정부와 결탁하여 가지고 저 미국식의 데모크라

시적 사회제도 건설을 최고 이상으로 삼는다"면서 이를 추진하는 핵심세력이야말로 반동적 민족부르주아지며 여기에는 송진우와 김성수 중심의 '한국민주당'이 해당된다고 단언하고 있다.

세 번째 항목인 '조선공산주의 운동의 현상과 그 결점'에서 식민지시대 공산주의 운동을 설명하면서 '진실된' 공산주의자들, 특히 박헌영의 콤그룹 공산주의 운동이 1937년 이래로 일본의 억압 때문에 극도로 위축되었음을 밝혀 놓았다. 이들을 대신해서 활동했던 공산주의의 다른 파벌들이 일본 제국주의자에게 대해서 '온순한 태도'를 보였으며 심지어 계급운동을 청산한 변절자 일파(전향파)들을 산출했다고 비판했다.[107]

조선공산당의 시대적 의무는 대중의 지지를 얻는 것이며 이를 위해 "전투적 및 볼쉐비키당으로의 전환"이 이룩되어야 한다는 점도 강조했다. 그러기 위해서는 대중에 접근해야 하고, 미 조직층과 새로운 층을 동원하고, 도처에서 새로운 창의를 각성시키고 모든 층 속에 새 조직을 만드는 일이 행해져야 한다는 것이다. 이렇게 함으로써 레닌의 가르침, 다시 말해 "진보적 계급정당"으로서의 존립은 기본적으로 혁명적 대중운동의 실천에 의해서만 가능하다는 것을 받아들여야 한다는 것이다.

네 번째 항목인 '우리의 당면임무'로는 대중운동을 전개하자면

---

107 이들 변절자들이 해방을 맞은 상황에서도 여전히 파벌적 태도를 보여 준다면서 이렇게 적었다. "탄압시대는 주의를 포기하고 투기업자와 금광 뿌로커가 되고 합법적 시대(8월 15일 이후)에 와서는 하등의 준비활동도 없이(공장조직은 물론이고 가두조직도 형식적 지상의 조직) 조선공산당을 조직(8월 15일 밤에) 조선공산당 중앙간부를 내세우고 조선운동의 최고지도자가 되려고 나서는 그 교묘한 수단은 과거 파벌주의자들의 전통적 과오를 또 한번 범한 것이니 그 결과는 조선 공산주의 운동이 또 다시 분열 상태로 나타나게 된 것이다."

서, 구체적으로 노동자의 투쟁, 농민운동의 전개, 청년운동의 진작, 문화단체, 소비조합운동, 실업자운동 등을 적극적으로 전개할 것을 강조했다. 공장, 농촌의 기본조직으로 당 세포를 적극화하고 보조적 대중단체로 공장위원회, 노동조합, 농민위원회, 농민조합, 소비조합, 작가연맹 등 각종 사회조직체의 활용을 높여 궁극적으로 프롤레타리아 헤게모니를 위한 투쟁으로 이어질 수 있어야 한다는 것이다. 특히 현실문제로는 여운형이 주도하는 건국준비위원회에 의한 '인민정권'을 강력하게 지지할 것도 강조했다. 이 문제에 대해서 인민정부에는 노동자, 농민, 도시 소시민과 인테리겐챠의 대표와 모든 진보적 요소들을 합류시키는 것이 되어야 한다고 강조했다.

다섯 번째 항목 '혁명이 높은 계단으로 전환하는 문제'에 대해서는 부르주아 민주주의 혁명이 "높은 계단인 프롤레타리아 혁명에로의 전환"이 이루어져야 한다는 것이다. 여기에서 8월 테제를 우경적이라고 비판했던 최익환에 대해 이렇게 반박했다. 부르주아 민주주의 혁명의 의미를 새롭게 설정해야 할 필요가 있기 때문에 여전히 그러한 혁명을 추구해야 할 단계에 한국 사회가 놓여 있음을 알아야 한다는 것이다. 부르주아 민주주의 혁명의 중요과업으로는 완전독립과 토지의 적배분인데, 아직도 이 과제가 미실현 상태로 남아 있는데도 부르주아 민주혁명을 무시하고 프롤레타리아 혁명으로 곧장 넘어가자는 식의 주장은 정치적 오류라는 것이다. 그러면서도 중국의 예를 들어 중국공산혁명이 서금(瑞金)시대(1927~28)로부터 근 20여 년 동안이나 강력한 소비에트 정권과 영웅적인 홍군(紅軍) 밑에서 부르주아 민주주의 혁명으로 발전했으며 그들도 아직 이를 성공적으로 이룩하지 못했다면서 그 완수를 중요한 과제로 주장하고 있음을 말하고 있다. 이 문건에서는 결론적으로 이렇게 주장했다.

> ……조선공산당은 프롤레타리아 혁명에로 속히 넘어가게 만들기 위하여 그 전제 조건인 제 문제, 즉 반제 반봉건적 투쟁으로 그 자유발전의 길을 열어주고 또한 노동자 농민의 민주주의적 독재정권의 수립과 프롤레타리아 헤게모니 확립이란 중요문제의 해결을 위하여 민족적 통일전선의 실현을 강조하여 둔다.

8월 테제의 논의를 살펴보면 그것은 해방 당시의 한국을 위한 공산주의 이론이라기보다는 공산주의 이론을 기본으로 삼아서 이를 한국 사회에 적용하려 했음을 알 수 있다. 특히 러시아의 공산주의 운동과 그 이론을 한국에 적용시키는 데 의미를 두고 있었기 때문이다.

이러한 주장은 박헌영만이 한국에서 소련의 공산주의 이론을 유일하게 해석할 수 있는 존재임을 강조함으로써, 그의 헤게모니 장악의 논리적 기반이 되었다. 그 때문에 8월 테제는 박헌영을 위한 공산주의의 논리적 구축이라 해도 틀리지 않았다.

사실 이 당시는 좌우파가 연대해서 민족적 독립국가의 수립이 당위적인 과제였는데도, 8월 테제에서는 이 문제를 중요하게 다루지 않았다. 다시 말해 박헌영을 중심으로 한 조선공산당의 권력장악만이 한국 공산주의 운동의 기본이며 그렇게 하는 것이 공산주의로 나아가는 올바른 길이라고 선언했을 뿐이다.

거듭 강조하거니와, 8월 테제는 한국의 1945년 8월의 상황을 철저히 분석하거나 민족 과제와 그것의 실현을 위한 구체적인 내용을 담지 못했다. 이 당시 한국의 우선적인 과제는 이데올로기를 넘어서 민족적 독립국가를 수립하는 것이며, 도탄에 빠진 민생을 구하는 것이 최고의 급선무였다. 이를 위해 정치세력들 사이에도 연대가 모색되어야 했고, 신생 독립국가의 수립을 위한 국민적인 합의체의 정치기구도 설립해야 했다. 최소한 이것은 미소군의 한반도 진주 이전에 완성되어야 했다. 그렇게 함으로써 조선총독부의 항복도 한국인이 직접 받아야 했으며, 미소군의 한반도 점령도 배격될 수 있어야 했다. 그렇게 하는 것만이 해방 당시 한국 정치의 지향일 수 있었다. 물론 이러한 과정에는 상당한 고통도 따를 수 있지만, 그것은 독립국가 수립과정에서 지불되어야 할 값비싼 대가일 수 있다.

이 점에서 8월 테제는 한마디로 박헌영 중심의 공산주의자들의 권력 헤게모니 장악을 위한 논리였다. 시대성과 국제관계 그리고 미래에 대한 구체성이 결여된, 기존의 공산주의 문건, 특히 소련의 공산주의 논리에서 얻은 정치적 구호의 나열이라는 지적에서 벗어날 수 없었다. 그 때문에 박헌영의 조선공산당은 한국을 위한 공산주의의 길에서 벗어나, 통일 민족국가의 수립과 점점 멀어졌으며, 그 때문에 민족분열의 최전선에 서게 되었다.

4
우파 지식인의 정치적 주장

　해방 당시 좌파 지식인의 정치 문건은 내용에서나 숫자에서나 우파의 주장을 압도하고 있었다. 좌파의 논리에서 한국 사회는 맑스주의에 의해 분석되고 그 대안의 모색이 이루어지고 있었다. 그런데 여기서 생각해야 할 것은 1945년의 한국 사회는 맑스-레닌주의가 논의되었던 시대와는 차이가 있다는 점이다. 이 시대의 상황은 제2차 대전의 종결로 전후 강대국의 영향력 재편을 위한 좌우 이데올로기의 경쟁으로 돌입했다. 따라서 이데올로기를 바탕으로 한 지역적 집단안보의 개념이 중요한 의미를 갖고 있었다. 이념에 따른 계급투쟁도 집단 안보의 지역적 연대의 벽을 넘어서기가 힘들었던 시대였다. 그런데도 맑스-레닌주의에 근거해서 한국의 1945년과 그 이후의 시대상황을 예측 논의한다는 것에는 적실성이 없을 수밖에 없었다.

　좌파의 이념 공세에 대응했던 우파의 주장이나 논리에도 한계를 지니고 있었다. 우파는 시대상황이나 그들 나름의 정치지향에 대해서는 구체적으로 논의하지 않았으며, 그 때문에 우파의 이론이라고 부를 정도로 다듬어진 논의가 이루어지지 않았다. 우파는 주로 역사적 관점에서 민족주의를 강조하고 민족독립이 역사의 당연한 과정이라는 주장했다. 그러면서 일종의 정치적 구호라고 할 수 있는 통일 민족국가의 수립이나, 대동단결과 같은 주장만을 되풀이했다.

우파는 여운형의 건준이나 조선인민공화국의 수립과정이나 절차에서 민족 전체의 의지와는 무관한 파당적 선택이었음을 공박했으며, 오직 대한민국임시정부만이 민족적 정당성을 지닌 조직체라고 강조했다. 그리고 일본 제국주의를 패배시키고 한국을 해방시켜 준 것은 미국을 비롯한 연합국의 전승이 가져다준 것이며, 그 때문에 이들 국가에 대한 감사의 표시가 먼저 행해져야 한다면서, 남한의 미군정에도 적극 협조하는 것이야말로 독립국가로의 올바른 길이라고 강조했다.

이 시기 우파의 대표적인 논객들은 대부분 식민지시기 《동아일보》의 필진으로 민족주의적 논설로 일본 통치에 맞섰던 인사들이었다. 이들 가운데 해방 초기에 우파진영의 논설을 펼쳤던 주장자로는 김준연, 설의식 등이 있다. 이들 이외도 함상훈, 조병옥 등도 적극적으로 활동했다.

김준연은 그는 식민지 통치기에 《동아일보》 간부직으로 근무했으며 손기정 선수의 일장기 말소 사건으로 《동아일보》에서 물러났다. 그의 주장을 살펴보면 식민지 초기, 즉 1930년대까지만 해도 맑스-레닌주의적 성격을 찾아볼 수 있는데, 이는 그 자신이 한때 ML당의 당수로 활동했다는 점에서 이해될 수 있었다. 그는 좌파의 이론가였으며 실천적인 활동가였기 때문에 감옥에 갇히는 등 고통을 당하기도 했다. 그런 그가 사상 전환을 통하여 해방정국에서는 《동아일보》를 중심으로 활동했으며, 일제시대 감옥에서 나왔을 때는 경원선 전곡역 근처에 있는 해동농장의 관리인으로 일하기도 했다.

그는 해방이 되자 앞으로의 정치상황에 대해서 《동아일보》 사
장인 송진우와 빈번한 접촉을 통해서 서로 의견을 교환하고 있었
다. 송진우 등 우파는 여운형의 건준이 보여 주는 좌파 지향성과
조선총독부와의 연관성, 그리고 대한민국임시정부에 대한 인식의
차이점을 내세워서 건준 참여에 대한 제의를 거부했다. 송진우,
조병옥, 김준연 등은 건준에 대한 대응책으로 미군의 한반도 진주
를 환영하는 '국민대회준비회'부터 먼저 설립하기로 했다.

김준연은 건준의 조직과 활동에는 정당성이 결여된 좌파만의
정치조직이라는 점을 우선적으로 비판했다. 이 점에 대해서 건준의
여운형이 친소 좌파적 지도자임을 지적했으며, 이러한 사실을 다
음과 같이 적어 놓았다.

"공산혁명으로 일로매진하겠소!" 이것이 건국준비위원회 위원장 여
운형씨가 작년 8월 15일 오전 10시경 창덕궁 경찰서 앞에서 내게 선언
한 말이었다. "소련군이 곧 경성에 들어오고 우리가 곧 내각을 조직할
터인데 당신이 후회하지 않겠소!" 이것이 건국준비위원회 조직부장 정
백(鄭栢) 군이 역시 작년 8월 15일 오후 3시경에 내게 전화로 한 말이었
다. 정계 1년을 회고하는 데 있어서 여, 정 양씨가 내게 한 말은 참으로
우리가 기억할 가치가 있는 말이라고 하지 않을 수 없다.[108]

이 글에서 읽을 수 있듯이 김준연은 '건국준비위원회'라는 조

---

[108] 이 글은 본래 1946년 8월 15일자 《동아일보》에 발표된 것을 그 뒤 별도의 책자인 《독립노
선》으로 간행된 것이다.

직체는 공산주의 혁명을 이룩하기 위한 여운형의 사적 조직체에 지나지 않는다고 비판했다. 건준이 전 민족의 지지와 역량을 결집해서 건국 준비기관으로 설립되어야 마땅한데도 단순히 친소 공산주의자들만의 조직체로 조직함으로써 이러한 원칙에서 벗어났다는 것이다. 또한 건준은 우파 정치세력의 참여를 처음부터 차단했다는 점도 지적했다. 물론 건준이 최초 출발 당시에는 여운형에 의해서 송진우와의 타협이 모색되었으며, 우파의 민족주의자인 안재홍을 건준의 부위원장으로 참여하게 했지만 그것은 건준의 명분 쌓기에 지나지 않는 외적 치장이었다고 주장했다.

김준연은 건준이 사회 각계각층의 대표자나 지도자들의 협의체로 만들어진 것이 아닌, 단지 일본 총독부의 부탁에 의해서 만들어졌으며, 이 점에서는 여운형 주도의 친공산주의적인 파당성을 생태적으로 내포할 수밖에 없었다고 인식했다. 그는 자신의 이 주장을 입증하기 위해서, 8·15 직전 조선총독부가 조선의 몇몇 유력 지도자들과 접촉했던 상황을 자세하게 적어 놓기도 했다.

조선총독부는 일본 패망을 맞아서 "창황실색하여 어찌할 줄 모르고 처음에는 송진우 씨에게 시국 담당을 요청했다"고 적기도 했다.[109] 이 요청에 대해서 송진우가 거절하자 김준연 자신에게도

---

109 이것에 대한 논의로는 다음 글을 인용할 수 있다. "총독부 보안과장 기기(磯崎)와 차석사무관 원전(原田)과 조선군참모 신기(神崎)와 또한 참모와 박모와 송씨의 5인이 본정 모일 인사택에서 회합하게 되었다. 그때 그들은 물론 일본이 무조건 항복한다는 말까지는 못 하였고 다만 형세가 급박 중대하다는 것을 말하고 행정위원회 같은 것을 조직하라고 권하고 독립준비까지를 하여도 좋다고 하였었다. 그러나 송씨는 응종하지 않고 양취하고 일본의 필승을 말하고 그 자리를 파하여 버렸었다. 그 익조에 原田 사무관이 또 와서 권유하고 경기도 보안과장 전중봉덕(田中鳳德)이도 와서 권하고 최종에는 경기도지사 생전(生田)이가 경찰부장 강과 함께 적극적으로 권하였으나 송씨는 여전히 거절하고 응치 아니하였으니 그것이 8월 13일이었다."(앞의 책, 18~19쪽.)

부탁했지만 그 역시 거절했음을 밝혀 놓았다. 그런데 여운형은 조선총독부의 부탁을 받자 즉각 이를 수락해 버렸다는 것이다.[110] 송진우와 김준연이 조선총독부의 부탁을 거절했던 이유는 그들의 평소 지론에서 비롯되었음을 이렇게 밝히기도 했다.

> 일본이 망하기는 꼭 망한다. 그런데 그들이 형세가 궁하게 되면 우리 조선 사람에게 자치를 준다고 할 것이고 형세가 아주 궁하게 되어서 진퇴유곡의 경우에 이르게 되면 그들은 조선 사람에게 독립을 허여한다고 할 것이다. 우리가 자치를 준다고 할 때에 나서지 아니할 것은 물론이려니와 독립을 준다고 하는 때에도 결코 나서서는 안 된다. 그때가 우리에게 위험할 때다. 망해가는 놈의 손에서 정권을 받아서 무슨 소용이 있겠느냐. 불란서의 페탕 정권을 보라. 중국의 왕조명(王兆銘) 정권을 보라. 또 비율빈의 라우엘 정권을 보라. 그들이 필경 허수아비 정권밖에 되지 못할 것이고 민족반역자의 이름을 듣게 된다.[111]

---

110 이 사실에 대해서 부인하는 글도 있다. 이영근은 《통일조선신문》 1970년 8월 15일자의 〈8·15 해방 전후의 서울 정계〉에서 ①그러한 얘기는 8·15 당시 나오지 않았다. ②10월 5일에 송진우 스스로가 1945년 6월에 경기도지사에 시국담을 나눈 일이 있다고 말했을 뿐으로 조선총독부 정무총감 엔도와의 교섭 유무에 대해서는 일체 언급하지 않았다는 것, ③엔도 자신이 그 사실을 부정하는 것 등을 들어서 엔도와 송진우의 회담은 근거가 박약하다고 주장했다. 이 점에 대한 설명은 다음 책을 참고할 것. 최상룡, 《민군정과 한국 민족주의》, 나남, 1988, 94쪽, 각주9. 그러나 엔도(遠藤)-송진우의 회담설 등은 당시의 상황에 견주어 본다면 오히려 그럴 수 있는 개연성을 읽을 수 있게 된다. 왜냐하면 그 당시 조선에서 사실상 가장 영향력 있는 유력자로는 송진우를 비롯 여운형과 안재홍을 들 수 있는데, 그 가운데 먼저 송진우에게 조선총독부가 부탁했을 것이라는 논지가 설득력이 있는 것은 사실이다. 이를 입증해 줄 글로는 그 시대를 설명한 정인보의 송진우 묘비명에서도 읽을 수 있다. "일인이 항복하기 수일 전 일제 총독과 그 부하들이 항복소식에 접하자 황급히 군을 몰래 청하여 치안을 위임하니 군은 이를 거절하고 친구에게 말하기를 '우리 일은 마땅히 우리가 할 것이지 어찌 적의 위탁을 받아 다스릴 수 있겠느냐' 고 했다." 古下先生傳記編纂委員會 編, 《古下宋鎭禹先生傳》, 동아일보사, 1965, 9쪽.

111 金俊淵, 《獨立路線》, 時事時報社出版局, 1947, 21쪽.

또한 김준연은 여운형이 조선총독부의 부탁을 수락한 것은, 대한민국임시정부를 비롯한 독립운동가들을 고려하지 않는 자기중심적인 행동에 지나지 않았다고 비난했다. 여운형의 이러한 행동에서부터 해방 후 민족 분열의 한 원인이 시작되었음도 적어 놓았다. 건준은 사실상 공산주의자에 의해 주도되고 있었기 때문에 우파와의 협력 관계는 처음부터 단절될 수밖에 없었다는 것이다. 그뿐 아니라, 당시의 시대상황에 비추어 보면 공산주의자 등 좌파만으로는 건국을 이룩할 수 없었다는 것이다.

여운형에 대한 김준연의 또 다른 공격은, 여운형이 국제사정에 무지했기 때문에 조선총독부로부터 항복을 받을 수 있을 것으로 생각했지만, 실제로 그렇게 할 수 있는 주체는 오직 미군임을 알지 못했다는 것이다. 더욱이 조선총독부로부터 행정권을 이양받을 수 있을 것으로 생각한 여운형의 잘못된 상황 판단은 사실상 여운형이 총독부에 속았다는 것이다. 여운형은 당시의 국제정세, 다시 말해 한반도에서 미군과 소련군이 38도선을 분계로 진주하게 될 것임을 몰랐으며, 오직 소련군의 한반도 진주만 이루어질 것으로 믿었다는 것이다.

여운형이 국제정세를 잘 몰랐음을 드러낸 한 사례로 김준연은 다음 이야기도 적어 놓고 있다. 한반도에 진주한 소련군이 1945년 8월 16일 오후 2시에 서울역에 들어온다는 소문이 나돌았는데, 이 소문을 믿고서 여운형은 수만 명의 군중을 동원하여 서울역에서 소련군의 서울입성 환영대회를 가지려 했지만 무산되었음을 지적하기도 했다.

김준연에 따르면 여운형은 기본적으로 공산주의자로써 박헌영과 쉽게 손잡을 수 있었다고 지적했다. 겉보기에 건준이 국내 좌우파의 연대기구처럼 위장했지만 실제로는 여운형과 박헌영의 합작기구임은 분명하다는 것이다. 그렇기 때문에 건준의 한계는 물론이고 이것이 민족의 연대에도 해를 미치게 되었으며, 몇몇 영웅주의자와 공산주의자들의 권력 놀음에서 빚어진 촌극에 지나지 않았다는 것이다.

그의 논리에 따르면 해방을 맞은 상황에서 먼저 해야 할 일은 전체 조선인의 의지를 바탕으로 한 국민회의의 조직이며, 여기에서 건국 준비를 위한 기구의 설립이 논의해야 올바른 순서라는 것이다. 물론 이러한 과정에는 중국에 있는 대한민국임시정부와도 긴밀하게 연락을 취해서 서로의 의사를 교류할 수 있어야 한다는 것이다. 김준연은 건준 때문에 해방 이후의 정국이 더한층 혼란으로 떨어지게 되었으며 국내 정치지도자들 사이에도 이념적인 갈등이 증폭될 수밖에 없었다고 지적했다.

김준연과 마찬가지로, 민족 우파의 또 다른 이론가이자 행동가로는 조병옥을 들 수 있다. 그는 이론가이면서도 실제 정치활동의 제일선에 섰던 행동가이기도 했다. 그는 식민지 통치기에 국내에서 항일독립운동에 적극 참여했고, 옥고를 겪었기 때문에 좌파의 정치공세에도 과감하게 맞설 수 있었던 몇 안 되는 우파 지도자 가운데 한 사람이었다. 그는 8월 16일부터 한국민주당 창당에도 적극적으로 나섰다. 백관수, 김병로, 이인, 서상일, 원세훈, 이순탁, 김약수 등과 함께 그 발기인으로 이름을 올리기도 했다. 또한 그는 장덕수, 김준연과 함께 한국민주당의 핵심 이론가에 속했다. 그는 철저한 반공론자였으며, 이미 미국 유학시절에 공산주의

를 공부했으며 그 때문에 그것에 대한 비판적인 논리를 체계적으로 개진할 수 있었다.[112]

　해방 상황에서 조병옥의 정치적 지향 노선은 명백했다. 그의 관점에 따르면 국제정세는 한반도 남반부를 점령한 미군이 소련의 팽창정책에 맞서서 한반도를 그들의 군사적 보루로 삼게 될 것이며, 따라서 한반도는 미소 경쟁의 장이 되고 말 것이라고 짐작했다. 한반도에 진주한 미군만이 일본 총독부의 항복을 받을 수 있는 존재며, 그 미군이 이러한 목표를 달성하기 위해서 남한에 일정기간 군정을 실시하게 될 것이라고 예견하기도 했다. 그는 미군정청이 남한을 일정기간 지배하게 될 사실상의 통치기구임을 전제하지 않는 한 어떠한 정치활동도 비현실적인 것이 되고 말 것이라고 생각했다. 그의 이러한 생각은 다음의 글에서도 읽을 수 있게 된다.

　　　당시의 국제정세에 비추어 보아 한국은 군정단계의 훈정기(訓政期)를 거치지 않고서는 치안유지를 할 수가 없고 또 전 한반도의 적화를 면치 못할 것이라는 결론을 내려 '한국민주당' 수뇌부에서 와신상담의 격으로 군정에 협력하기로 결정하였던 것이다.[113]

112　조병옥은 미국의 컬럼비아대학에서 맑시스트 경제학에 대한 철저한 연구를 통하여 그것의 극복을 논리화할 수 있었다. 그 때문에 일제시대 연희전문학교 교수로 있으면서 당대의 맑스주의적 지적 성향에 맞서서 강의했는데, 이 점에 대해서 당시 연희전문학교의 사정을 이렇게 적어 놓았다. "연희전문학교만하드라도 당시 유물론적 입장을 취한 철학교수 李灌鎔가 있었으며, 일본 경도제국대학의 河上肇 교수의 제자였던 李順鐸, 상대의 白南雲 양 교수가 있었던 것이다. 이 양 교수들은 사회주의적인 입장에서 경제학을 강의하였으나 나는 자유민주주의적인 입장에서 경제학 및 사회학을 강의하여 학교 내에서도 학생들의 인기를 끌 수가 있었던 것이다." 趙炳玉, 《나의 회고록》, 民敎社, 1959, 87쪽.

113　조병옥, 앞의 책, 146쪽.

조병옥을 비롯한 한민당 인사들은 ①미군에 의한 남한의 군정 실시는 불가피하며, ②국내 치안을 유지하기 위해서나 ③소련의 한반도 공산화를 막기 위해서도 미군의 진주를 한국인이 환영해야 마땅하다는 시국인식을 가지고 있었다. 미군이 "한국의 해방을 위하여 태평양전쟁에서 온갖 고초와 사선을 넘어 군국주의 일본을 항복시키기 위해 용전했던 그 노고를 우리 한민족이 진심으로 위로해 주어야 한다"는 것이 환영의 기본 요지였다.[114] 그 때문에 한민당에서는 미군진주환영회를 개최하기로 결정했으며 조병옥을 집행위원장으로 선임했다. 이어 1945년 10월 20일 중앙청 앞 광장에서 그 행사를 가질 수 있었다. 이렇게 함으로써 한민당은 미군정에 적극 협조적인 국내의 대표적인 우파 정치세력으로 활동하게 되었다.

조병옥은 우파와 좌파가 적극 대결하는 것은 시대적인 요청이며 필연적인 임무라고 생각했다. 좌파의 논리는 한 시대 이전의 낡은 것에 지나지 않으며, 2차 대전 이후 공산주의 이론의 실천성에도 문제가 많았다고 지적했다. 비록 공산주의가 노동자 농민을 내세워 계급투쟁을 선전하지만 실제로 그것을 통해서 이득을 보는 것은 공산당 일파나 소비에트 러시아뿐이라고 비판했다. 그러므로 해방을 맞은 한국 사회의 선택은 공산주의를 막는 것이 우선이어야 하며, 공산주의를 받아들이는 것은 소련 위성국가로의 전락을 의미한다는 것이다. 더욱이 소련은 아직도 후진적인 사회이기 때문에 소련의 위성국이 된다는 것은 한국이 더한층 열악한 후

---

114 같은 책, 146~147쪽.

진 사회로의 후퇴를 의미한다고 지적했다.

그는 식민지를 경험했던 한국 사회가 국민적인 합의를 바탕으로 미국식 자유민주주의체제를 수립하는 것이 올바른 길이라고 강조했다. 그에게 자유민주주의는 미국적인 정치제도의 수용이라고 생각했다. 따라서 미국식 자유민주주의의 수용을 위해서는 미국에게서 민주주의를 배우는 것이 중요한 과제라는 것이다. 이 점에서 그는 미군정은 미국으로부터 한국민이 자유민주주의를 학습하는 훈정기이기 때문에 필요하다고 강조했을 정도였다. 한국 사람들이 민주주의를 올바르게 학습함으로써 미국식 자유민주주의를 이룩할 수 있게 될 것이며 그것이 한국의 미래를 위한 필연적인 과정이라는 것이다. 이 점에서 그는 자유민주주의의 신봉자이자 친미주의자의 최선봉에 서게 되었다.

이 시기 미군정 당국자는 한민당 수석 총무인 송진우에게 미군정 경찰의 책임자인 경무국장에 임명할 한국인 후보자를 추천해 달라는 부탁을 받게 되었고, 송진우는 조병옥을 추천했다.[115] 이러한 과정을 거쳐서 조병옥은 미군정의 경무국장, 다시 말해 경찰 총수로 임명되었다. 실제로 조병옥의 경찰활동으로 공산주의자의 '불법적인 정치활동'은 철저히 탄압받았다. 경찰의 강압적인 좌익 탄압으로 미군정의 반공노선이 그 전열을 구축할 수 있었다. 물론 조병옥이 보여 준 경찰에 의한 좌익 탄압과정 자체가 우파의

---

115 이 점에 대해서는 1945년 10월 17일 미군사령관 하지 중장의 고문인 윌리엄스 대령이 한민당 송진우 수석총무에게 '공산주의 이론을 잘 알고 반공사상이 철저한 유능하고도 실천력이 강한 애국인사'를 경무국장으로 추천해 달라는 부탁을 했고 이 문제를 송진우, 원세훈, 조병옥이 협의하여 송진우의 추천을 받아 일하게 되었다고 밝혀 놓았다. 같은 책, 149~151쪽.

집권가능성을 위한 통로라고 그는 믿고 있었다.

당시 우파의 또 다른 이론가로는 설의식을 들 수 있다. 그가 우파 지향적 주장을 적극적으로 펼쳤던 시점은 《동아일보》 주필로 일했던 시기였다. 이 기간에 그는 정통적 민족주의 노선과 우파의 주장을 언론에 개진하는 논설을 자주 발표했다. 더욱이 《동아일보》가 보수 우파의 논지를 주장했기 때문에 설의식도 우파 이론가로 활동할 수 있었다. 설의식의 주장은 주로 국제정세의 관점에서 국내의 현실문제를 바라보려 했다. 구체적으로, 그가 집필한 〈소련의 극동정책과 조선〉에서도 이러한 성격을 읽을 수 있다. 소련이 동아시아에서 부동항을 얻기 위해 한반도의 원산과 청진에 '특별권리'를 요구하고 있다는 것이다. 그의 논설은 소련의 극동 진출에 대한 국제정치를 분석하며, 소련의 진출은 한국 공산주의자들의 정치활동과도 일정부분 연관을 맺고 있음을 암시했다. 또한 민족주의적 관점에서 공산주의자의 행태가 반민족적인 성격을 지녔음을 적극적으로 비판했다. 이러한 사실을 그의 다음의 글에서 읽을 수 있다.

> 이에 필자는 '조선 국민의 일인'으로 '조선국가의 존립에 대하여 절대한 협위'가 되는 '이 부동항(不凍港) 풍설'에 대한 견해를 표명하는 동시에 일반 국민 동지의 관심과 주의를 환기하려는 것이다. 그리하여 중대한 불행을 초래하기 쉬운 이 '풍설'이 '정설'로 발전되기 전에 행여나 미연방지의 효를 얻어 볼까 함이다.[116]

---

[116] 설의식, 〈소련의 극동정책과 조선 1〉, 《동아일보》 1945년 12월 25일자.

그는 '조선 해방'의 의미를 국제정치사에서 찾아야만 그 본질적 의미를 읽을 수 있다고 주장했다. 특히 한국이 일본 식민지로 전락하게 된 것은 그 시대의 국제정치에서 강대국이 이를 인정했기 때문이라면서 "오늘 조선의 해방을 약속한 다각적 인자"들이 내포하고 있는 것은 국제질서에서의 약속을 실천하는 것이라고 말했다. 더욱이 열강의 침략주의는 현실적으로 영토 확장에서 벗어나 경제 이익의 확보로 전개되고 있으며, 나아가 사상적인 대결 관계로 옮아가고 있다는 것이다. 이러한 현상이 열강들 사이에는 극한적인 이념 대립을 조성시킨다는 것이다. 소련이 원산과 청진을 점령하려는 것은 앞으로 소련이 한반도에서 그들의 영향력을 확대하기 위한 첫 출발점을 확보하기 위해서 이루어진 것이며, 그 때문에 조선의 독립이 지극히 위험한 상황에 놓이게 되었다는 것이다. 그는 이 점을 이렇게 적었다.

> 소련을 조국이라고 생각하는 '얼간'〔亡族〕이 있다 하면 그들은 작약하리라. 조국까지는 아니하더라도 그와 유사한 생각을 가짐으로써 자가의 존재를 保持하리라 하는 도배가 있다 하면 그들은 묵인도 하리라. 帝露시대의 소위 친로파―虎威의 그늘 아래서 犬馬의 忠을 다하던 奸黨의 잔재와 유혈이 아직도 있다 하면 여기에 협력이라도 하리라.[117]

그는 해방정국에서 소련에 아첨하는 공산주의자들이야말로 대한제국시대의 친로파와 같은 존재라고 비난했다. 친로파는 러시

---

117 설의식, 〈진설이면 피로써 항쟁―부동항 요구의 풍설을 듣고〉, 《동아일보》 1946년 1월 12일자.

아의 힘을 업고 위세를 부렸으며 조국을 망국으로 전락시킨 민족의 역적으로 공박했다. 설의식의 공산주의자에 대한 공세는 신탁통치문제가 제기되었을 때 한층 고조되고 있었다. 그는 전후 한국문제의 해결책으로 제시된 모스크바 3상회의에서의 신탁통치문제는 소련에 의해 제안되었으며, 그 내용은 반민족적 내용으로 엮어져 있다는 것이다.[118] 더욱이 좌파가 신탁통치를 지지하는 것이야말로 반민족적인 행동의 전형적인 표현이라고 공박했다.

시기적으로 1945년 말에 이르면 좌우파 사이의 갈등은 한층 더 첨예해졌으며 이들 사이에 타협과 공존의 불가능함을 드러내고 있었다. 이 시기 모스크바 3상회의에서 한반도의 신탁통치를 결정하자 좌파는 처음에는 '반탁'(反託)을 결정했지만 그 뒤 곧장 '탁치감수'(託治甘受)를 결정했고 시민들을 '반반탁운동'으로 몰아가려 했다. 이러한 좌파의 움직임에 대해서 그는 격렬하게 반격했다.[119] 이 점에서 설의식은 민족주의적 국가건설을 위해서는 한국 민족이 먼저 소련에 적극 대항해야 하며, 친소 공산주의 세력에 대해서는 그들이 반민족적인 존재라는 사실을 직시하고 이들을 규탄해야 한다고 주장했다.

김준연, 조병옥, 설의식 등 우파 논리의 주장자들은 좌파에 의한 이념 공세의 차단에 앞장서게 되었다. 특히 이들은 반공을 기

---

118 薛義植, 〈탁치는 소련이 주장; 미국의 모략이라고 좌파가 일격〉, 《동아일보》 1946년 1월 11일자.

119 공산주의자에 대한 설의식의 논박은 민족주의적 관점에서 행해졌다. 그의 논의는 그 뒤 《새한민보》 등을 통해서는 좌우협상의 필요성으로 옮겨가고 있음을 발견하게 된다. 이 또한 당시의 시대상황에서 좌우파의 연대가 민족적인 관점에서 그 필요성을 절감했기 때문이다. 宋南憲, 《解放三年史 1; 1945~1948》, 까치, 1985, 49쪽.

본으로 하는 친미적인 독립국가의 수립이 최우선적인 과제이기 때문에 좌파 공세의 차단이 중요한 일이라고 생각했다. 그러나 이 과정에도 우파 논객들은 우파 주도의 국가수립에 대한 구체적인 논리나 지향, 그리고 그 내용에 대해서는 별다른 언급이 없었다. 오직 좌파의 이념 공세에 맞서서 좌파의 문제점의 공박에 치중했을 뿐이다. 그 때문에 우파의 중요한 주장은 반공으로만 지속되었으며 그것에 대한 논리만을 되풀이했을 뿐이다. 이러한 성격은 어느 면에서는 우파 주장의 이론적인 한계를 드러내는 것이기도 했다. 이것이야말로 해방정국에서 우파의 이념적 한계나 사실상의 공백을 의미하는 것이라 해도 틀리지 않는다.

5

허구적 논리와 민족주의에 대한 반역

우파와 좌파의 이념 갈등은 점점 더 고조되고 있었다. 좌우파의 논전은 마치 적국에 대한 선전포고처럼 살벌했다. 좌파는 우파를 친일파로 몰았고, 노동자 농민을 약탈해 온 반민족 반민중 세력으로 비난했다. 여기에 맞서 우파도 좌파는 민족보다 계급을 중시하는 반민족적이고 친소적 추종세력이라고 반격했다. 또한 좌파가 노동자 농민을 위한다지만 그들의 일상생활은 전형적인 도시 부르주아라고 공박했다.

이들 사이의 논전은 자기 정파만의 집권이 절대적임을 강조했으며, 민족의 미래나 통일 민족국가수립의 절박함에 대해서는 전혀 고려하지 않았다. 상대방의 격멸만 외쳤으며, 그 상대방의 파멸만이 우선적인 과제로 여기고 있었다. 이쯤 되면 그들 사이에는 논쟁이 아니라 전쟁이 행해지는 것 같았다.

좌우파의 논전에서는 다음의 것들도 찾아볼 수 있다. 첫째로 좌우파의 논리에는 '우리'라는 민족 개념이 전제되지 않았다는 사실이다. 그 대신 특정 이념에 매달려 그것에 따라 모든 것을 해결하려 했다. 놀랍게도 이들은 특정 집단만을 '우리'나 심지어 '민족'으로 여겼다. 이들 좌우파가 말하는 '우리'나 '민족'이라는 말은 같은 이데올로기를 추종하는 집단만을 의미했다. 다시 말해,

좌우파의 주장은 상대방을 '우리'와 다른 반민족적인 집단으로 몰아붙이고 있었다.

둘째로 이 시기 좌우파의 논리는 외국의 사상가나 그 추종자들의 주장을 단순히 차용했을 뿐이다. 이들의 주장에 한국의 역사와 현실은 담겨 있지 않았다. 좌파의 경우 공산주의의 문건이나 각종 '테제'를 인용하는 데 치중했을 뿐이었다. 그들은 1900년대 초 러시아나 동유럽 공산주의자들의 주장이나 일본 좌파의 주장을 그대로 받아들이고 있었다. 그 때문에 '노동자 계급의 해방'이나 '농민에게 토지의 배분'을 주장했지만 한국 농민의 현실성과는 거리가 있는 주장으로 흐르기도 했다. 물론 이러한 한계적 성격은 우파도 마찬가지였다. 기아상태에 놓인 노동자와 농민의 극심한 고통을 시급하게 해결해야 했는데도 이 문제는 뒤로 밀쳐 두었으며, 국가건설이나 정부수립만을 강조함으로써 민중의 현실적 욕구와는 상당한 거리를 보여 주게 되었다.

셋째로 좌우파의 주장은 실증적이기보다는 상대방을 조소, 비아냥하는 선동적인 주장으로 일관했다. 진지한 논리적 인식이나 분석은 처음부터 고려되지 않았다. 치졸한 표현으로 상대방을 공박함으로써 여기에서 오는 만족감을 얻으려는 저급한 논박을 되풀이했다. 이처럼 이 시기 좌우파의 논리에는 국민 국가수립의 민족적인 열망이나 그것을 위한 지적 고민 같은 것은 찾을 수 없었으며, 무용한 이데올로기만이 강조되고 있었을 뿐이다.

마지막으로 같은 정파의 주장에서도, 그들 내부의 이론적인 주도권을 장악하기 위해서, 극심한 이념투쟁을 전개하였다. 이러한 투쟁으로 그 주장이 현실적이거나 타협적인 유연성을 갖기보다는 한층 경직된 주장으로만 치달리고 있었다. 일체의 타협이나 행동은 배격되었고, 논리적 절충주의는 패배주의적 발상으로 공박되었다. 오직 강경한 주장만이 그 파벌의 주도권을 장악할 수 있는 논리로 여겨짐으로써 현실에서 벗어난 이론이 난무했다.

좌우파의 극단적인 논리 대결은 분단체제를 불러오는 전령사와도 같았다. 그것은 허황된 이데올로기를 내걸고서는 그들 사이의 권력 놀음만을 정당화했을 뿐이다. 여기에는 민족도, 민중도 없었으며 민족의 역사도 찾을 수 없었다. 오직 특정 집단의 권력장악을 위해 민족분단까지 서슴없이 논리화하는 형편이었다.

이처럼 분단체제로의 귀착은 정치적 지식인이나 몇몇 정치세력의 집권과정에서 불가피한 것으로 생각했다. 그들 때문에 대다수 민족성원은 분단의 고통으로 떨어지는 민족적 비극을 맛볼 수밖에 없는데도 말이다.

또한 이들 사이의 이념 대결은 결국 강대국에의 종속성을 심화시키는 계기가 되었다. 그런데도 좌우파의 지식인들은 제각기 그들의 논리만이 민족주의라고 주장했다. 그러나 실제로 이들의 주장 속에 민족이나 민족주의는 없었다. 심지어 특정 정치지도자를 영웅적인 존재로 미화하기 위해 민족적인 신화를 덧칠한, '민족주의의 왜곡'의 전형적인 한 모습을 보여 주었다. 이러한 상황이 분단체제로의 전락이라는, '민족주의 없는 신생국가의 상황'을 불러오게 되었다.

그런데도 좌우파 지식인 사이의 논전은, 동조자를 확보하기 위해서, 치열하고 경쟁적으로 전개되었다. 이것은 정치담론의 국민적인 확산이기도 했다. 이 과정에도 단계적인 전개를 볼 수 있는

데, 몇몇 지식인의 이념적 주장이 국민의 수용에 이르기까지는 다음과 같은 과정을 거치기도 했다. ①좌우파 지도자의 이념적 주장→②국민의 지지를 확보하기 위한 그 이념의 해설과 선전→③그 이념에 대한 국민적 학습의 이행→④그 이념에 대한 국민적 지지의 확보의 단계였다. 이러한 과정은 종국적으로는 이데올로기의 강화를 가져왔다. 다시 말해 해방정국에서 사람들을 좌우파의 어느 한편으로 몰아세웠으며, 결과적으로는 이념에 의한 사회의 편제화가 강화되었다.

더욱이 좌파의 8월 테제는 좌파에 속하는 인사들의 우호적 비판조차도 용납되지 않았으며, 그것은 논박될 수 없는 절대성을 지닌 것으로 숭앙되어야 했다. 좌파라면 무조건 이 논리를 옹호해야 했으며 그것의 실천과 전파에도 앞장서야 했다. 이 일은 당시 좌파 문인과 예술가들이 맡았다. 구체적으로 1945년 8월 18일에 창립된 '조선문화건설중앙협의회'가 이 활동의 담당자였다.[120] 좌파 문인과 예술가들은 8월 테제 중심의 '문화 사업'의 선전 선동가로 나서야 했다.

좌파에 비해서 우파의 논리, 우파 이데올로기인 미국식 자유민주주의야말로 한국 정치가 수용해야 할 시대적 지향 목표로 여겼으며 이를 이룩하기 위해서는 공산주의부터 배격해야 한다고 주

---

120 조선문화건설중앙협의회는 "조선문화건설중앙협의회는 장래 성립할 우리 정부의 문화예술정책이 서고 그 기관이 탄생하여 이 모든 임무를 수행케 될 때까지 우선 현단계의 문화제 영역의 농일적 연락과 각 부문활동의 질서화를 위하여 형성된 협의기관으로서 현하 모든 문화의 총력을 모아 신조선 건설에 이바지하고자 한다"라고 선언했으며 의장으로 임화(林和), 서기장 김남천(金南天)으로 되어 있으며 핵심으로는 앞의 두 사람 외에 박태원, 이기영, 이원조, 이태준, 이기영, 안희남, 한설야, 김기림 등으로 되어 있었다. 國史編纂委員會, 《資料大韓民國史 1》, 탐구당, 1970, 22~23쪽.

장했다. 다시 말해 '자유민주주의=반공'의 등식이 정립되었다. 하지만 우파 지식인들은 이러한 등식이 한국의 정치사회에 어떤 의미를 갖는가에 대해서는 별다른 언급이 없었으며 오직 미국 민주주의의 해설로만 시종하고 있었다.

이처럼 해방정국에서 정치적 지식인은 이데올로기에 의해 파벌적인 존재로 분화되고 있었다. 마치 그러한 이데올로기가 모든 것을 다 해결해 줄 것처럼 믿고 행동했다. 그런데 여기서 지적되어야 할 사실은, 그 당시 국민의 7할이 문맹자였다는 점이다. 따라서 좌파의 이념을 올바로 이해하는 데도 한계가 있었으며, 이들 이념도 단순히 구호로만 전파될 수밖에 없는 상황에 놓여 있었다. 미군정시대의 군경에 의한 이데올로기의 강압으로 좌파의 이념이나 논리의 대중적 수용에도 한계를 맞게 되었으며, 그 때문에 그것은 점차로 지하로 잠복될 수밖에 없었다.

결국 해방 초기의 이데올로기적 논전에서 좌파가 주도적인 성격을 보여 주었지만 미군정의 통치체제에 의해 더 이상 변혁적인 기능을 수행할 수 없었다. 그 때문에 정치적 지식인 사이에는 극단적인 대결만이 지속되는 상황이었으며, 민족통합의 국민국가로의 대장정에서는 점점 벗어나게 되었다. 이것이야말로 '민족통합의 길에서 이탈된 상황의 연출'이었다. 이는 한낱 잔해에 불과한 이데올로기를 과신한 것이자, 정치사회를 이끌었던 정치적 지식인의 지적 한계이기도 했다. 그것은 권력만을 추구했던 권력적 지식인, 또는 저항적 지식인의 빛바랜 전통, 다시 말해 조선왕조의 권력자들이 보여 주었던 성리학적 관념에 의한 당파적 행태의 재연과도 같았고, 그럴수록 민족주의의 반역으로 흐르게 되었다.

제6장

국민국가의 실종과 식민주의적 분단체제

1

국민국가를 위한 지식인의 선택

해방정국에서 대부분의 정치적 지식인들은 이데올로기적 투쟁을 지적이고도 민족적인 활동으로 생각했다. 기존의 이데올로기가 제국주의적 논리의 성격을 갖고 있음을 무시했다. 맑스주의의 논리는 소련의 제국주의적 팽창을 위한 것에 지나지 않았다. 더욱이 소련이 주장했던 일련의 문건들, 다시 말해 각종 '테제'만 해도 그것은 국제공산주의 운동을 위한 것으로 주장되었지만, 실제로는 소련의 패권 점유를 기본 목표로 삼고 있었다. 미국식 자유민주주의도 비서구 신생국가에서 친미정권의 수립을 위한 이념적 도정에 지나지 않았다.

그런데도 정치적 지식인들은 이들 이념에 매달려서 그것만을 주장했으며, 그 이념의 관점에 서서 경쟁세력이나 다른 이념의 극복과 제거를 주장했다. 이 점에서 해방정국에서 정치적 지식인들이 보여 준 태도는 전형적인 외세추종적인 성격을 강하게 드러냈으며, 이러한 성격이 분단체제를 고착시켰던 한 요인으로 작용했다. 다시 말하면 그 시대 정치적 지식인들은 민족적 관념에서 벗어난 채 생경한 이데올로기만 주장했을 뿐이다.

이 시기 정치적 지식인이 우선적으로 유념해야 할 사실로 다음 몇 가지를 들 수 있다. 구체적으로 이 사실에 입각한 정치적 지향성이 추구되어야 했다.

- ▨ 통합적인 근대 국민국가의 건설
- ▨ 식민지 아래 약탈 당했던 민중적 고통의 해결
- ▨ 국민국가의 미래발전을 위한 경제사회적 기반의 확보

첫째, 민족통합에 바탕을 둔 국민국가의 건설이 최대의 과제로 받아들여져야 했다. 극한적인 이데올로기의 대립과 그 연장선에서 빚어진 외세 추종, 이것에서 말미암은 분단체제로의 귀착은 어떤 논리로도 설명될 수 없는 반민족적인 패착이었다. 이것에 연관된 정치적 지식인의 정치활동이야말로 민족의 관점에서 비판받아 마땅했었다. 그럼에도 이 시기 대부분의 정치적 지식인들은 이데올로기에만 매몰되어 그것을 정치활동의 기준으로 삼고 있었다.

당연히 정치현실에서는 좌우파의 이념적인 차이와 경쟁이 있을 수도 있다. 그러나 그것은 기본적으로 국민국가 건설과 발전을 전제로 한 민족적 독립과 통합을 기본 명제로 수용해야 했다. 이러한 이념의 궁극적인 지향은 국민국가의 실현으로 나아가야 했으며, 이를 위해서는 서로 다른 이념일지라도 공존을 모색해야 했다. 그러나 그 시대의 정치적 상황은 이와는 정반대로 달리고 있었다. 심지어 특정 이데올로기를 위해 민족사회를 분단체제로 몰아넣고 있었기 때문이다. 그 이데올로기에 고착된 비타협적인 정치적 지식인들의 정치 행위야말로 반민족적인 것으로 규탄받을 수밖에 없었다. 특히 그것이 한반도에 진주했던 미국과 소련의 제국주의적 신식민주의와 연계된 것이라면 '반민족적'이라는 비난

에서 벗어날 수 없음도 사실이었다.

둘째, 민중의 고달픈 일상사를 먼저 해결하는 것이야말로 어느 시대나 중요한 정치적 과제였다. 해방을 맞았던 그 시대의 민중이 겪었던 고통은 말할 수 없을 정도였다. 일본 군국주의자들의 대륙침략전쟁은 1937년부터 시작되었지만, 실제로는 식민지 통치의 전 기간에 걸쳐서 행해지고 있었다. 그 때문에 조선총독부는 쌀을 비롯한 각종 농산물을 '공출'이라는 이름으로 강제 약탈했으며, 심지어 징용, 징병은 물론이고 정신대라는 이름으로 어린 소녀들까지 반인간적인 지옥 속으로 끌고 갔다. 식민지 통치기의 한반도는 '죽음의 동토' 그 자체였다.

그러나 그 속에도 몇몇 친일인사들만은 총독부의 비호를 받아 신판 지배층으로 군림하고 있었다. 민중의 일상이 극도의 억압과 곤궁 속에 떨어져 초근목피(草根木皮), 말 그대로 풀뿌리와 소나무의 송기껍질로 연명했는데도 그들만은 민족을 판 대가로 호의호식하고 있었다.

그러한 고통 속에 해방이 찾아왔지만, 민중들에게는 혼란과 곤궁, 그리고 무질서로 이어지고 있었다. 해외동포들도 해방의 기대를 안고 고국으로 돌아왔고, 일본군에 붙잡혀 간 젊은이들도 현해탄을 건너 고국으로 돌아왔으며 만주와 중국 등지의 상당수 동포들도 귀국했다. 특히 북한에 진주했던 소련군의 약탈과 공산주의자의 행패로 약 80만 명의 북한 주민들이 자유를 찾아 월남했다. 서울은 급속하게 유입된 인구로 비대해졌으며 그로 말미암은 주택과 식량문제, 치안문제, 교육문제 등의 어려움이 점점 더 심각해졌다.

심지어 조선총독부의 통치는 해방을 맞은 상황에서도 상당기간 지속되고 있었다. 총독부는 조선에 거주하고 있던 일본인들의 안전을 위해서 조선인 유력자와 협력체제를 구축하려 했으며, 총독부의 앞마당에서는 그들의 통치자료와 서류를 불태우는 등 온갖 방책으로 그들의 죄를 은폐하고 있었다. 일본인들은 자신의 재산을 일본으로 밀반출하거나 한국의 지인들에게 방매했다. 서울을 비롯한 전국의 물가는 천정부지로 치솟았고 여기에다 콜레라 등 전염병의 창궐로 민중들의 일상은 극도로 위협받고 있었다.

이렇듯 민중의 일상은 극심한 고통 속으로 떨어졌는데도 지도자나 정치적 지식인들은 이들 문제에 대해서는 별다른 대책을 세우지 않았거나, 못했다. 그들은 권력을 잡기 위해 파당을 만들어 정치투쟁에만 진력하고 있었다. 이들의 모습은 어떠한 논리로도 합리화될 수 없는, 반민중적 작태와 다름없었다. 그러면서도 이들은 걸핏하면 민중을 거론했고, 서민대중의 아픔을 이야기했다. 그러나 민중들은 철저히 버림받은 존재였으며, 고통의 나날을 보내야만 했다.

셋째로, 국민국가로서의 미래 발전을 추구하려는 정책적 논의야말로 지식인의 기본 담론이 되어야 했다. 그러나 정치적 지식인들은 이것과는 무관한 주장들, 기껏해야 설익은 이데올로기만을 집요하게 되풀이했을 뿐이었다. 앞으로 건설하게 될 국민국가에서 시급히 이루어져야 할 발전의 과제들, 구체적으로 국가의 행정체제며 관료의 새로운 충원과 훈련, 교육제도, 주택건설이며 도로하천의 정비, 경찰과 군대의 설치문제, 여기에다 사법제도며 지방행정제도에 이르기까지 거론하기 힘들 정도로 수많은 과제들을

논의하고 정리해야만 했다. 그런데도 이 시기의 정치적 지식인이
보여 준 정치담론은 이들 문제를 철저히 외면했으며 다만 이데올
로기적인 것에만 몰두했을 뿐이었다.

한반도의 남부에 진주했던 미군정도 조선총독부의 관리들을 그
대로 존속시켜 활용하고 있었다. 조선총독부의 행정제도며 재판
제도, 판검사들도 그대로 잔류시켰고, 친일적인 총독부 관료와 경
찰까지도 그 일을 계속 맡도록 했다. 일본의 군왕에게 충성심을
가르쳤던 각급 학교의 친일 교사들도 그대로 남아 해방된 조국의
젊은이들을 가르쳤다. 정부수립 이후에도 친일세력들이 여전히
지배세력으로 군림하는 정치사회적 상황이 연출되었던 것이다.

이는 곧 민중들에게는 이름뿐인 해방이었음을 의미했다. 이러
한 사정은 북한에서도 마찬가지였거나 더 심했다. 그 때문에 해
방을 맞았지만 민중들에게는 총독부의 조선통치와 별 차이 없는,
'실종된 국민국가로의 진행'을 경험해야 했다. 다른 점이 있다면
지배세력이나 정치적 지식인들이 이전의 일본을 대신해서 이번에
는 소련과 미국을 받아들였다는 정도였으며, 이를 위해 앞장섰던
것이 정치적 지식인들 가운데서 찾아볼 수 있었다.

2

미소 점령군의 군정체제와 반탁운동

1945년 8월에서 9월 사이에 한반도로 진주했던 미군과 소련군의 군정체제는 대조적이었다. 북한을 점령한 소련군 사령관 이반 치스챠코프(Ivan Chistiakov)는 총 12만 5천 명의 '붉은 군대'를 이끌고 북한으로 들어왔다. 그는 아래와 같은 포고문을 발표했다.

조선 인민들이여! 붉은 군대와 동맹국 군대들이 조선에서 일본 약탈자들을 구축하였다. 조선은 자유국이 되었다. 그러나 이것은 오직 새 조선 역사의 첫 페이지가 될 뿐이다. 화려한 과수원은 사람의 노력과 고심의 결과이다. 이와 같이 조선의 행복도 조선 인민의 영웅적인 투쟁과 꾸준한 노력에 의해서만 달성된다.⋯⋯조선 사람들이여 기억하라! 행복은 당신들의 수중에 있다. 당신들은 자유와 독립을 찾았다. 이제는 모든 것이 죄다 당신들에게 달렸다.⋯⋯진정한 사업으로서 조선의 경제적 문화적 발전에 대하여 고려하는 자라야만 모국 조선의 애국자가 되며 충실한 조선 사람이 된다. 해방된 조선 인민 만세!

이 글에서 알 수 있듯이, 소련군은 겉으로는 한국인에게 자신들이 '진정한 해방자'라고 선전하고 있었다. 남한의 미군이 점령군으로 포고문을 발표했다면, 소련군은 한국 민족에게 해방을 가져다줄 '고마운 군대'로 스스로를 선전했다. 이는 소련의 '계산된' 표현이었다.[121] 소련군이 북한에서 조선총독부 관료로부터 항복을 받았던 절차도 남한의 미군과는 대조적이었다. 소련군은 북한의 점령지역마다 개별적으로 행정권을 접수했다. 그리고 그 지역의 한국인 공산주의자들을 중심으로 인민위원회를 조직해서 행정권을 행사하게 했다.

이 과정에서 특히 주목의 대상이 된 것은 평안남도 인민정치위원회였다. 이곳에 소련군이 진주한 것은 1945년 8월 24일이었고, 8월 26일에는 평양 주둔 일본군의 무장 해제가 단행되었다. 그런데 이 지역에는 해방을 맞자 한국의 유지들에 의해서 자발적으로 건국준비위원회가 조직되어 그 위원장에 조만식(曺晩植)을 선임했고, 뒤이어 등장한 평안남도 인민정치위원회도 그를 위원장으로 추대하였다.[122]

김일성이 북한으로 들어온 것은 10월 10일이었고, 10월 13일에

---

121 소련군의 북한 점령에 대해서는 다음 글을 인용할 수 있다. "소련은 1945년 9월 2일 약 20만의 군대로 북한에 진주했다. 여기에 진주한 이 군대는 붉은 군대의 정예부대는 아니었다. 즉 그들 중에는 일찍이 시베리아 방면에 추방당한 많은 전과자들이 섞여 있었다.…… 군대는 '점령지역 군자자족(軍資自足)'을 시작하였는데 이것은 좌우익을 막론하고 모든 한국인에게 호감을 주지는 못했다.……소련은 소련의 시민권을 가진 시베리아 이주 한국인을 약 3만 명 가까이 데려왔다. 이들은 소련에 대하여 충실하고 또 소련의 이데올로기와 방법을 잘 알고 있는 사람들이다. 여기에서 소련은 그들과 지방인들과의 사이에 한국어를 말하는 사람들을 통하여 관료정치를 할 수 있었던 것이다." 리처드 E. 라우터백크, 국제신문사출판부 역,《한국 미군정사》, 국제신문사출판부, 1948, 60~61쪽.

122 소련군 사령관 치스챠코프는 조만식, 현준혁(玄俊赫), 총독부의 평남지사인 古川 등을 초치해서 "8월 26일 오후 8시부터 평안남도의 행정권은 조만식을 위원장으로 하는 평안남도 인민정치위원회에 인계된다"고 선언함으로써 각 도 단위의 인민위원회가 해당 지역의 행정권을 행사하게 했다. 8월 31일에는 평안북도 임시인민정치위원회가 조직되었고, 황해도는 8월 17일에 건국준비위원회 황해도 지부를 인민정치위원회로 고쳐 행정권을 행사하게 했다. 10월 8일 소련군은 이들을 중심으로 북조선5도 인민위원회 대표회의를 개최했다.

평안남도 인민정치위원회 주최의 '김일성환영회' 가 개최되기도 했다. 그 다음 날 평양 공설운동장의 군중 앞에서 최초로 김일성이 모습을 드러냈다. 1945년 10월 13일에는 조선공산당 서북5도당 책임자와 열성자 대회가 개최되었으며, 여기에서 조선공산당 '북조선 분국' 의 설치를 의결했다. '북조선 분국' 의 설치는 북한에서 공산당 조직이 서울의 조선공산당과 대등한 위치에 올라설 수 있는 기반을 마련하는 것이었다. 11월 19일에는 평양에 북조선 5도 연락기관으로 '북조선 행정국' 이 설치되었으며 조만식이 책임자로 선임되었다. 북한은 소련의 치밀한 점령정책으로 공산주의자에 의한 지배체제화가 이루어지고 있었으며 이를 위해 의도적으로 우파의 핵심 인사와 민족주의자를 테러하거나 제거하기도 했다.

미군정 아래의 남한은 혼란 상태에 놓여 있었다. 이는 전적으로 주한 미군의 미숙한 행정 때문이었다. 미군은 조선총독부로부터 항복을 받고도 총독부 관리들을 그대로 근무하게 했으며, 9월 14일에야 조선총독부의 정무총감 등 각부 국장을 해임시켰지만 여전히 미 군정청의 행정고문으로 잔류시켰다.[123] 미 군정청은 조선총독부의 행정기구와 그 인원을 활용해서 남한을 통치했으며 총독대신 미군 장성이 군정장관으로 임명되었고, 정무총감과 국장

---

[123] 주한 미군은 1945년 9월 20일에 "군정청이라는 것은 '인민의, 인민을 위한, 인민에 의한' 민주주의 정부를 건설하기까지의 과도 기간에 있어서 38도 이남의 한국지역을 통치, 지도, 지배하는 연합군 총사령관 아래서 미군에 의하여 설립된 임시정부인 것이다. 군정청은 남한에 있어서 유일한 정부이며 군정청 본부의 도, 부, 군을 통하여 기설 각 기관을 운영하는 것이며 군정청 유일의 임무는 한국의 복리상 견실한 정부와 건전한 경제의 기초를 확립하는 데 있다"고 선언했다.

에는 미국인 장교로 임명했다.[124] 이들은 행정 경험이 없었던 직업
군인에 지나지 않았다. 미군정은 일본인 경찰관도 그대로 잔류시
켰는데, 이는 건국준비위원회 치안대가 행사하려 했던 경찰권 행
사를 막기 위한 조치에서 비롯되었다.

미 군정청은 1945년 12월부터 미군 중심의 국장제도를 고쳐서
미국인과 한국인 2명으로 구성된 이른바 양 국장 제도를 실시했
다. 양 국장제도는 비효율적이었고, 행정상의 혼선을 빚는 등 행
정 능률이 심하게 떨어졌다.[125] 군정청 행정제도에 대한 정비는
1946년 3월 29일 군정청 부서에서 한국인 부장이 임명된 뒤부터
서서히 이루어지게 되었다.[126]

전반적으로 남한에서 미군정은 실패의 연속이었다. 정치의 혼
돈은 계속되었고 국민의 일상생활은 빈곤과 무질서로 극심한 위
협을 받고 있었다. 미 군정청의 미군인 책임자와 한국인 사이에
의사소통의 역할을 맡고 있었던 한국인 통역의 행패도 심했다. 그
때문에 사람들은 미 군정청을 '통역정치'라고 조소했다. 해방 이
후 물가는 폭등했고 그 가운데 쌀값이 가장 심했다. 1945년 말경

---

124 이날 임명된 군정청 국장은 군정장관 아놀드 소장, 정무총감 해리스 준장, 재무국장 고든
중령, 광공국장 언더우드 대령, 농상국장 마틴 중령, 법무국장 우달 소령, 학무국장 라카트
대위, 정보과장 해이워드 중령, 체신국장 헐리 중령, 고통국장 하밀턴 중령 등이었다.

125 이때 임명된 양 국장 가운데는 광공국상대리로 오정수(吳禎洙), 학무국장 유억겸(俞億
兼), 농상국장 이훈구(李勳求), 경무국장 조병옥(趙炳玉) 등이었다.

126 이때 임명된 부장은 다음과 같다. 문교부장 유억겸(俞億兼), 재무부장 윤호병(尹暠炳), 사
법부장 김병로(金炳魯), 상무부장 오정수(吳禎洙), 서무처장 이종학(李鍾學), 보건후생부
장 이용설(李容卨), 농무부장 이훈구(李勳求), 체신부장 길원봉(吉元鳳), 외무처장 문장욱
(文章郁), 공보부장 이철원(李哲源), 식량행정처장 지용은(池溶殷), 인사행정처장 정일형
(鄭一亨), 경무부장 조병옥(趙炳玉), 통위부장 유동열(柳東悅), 물가행정처 차장 권갑중
(權甲重), 운수부장 민희식(閔熙植) 등이다.

에는 모든 물가가 300퍼센트나 폭등했을 정도였다. 범죄는 창궐했으며 경향 각지에서는 이전과는 다른 치안의 혼란 상태를 경험하게 되었다.

해방 이후 남북한에서 미소 군정은 남북한을 이질적인 체제로 굳혀 가는 분단체제의 출발점이 되었다. 미국과 소련의 전후 한반도 점령정책 자체가 분단체제화의 길로 나아가기 위한 전초작전이었다. 이 과정에서 나타난 것이 모스크바 3상회의였다. 이 회의의 결정사항은 1945년 12월 16일 외신 보도로 국내에 처음 알려졌다. 이날 발표된 공동성명서에는 "앞으로 5년간 미영중소 4대국이 한국인의 정부수립을 돕기 위해서 신탁통치를 실시할 것"이라는 내용이 들어있었다. 미 국무성 일각에도 신탁통치문제가 검토되었다는 국내 보도는 1945년 10월 20일자 《매일신보》에 의해 처음 알려지기도 했다.

이날 미 국무성 극동국장 빈센트(J.C Vicent)가 미국외교정책협회에서 이 문제를 제기했다면서 그 내용을 다음과 같이 적어 놓았다.

> 조선에 대하여는 동국의 신탁관리제를 수립함에 앞서서 우선 소련과의 사이에 의사를 소통시킨 후 허다한 정치문제를 해결시키고 싶다. 조선은 다년간 일본에 예속된 관계로 지금 당장 자치를 행할 준비가 되어 있지 않다. 따라서 미국은 우선 신탁관리제를 실시하여 그간 조선민중의 독립한 통치를 행할 수 있도록 준비를 진행할 것을 제창한다. 미국은 조선이 될 수 있는 대로 속히 독립한 민주주의 국가로 만들 작정이다.[127]

---

127 《每日新報》 1945년 10월 23일자.

모스크바 3상회의에서 미국 측의 제의는 ①한반도의 미군과 소련군 사령관이 협의해서 교역, 교통, 통신, 통화를 담당하는 공동 행정기구를 수립하고 ②이 기구에 1명의 고등 판무관(Higher Commissioner)과 미영중소 4대국 대표로 구성된 집행위원회(Executive Council)를 두어 통치권을 행사하며 ③4대국에 의한 신탁통치(trusteeship)를 실시함으로써 한국인을 행정관, 상담역, 고문 등으로 임용하고 ④한국의 독립을 위한 준비가 이루어질 때까지 최소 5년간 신탁통치를 실시하며 ⑤필요한 경우 5년 동안 신탁통치를 연장할 수 있게 한다는 것 등이었다.

소련 측은 ①미소 양군 사령관의 협의로 미소공동위원회를 설치하고 ②한국인의 민주적 정당과 사회단체가 협의해서 정부수립을 결정하며 ③최종적으로 한국인에 의한 통일 임시정부의 수립을 기한다는 것이었다.

여기에서 소련 측 안을 중심으로 ①통일 한국의 임시정부수립을 위해서 ②미영중소의 4대국이 5년 이내의 신탁통치를 실시한 뒤에 독립정부로 발전시킨다는 내용을 합의하게 되었다.[128]

이 결정은 한국 국민에게는 실망을 안겨 주었다. 그 때문에 경향 각지에서는 곧장 반탁주장이 터져 나왔다. 국민들은 신탁통치

---

[128] 최종 협정문 가운데 한국에 대한 부분은 제6항으로 다음과 같이 규정했다. "조선에 주재한 미소 양국 군사령관은 2주 이내에 회담을 개최, 양국의 공동위원회를 설치하여 조선임시민주정부수립을 원조한다. 또 미소영중 4국에 의한 신탁통치를 실시하는 동시에 조선임시정부를 수립케 하여 조선의 장래 독립에 준비할 터인바 신탁통치기간은 최고 5년으로 한다. 미소공동위원회는 임시정부와 조선의 각종의 민주적 단체와 협력하여 동국의 정치적 경제적 발전을 촉진하고 독립에 기여하는 수단을 강구한다. 이 신탁통치제에 관한 외상 이사회의 제안을 검토키 위하여 미영중소 각 정부에 이를 회부한다."《東亞日報》 1945년 12월 29일자.

란 독립의 능력이 없는 미개사회에서 행하는 강대국의 후견, 지도, 관리 체제를 뜻하며, 이는 미개사회 주민에게 자치를 학습시키기 위한 제도로 이해했다. 신탁통치를 받아들인다는 것 자체가 한국인 스스로에게는 미개민족임을 수용하는 것으로 생각했기 때문에 이것에 대한 결사반대가 전국적으로 일어나게 되었다.

정치지도자들 사이에서도 신탁통치에 대한 대응에 큰 차이를 보여 주었다. 이승만[129]과 김구는 반탁을, 박헌영 등 좌파는 찬탁을 주장했다. 김규식도 처음에는 반탁을 주장했지만 그 뒤 조건부 찬탁으로 옮아갔다. 이들 가운데 반탁의 중심에 섰던 이승만은 '모스크바 3상회의→신탁통치안 결정→국내 반탁운동의 폭발→민족세력의 승리와 건국의 주도권 장악→독립국가로의 이행' 이라는 일련의 정치과정으로 달려가고 있었다.

김구도 이와 비슷한 과정으로 나아갔다. 김구의 신탁통치에 대한 반대는 대한민국임시정부의 관점에서는 필연적인 선택일 수밖에 없었다. 이러한 사정은 대한민국임시정부의 이론가인 조소앙의 다음과 같은 주장에서도 알 수 있다. 그는 "세계적 정세와 한민족이 가진바 역사를 무시하고 또 다시 탁치문제를 재연시킨다

---

[129] 이들 가운데 이승만이 모스크바 3상회의의 결정에 가장 먼저 반탁론을 주장했다. 그는 1945년 12월 26일 중앙방송에서 자신의 반탁 견해를 이렇게 밝혔다. "신탁관리를 강요하는 정부가 있다면 우리 3천만 민족은 차라리 나라를 위하여 싸우다 죽을지언정 이를 용납할 수 없을 것입니다. 왜적의 교묘한 선전으로 우리 한민족은 외국세력이 강요하는 것에는 무엇이나 복종하는 민족이라는 선입관념을 타민족에게 주었다는 것입니다. 이러한 그릇된 선입관념으로 말미암아 워싱턴과 모스크바에서는 민족으로서의 우리의 명예를 대단히 손상하는 정책을 시행하자는 사람들이 있다합니다. 우리로서는 우리가 줏대 없는 국민이 아니라는 것을 밝히기 위하여 죽음을 결의하고 투쟁하려 합니다.……만일 신탁관리가 실현된다면 독립방해자뿐만 아니라 독립을 위하여 투쟁한 우리들까지도 노예가 되고 말 것입니다."《東亞日報》1945년 12월 28일자.

면 이는 2차 대전의 목적에 위반됨은 물론이요, 한민족의 총의에
도 위반되는 것"이라고 비판했다. 김구를 비롯한 대한민국임시정
부 요인은 모스크바 3상회의의 내용을 접하게 되자 바로 대한민
국임시정부 긴급국무회의를 개최해서는 다음의 사실을 결의하게
되었다.

1. 본 정부(대한민국임시정부)는 각층, 각파, 각급 교회, 전 국민으로 하여
   금 신탁통치안에 대하여 철저히 반대하고 불합작운동을 단행할 것.
2. 재경 각 정치집단을 즉시 소집해서 본 정부의 태도를 표명하고 전도
   (前途) 정책에 대하여 절실하게 동의 합작을 구해야 하며 이 모임에는
   각 신문기자도 참석하게 할 것.
3. 신탁통치안의 결의에 대하여 중미소영 4국에 이를 반대하는 전문을
   발송할 것.
4. 즉시 미소 군정당국에 이 문제에 대한 생각을 질문하고 우리의 태도
   도 표명할 것.

대한민국임시정부는 미영중소 4개국 원수에 보내는 결의문도
채택했는데, 그 결의문에서 "신탁통치안은……민족자결의 원칙
을 고수하는 한민족의 총의에 절대 반대되며, 연합국헌장에 규정
한 제3안의 탁치 적용 조례의 어느 항목에도 한국에는 부합되지
않고, 한국에서 신탁통치를 실시함은 원동(遠東)의 안전과 평화를
파괴하는 것"이라고 주장했다.

신탁통치 반대는 '대한독립촉성전국청년총연맹' 등 우파 사회
단체의 연대투쟁을 촉발시켰다. 더욱이 대한민국임시정부는 12월

28일에 각 정당, 종교단체, 언론기관의 대표자 70여 명으로 비상대책회의를 열어서는 "우리는 피로써 건립한 독립국과 정부가 이미 존재해 왔음을 다시 선언한다. 5천 년의 주권과 3천만의 자유를 전취하기 위해 자기의 정치활동을 옹호하고 외래의 탁치세력을 배격함이 중요하다. 우리의 혁혁한 혁명을 완성하자면 민족이 일치로써 최후까지 분투해야 할 뿐이다. 일어나자 동포여!"라는 성명서를 발표했다.

이어 ①신탁통치 반대를 위해 '탁치반대국민총동원위원회'를 조직하여, ②여기에 정당, 종교 등 사회단체와 유지의 참여를 확보하고, ③이 조직체는 대한민국임시정부 국무위원회의 지도 아래에 두며, ④이 운동을 위해 7인의 지도위원회를 구성할 것을 결의하고, ⑤위원회의 장정(章程)위원으로 김구, 조소앙, 김약산, 김규식, 유림 등 9명으로 선임했다.

이들을 중심으로 좌우파 90명에 의한 중앙위원도 선임했다.[130] 그리고 "우리 일동은 임시정부에 즉시 주권행사를 간망"한다는 결의문도 공표했다. 이 결의는 대한민국임시정부가 독립국가의 정부로 즉각적인 주권행사가가 되어야 한다는 요구였다. 이것이야말로 대한민국임시정부가 귀국 뒤에 기다렸던 바로 그 기회일 수도 있었다. 이처럼 고조된 분위기는 마침내 대규모 군중시위로 폭발하게 되었으며, 여기에 참여한 군중들은 행동강령을 발표하

---

130 중앙위원을 선정한 다음, 안재홍을 임시의장으로 장시간의 토의 뒤에 위원장에는 권동진(權東鎭), 부위원장 안재홍, 김준연, 비서장 서충세(徐忠世)를 선정했으며, 이날 선임된 중앙위원은 오세창, 권동진, 김창숙, 오하영, 홍명희, 조만식, 김동원, 김성수, 강기덕, 양근환, 박열, 함태영, 이종욱, 백남훈, 원세훈, 홍남표, 박헌영, 김법린, 노기남, 김활란, 방응모, 이강훈 등이었다. 《서울신문》 1946년 1월 1일자.

기도 했다.[131]

이 결정에 따라서 서울의 거리는 '신탁통치 절대반대', '군정청 관리는 다 그만두라!' 라는 등의 반탁 삐라가 뿌려졌다. 12월 30일 정오부터는 서울의 종로, 광화문, 서대문에 수만 명이 물려나와서 "신탁통치 결사반대"를 외쳤다. 반탁시위의 열기에 편승해서 여러 사회단체들의 지지 성명도 발표되었으며, 상가의 철시, 노동자의 파업도 행해졌다. 미 군정청을 비롯한 관공서의 한국인 직원들도 파업했는데, 미 군정청의 경우는 12월 31일 한국인 직원이 등청을 거부했고, 그 다음날 1월 1일 오후 1시에 배재중학교에 모여서 신탁통치를 반대했다.

대한민국임시정부에 의해서 행해졌던 반탁운동은 국내정치에서 김구의 주도권 확립을 위한 중요한 정치적 계기였다. 김구는 반탁이야말로 오랜 숙망인 독립국가로 나아갈 수 있는 기회며, 이 일을 위해 해외에서 투쟁했던 대한민국임시정부의 법통성도 살릴 수 있는 기회라고 생각했다. 대한민국임시정부 인사 가운데 일부는 당장이라도 미군정으로부터 통치권을 이양받아야 하고, 이를 위해 전 국민적 투쟁을 일으켜야 한다고 주장했을 정도였다.[132]

---

131 행동강령의 주요 내용은 다음과 같다. ①3천만 일사(一死)로 자유를 전취하자. ②반독립적 언동은 일체 배격하자. ③신탁통치 순응자는 반역자로 처단하자. ④대한민국임시정부를 절대 수호하자. ⑤임정명령에 복종하여 규율 있게 행동하자. ⑥친일파 반역분자의 모략을 분쇄하자. ⑦왜구를 철저히 구축하자. ⑧외국 군징의 철폐를 주장하자. ⑨신탁통치 정권을 불합작으로 격퇴하자. 《東亞日報》 1945년 12월 30일자.

132 이러한 의도에서 행해진 논의의 하나가 1946년 1월 4일의 김구의 성명서였다. 그는 이 성명서에서 "신탁통치 운운하는 설이 유전되어 이에 분노한 전 국민은 맹렬하게 반대운동을 일으키게 되었다.……신탁통치를 방지하는 유일한 방법은 또한 전 민족통일 단결에 있다고 확인하고 금일까지도 임시정부의 전원은 공산당과 인민당의 영수들로부터도 일치점을 구하기 위하여 계속 노력"하는 중이라고 말했다. 그러면서 그는 3가지의 통일방안을 제시하였다. ①비상정치회의 소집, ②임시정부의 확대강화, ③국민대표 대회의 소집이 그것이

그러나 대한민국임시정부의 이러한 인식도 현실적으로는 한계에 부딪칠 수밖에 없었다. 박헌영 등 좌파가 신탁통치를 지지했고, 우파세력 일부는 반탁운동이 미군정에 대한 반대운동으로 흐를 위험이 있음을 우려하면서 극단적인 반탁운동을 자제하기를 희망했기 때문이다. 특히 박헌영의 조선공산당은 찬탁으로 일관했기 때문에 반탁운동에 적지 않는 차질을 빚었다.

조선공산당은 신탁통치에 대해서는 그들의 조선인민공화국 중앙인민위원회의 성명으로 '모스크바 3상회의 지지'를 선언하게 되었다. 조선공산당은 모스크바 3상회의에서 결정된 신탁통치는 '조선민족의 해방'에 중요한 의미를 가지며 이를 긍정적으로 수용해야 한다고 주장했다. 이들이 신탁통치를 수용했던 이유로 내세웠던 것은 카이로, 포츠담 회담의 결정사항에 대한 구체화가 모스크바 3상회의의 신탁통치안이라는 관점을 지녔기 때문이었다. 카이로와 포츠담 회담에서 한국의 해방과 독립의 구체적인 내용이나 시기, 방법 등에 대해서는 정하지 않았지만 모스크바 3상회의에서 이를 정하기로 했다고 주장했다. 그러므로 카이로와 포츠담 회담에서 '적당한 시기'라는 표현이 '최고 5년의 신탁통치'라는 구절로 구체화했을 뿐이라고 강조했다.

또한 미소공동위원회는 앞으로 한국에서 일본의 잔재를 청산하고 한국의 자주독립을 지원하기 위해서 활동하게 될 것이며, 그 때문에 일반적으로 생각하는 신탁통치와는 다르다고 주장했다. 이러한 관점에 서서 신탁통치의 책임과 권한은 미영중소의 4대국

다. 《서울신문》 1946년 1월 5일자.

에 있다기보다 우리 민족의 수중에 있다는 식의 논리도 전개했다. 한국 민족이 그것의 책임을 맡는 것이야말로 독립국가로 나아가기 위한 중요한 첫 출발점이 될 수 있으며, 이를 위해 먼저 친일파 등 민족반역자부터 숙청하는 것이 순서라는 주장도 내세웠는데, 이들은 이러한 내용을 다음과 같이 결론 내리고 있었다.

> 모스크바 회담의 진보적 역할과 현 단계에 있어서의 그 필연성 정당성을 인정하는 동시에 우리의 임무를 다음과 같이 규정한다. 신탁통치를 규정하고 문제를 해소하고 완전독립을 하루라도 속히 달성하는 유일 최선의 방도는 무모한 반탁운동이나 연합국배척이나 독선전제나 내지 테러 폭행이 아니다. 그것은 국제정세의 몽매에서 기인하는 민족적 자멸책이다. 우리는 도리어 모스크바회담의 결정을 전적으로 지지하고 공동위원회 기타 제 기관에 호의적으로 협력하고 임시적 민주주의 정부수립에 적극적으로 참가하는 것이야말로 독립을 촉진하는 유일 최선의 방책이라고 본다.[133]

조선공산당은 그 산하단체를 총동원해서 신탁통치를 지지하는 민중운동을 전개했다. 그 결과로 국내의 정국은 반탁과 찬탁으로 분열 대립하는 상황을 맞이했다. 대한민국임시정부 주도의 반탁운동은 마침내 미 군정청에 의한 제제를 받게 되었다. 미 군정청의 한국인 관리 가운데 상당수도 반탁운동에 참여함으로써 국내 치안은 물론이고 경제나 물가에도 악영향을 미쳤기 때문이다. 그

---

133 《朝鮮日報》 1946년 1월 5일자.

때문에 미군정의 하지 중장은 반탁운동의 자중을 바라는 성명서를 발표했는데, "조선인은 각자의 전력을 건설적 방면에 경주하고 불필요한 시위 행위를 하는 데는 허비하지 말기를 권고한다"고 성명하기도 했다.[134]

미 군정청의 이러한 움직임에 대해서 우파도 반탁운동이 "신탁통치만을 반대할 뿐이지 절대로 우호국가인 연합국을 반대하는 것이 아님"을 강조했으며, 국민들에게도 "군정청은 절대로 배척하지 말고 잘 협조해야 할 것"을 당부했다.

결국 반탁운동은 그것을 주도했던 김구의 대한민국임시정부에게만 큰 타격을 안겨 주었다. 미군정의 하지 등은 김구를 "완고한 민족주의자"로 규정했으며, 국민들은 대한민국임시정부를 "독립투사들의 결집체이지만 현실적인 문제를 해결하기에는 한계를 가진 애국자들의 집단"에 지나지 않다고 평가하게 되었다.

반탁운동 속에도 미소 양 국가는 모스크바 3상회의의 결정에 따라서 남북한의 미소 점령군 사령관을 대표로 하는 미소공동위원회를 1946년 1월 16일 서울에서 개최했으며, 그 때문에 사람들의 관심은 자연히 여기로 옮아가게 되었다. 따라서 반탁운동의 열기도 점점 식어 버렸으며, 김구와 대한민국임시정부에 걸었던 국민들의 기대감도 점점 사라지고 있었다.

---

134 《서울신문》 1946년 1월 3일자.

3

미소공동위원회, 민주의원,
민주주의 민족전선

미소공동위원회(이하 '미소공위'이라고 함)의 예비회담은 1월 5일 오후 1시 미 군정청 제1회의실에서 열렸으며, 2차 회의는 1946년 1월 17일에, 그 뒤에는 각 분과로 나눠 회의가 진행되었다. 이어 본회의는 3월 20일부터 서울 덕수궁 석조전에서 개최되었다.[135] 회의 때마다 공동성명서도 발표했는데, 1946년 3월 30일에는 공동성명 제3호, 4월 18일에는 공동성명 제5호가 발표되었다.

제3호에서는 "모스크바 3상회의에서 결정된 제3조 제3항을 실천하기 위해" 2단계로 이 문제를 다루기로 했다고 밝혔다. 1단계에서는 ①조선의 민주주의 정당 및 사회단체와의 협의를 위한 조건과 순서, ②앞으로 창설될 조선민주주의 임시정부의 기구 및 조직원칙과 임시 헌장 등 각 기관 설치, ③조선민주주의 임시정부의 정강, 법규 등의 제정, ④조선민주주의 임시정부의 각료 선임 등을 다루기 위해 각 분과위원회의 설치 등에 대해 성명했다.

---

135 이날 회의는 1946년 3월 20일 오후 1시 5분 덕수궁 석조전에서 열렸으며 대표단의 인사를 마치고 20분 휴회를 한 뒤 2시부터 속개했다. 이날 소련 측 대표 스티코프의 연설에서 "공동위원회의 과업은 조선 인민들이 국내의 부흥과 민족 민주주의화 실천사업을 능히 실행할 그런 민주주의적 조선임시정부를 창건함에 협조할 것입니다"라고 선언했다. 《서울신문》 1946년 3월 21일자.

미소공동위원회의 성명은 국내 정치단체를 또 다른 선택으로 몰아넣었다. 김구의 대한민국임시정부 등 일부 우파 진영은 그때까지도 반탁만을 주창했으며, 미소공동위원회에는 기대할 것이 없다고 공언했다. 그러나 미소공동위원회가 조선에서 민주주의적 임시정부를 수립하기 위해 국내의 정당, 사회단체와 협의하게 될 것이라고 공포하자 우파 사이에도 이 점에 대해서는 서로 다른 의견으로 갈리게 되었다.

반탁운동에 앞장선 이승만은 이전보다 누그러진 태도를 보였는데, 그는 반탁을 주장하면서도 공산당에 대한 비판에 초점을 맞추고 있었다. 그는 공산당이 신탁통치를 지지하면서 이를 "민주주의적 국제주의 노선"으로 선전하는 것은 잘못이며, 심지어 "신탁지지=3상회의"라는 논리로 대중을 기만하고 있다고 비난했다. 그는 미소공위가 신탁통치로 나아가면 적극 반대할 것이지만 그렇다고 미소공위의 회담까지는 반대할 필요가 없다고 말했다.

한국민주당도 "미소공동위원회가 모스크바 3상회의에서 결정한 제1·2·3항에 따라 조선 독립을 지원할 것을 내용으로 삼아서 이를 추진하는 한 찬성할 수밖에 없다"고 성명했다. 다만 제4항에서 탁치를 운운하는 구절은 배격의 대상임을 밝혀 놓았다. 만일 "탁치문제가 제기되면 삼천만 민족과 함께 한국민주당도 반대할 것"임을 강조했다.[136] 결국 한민당이나 이승만은 종전의 반탁운동의 강경 노선에서 한발 물러남으로써 김구의 대한민국임시정부와는 차별성을 보여 주었다.

---

136 《東亞日報》 1946년 3월 6일자.

　그런데 미소공위의 성명 제5호는 "미소공동위원회에서는 과도 정권으로 조선임시정부수립에 대한 원조대책을 강구하는 구체안을 작성하는 과정에서 그 협의대상이 될 조선민주주의의 정당급 사회단체는 진실로 민주주의적이어야 하며 이 결의문에 포함된 선언서도 시인하여야 한다"는 조건을 제시해 놓고 있었다.[137] 다시 말하면 앞으로 한국에서 과도정부를 수립하기 위해서 미소공위는 조선의 각 정당 사회단체와도 협의하게 될 것이며, 이들 정당과 사회단체는 모스크바 3상회의의 결정을 지지 수락하는 경우에만 포함될 것이라고 공언했다. 이렇게 되면 반탁운동에 앞장선 우파는 미소공위에는 참여할 수 없게 되고 만다.

　이 문제를 해결하기 위해 우파는 그들의 반탁운동 자체를 스스로 부인해야 하는 어려운 위치로 내몰리게 되었다. 그 때문에 우파 안에도 서로 다른 의견이 나왔는데, 김구는 미소공위의 협의대상으로 참가하는 것은 신탁통치를 수용하는 것이기에 이를 끝까지 반대할 것을 주장했다. 반대로 김규식은 미소공위에 적극 참가할 것을 주장했고,[138] 한국민주당은 조건부 참여[139]를 내놓았다. 그러나 조선공산당만은 수미일관 모스크바 3상회의를 적극적으로

---

137 《朝鮮日報》 1946년 4월 19일자.

138 김규식은 1946년 4월 18일 서울중앙방송을 통해서 "미소공동위원회에서 조선민주주의 임시정부 수립문제에 대해서 진정한 민주주의 각 정당과 사회단체와 협의키로 결정하였다는 발표는 매우 진보적이라고 할 수 있으므로 우리는 치하하여 마지않는다"라고 말했다. 《東亞日報》 1946년 4월 19일자.

139 한국민주당의 김병로의 다음 주장이 이를 말해 준다. "우리 3천만 민중은 국제헌장에 의거한 신탁통치에 대하여는 이것을 절대로 거부한다는 뜻을 표명한 것으로 조선독립정부가 미소공동위원회로부터 어느 정도로 원조를 받겠느냐 하는 점은 앞으로 수립될 임시정부와 미소공동위원회가 같이 합의적 결정을 함이 아니면 누구든지 그 구체적 내용을 운운할 수 없을 것이다." 《서울신문》 1946년 4월 21일자.

지지했고 미소공동위원회 공동성명 제5호에도 찬성했다.[140]

미군정의 하지 중장도 우파 정당과 사회단체들에게 미소공위의 제5호 성명을 지지하고 참여해 달라고 종용했다.[141] 하지의 성명에 김규식은 적극 지지를 표명했다. 이승만은 조건부 지지의사를 밝히면서 기본적으로는 미소공위에 참여하는 것이 옳다고 말했다. 그는 1946년 4월 22일 지방 시찰을 하다가 김천에서 "신탁통치를 반대하는 개인이나 단체에게는 미소공동위원회에 참여할 수 없다고 규정했던 것을 이번에는 신탁을 반대하거나 지지하거나 관계없이 모두가 다 참여할 수 있게 했다"고 주장함으로써 우파의 미소공위 참석을 실질적으로 종용하고 있었다.

특히 1946년 4월 27일 하지 중장은 "①미소공위의 선언서에 서명하는 정당과 사회단체에게도 신탁의 찬성 혹은 반대를 표명할 수 있는 의견 발표의 기회를 보장해 줄 것이며 ②미소공동위원회와 협의하기 위한 선언서에 서명한다고 해서 그 정당이나 사회단체가 신탁통치를 찬성했거나 신탁통치를 지지하는 것으로는 여기지 않을 것이고, 다만 그 선언서에 서명치 않는 이들은 미소공위의 협의대상이 될 수 없다는 점"을 명기해 달라고 말했다.[142]

이에 따라 우파도 점점 미소공위에 대한 찬성 분위기로 기울어지고 있었다. 특히 4월 말경 좌파 정당과 조직체 32개가 미소공위

---

140 조선공산당은 미소공위의 제5호 성명에 따라 긴급중앙위원회를 개최, 모스크바 3상회의는 물론이고 현재의 미소공위도 전적으로 지지한다는 선언서에 박헌영이 서명한 서류를 19일에 미소공동위원회에 제출했다. 《서울신문》 1946년 4월 22일자.

141 그는 이렇게 주장했다. "신탁통치를 반대하느니 지지하느니 등의 문제를 막론하고 아무 차별 취급이 없이 우리는 미소공동위원회와 합작 노력하여 민주통일정권 수립의 기회를 획득하게 된 데 대해서 환영하여 마지않는 바이다." 《東亞日報》 1946년 4월 19일자.

142 《東亞日報》 1946년 4월 28일자.

의 참여 선언서를 제출했다. 여기에 자극을 받았던 우파도 적극 참여로 급선회하게 되었다.[143] 마침내 5월 1일 우파의 비상국민회의, 한민당, 한독당 등 우익계 20여 단체도 미소공위에 참여한다는 선언서를 제출하기에 이르렀다.

한편 미소공위는 공동성명 제7호를 발표했는데, 여기에는 미소공위에 참여할 각 정당, 사회단체와의 협의순서와 세목 그리고 시문서(試問書)를 밝혀 놓았다. 이때 미국 측과 소련 측의 의견 차이가 구체적으로 드러났고, 이 일로 미소공위는 장기휴회로 들어가게 되었다. 소련은 모스크바 3상회의에 반대한 정당과 사회단체는 반탁운동을 전개했기 때문에 미소공위에 참여할 자격이 없다고 주장했다. 다시 말하면 반탁에 가담한 우파 진영은 미소공위의 참여에서 배제시켜야 한다는 것이다. 여기에 맞서서 미국은 반탁운동을 전개한 단체도 그들의 의견을 자유롭게 발표하고, 미소공위에 참여해서 자신들의 생각을 밝히게 해야 한다고 반박했다.

더욱이 미소공위에서는 남북한에서 미소공위의 협의대상이 될 정당과 사회단체의 명단을 제출하기로 합의했는데, 미국과 소련 양측이 제출한 자료는 현격한 차이를 보여 주었다. 소련 측은 미국 측 제출 자료에는 남한에서 오직 6개 종교단체와 극우 단체만 협의대상으로 선정하였고, 60만 명의 노조원을 가진 노동조합평의회와 30만 명의 회원으로 조직된 부녀총동맹, 65만 명의 전조선 민주청년단체 그리고 3백만 명의 농민조합 등을 제외시킴으로써 이들의 미소공위 참여를 봉쇄했다고 항의했다.

---

143 《서울신문》 1946년 5월 3일자.

미국 측도 소련의 제출 자료에는 북한의 민족주의적인 단체와 우파 조직체들이 모두 제외되었다고 논박했다. 미국은 소련이 말한 남한 내 조직체는 실제로 극좌파를 의미할 뿐이며, 수많은 조직원을 가진 것처럼 과장했지만 실제로 그 숫자는 허수라고 공박했다. 또 이들은 사실상 파괴적인 폭력단체일 뿐이라고 반격했다.

이처럼 미소공위의 협의대상에 대한 서로 다른 의견은 미소 사이에 더 이상의 접합점을 찾을 수 없었음을 의미했다. 그 때문에 소련 대표단은 1946년 5월 9일 평양으로 돌아갔고, 50여 일 동안 미소공위는 좌초상태로 표류하게 되었다.

미소공위의 실패는 통일정부를 열망했던 국민들의 기대감을 무너뜨렸다. 남북한의 미소 군정은 각기 점령지역에서 그들의 영향력 증대에만 진력했다. 북한의 소련군은 '계획된 점령정책'과 탄압으로 1945년 10월 이후 김일성 정권을 수립, 정초하기 위해 진력했다. 또한 소련은 박헌영의 남한 안의 공산주의 활동에도 기대하고 있었다.

이와는 대조적으로 남한의 미군정은 무능하고 비효율적인 행정체제로 정국을 혼돈상태에 빠뜨렸으며 치안상태도 불안했다. 남한에서는 다수의 정치세력이 정권 장악을 위해서 극심하게 경쟁했다. 이승만, 김구, 김규식, 여운형, 박헌영 등 남한 정치지도자들 사이에 협상이나 연대는 별로 진척되지 않았다. 여기에는 미군정의 잘못이 한몫을 거들었다. 특히 하지 사령관은 '정치에 무식한 전형적인 야전군 사령관'으로 한국 정치에서 무능의 극치를 보여주었다.

해방 전후 미국의 대한정책도 문제였지만 하지의 무능력과 무정견도 정국을 혼란으로 몰아넣은 중요한 요인 가운데 하나였다. 그는 점령군 사령관으로 한국에 왔고, 점령군 사령관으로만 군림하려 했다. 그는 한국의 정치지도자 가운데도 자신에게 고분고분한 인사들만 상대하려 했다. 그런 그에게 이승만은 '고집 센 노정치가'였다. 더욱이 이승만이 워싱턴의 정계와 관계를 맺고 있었기 때문에 하지에게는 거북한 존재였다.

이승만은 귀국하자마자 독립촉성중앙협의회를 조직했으며, 좌우파를 포괄하는 정치활동으로 정국의 주도권을 장악하려 했다. 그러나 여운형-박헌영 일파와 마찰을 빚게 되었고, 그 때문에 우파 진영의 지도자로 한정될 수밖에 없었으며 좌파로부터는 극심한 비난을 받기도 했다.

김구도 귀국 뒤 임시정부 중심의 비상정치회의의 개최와 과도정부수립을 위한 국민대표자대회를 구성하기 위해서 진력했다. 이 기관에서 헌법을 제정해서 대한민국임시정부를 정식 정부로 전환시키려고 했다.[144] 그러나 김구의 시도는 박헌영과 여운형의 조선인민공화국 측과 대립을 빚었다. 그뿐 아니라 국내 최대의 우파세력인 한민당과도 소원해졌다.

사실 한민당이 해방정국에서 좌파에 대응했던 초기의 논리는 김구의 대한민국임시정부 봉대론이었다. 다시 말해 대한민국임시

---

144 김구의 1946년 1월 4일 비상정치회의의 소집을 위한 성명서의 내용을 제시하자면 아래와 같다. "우리의 통일에 대한 주장은 무엇인가? ①비상정치회의를 즉시 소집하자는 것이다.……과도정권을 수립하기 위하여 국내의 각 계층 각 혁명당파, 각 종교집단, 각 지방대표와 저명한 각 민주영수회의를 소집하자는 것이다. ②임시정부를 확대 강화하자는 것이다.……비상정치회의에서 과도정권이 확립될 때까지 나아가는 것이다. ③국민대표대회를 소집하자는 것이다.……독립국가, 민주정부, 균등사회를 원칙으로 한 신헌장에 의하여 정식정권을 조직하자는 것이다."《서울신문》 1946년 1월 5일자.

정부만이 법통성을 지녔으며 그 이외의 어떤 조직도 정부를 잠칭할 수 없다고 주장했었다. 그러나 막상 임정이 귀국했을 때 한민당과의 관계는 점점 멀어지고 있었다. 왜냐하면 임정요인들의 귀국일성은 한민당의 기대와는 달랐기 때문이다. 그들은 일제 식민지에서 고통받은 민중을 위로해야 했고 국내 지도자들의 어려움도 격려해야 했다. 그러나 임정세력은 자신들의 독립투쟁만을 강조했으며, 국내지도자 다수를 친일파로 비난했다. 이것은 한민당 등 국내 우파에게는 참기 어려운 모욕감으로 받아들여졌다. 그 때문에 국내 우파세력은 점점 김구보다는 이승만을 지지하는 방향으로 돌아서게 되었다.

이 시기 또 한 사람의 정치지도자인 김규식은 대한민국임시정부 부주석으로 귀국했지만, 귀국 뒤 김구와 멀어졌으며, 오히려 미군정의 미국인들과 가깝게 지냈다. 그의 유창한 영어 활용과 서구적인 지적 세련미가 미군정 당국자들과도 친밀한 관계를 맺을 수 있게 했기 때문이다. 그러나 그의 정치지향은 중도 우파적이기 때문에 좌우파 사이의 극단적인 대결로 치달린 당시의 상황에서는 국민적인 지지를 모으는 데 한계가 있었다. 김규식에 대한 국민의 지지도는 이승만, 김구 등과는 비교되지 않을 정도로 미미했고, 이 점에서 그의 좌우파 연대도 현실적으로는 이루어질 수 없는 이상적인 주장일 수밖에 없었다.

한편 여운형은 좌파의 박헌영과 깊은 연계를 맺으면서도 중도좌파로 나아갔다. 그 때문에 좌우파의 대결이 심할수록 그는 좌파와 손잡게 되었다. 박헌영과 긴밀한 연대는 그로 하여금 좌파 진영의 지도자적 위치로 부각되게 만들었다. 그의 뛰어난 선동성과

정치적 순발력은 정치쟁점을 제기할 수는 있었지만 그 결과를 효율적으로 마무리할 수는 없었다. 그러므로 그는 좌파 진영 안에서도 박헌영의 그림자에 가려진 존재로 점점 변모되었다.

박헌영의 경우 한반도의 공산화를 위해서 진력했으며, 특히 남한에서의 실현을 위해 투쟁했다. 그는 북한에서 김일성이 정권을 장악해도 남한에서 공산주의 운동이 성공한다면, 궁극적으로 남북한 모두에 공산주의 정권이 들어서 자신이 그 수장이 될 수 있을 것으로 자신했다. 이 점에서 그에게 남한 공산주의 운동이야말로 양보할 수 없는 절대적인 목표였다.

이처럼 정치가들은 이합집산을 거듭하면서 오직 자신만의 집권을 위해 진력했다. 이들은 정치상황에 따라 다른 세력과 연합했고, 그런가 하면 곧장 갈라서기도 했다. 오직 집권만을 목표로 했기 때문이다. 그 과정에는 수많은 정치조직체, 심지어 연대를 위한 기구도 등장했지만 어디까지나 이름 뿐이었다. 이 시기에 주목받았던 우파 조직체로는 이승만의 독립촉성중앙협의회와 김구의 비상정치회의 그리고 그 연장선 위의 남조선대한국민대표 민주의원(이하 '민주의원'이라고 함)이었다. 그리고 좌파 조직체는 민주주의 민족전선(이하 '민전'이라고 함)이 있었는데, 이는 좌파들 사이의 연대기구였다. 그러나 반탁운동을 겪으면서 1946년 새해부터 남한 정국은 우파의 민주의원과 좌파의 민전으로 양분되어 상대방을 공격했다.

앞에서 말한 독립촉성중앙협의회는 이승만의 귀국과 함께 조직되었지만 좌파의 이탈과 미군정이 이를 하나의 정치집단으로 여겼기 때문에 그 활동도 답보상태에 놓여 있었다. 이는 좌우파 사이에는 어떠한 연대도 불가능하다는 것을 입증했던 한 사례였다.

그 뒤 김구의 임시정부 내 좌익적인 인사들과 여운형의 조선인민공화국 인사 사이에 합작 교섭이 행해지기도 했다.[145] 그러나 여기에는 좌파의 책략이 숨어 있었다. 다시 말해 좌파는 모스크바 3상회의의 신탁통치안을 지지하여 한때 국민적 분노감의 표적이 되었고, 이를 모면하기 위한 방편으로 임정과의 연대를 모색했던 것이다. 또 좌파의 이러한 제의는 조선인민공화국을 대한민국임시정부와 대등한 위치로 끌어올리려는 정치적인 계산도 깔려 있었다. 따라서 좌우파 사이의 연대는 상대방을 이용하기 위한 책략으로 시종했다.

대한민국임시정부가 국내 우파 단체의 연대를 모색했던 것이 비상정치회의였다. 이를 위해 김구는 1946년 1월 4일 국내 각계 대표자로 구성된 비상정치회의의 소집을 다음과 같은 성명했다.

신탁통치를 방지하는 유일한 방법은 또한 전 민족통일 단결에 있다고 확인하고 금일까지도 임시정부의 전원은 공산당과 인민당의 영수들로부터 일치점을 구하기 위하여 계속 노력하며 기타 각방으로 노력 중

---

[145] 이 제의는 1945년 12월 31일에 좌파인 인민공화국 측의 洪南杓, 洪東植, 李康國, 鄭栢과 임정의 국무위원 成周寔, 張建相, 崔東旰 등이 회합을 갖고, 인민공화국 측이 다음과 같이 연대할 것을 제의했다. "……민중은 위기에 처하여 민족의 절대통일을 강열하게 요청하며 나아가서 귀 정부와 본 정부의 동시해체를 요구하고 있지 않습니까. 현재 조선민족통일을 저해하고 있는 원인은 양 정부의 병립으로 나타나고 있습니다.……실로 양 정부의 통일이 민족통일의 유일 최선의 방법이라고 인정하고 그 구체적 방법으로 양측이 토의할 것"을 제의했다. 그러나 이 제의는 조선공산당이 모스크바 3상회의의 결의안을 지지하는 등 임정과는 대립적인 행동을 취하는 상황에서 단순히 국민의 여론을 돌리기 위한 방안으로 양측의 회의를 제의했을 것이라는 인식 때문에 임정 측은 일거에 거부해 버렸다. 《서울신문》 1946년 1월 2일자.

이다.……우리의 통일에 대한 주장은 무엇인가. ①비상정치회의를 즉시 소집하자는 것이다.……②임시정부를 확대 강화하자는 것이다.……③국민대표대회를 소집하자는 것이다. 우리는 먼저 비상정치회의를 소집하는 동시에 임시정부를 확대 강화하며 비상정치회의에서 과도정권이 확립되면 임시정부는 그때 해체될 것이다. 그 다음에 그 과도정권은 절대 민주적 정신 위에서 국민대표대회를 소집하여서 독립국가, 민주정부, 균등사회를 원칙으로 한 신헌장에 의하여 정식정권을 조직하자는 것이다.[146]

이 제의에 따라, 좌우파 인사들이 몇 차례 회합에 참석했지만 그들 사이의 간격은 좁힐 수 없었다. 좌우파의 연대가 모색되었던 시기에 조선공산당 책임비서 박헌영은 "민주주의적 독립조선은 20년 이내 소련권으로 편입되어야 마땅하다"고 주장했다.[147] 이 내용이 언론에 보도되자 우파는 좌파와 어떤 협상도 할 수 없음을 공개적으로 선언했다. 반탁을 추구했던 우파는 소련 연방으로 편입을 희망하는 찬탁노선의 좌파와는 어떤 협상도 현실적으로 어렵다는 것을 절감했던 것이다.

이러한 분위기에서 1946년 1월 20일 김구의 주장으로 각계 대표 21명에 의한 비상정치회의 제1차 준비회의가 열렸다. 여기에 초청된 정당 21개 가운데 좌파의 인민당, 조선공산당, 북한의 독립동맹이 불참함으로 18개 단체만 참석했다. 비상정치회의는 전후 5차례 회의를 가졌으며 그 명칭도 비상국민회의로 고쳤다. 그

---

146 《서울신문》 1946년 1월 5일자.
147 《東亞日報》 1946년 1월 17일자.

러나 결국 이 모임도 좌우파의 연대가 아닌 우파만의 연대로 한정되고 말았다.

김구 주도의 비상국민회의는 1946년 2월 1일 과도정부수립을 목표로 명동 천주교 성당에서 201명의 대표 가운데 167명이 참석하여 회의가 열렸다. 이날 사회자는 안재홍, 임시의장은 김병로였으며, 과도정부수립을 위한 최고정무위원회도 설치했고, 그 위원 선정은 이승만과 김구에게 일임하기로 했다. 비상국민회의 의장으로는 홍진, 부의장으로는 최동오가 추대되었다. 2일의 회의에서는 137명이 참석하여 홍진의 사회로 몇 가지 중요 사항이 결정되었는데, 헌법과 선거법 제정에 대한 논의와 38도선의 즉각 철폐를 요구하는 결의안을 심의했다.

비상국민회의 최고정무위원회는 1946년 2월 14일부터 주한미군정과의 협의하여 미군사령관 하지의 자문기관으로 그 명칭도 '대한국민대표 민주의원'(Representative Democratic Council)으로 고치기로 했다. 그 첫모임이 미 군정청 제1회의실에서 열렸다.[148] 그런데 이날의 모임을 통해서 이 조직체는 점점 미군정에 협조하는 한국인 대표자의 연석회의체로 변모되고 있었다. 이날의 모임을 보도한 한 신문기사는 그 정황을 이렇게 적어 놓았다.

---

148 당시 민주의원의 구성은 아래와 같았다. 의장 이승만(독립촉성국민회), 부의장 김구(임정 주석), 김규식(임정 부주석), 의원 한민당 대표 : 원세훈, 김도연, 백관수, 김준연, 백남훈 / 신한민족당 : 권동진, 오세창, 김여식, 최익환 / 임정계 : 조완구, 조소앙, 김붕준 / 국민당 : 안재홍, 박용희, 이의식 / 인민당 : 여운형, 황진남, 백상규 / 여자국민당 : 김선 / 천주교 : 장면 / 유교 : 김창숙 / 불교 : 김법린 / 기독교 : 함태영 / 무소속 : 정인보, 황현숙. 그리고 그 뒤 1946년 2월 23일에 다음과 같이 조직 개편을 단행했다. 의장 이승만, 부의장 김규식, 총리 김구, 비서국장 윤치영, 서무국장 고희동, 공보국장 함상훈, 통계국장 조종구, 기획국장 최익 등이었다. 《東亞日報》 1946년 2월 15일자.

1946년 2월 14일 오전 9시 이날 이 시각은 한국이 주권국가로서 자주정부의 복구를 향하여 비약하는 세기의 획기적 신기원을 짓는 날이다. 민족적 영수 이승만을 의장으로 김구, 김규식을 부의장으로 하여 역사적 남조선 대한국민대표 민주의원 성립식이 군정청 제1회의실에서 막을 올렸다. 이승만, 김구, 김규식 등 28명의 의원이 열석하고 방청석에는 김성수, 임영신, 구자옥 등의 착석이 끝난 후 10시에 이승만으로부터 연설이 있은 후 김규식의 하지 중장에게 보내는 선언문 낭독과 이어서 하지 중장의 성명서 낭독이 있었고 김구의 연설이 있었다.……상오 11시 50분 역사적인 식을 마쳤다. 이 자리에 오직 공산계열의 불참가는 유감된 일이며 대표의원 28명 중 출석 23명, 결석 5명이었다.[149]

이 시기에 좌파도 연대적인 조직체를 조직했는데, 그것이 민주주의 민족전선이었다. 좌파진영은 1946년 1월 19일 서울 관훈동의 실업동맹회관에서 여운형의 인민당과 박헌영의 조선공산당을 중심으로 좌파 29개 단체의 대표 60명의 참석으로 민전 발기 준비회를 개최했다.[150] 이날 조선공산당의 홍남표의 사회로 진행된 회의에서는 민전의 결성을 만장일치로 결정했고, 그 준비위원회의 구성은 인민당 대표와 공산당 대표인 여운형과 박헌영에게 일임하기로 했다. 제2차 회의는 2월 1일에 열렸으며 "민전만이 과도적인 임시국회의 역할을 수행할 수 있고, 미소공위의 민주적인 정부조

---

149 《東亞日報》 1946년 2월 15일자.

150 민주주의 민족전선의 준비위원으로 선정된 인사는 다음과 같다. 김두봉, 최창익, 한빈, 여운형, 이여성, 김오성, 김세용, 박헌영, 김일성, 이주하, 허헌, 홍남표, 최익한, 이강국, 김철수, 이돈화, 손재기, 도상록, 최용건, 김책, 정노식, 강기덕, 유영준, 이태준 등이었다. 《朝鮮日報》 1946년 2월 1일자.

직에서 조선민족의 유일한 정식 대표"라고 선언했다.

그런데 민전을 주도했던 인민당이나 공산당은 이 조직체가 좌파만의 조직체가 아닌 전 국민적인 것이라고 강조했다. 이 선전을 통해서 그들만이 국민적인 총체성을 대표한다고 주장했다. 구체적으로 조선공산당은 한 성명서에서 "세간의 일부에서는 민전을 가지고 좌익편향 혹은 좌익적이라는 옳지 못한 규정을 내리고 흡사 이 전선이 일종 과오를 범한 것 같은 인상을 주려고 애쓰는 분들이 없지 않으나 이것은 전연 옳지 못한 견해"라고 말했을 정도였다.[151] 그러면서 김구의 비상국민회의를 다음과 같이 비난했다. "진정한 민주주의 진영의 결집체인 민전과 다른 편의 비상국민회의가 서로 대립하고 있을 뿐이다. 이 후자는 금일의 미군정을 무조건 절대지지하면서도 3상회의 결정을 반대하고 나온다는 것은 대체 무슨 심사인가."[152]

민전의 결성대회는 1946년 2월 15일 오전 11시 20분부터 종로 YMCA 회관에서 개최되었다. 이날의 모임은 이여성의 개회선언으로 시작했는데 그 참석 인사로는 398명(460명을 초청했으나 38도 이북에서는 불참했다)과 지방대의원 200명, 그 밖에 내빈이었다. 이날 회의의 임시집행부 의장단은 여운형, 박헌영, 허헌, 백용희, 장건상, 김원봉, 이극로, 유영준, 홍남표, 이여성, 이강국, 한빈, 백남운, 오지영, 이태준 등으로 구성됐다. 특히 이날 박헌영의 다음 연설은 민전의 성격을 말해 준다.

---

151 《서울신문》 1946년 2월 14일자.

152 《서울신문》 1946년 2월 14일자.

8·15 이전의 (공산)당은 민주주의와 손잡고 일본 제국주의와 싸웠고 8·15 이후는 강령에 쫓아 노동자 농민 근로대중의 이익옹호를 위해 싸우고 있다. 앞으로의 과제는 '민주주의 조선'을 건립해야 되는데 그렇게 되자면 민주주의 노선에 따라 연합 4대국과 보조를 같이해 나가지 않으면 안 된다. 우리 당은 우당과 더욱 긴밀히 제휴하여 민주주의 원칙에 입각하여 해결하지 못한 모든 문제를 대중과 함께 해결하려고 한다.[153]

민전 결성의 둘째 날 회의도 같은 장소에서 열렸다. 이날은 주로 시국문제를 다루었는데, 악질경관 처벌문제, 학병동맹사건, 국군 준비대 문제 등을 집중 논의했으며 친일파와 민족반역자 문제도 다루었다. 민전의 조직구조에서 중앙의원을 두기로 했고 그 밑에 중앙집행부를 두었으며 실무진으로는 사무국을 설치해서는 그 산하에 각부를 설치해서 사무를 분장하기로 했으며 중앙의원 305명을 선출했다.

이로써 당시 정국은 우파의 민주의원과 좌파의 민전으로 양분되어 각기 다른 자신의 주장을 펼치고 있었다. 우파의 민주의원도 그 내면에는 여러 정당이 난립했고 좌파의 민전도 마찬가지였다. 민전은 주요강령으로 1946년 2월 21일 민전상임위원회에서 채택되었던 민족문제 해결, 민주주의 정권 수립, 경제건설과 부흥, 토지문제 해결, 문화건설, 국제협력, 민생문제와 식량문제 등을 다루고 있었다. 그 가운데 민족문제는 중요한 의미를 담고 있었기 때문에 여기에 그 중요 부분을 인용해 보기로 한다.[154]

---

153 《朝鮮日報》 1946년 2월 16일자.
154 상임위원으로는 김원봉, 박헌영, 허헌 등이었다. 《서울신문》 1946년 2월 23일자.

일본의 잔존세력을 철저히 청소하지 않고 반(半)봉건적 사회기구를 그대로 두고 반민주주의적으로 인민을 내려누르는 특권계급 및 그 당파의 독재를 수립하는 국가를 건설함으로써 민족문제의 해결을 저해하려 한다. 이런 국가는 민족의 자유평등을 보장하는 진보민주주의 국가군과는 필연적으로 대립되고 세계 독점적 금융자본의 제국주의적 침략정책과 직접 간접으로 협력하게 되어 그의 자주성을 얻을 수 없는 것이니 민족문제 해결에 있어서 이러한 반동적 방법은 우리 민주주의 민족전선도 절대로 배격하는 것이다. 민주주의 민족전선도 조선민족에게 현대적 국민이 향유할 수 있는 모든 조건을 보장할 수 있는 국가를 건설하여 민족문제의 진보적 해결을 고창하는 동시에 이것을 위하여 싸운다.

이것은 전형적인 맑스주의 논의였다. 한반도가 소련의 영향권 아래로 들어가는 것을 민족문제의 당연한 귀결처럼 설명했다. 민족문제는 식민지의 극복을 위한 과제며, 민족 기반의 국민국가를 지향하는 것이야말로 민족주의 시대의 흐름이었다. 이 사실을 전제로 하면 당시 이 문건은 맑스주의적 민족논리의 반영에 지나지 않았다. 현실에 대한 구체적인 인식도 결여했다.

오히려 이 시기 민족문제는 민족의 생존을 위해서라도 한반도를 강점했던 미군과 소련군을 퇴치시키는 것에 중점을 두어야 했다. 미군과 소련군을 물리치는 것, 그렇게 함으로써 하나된 민족적 일체성을 이룩하기 위한 국민국가의 수립이야말로 민족문제의 최종 귀착이어야 했다. 그러나 한국의 공산주의자들은 단순히 맑스주의적 제국주의론만 반복함으로써 친소적 편향성을 강하게 보여 주었다. 또한 그들에게 민주주의도 서구 자유민주의가 아닌 소비에트체제의 정치임을 규정해 놓고 있었다. 더욱이 "각 계급의 진보적 동맹"으로 반동세력을 제압하자면서, 이를 프롤레타리아 해방론과 민족문제를 하나로 연계시켜야 한다고 주장했다.

이처럼 민주의원 대 민전으로의 양분은 민족분열의 현실 상황을 반영했다. 민주의원이 미군정의 자문기구였다면 민전은 미군정에 맞서는 조직체로 등장했다. 따라서 미군정은 점점 우파를 지원하게 되었고 좌파를 압제함으로써 조선공산당의 활동도 위축될 수밖에 없었다. 더욱이 정판사 위폐사건에서 시작된 좌파에 대한 미군정의 탄압은 《서울신문》을 비롯한 좌익계 신문의 폐간, 박헌영의 체포령 발부 등으로 이어졌다. 따라서 이 시기에 오면 남한의 공산주의 활동은 점점 미군정의 탄압을 받게 되었으며, 따라서 민전도 별다른 활동을 할 수 없는 상황으로 내몰리게 되었다.

4

좌우합작운동과 단정론의 귀착

미군정은 좌우파의 연합으로 임시정부를 수립하고 이를 바탕으로 남북한의 통일정부를 수립하려 했다. 이를 위해 좌우합작운동을 적극적으로 지원했다. 이 일은 하지 중장의 고문인 레오나드 버치(Leonard Bertsch) 중위의 주도로 이루어졌는데, 그는 좌우합작의 대상자로 중도 우파인 김규식과 중도 좌파인 여운형을 선정해서 이들이 중심이 되어 이를 실현하게 했다.[155]

이렇게 시작된 좌우합작운동은 1946년 5월 25일 서울 신당동의 버치 중위의 집에서 제1차 회합을 가졌다. 이날 참석자로 우파에서는 김규식과 한민당의 총무 원세훈이었고, 좌파에서는 인민당의 당수 여운형과 그의 보좌역인 황진남이었다. 그리고 배재학교의 교장 아펜셀러도 참석했다. 그 뒤 몇 차례 회합을 가졌는데, 이

---

[155] 이 과정에 대해 송남헌의 《해방3년사 II》에서는 버치가 이승만을 통해 김규식으로 하여금 좌우합작에 나서 줄 것을 교섭했다면서 이렇게 적었다. "미군정은 이승만을 통하여 김규식에게 집요하게 교섭을 하였다. 이승만은 김규식에게 이것이 하지 중장의 개인 의견이 아니라 미 국무성의 정책인 만큼 우리의 독립을 위하여 한번 시도해 볼 것을 요청하자 김규식은 단정수립을 생각하고 있는 이승만의 권유에 대하여 '좌우합작이 독립을 위한 한 단계라면 내가 희생하겠다. 형님이 나를 나무 위에 올려놓고 흔들어 댈 것도 안다. 또 떨어뜨린 후에는 나를 짓밟을 것도 안다. 그러나 나는 독립정부를 세우기 위해 나의 모든 것을 희생하겠다. 내가 희생된 다음에 형님이 올라서면 될 것이다' 라고 말했다. 그런데 여기서 짚어야 할 것은 이 논의를 다룬 문건이 이 글 이외는 찾을 수 없으며 이를 주장한 송남헌은 김규식의 정치 진영의 인사라는 사실도 유의될 수 있다." 송남헌, 《해방3년사 II》, 까치, 1985, 367쪽.

회합을 다음과 같이 정리해 볼 수 있다.

▨ 제2차 회합(1946년 5월 30일) : 같은 장소에서 원세훈과 민전 의장단 허헌과의 회합.

▨ 여운형의 성명(1946년 6월 11일) : "진정한 통일정부는 좌우 합작으로 수립될 수 있을 것"임을 천명.

▨ 제3차 회합(1946년 6월 14일) : 같은 장소에서 김규식, 원세훈, 여운형, 허헌 사이의 회합.
여기에서 좌우합작에 대한 다음 3가지 합치점을 이룩했으며 이를 발표했다.
① 앞으로 세울 정부는 대내적으로는 부르주아 민주공화국 을 채택하고 대외적으로로는 선린외교를 추구할 것.
② 진정한 애국자, 혁명가에 대한 비방 금지.
③ 북조선에서 일당 독재의 중지와 언론, 집회, 사상의 자유 를 보장한 후 남북한의 합작을 추진할 것.

▨ 하지 중장은 "미군사령관으로써 김규식, 여운형의 좌우합작 노력을 전적으로 지지한다"는 성명서를 발표.

▨ 좌우파의 정식 대표자 선정(1946년 7월 10일) : 좌우 양측 대 표단으로 우파에서는 주석에 김규식을, 대표로는 원세훈(한 민당), 김붕준(임정), 안재홍(국민당), 최동오(민주의원)를 선임 했고, 좌파에서는 주석에 여운형, 대표로 허헌(민전 의장단), 정노식(신민당), 이강국(공산당), 성주식(민족혁명당)을 선정.

▨ 좌우합작 본 회담 개최(1946년 7월 25일) : 덕수궁 석조전에서 개최. 좌측 대표 허헌 불참. 공산당의 이강국이 민전의 '좌우

합작 5원칙'을 제의했으며, 그 내용은 다음과 같음.

① 모스크바 3상회의의 결정을 무조건 지지함으로써 미소공동위원회 속개 운동을 전개하여 남북통일의 민주주의 임시정부수립에 매진하되 북조선 민주주의 민족전선과 직접 회담하여 전적 행동 통일을 기할 것.

② 무상몰수, 무상분여의 토지개혁과, 중요 산업의 국유화, 민주주의적 노동법령 및 정치적 자유를 위시한 민주주의의 제 기본 과업 완수에 매진할 것.

③ 친일파, 민족반역자, 친 팟쇼 반동 거두를 완전히 배제하고 테러를 철저히 박멸하며 검거 투옥된 민주주의 애국지사의 즉시 석방을 실현하고 민주주의적 정치 운동을 활발하게 전개할 것.

④ 남조선에 있어서도 정권을 군정으로부터 인민의 자치기관인 인민위원회에 즉시 이양하도록 기도할 것.

⑤ 군정 고문기관 혹은 입법기관의 창설에는 반대함.

▨ 제2차 본회담 유회(1946년 7월 29일) : 여운형의 발병으로 회담 연기, 이날 우측의 '좌우합작 8원칙'을 좌파에 전달했음. 그 내용은 아래와 같음.

① 남북을 통한 좌우합작으로 민주주의 임시정부수립에 노력할 것.

② 미소공동위원회 재개를 요청하는 공동성명서를 발표할 것.

③ 신탁문제는 임시정부수립 후 이 정부가 미소공위와 자주독립정신에 기하여 해결할 것.

④ 임시정부수립 후 6개월 이내에 보선에 의한 전국민대표회

의를 소집할 것.

⑤ 국민대표회의 성립 뒤 3개월 이내에 정식 정부를 수립할 것.

⑥ 보선을 완전히 실시하기 위하여 전국적으로 언론, 집회, 결사, 출판, 교통, 투표 등의 자유를 절대 보장할 것.

⑦ 정치, 경제, 교육의 모든 제도 법령은 균등사회 건설을 목표로 하여 국민대표회의에서 의정할 것.

⑧ 친일파 민족반역자를 징치하되 임시정부수립 뒤 즉시 특별법정을 구성하여 처리할 것.

이 과정에서 1946년 8월 22일 박헌영은 북한을 방문했다. 이때부터 조선공산당은 극좌적 투쟁노선으로 급선회했으며, 이는 여운형에게도 무언의 압력으로 작용했다. 결국 이것이 좌우합작 회의를 연기시킨 한 요인이 되었다. 이 시기에 경찰은 이강국을 공산당의 불법 활동에 대한 혐의자로 전국에 수배함으로써 좌우합작 회의도 공전되고 말았다.

우파는 좌우합작의 장기 휴회의 이유로 "조선공산당 일부의 편파적이고도 불합리한 소위 5원칙을……책하지 아니할 수 없지만, 우리는 성심으로 기본대책 8원칙을 제시함으로써 이것에 답했다"고 성명함으로써 그 속개를 재촉했다. 그러나 좌파는 민전 사무국의 이름으로 "이승만의 정치노선을 답습한 우익 8원칙에 의한 합작 교섭은 무의미하며 좌익에 대한 미군정의 탄압 중지와 분위기 조성"의 선행을 요구했다.

1946년 7월 28일에는 평양에서 북조선공산당과 신민당이 북조선노동당으로 통합되었으며, 남쪽도 여운형의 인민당과 남조선신민당, 조선공산당이 합당을 모색하는 등 좌파 진영의 개편이 이루어지고 있었다.[156] 또한 이 시기 1946년 9월 23~30일에 여운형은 북한에 가서 김일성 등을 만났으며, 박헌영과는 달리 적극적으로 좌우합작운동에도 참여했다. 그러한 그의 노력에서 얻어진 것이 1946년 10월 7일의 좌우합작위원회에서 합의한 좌우합작 7대원칙이었다.

1. 조선의 민주독립을 보장한 3상회의의 결정에 의하여 남북을 통한 좌우합작으로 민주주의 임시정부를 수립할 것.

2. 미소공동위원회의 속개를 요청하는 공동성명을 발표할 것.

3. 토지개혁에 있어서 몰수, 유조건 몰수, 체감매상 등으로 토지를 농민에게 무상으로 분여하며 시가지의 기지 및 대건물을 적정 처리하며, 중요산업도 국유화하며, 사회노동법 및 정치적 자유를 기본으로 지방자치제의 확립을 속히 실시하고, 통화 및 민생문제 등을 급속히 처리하며, 민주주의 건국 과업 완수에 매진할 것.

4. 친일파 민족반역자를 처리할 조례를 본 합작위원회에서 입법기구에 제안하여 입법기구로 하여금 심의 결정하여 실시케 할 것.

5. 남북을 통하여 현 정권하에 검거된 정치운동자의 석방에 노력하고 아울러 남북 좌우의 테러적 행동을 일체 즉시로 제지토록 할 것.

6. 입법기구에 있어서는 일체 그 기능과 구성방법, 운영을 본 합작위원회에서 작성하여 적극적으로 실행을 기도할 것.

---

156 이 과정에서 인민당도 분열되었고 공산당도 합당 문제로 강진, 김철수, 이정윤, 서중석, 김근, 문갑송 등 이전의 장안파는 박헌영계의 이주하, 김삼룡, 이현상을 당에서 제명하고 박헌영의 파벌적 당 운영을 규탄했다. 여기에 맞서 박헌영은 이들과 여기에 동조했던 40여 명을 공산당에서 제명 조치했다.

　　7. 전국적으로 언론, 집회, 결사, 출판, 교통, 투표 등 자유를 절대 보장
　　　되도록 노력할 것.

　　좌우합작위원회의 결과물인 좌우합작 7대원칙은 당시 정국에서 중요한 정치적 영향력의 행사자인 이승만과 한민당의 강한 반대에 직면했다. 이들은 좌우합작 7대원칙이 좌파의 토지개혁을 받아들였다면서 강하게 비판했다. 조선공산당도 처음부터 좌우합작에 대해서는 회의적이었으며 이 점에서 이들도 별다른 기대감을 갖고 있지 않았다.

　　그러나 김규식과 여운형 사이의 합의는 정국에 제3세력권을 형성할 수 있는 한 계기가 되었으며, 하지 중장은 이들을 적극적으로 지원했다. 좌우합작위원회의의 좌우합작 7대원칙에 입각해서, 미군정은 미군정 산하의 입법기관으로 남조선과도입법의원을 설립하기로 했다. 이는 좌우합작위원회가 건의한 다음 내용을 받아들인 것이다. ①입법기구 구성원 수를 90명으로 하고 45명은 지방에서 민선으로 선출하고 45명은 좌우합작위원회의 추천으로 군정장관이 동의한 인물로 하며 ②친일파, 민족반역자, 식민지시기의 도·부 의원, 주임관 이상의 관리, 악질 경찰과 헌병, 악질 동장 및 악질 모리배는 대의원의 자격을 부여하지 않고 ③선거방법은 동, 촌, 리의 대표 2명씩 먼저 선출해서 이들이 면 대표 2명을 선거하고 다시 면 대표가 군 대표 2명을 선거한 뒤에 이들이 인구수에 따라 배분된 각 도의 대의원을 최종적으로 선출하는 4단계 간접선거제였다.

　　좌우합작위원회로부터 입법기구의 설치를 건의받자 하지 중장

도 "나는 좌우 정당 대표들이 조선의 복리를 위해서 화합하였다
는 것과 조선의 자치를 향하여 획기적인 민주주의 발전안을 추천
하기로 결정했다는 것을 들었을 때 대단히 반가웠습니다"라고 말
함으로써 이 건의를 적극적으로 수용할 것임을 밝히기도 했다.

1946년 12월 21일부터 31일까지 일정 납세액을 기준으로 한 차
별선거와 4단계의 간접 선거로 민선의원 45명이 선출되었다. 그
리고 관선의원은 좌우합작위원회에서 추천한 인사를 하지 중장의
동의를 받아 임명했다. 그러나 관선의원으로 선출된 여운형, 홍명
희, 조완구, 장건상, 엄항섭 등은 사퇴했으며 그 밖에 좌파의 민전
소속 의원들도 사퇴했다. 이들 사퇴자가 결석한 가운데 1946년 12
월 11일 입법의원 예비회의에서는 53명이 참석했으며 그 가운데
49명의 지지로 김규식을 의장으로 선출했다. 그리고 정식 개원은
그 다음날 이루어졌다. 이렇게 해서 성립된 입법의원의 정식 명칭
은 '남조선과도입법의원' 이었다.

그러나 입법의원 등 좌우합작에 의해 통일정부를 수립하려는
본래의 목표는 이룰 수 없었다. 왜냐하면 조선공산당과 한독당,
한민당의 일부 당원까지도 입법의원의 활동이 궁극적으로는 남북
한을 영구적으로 분단시킬 것이라는 인식이 지배했기 때문이다.
여기에다 미군정의 무능한 통치로 민중들의 분노감이 곳곳에서
터져 나왔다. 구체적으로 1946년 9월 말의 용산 철도노조 파업, 대
구 10·1사건 등을 비롯해서 미군정에 대한 민중들의 불만이 터져
나왔다. 여기에다 정판사 위폐사건 이후 공산당은 신전술을 채택
함으로써 지방의 야산대(파르티잔)활동이 전개되었으며 그 때문에
치안도 극도의 혼란상태로 떨어지게 되었다. 또한 입법의원의 활

동도 국민적인 지지와는 점점 거리를 보여 주었다.

이 시기 또 다른 관심사는 이승만의 남한단독정부수립론(이하 '단정론'이라고 함)의 주장이었다. 그는 미군정의 좌우합작이 성공할 수 없다고 판단했으며, 미군정의 정부수립 정책에는 일정 거리를 두면서 독자적인 행보를 보였다. 이승만은 하지 중장과도 마찰을 빚으면서, 정국의 혼란을 막고 독립정부를 수립할 유일한 방안은 단정론뿐이라고 주장했다. 그 이유로 다음 몇 가지를 들었다. 첫째로 북한에는 이미 김일성 정권이 수립되어 권력기반을 고착시키고 있었으며, 그 때문에 남북한의 통일정부의 수립은 사실상 불가능한 국면에 놓여 있음을 지적했다. 둘째로 미소공위에서 신탁통치문제가 논의되고 있지만 그것의 성공 가능성은 대단히 미미하다는 것이다. 왜냐하면 미소의 전후 대외정책은 대결적으로 변했기 때문에, 양자의 타협으로 한국에서 새 정부를 수립한다는 것은 사실상 불가능할 것으로 판단했다.

이승만의 단정론은 그의 지방 순회과정에서 처음으로 주장되었다. 1946년 6월 3일 정읍의 이승만 환영회에서 그는 처음 이 문제를 토로했다. 그의 주장을 여기에 적으면 아래와 같다.

> 이제 우리는 무기 휴회된 공위가 재개될 기색도 보이지 않으며 통일정부를 고대하나 여의케 되지 않으니 우리는 남방만이라도 임시정부 혹은 위원회 같은 것을 조직하여 38이북에서 소련이 철퇴하도록 세계 공론에 호소하여야 될 것이니 여러분도 결심하여야 될 것이다. 그리고 민족통일기관 설치에 대하여 노력하여 왔으나 이번에는 우리 민족의 대표적 통일기관을 귀경한 후 즉시 설치하게 되었으니 각 지방에서도 중앙의 지시에

순응하여 조직적으로 활동하여 주기 바란다.[157]

이승만은 다음날 전주에서도 똑같은 내용의 단정론을 주장하면서, 서울로 돌아가면 단정수립문제를 본격적으로 추진할 것임을 공언했다. 1946년 6월 5일 이리에서도 단정수립을 주장하면서, "미소공동위원회가 계속 토의할 희망이 보이지 않기 때문에 일반민중이 초조해서 지금은 남조선만이라도 정부수립을 고대하고 있다. 나의 관찰로는 조만간 무엇이든지 될 것이니 인내하고 기다려서 경거망동하지 않기를 바란다"고 말했다.[158] 이때부터 정국은 이승만의 단정론에 대한 지지와 반대로 양분되었다.

단정론의 반대진영에는 조선공산당과 여운형의 인민당이 가세했으며 좌파의 민전이 여기에 앞장섰다. 우파의 한국독립당도 단정론을 반대하는 성명서를 발표했다.[159] 더욱이 조선공산당은 노골적으로 이승만의 단정론을 "모스크바 3상회의의 결정을 반대함으로써 미소공위를 결렬시키고 반소·반공운동을 일으킴으로써 남조선단독정부를 세우려는 것"이라고 몰아붙였다. 그러나 단정론을 지지한 한민당은 좌익의 비난에 맞서서 이를 반박하는 등 이승만의 단정론을 적극 옹호했다.[160]

---

157 《서울신문》 1946년 6월 4일자.

158 《서울신문》 1946년 6월 5일자.

159 한국독립당은 선전부장 엄항섭을 통해 1946년 6월 4일 "요즘 항간에는 단독정부수립설이 유포되어 있으나 우리 당으로서는 이에 찬성할 수 없다. 38선의 장벽이 연장되는 한 경제상 파멸과 민족이 격리되어 역사적인 큰 비극을 자아내고 있음은 민족통일에도 큰 방해라 아니할 수 없다. 장래에 있어서 이 상태가 그대로 계속되는 때에는 한국 민족 자체의 생존을 위하여 그대로 방관할 수 없을 것이다"라고 발표했다. 《서울신문》 1946년 6월 5일자.

160 한민당의 이승만 단정론에 대한 옹호는 공산당의 비난에 맞서서 다음과 같이 반박했다.

단정론이 정계의 중요 문제로 제기되자 좌우파의 성명전은 치열했다. 그러나 미군정은 이승만의 단정론이 자신들의 정치지향과는 무관하다고 성명했다.[161]

이승만은 단정론을 관철시키기 위해 1946년 9월 7일에 열린 대한독립촉성국민회 제2차 전국대회에서 이를 역설했다. 이날 그는 극소수 공산주의자들이 정권을 장악하기 위해서 암약했지만 통일정부를 수립하기 위해 그 동안은 침묵을 지켰고, 더 이상 그럴 수 없었다면서, "모스크바 3상회의의 결정이 무효가 되도록 공작할 것"이라고 말했다. 또 "미국은 모스크바 3상회의에 구애되지 않고 단독으로 행동하게 될 것"으로 예견했다.[162]

이승만은 자신의 단정론을 기정화하면서, 미 국무성 담당자와도 이를 협의하기 위해 미국을 방문했다. 그의 미국 방문에 대해서 미군정의 하지는 반대했지만, 도쿄의 미군사령관 맥아더 장군

"이승만 박사의 민족통일기구 설치 운운의 연설을 일부에서는 무슨 역적질이나 한 것 같이 선전하니 그 이유를 이해할 수 없다. 첫째 민족 분열시킨다고 하나 남북이 분단된 것은 미소 양군의 분할 점령 때문이오. 38선의 철폐를 주장한 것은 누구나 잘 알 것이다. 좌우가 분열된 것은 독립촉성중앙협의회에서 공산당이 탈퇴하고 그 후 공산당 방면에서 독립 대신에 신탁을 받고 그 연방이 되기를 희망한 때문이다. 둘째 정권욕에서 나왔다 하나 누구나 자주정권 수립을 희망하는 것은 사실이 아닌가? 왜 공산당에서는 미리부터 이 통일기관에 참여할 생각을 가지지 않고 있는가?……북조선에서 피난해 온 사람이 65만, 지금도 매월 수천인씩 남하한다. 이 피난민은 친일파 민족반역자라고 낙인을 찍는 사람이 있으니 그네들은 이것이 양심적인 조선인의 말인가 자문해 보라." 《朝鮮日報》 1946년 6월 8일자.

161 미군정장관 러치는 정례 기자회견에서 이승만의 남한단정론에 대해서 "나는 이 박사가 어떠한 말을 하였는지는 모른다. 만일 이 박사가 남조선에 따로 정부를 세워야 된다고 하였다면 그것은 그의 입장에서 한 말이고 군정청을 위해서 한 말은 아니다. 이에 대해서는 직접 이 박사에게 물어보는 것이 좋을 줄로 생각한다. 나는 군정장관으로서 남조선단독정부 수립에 대해서는 전연 반대한다. 내가 아는 한에서는 이 문제에 대해서는 아무 계획도 없다는 것 외에는 아무 것도 근거 없는 말이다"라고 밝혔다. 《서울신문》 1946년 6월 11일자.

162 특히 그는 그 회의에 참석했던 회원들에게 "제군들은 지방으로 돌아가서 곧 (단정수립을 위한) 투표에 대한 준비를 해야 할 것"이라고 당부했다. 《東亞日報》 1946년 6월 12일자.

이 지원함으로써 받아 워싱턴으로 갈 수 있었다. 그는 미국의 정계 인사들에게 한국 문제를 유엔에서 토의 결정해 달라면서 즉각 새 정부수립의 필요성을 역설했으며, 이를 위해 미국의 적극적인 지원이 필요하다고 강조했다. 이승만의 미국에서의 활동은 우파 진영에게는 새로운 정치적 가능성으로 비쳐졌다.

이승만은 1947년 4월 21일에 귀국했다. 그가 미국을 방문했던 시기에 미국의 대외정책에도 변화의 조짐이 감지되고 있었다. 다시 말해 미소 사이의 냉전체제가 본격화되었기 때문에 미국은 대소 봉쇄정책의 추진이 필요하다는 것을 절감했다. 이 점에서 한반도에서 공산주의의 팽창을 차단하기 위한, 남한만의 단독정부수립이 불가피하다고 여기기 시작했다. 결과적으로 이승만의 도미활동은 미소공위와 좌우합작에 의한 정부수립을 추구했던 미군정의 시도에 종지부를 찍는 데 중요한 영향을 미쳤다. 이는 이승만이 1947년 4월 27일 귀국환영대회에서 연설한 내용에서도 읽을 수 있다.

> 남조선에 있어서 총선거가 지연되고 미군정이 실패한 것은 하지 중장이 공산당과의 합작을 고집하였던 때문이다. 나는 좌우합작을 믿지 않았다. 그러나 현재는 미국 정책이 공산주의와의 합작을 단념하였으므로 캄캄하던 우리의 길은 열리었다. 우리 동포는 한데 뭉쳐 임시입법의원으로 하여금 총선거 법안을 급속히 제정케 하여 남북통일을 위한 남조선과도 정권을 수립하여야 한다.[163]

---

163 《東亞日報》 1947년 4월 29일자.

식민지에서 독립국가로 나아가는 과정에서 직면하게 되는 문제는 정치세력들 사이의 분열이며, 이 때문에 내전으로 돌입하는 것이다. 그것이 이념이나 종교, 인종 등 어느 것에 말미암은 것이든, 극심한 분열체제로 귀착된다는 것은 궁극적으로 정치지도자의 책임일 수도 있다. 이 점에서 좌우파의 연대로 남북한의 통일정부수립을 위한 좌우합작위원회의 노력은 당위적이지만, 현실적으로는 실패가 예견되고 있었다. 그것의 실패는 곧장 분단체제로의 귀착이며 끝내는 민족 내의 무력 충돌을 경험하는 민족의 비극으로 전락하게 되었다.

5

대한민국 정부수립으로 지향

1947년 후반기의 정국은 대한민국 정부수립을 위한 나라 안팎의 절충기였다. 이 시기에 하지의 미군정도 변모했는데, 입법의원의 설치 등으로 미군정체제의 한국인화가 모색되었다. 그러나 미소 사이의 냉전체제는 한반도의 분단을 기정사실화하고 있었다. 이 과정에서 이승만의 남한단정론은 워싱턴의 지지를 받게 되었고 그것이 한국 문제 해결의 현실적인 대안으로 여기게 되었다.

이 시기에 이미 북한에서는 김일성 지배체제가 점점 공고화되고 있었다. 그 때문에 남한에서의 단독정부수립이야말로 그에 맞설 수 있는 현실적인 대안으로 여겨졌다.

미국은 한국 문제를 유엔으로 이관해서 남북한의 총선거를 실시하기로 결정했다. 물론 이 방안이 남북한에 다 수용될 수 있다고는 생각하지 않았지만 남한에서만이라도 이를 실현함으로써 친미 정부를 수립할 수 있을 것으로 여겼다.

이러한 흐름에 따라 미군정도 한국인에게 행정권을 이양하려는 움직임을 보여 주었다. 먼저 1946년 6월 11일 러치(A. L. Lerch) 미군정장관이 "미군정하의 행정권을 조선인에게 이양할 것"임을 밝혔고, 미 군정청 미국인 고문은 단지 부결권만 행사할 것이라고 성명했으며, 공문서의 공식용어도 한국어가 사용될 것임도 밝혔다. 1947년 2월 5일 한국인 부처장의 통괄을 맡은 민정장관에 민족지도자인 안재홍이 임명되었다.

이처럼 미국은 변화된 대한반도 정책이 집행되고 있었으면서도 다른 한편에서는 미소공위의 재개도 추진하는 양면성을 보여 주었다. 만일 미소공위에서 별다른 성과를 거둘 수 없을 때는 유엔에서 한국 문제를 다루게 하려고 계획했다. 이렇게 해서 제2차 미소공위가 1947년 5월 21일에 서울에서 열렸다. 그리고 6월 25일에는 미소공위에 참가를 청원했던 남한의 정당, 사회단체의 대표 400여 명과도 합동회의를 가졌다.[164]

그러나 미소공위에 참여할 단체를 둘러싸고 미국과 소련 사이에 의견 차이가 좁혀지지 않았다. 7월 10일에 소련 대표가 미소공위에 참여를 신청한 남한의 425개 단체 가운데 118개의 단체만 참여시키자고 제의하자, 미국 측은 "소련이 우익 정당과 단체를 전부 제외시키고 좌익 단체만을 협의대상으로 삼으려고 한다"면서 반박했다. 이러한 논전은 미소공위 제1차 회의의 미·소 대결의 성격을 그대로 답습했음을 의미했다. 또한 이 시기에 미군정은 남한의 좌익계 인사를 대거 검거했는데, 이를 두고 미소공위의 소련 측 대표가 항의하는 등 양측의 공방은 점점 치열해지고 있었다.

이런 상황에서 미국은 미소공위의 좌초 가능성을 전제하면서 "한국에서 통일 임시정부를 수립하기 위해서 미소영중의 4대국이 워싱턴에서 회합을 갖자"고 제의했다. 그리고 만일 소련이 미국

---

164 미소공위에 참가신청서를 제출했던 남북한의 정당과 사회단체는 남한이 425개, 북한이 36개로 총 461개에 그 회원 수는 7천만 명에 이르는 '이상한 숫자'가 알려졌다. 이들 가운데 회원 수가 가장 많은 단체로는 '남조선민주주의민족전선'으로 회원 수가 621만 명으로 되어 있었으며 한국민주당은 당원 수가 86만 명으로 되어 있었다.

의 제안을 받아들이지 않는다면 한국 문제는 곧장 유엔에 상정할 것이라고 말했다. 이는 이승만의 남한단정론을 미국이 받아들였음을 의미하는 것이었다. 소련은 이러한 미국의 제안을 거부했고, 여기에 대응해서 미국은 곧장 한국 문제를 유엔으로 이관해 버렸다.[165] 그리고 그해 9월 21일 유엔총회 운영위원회는 한국의 독립 문제에 대한 논의를 총회의 토의사항으로 받아들일 것을 12대 2로 가결했다. 이로써 한국 문제는 유엔으로 이관되었다.

유엔총회에서 미국 대표인 덜레스(John Foster Dulles)는 "미국은 한국인이 원치 않는 신탁제도를 반대할 것이며 신속하게 조선독립을 가져올 대안을 마련하게 될 것"임을 언급했다. 동시에 10월 17일에는 미국이 유엔한국임시위원단의 설치와 1948년 3월 말까지 남북한에서 자유선거의 실시, 한국에서 국회와 정부를 수립한 뒤에 미소 양 군대를 철수시키는 것을 골자로 한 제안을 유엔총회에 상정시켰다.

11월 4일 유엔총회에서는 1948년 3월 이내에 실시될 선거를 감시하고 독립정부수립 후 90일 이내에 미소 두 군대의 철수를 감독할 특별위원회의 설치안을 유엔 정치위원회에서 가결했다. 호주, 캐나다, 중국, 엘살바도르, 프랑스, 인도, 필리핀, 시리아, 우크라이나 등 9개국에 의한 한국임시위원단이 구성되었고, 이들은 그 다음해 1948년 1월에 서울로 왔다.[166] 그리고 한국임시위원단의

---

165 미소공위에서 미국 측은 10월 18일에 유엔에서 한국 문제의 토론이 끝날 때까지 업무 중단을 제의했으며 소련 대표단 일행 50여 명은 10월 21일 육로로 서울에서 평양으로 돌아갔다. 이로써 5월 21일부터 재개된 미소공위는 5개월 동안의 우여곡절을 겪은 뒤 별다른 성과 없이 끝나고 말았다.

166 이들 가운데 우크라이나 공화국은 소련에 찬성해서 이 위원회에 불참했으며 이 위원회의

임시의장으로 선임된 인도 대표 메논(Crishna Menon)은 위원단의 업무에 대해 이렇게 방송했다.

> 실제로 본 위원단은 일치된 협력으로 두 가지 임무를 수행하고 있습니다. 그래서 본 위원단에는 3가지 분과위원회를 설치하여 제1분과위원회에서는 선거를 위하여 자유로운 분위기를 보장할 방도를 강구하고 제2분과위원회에서는 조선인사의 의견 진술을 검토하고 제3분과위원회에서는 선거법을 검토할 것입니다.……우리는 선거가 실시되어 조선정부가 수립된 연후에 외국 군대가 조선으로부터 완전히 철퇴함이 본 위원회의 목표라고 생각합니다.[167]

이러한 내용을 천명함과 동시에 이들은 곧장 남북 정치지도자와 회담을 가지기로 했으며, 그 대상자로 이승만, 김구, 김규식, 김성수, 조만식, 김일성, 허헌, 박헌영, 김두봉 등을 선정했다. 첫 면담자로 이승만을 만났고 이어 김구도 만났다. 여기에서 이승만은 "유엔과의 협의로 먼저 남한에서 총선거의 실시"를 주장했고, 김구는 "남북에서 미소 양군의 철수 이후에 남북요인이 우선 협상한 뒤 그것에 따라 총선거 실시"를 주장했다. 한마디로 앞의 논의는 남한단정론이며 뒤의 것은 남북협상론이었다.

유엔한국위원회의 북한 방문은 북한에 의해서 거부되고 말았다. 이로써 단정론과 협상론만이 현실적 상황에 대한 대응책으로

사무총장으로는 중국의 호세택(胡世澤)으로 선임되었고 임시의장으로는 인도 대표 메논이 맡았다.

167 《서울신문》 1948년 1월 21일자.

여겨졌다. 특히 단정론을 주장했던 이승만은 "이번에 또 총선거가 실시될 수 없으면 민중이 대실망해서 인심을 수습할 도리가 없을 것이니, 이를 철저하게 알리는 것이 필요하니……통일적 행동을 취하여 단순고식에 무능 무력한 약점을 보이지 말고 법리와 평화적으로 민족자결주의를 발휘하여야만 우리 3천만의 유일한 목적에 도달할 수 있을 것"이라고 성명했다.[168]

이승만의 이러한 주장에 한민당도 동조했으며 "남북을 통하여 총선거의 실시가 사실상 불가능한 형편인즉 부득이 선거가 가능한 지역인 남조선만이라도 총선거를 실시해서 중앙정부를 수립해야 할 것"을 강조했다. 특히 "일부에서는 실현성이 없는 남북 동시 총선거 등의 미명하에 민족적 지상명령인 총선거의 거부 또는 천연시키려는 획책"은 즉각 중단되어야 한다는 주장도 펼쳤다.

남한단정론이 현실적인 상황 대응이라는 인식이 점점 높아지게 되자 김구는 마침내 '3천만 동포에게 입고(泣告)함'이라는 장문의 성명서를 발표함으로써 남북협상론을 강력하게 주장하기에 이르렀다. 그가 말한 성명서의 핵심 내용은 다음과 같다.

> 1. 현재 우리나라에 있어서도 남북에서 외부 세력에 아부하는 자만은 혹왈 남침 혹왈 북벌하면서도 막연하게 전쟁을 숙망하고 있지마는 실지에 있어서는 아직 그 실현성도 없을 뿐 아니라 전쟁이 발발된다 할지라도 그 결과는 세계의 평화를 파괴하는 동시에 동족의 피를 흘려서 적을 살릴 것 밖에 아무것도 아니될 것이다.……
>
> 2. 미군주둔 연장을 자기네의 생명 연장으로 인식하는 무지 몰각한 도

배들은 국가 민족의 이익을 염두에 두지도 아니하고 박테리아가 태양을 싫어함이나 다름이 없이 통일정부수립을 두려워하는 것이다. 그리하여 그들은 음으로 양으로 유언비어를 조출하여 단선군정의 노선으로 민중을 선동하여 유엔위원단을 미호케 하기에 전심전력을 경주하고 있다. 미군정의 환경하에서 육성된 그들은 경찰을 종용하여서 선거를 독점하도록 배치하고 인민의 자유를 유린하고 있다.……

3. 내가 유엔위원단에 제출한 의견서는……우리는 첫째로 자주독립의 통일정부를 수립할 것이며 먼저 남북정치범을 동시 석방하여 미소 양군을 철퇴시키며 남북지도자회의를 소집할 것이니 이와 같은 원칙은 우리 목적을 관철할 때까지 변치 못할 것이다.

4. 마음속의 38선이 무너지고야 땅 위의 38선도 철폐될 수 있다. 내가 불초하나 일생을 독립운동에 희생하였다. 나의 연령이 이제 70유(有) 3인바 나에게 남은 것은 금일 금일 하는 여생이 있을 뿐이다. 이제 새삼스럽게 재물을 탐내며 명예를 탐낼 것이냐? 더구나 외국 군정하에 있는 정권을 탐낼 것이냐? 내가 대한민국임시정부를 주지하는 것도 일체가 다 조국의 독립과 민족의 해방을 위하는 것뿐이다.……

4. 나는 통일된 조국을 건설하려다가 38선을 베고 쓰러질지언정 일신에 구차한 안일을 취하여 단독정부를 세우는 데는 협력하지 아니하겠다. 나는 내 생전에 38이북에 가고 싶다. 그쪽 동포들도 제 집을 찾아가는 것을 보고서 죽고 싶다. 궂은 날을 당할 때마다 38선을 싸고도는 원귀의 곡성이 내 귀에 들리는 것도 같다. 고요한 밤에 홀로 앉으면 남북에서 헐벗고 굶주리는 동포들의 원망스런 용모가 내 앞에 나타나는 것도 같았다. 3천만 동포 자매형제여! 붓이 이에 이르매 가슴이 억색하고 눈물이 앞을 가리어 말을 다 이루지 못하겠다. 바라건대 나의 애달픈 고충을 명

찰하고 명일의 건전한 조국을 위하여 한 번 더 심사하라.

　김구의 이 성명서는 말 그대로 '눈물로 고하는 성명서'였다. 그는 자신의 심경을 말하면서 단정론을 주장하는 이승만을 간접적으로 비판했으며 한민당에 대해서는 노골적으로 비난했다.[169] 그리고 남북협상론자인 김구, 김규식, 조소앙, 김창숙, 조완구, 홍명희, 조성환 등 7인의 남북협상 주장에 대한 성명서도 발표되었다. 이어 2월 26일 김구와 김규식은 북한의 김일성과 김두봉에게 남북지도자회의 개최를 요망하는 서한을 발송했다.

　그러나 북한에서는 3월 25일 평양방송을 통해서 "제26차 북조선 민주주의 민족통일전선 중앙위원회가 유엔의 결정과 남조선 단독선거, 단독정부를 반대하고 조선의 통일적 자주독립을 위하여 전조선사회단체 대표자 연석회의를 4월 14일부터 평양에서 개최하려는 의제하에 단독선거, 단독정부를 반대하는 남조선의 모든 민주주의 정당과 사회단체가 이에 참석해 줄 것"을 요구했다.

　그리고 3월 27일에 김구, 김규식에게 김일성, 김두봉의 연서로 된 답서가 왔다. "유엔 위원단 감시하에 총선거 실시를 반대하면서 남북조선 지도자 연석회의를 1948년 4월 초에 평양에서 소집할 것을 동의한다"는 내용으로 그 초청 대상자로는 김구, 김규식, 조소앙, 홍명희, 백남운, 김붕준, 김일청, 이극로, 박헌영, 허헌, 김원봉, 허성택, 유영준, 송을수, 김창준으로 하고 북한 인사로는 김

169　남북협상론은 이 시기에 김구와 김규식에 의하여 주도되었다. 유엔소총회에서 남한단정론으로 결정되자 김구는 "나는 한국을 분할하는 남한 단선도 북한 인민공화국도 반대한다. 오직 정의의 깃발을 잡고 남북통일의 최후까지 노력할 것이다"라고 선언했다. 또 김규식은 "나는 남한 단선에 참여하지 않을 것이며 모든 정치행동에서 물러나겠다"고 선언했다.

일성, 김두봉, 최용건, 김달현, 박정애 외 5명으로 되어 있었다.

이러한 초청은 김구, 김규식이 희망했던 것과 달랐다. 이는 북한의 일방적인 결정으로 전조선정당사회단체 대표자 연석회의에 참석해 줄 것을 요청하는 형식이었기 때문이다. 다시 말해 북한의 정치모임에 남한 지도자를 초청하는 내용으로 되어 있었다. 그 때문에 김구와 김규식은 평양행을 망설였는데, 그때 이른바 문화인 108명의 연서로 남북회담을 지지하는 성명서가 발표되었으며,[170] 이것이 계기가 되어 김구와 김규식은 평양으로 가게 되었다.

그러나 평양의 회의는 공산주의자들의 전형적인 정치선전장이었다. 여기에서 김구와 김규식은 대중 동원의 정치대회에 초청인사로 참석하는 결과가 되고 말았다. 실로 남북협상론을 주장했던 김구와 김규식은 북한에서 그들의 선전도구로 활용되었으며, 그로 말미암아 남한에서는 단정수립에서 배제된 존재가 되어 버렸다. 이들은 결국 자신이 서야 할 땅을 스스로 허물어 버린 결과에 직면하게 되었다.

단정론과 남북협상론의 대립이 치열한 가운데 유엔한국위원회

---

170 이 성명서는 평양에서의 남북한회의에 김구와 김규식의 참가를 종용하는 내용으로 되어 있는데 그 가운데는 "자결의 원칙과 공존의 도의와 합작의 실익을 위한 구국운동의 일보로서 남북협상의 거족적 호령 소리를 들었다. 남방의 제의를 들었고 북방의 호응을 들었다 치면 응하는 동고의 북소리를 들은 것이다.……남북통일을 지상적 과제로 한 정치적 협상에 있다. 남북 상호의 수정과 양보로써 건설되는 통일체의 새 발족에 있다.……"라고 선언했으며 여기에 서명한 인사들 가운데는 뒷날 대한민국에서 지도적 지식인으로 활동했던 인사들도 들어 있었다. 사실 이들은 남북협상의 당위론만 주장했지 현실적 상황에 대해서는 정확하게 인식하지 못했으며 그러한 성명이 가져다줄 정치적 파장에 대해서도 고려하지 않는, 정치적 결과에 대한 무책임성을 드러내는 전형적인 지적 한계를 보여 주었다. 여기에 참여했던 지식인은 대부분 전형적인 정치적 지식인의 성격을 갖고 있었는데, 이들의 명단 가운데는 다음의 인물들을 찾아볼 수 있다. 이순탁, 손진태, 유진오, 배성룡, 정구영, 송석하, 조동필, 정인승, 이관구, 김성진, 최문환, 고승제, 장기원, 최호진, 박용구, 김계숙, 최정우, 정지용, 손명현, 고병국, 송지영 등이다.

의 메논 의장은 1948년 2월 20일 유엔소총회에서 한국 문제에 대한 해결방안으로 다음 4가지를 제시했다.

제1안 : 총선거가 가능한 남한에서 이를 실시한다.
제2안 : 제한된 목적달성을 위하여 즉 협의대상이 될 수 있는 인민대표를 선출하기 위한 선거를 실시한다.
제3안 : 남북한의 지도자 회담과 같은 한국의 민족적 독립을 확립할 수 있는 다른 가능성을 탐구하며 또한 최소한도로 그것을 주시한다.
제4안 : 유엔 한국위원단의 업무수행이 불가능한 것을 인정, 모든 문제를 총회에서 처리한다.

이 제안을 받았던 유엔소총회에서 미국 대표인 제섭(Philip C. Jessup)은 제1안, 다시 말해 남한에서 총선거 실시와 의회 구성을 선택하자고 제의했다. 그의 제안은 1948년 2월 26일 소총회에서 찬성 31, 반대 2, 기권 11로 가결되었다. 이 결의를 바탕으로 남한의 미군정은 즉각 남한단독정부수립으로 달려갔으며, 특히 총선거를 실시하기 위해서 남조선과도정부 입법의원에서 제정했던 총선거법을 1948년 3월 18일자로 공포하게 되었다. 이 선거법에 따라 총선거를 1948년 5월 10일에 하기로 결정했다.

이로써 한국 문제는 이승만의 남한단정론에 따른 일련의 과정으로 귀착되고 있었다. 그것은 이승만에게 집권의 기회를 안겨 주었고, 한민당을 비롯한 우파 주도의 반공정권의 등장을 필연화했다. 북한의 공산정권의 등장과 함께 이데올로기에 의한 극단적인 분열은 정치세력의 강대국 추종에서 오는 민족분열의 비극을 심화시켰다.

이 과정에서 지식인, 특히 정치적 지식인들은 민족적 지향성에서 벗어나고 있었다. 이들은 스스로 분열과 분단의 이념 강화에 나섰거나 아니면 현실을 무시한 관념적인 당위론에만 젖어 지냈다. 그 때문에 분단체제로의 귀착에 따르는 궁극적인 책임의 한 가닥도 그 시대 지식인의 몫일 수밖에 없는, 어느 면에서는 지식인적 신념이나 객관적인 지적 논리에 충실하기보다는 관직출사에만 치중했던 전통적 지식인의 궤적, 다시 말해 정치적 지식인의 길을 그대로 달리고 있었다. 편파적인 이데올로기에 추종, 강대국에 의존하는 사대주의, 정파적인 정치세력과의 연계, 관직출사에 의한 입신양명, 그리고 선동적인 기회주의적 활동이 지식사회를 주도했으며, 그것이 한국의 정치적 지식인들의 주요한 특징이 되고 말았다.

제7장

민족주의의 실종과 민족 지식인의 좌절

1

지식인과 민족주의

식민지에서 해방과 독립의 쟁취야말로 민족주의의 전개과정 그 자체였다. 그만큼 이 시기 한국에서는 민족주의가 기본이념이었고, 그 때문에 해방정국의 대다수 정치적 지식인들은 스스로 민족주의자로 자처했다. 우파 지식인은 말할 것도 없고 급진 좌파 지식인도 민족주의를 주장했으며 그것에 입각한 정치이념과 정책이 천명했다. 그만큼 민족주의는 이념적인 다양성을 보여 주었다.

물론 민족주의를 말하면서도 실제로는 그것과 다른 이념을 주장하거나 지향했을 때도 있었다. 해방정국에서 정치적 지식인이 민족주의를 주장한 것은 그 시대 국민 대다수가 민족주의를 민족을 위한 이념으로 여겼기 때문이었다. 이러한 상황은 식민지시대 국민들이 이민족의 압제에 겪어야 했던 고통의 역사가 가져다준 결과였다. 이미 자본주의-공산주의의 대립구도로 갈려졌는데도 민중들의 마음속에는 여전히 민족에 대한 뜨거움으로 넘쳐나고 있었으며 민족주의에 대한 열망으로 가득 차 있었다.

민족주의가 이처럼 국민 속에 깊이 뿌리내릴 수 있었음은 민족주의에 깊이 천착했던 몇몇 지식인들의 지적 노력의 결과 때문이었다. 이들은 국권 상실을 민족사의 관점에서 바라보면서, 민족을 되살리기 위한 지적 노력에 온 힘을 쏟았다. 이를 위해 때로는 한국의 역사를 민족사의 전개과정으로 파악했으며 민족의 존재성을 확립 강화하기 위해서는, 민족의 전통과 민족정신을 깊이 있게 밝혀야 한다고 생각했다. 이들의 한국 민족주의에 대한 연구 결과로 식민지시대 민족정신과 민족전통 등이 국민들 마음속에 뜨겁게 받아들여질 수 있었다. 이들 지식인들은 국권을 되찾을 수 있는 길도 민족주의에 의한 민족정신의 되살림에서만 가능하다고 주장했으며 그 때문에 민족주의야말로 한국 정치사회의 이념적 기반임을 확신했다.

민족주의에 관심을 가졌던 지식인의 학문적인 노력이 처음부터 권력을 장악하기 위해서, 그것을 연구했던 것은 아니었다. 민족을 위한 지적 헌신으로 이어졌기 때문에, 국민들로부터도 존경을 받기도 했다. 민족문제에 대한 이들의 연구는 한국의 역사를 민족사의 관점에서 인식하는 데 온 힘을 다했다. 식민지의 현실문제를 제국주의에 의한 억압과 약탈로 규정하고, 이것에 대응하는 민족주의적 도전으로 인식했으며 나아가 민족적인 국민국가로의 발전을 강조했다.

이들의 연구는 주로 1920~30년대 사이에 이루어졌으며, 이 시기의 대표적인 민족주의 이론가들도 당시에 빚어졌던 좌우의 이념적인 분열과 대립에서는 벗어날 수 없었다. 구체적으로 순수한 민족주의의 관점에서 민족사를 논의했던 박은식, 신채호, 정인보, 안재홍, 조소앙 등의 논지에서 이러한 성격을 찾아볼 수 있다.

여기서 한 가지 제기될 수 있는 질문이 있다. 민족주의적 논리가 뜨겁게 주장되었고, 민중들의 민족주의적 열정도 고양되었는데도 왜 좌우파의 대립은 완화될 수 없었을까 하는 의문이다. 이에 대한 대답으로, 당시 한국의 민족주의가 이념적, 논리적인 차원에서 구체적인 논리를 갖지 못했던, 어느 면에서는 '주장만의 민족주의'였기 때문에 빚어진 일이라고 말할 수 있다. 민족주의라는 말만 사용했지 그것에 합당한 논리적인 체계성을 결여하고, 사상사적 기반이나 미래지향적 관점도 정확하게 마련하지 못한 채, 정치적 지식인들의 개인적인 주장으로 전용되고 있었다. 특히 특정세력의 권력장악을 위한 합리화의 논리로 민족주의가 활용되는 일면도 보여 주었다.

해방정국의 민족주의적 지향성은 완전한 독립국가의 성취를 위한 이념적 기반을 민족주의에서 마련하려 했으며, 민족의 완전독립과 근대국가로의 발전을 민족의 일체감을 통해 이룩하려 했다. 따라서 민족주의는 서구의 근대성과 근대적 제도의 급속한 수용으로 달려갔다. 독립자강과 부국강병은 민족주의의 중요한 지향가치였으며, 그것은 서구의 근대적 제도와 사상의 수용에서만 가능하다고 믿었다. 그 때문에 한국의 전근대적 전통성 가운데 극복의 대상이 전제될 수 있었으며, 서구의 근대성, 특히 정치제도의 수용을 강력하게 주장하는 성격을 보여 주었다.

이 점에서 민족주의는 서구의 근대 사상과 제도의 적극적인 수용을 주장할 수 있었다. 이 당시 민족주의는 어느 면에서는 민족의 전통과 역사의 한계성을 극복하려는 논리였으며, 지난날의 역사 가운데 민족주의적 관점에서 버릴 것과 지켜야 할 것을 구분해보려는 노력이기도 했다. 때로는 우파의 민족주의가 서구사상이나 제도, 그것이 제국주의적 침탈이나, 심지어 오리엔탈리즘적일지라도 근대적이라는 관점에서 민족주의로 수용하려는 일면도 보여 줄 때도 있었다.

더욱이 우파는 한국 근대사에서 민족주의의 전개가 갑신정변–개화파–계몽운동–3·1운동으로 이어졌다고 주장했다. 궁정쿠데타적 성격을 지녔던 갑신정변도 민족주의나 근대 개화주의의 한 흐름으로 파악했다. 그러나 엄격하게 말하면, 개화파의 활동은 시대 상황을 고려하지 않은, 일본 근대화 문물만의 수용을 강조함으로써 결과적으로는 식민화로 전락되었던 하나의 계기이기도 했다.

3·1운동도 그것은 거족적인 반일 애국운동이었지만, 이 운동은 민중적 민족주의라기보다는 독립선언서에 서명한 33인의 '민족지도자' 중심의 논리였음을 엿볼 수 있었다. 물론 33인 가운데 대다수가 민족지도자로 불리는 지도자들이었지만, 몇몇은 불철저한 민족의식과 행동으로 그 한계점을 보여 준 경우도 없지 않았다. 이러한 사실을 전제로 한다면, 이 시기 일각에서 주장했던 민족주의는 민중의 민족적 열정보다는 지도세력의 개인적 성격을 중심으로 한 것으로 이해될 수 있다.

좌파의 논리도 이와 비슷한 문제점을 갖고 있었다. 좌파의 일부도 민족주의를 중시했으며 그것을 민족해방의 한 이념으로 여겼다. 이들은 좌파의 관점에서 사회변동과 계급투쟁을 인식했으면서도 민족적 관점에서는 민족해방을 더 중시했다. 단순히 계급투쟁이 민족해방일 수는 없으며, 양자 사이에는 서로 보완적이라고 여기기도 했다. 그러나 이러한 주장을 하는 사람들, 다시 말해 민족 좌파의 영향력은 민족운동에서 그리 크지 않았으며, 이들의 주장은 급진적 공산주의자에 의해 공박받았거나 묻혀지게 되었다.

공산주의자들은 민족주의를 배격했으며, 그것이 맑스주의의 사회혁명에 저해적인 논리라고 공박했다. 이러한 성격을 보여 준 공산주의자들은 모스크바 코민테른의 추종자들이었다. 그들에게 혁명과 해방의 정치사회적 기반은 민족이 아니라 계급이었으며, 민족문제는 계급문제 속에 함유되었다고 생각했다. 그러면서도 그들은 맑스주의적 사회변혁운동에서 부분적으로 민족주의자와도 연대할 수 있었지만 이는 오직 사회적 계급혁명을 위한 수단으로만 고려되어야 한다고 생각했다. 민족이나 민족주의를 국가의 지향목적으로 삼는 한 그것은 사회주의 혁명에서는 한낱 방해물이 될 뿐이라고 생각했다.

공산주의자들은 민족문제도 계급투쟁을 통해서 해결될 수 있다고 자신했다. 민족주의를 통해 공산주의로 나아간다거나, 공산주의와 민족주의가 함께 손잡을 수 있다고는 처음부터 생각하지 않았고, 오직 공산주의만을 강조했다. 이러한 인식은 코민테른 추종의 결과에서 나온 것이었다. 어느 면에서는 식민지에서의 민족해방이 공산주의적 국제주의에 의해 얻어질 수 있다고 생각했기 때문에, 민족주의와 공산주의의 연대에서 벗어나 코민테른의 지령에만 충실할 수 있었다.

또한 공산주의자들은 노동자의 고통과 억압을 자본가의 약탈로만 설명하려 했으며, 그 때문에 부르주아계급의 타도만이 문제 해결의 길로 확신했다. 이러한 인식은 민족독립을 위한 전 민족적 투쟁과는 거리를 보여 주었다. 식민지에서 반제투쟁은 민족투쟁이어야 했으며 여기에서 추동력을 얻어야 했는데도, 이들은 민족주의 세력과의 연대보다는 배격에 더 치중했다. 이들은 '부르주아=친일파=친제국주의자' 라는 논리를 고집했으며, 부르주아 가운데 민족주의를 주장하는 인사들이 다수 포함되어 있음을 외면했다. 그 때문에 이들은 민족혁명과 사회혁명 사이의 연대관계를 처음부터 받아들이지 않았으며, 맑스주의자들은 계급투쟁을 통해서만 민족해방과 사회혁명을 동시에 얻을 수 있다고 강조함으로써 프롤레타리아 혁명에 의한 모든 과제의 해결을 확신했다.

이처럼 우파나 좌파는 민족문제의 해결을 위한 연대의 가능성을 전제하지 않았다. 이는 비서구 식민지의 독립국가 수립과정에서 나타나는 일반적인 성격과는 차이를 보여 주는 것이었다. 이러한 문제를 인식하기 위해, 식민지 아래의 독립운동과정에서 민족주의와 사회주의의 관계를 다음 몇 단계로 나눠서 생각해 볼 필요가 있겠다.

제1단계 : 우파 민족주의와 좌파 사회주의의 연대기(~1920년대)

식민지에서 독립운동의 초기단계는 민족주의와 사회주의 사이의 연대를 모색했던 기간이었다. 양자의 이념적인 차이도 있었지만, 기본적으로는 민족주의라는 공통분모에 기반을 둔 독립국가의 확보에 최우선의 가치를 부여했다. 물론 식민지적 시대상황에서 민족주의 진영과 사회주의 진영은 각기 다른 방식으로 민족투쟁을 전개하기도 했다. 그러나 반제투쟁이 우선적인 과제였기 때문에 우파세력이나 좌파세력 사이에도 민족투쟁을 위한 연대적인 관계가 맺어지고 있었다.

제2단계 : 우파와 좌파의 개별적인 민족투쟁기(1930년대 중반기)

민족의 독립을 쟁취하기 위해, 우파와 좌파세력은 각기 부분적으로는 연대하면서도 개별적으로는 독자적인 반제투쟁을 전개했던 기간이었다. 각기 개별적으로 자신들의 진지를 구축했으며 독자적인 투쟁을 전개했다. 이 과정에서 민족주의 세력과 사회주의 세력 사이에 협력도 이루어졌지만 점차 그것이 약화되기 시작했으며, 각기 자기 진영의 독자적인 투쟁기지를 구축하는 데 치중했다. 이 단계에서는 민족투쟁의 공동 목표 때문에 서로 적대시했던 성격도 겉으로는 노출되지 않았고 속으로만 내연하고 있었다.

제3단계 : 좌우파의 이념적 주도를 위한 경쟁기(1930년대 후반 ~40년대 초반)

우파와 좌파는 각기 영향력을 확대하기 위해서 독자적인 활동에 치중했다. 이 과정에서 상대방을 경쟁세력으로 인식했으며, 별도의 권력체제를 수립하기 위해서 상대방의 제거에 치중했다. 이 과정에서 상대방을 치열하게 공박했는데, 이는 주로 국민들의 지지에 의한 정통성과 효율성을 독점하기 위해서였다. 이 단계에서도 조선총독부의 강압에 대항하기 위해서 때때로 상호간 연대와 협력을 보여 주기도 했다.

제4단계 : 우파와 좌파의 이념 대립기(1945년 이후~)

제국주의 세력을 구축하는 최종단계에서 우파 민족주의와 좌파 사회주의가 독자적인 권력체계를 수립하기 위해 대립했던 시기였다. 상호간에는 격심한 공방만이 오갔으며, 개별적인 정치투쟁에는 상대방을 배척함으로써 독자적인 주도권장악을 시도했다. 단순한 이념적 경쟁만이 아니라 지지세력의 구축을 위해 적대적인

대결감이 고조되기도 했고, 때로는 상대방에 대한 폭력적인 투쟁
도 전개되었다.

　이러한 전개과정에서 지적되어야 할 사실은 우파와 좌파세력이
지역을 중심으로 힘의 경쟁관계를 보여 주었다는 것이다. 가령 어
느 지역에서는 우파가 지배권을 장악하고 다른 지역에서는 좌파
가 장악하는 상황이 빚기도 했다. 이렇듯 우파와 좌파 가운데 어
느 하나의 세력에 의해서 주도권이 장악될 수 있는 상황이 아니었
기 때문에, '경쟁적 대립체제'로 돌입할 수밖에 없었다.
　해방정국에서 좌우파 사이의 적대적인 대립관계는, 일본 제국
주의자의 식민지 통치에서는 그들에게 유리한 국면이 될 수 있었
지만, 해방정국에서는 분단체제로 이어지는 결과를 빚기도 했다.
　이처럼 해방정국에서 좌우파의 극심한 대립을 어떻게 설명해야
할까? 일본 제국주의 통치자의 분열정책도 한몫 거들었음은 분명
하다. 식민지시대 좌우파의 지도세력은 대부분 일본에 유학했던
계몽적 지식인들이었다. 이들은 일본 좌우파의 지적 영향을 받았
기 때문에 일본에서 빚어졌던 좌우파의 격심한 대결을 그대로 받
아들이고 있었다.
　여기에다 한국의 전통적 지식인의 사유에 영향을 미쳤던 성리
학의 성격도 지적될 수 있는데, 성리학의 사유체계, 다시 말해 정
사(正邪)와 시비곡직의 관점에서는 타협적인 인사를 소인배로 배
격했다. 특히 학인으로 자신의 소속 집단에 대한 귀속감을 중시했
으며 상대방을 적대적인 존재로 공격했다. 공존이나 타협은 그 당
시 한국의 지식인에게는 찾을 수 없는 행태로 매도했다.

또한 민족주의에 대한 그 시대 지식인의 인식에도 문제가 있었다. 식민지시대 한국의 민족주의는 민족의 미래를 논리적으로 설명해 주지 못했다. 민족주의에 바탕을 둔 민족투쟁의 체계적이고도 구체적인 방략도 제시할 수 없었다. 그 당시 논의된 민족주의 논리는 주로 한국 민족이 일본이나 중국 민족과는 다른 독자적인 민족사를 가진 민족이라는 주장으로만 일관하고 있었다. 이 점에서 좌우파의 간격을 연결시킬 이론적인 교량으로서의 민족주의는 설정될 수 없었다.

해방정국에서 민족주의는 시대상황의 차원에서 가장 중요한 성격과 의미를 지녀야 했는데도 그러한 성격을 발휘하지 못했으며, 그 때문에 좌우파의 대결이 민족주의에서 벗어나서 전개되기도 했다. 이 시기에 분단체제로의 귀착은 한국 민족주의의 한계라고 말해도 틀리지 않는다. 민족주의에 바탕을 둔 근대 국민국가의 건설도, 민족의 통합도, 민족사회의 발전도 이룩될 수 없었으며, 그 대신에 강대국의 제국주의적 이념의 수용과 그것에 따른 권력장악만이 획책되는, 엄격한 의미에서는 외세주의자들에 의한 대립구도로 전락되고 있었다.

2

한국 민족주의의 사상사적 기반

한국 민족주의의 사상사적 성격을 인식하기 위해서는, 19세기의 시대상황과 한국의 정치사회적 성격을 살펴보아야 한다. 이 시기는 서구 제국주의의 침투, 특히 기독교의 포교와 통상 요구, 군사적 침탈 등이 자행되었으며 여기에 맞서서 한국 사회에서는 반제국주의적 민족감정이 형성되고 있었다.[171]

동아시아의 은둔국이었던 한국은, 동아시아의 다른 나라에 견주어 비교적 늦게 서구의 침탈을 받게 되었지만 그 자체가 더 격심한 침탈로 이어지게 되는, 다시 말해 일본에 의한 침탈이라는 최악의 상황으로 떨어지게 되었다. 당시 조선왕조는 서양의 '이양선'(異樣船)의 내침을 통상만을 요구하는 서양 선박으로 여겼다. 여전히 청에 대한 사대외교만을 고수했고 성리학의 화이관(華夷觀)을 주장함으로써 천주교를 극력 배척했다. 19세기로 접어들면서 서구와 일본의 무력 침탈이 자행되었는데, 1866년의 셔먼호

---

171 이 점에 대해서는 최근 한 연구자의 다음 글이 중요한 인식의 기준이 될 수 있을 것이다. "……근대적 의미에서의 '네이션'과 '내셔날리즘'이란 관점에 서서 논의를 진행하고자 한다. 조금 덧붙인다면 ①대외적 자주성(독립), ②대내적 평등(해방), ③구성원으로서의 자각(주체)을 근간으로 하는 자유롭고 평등한 네이션(국민), 그리고 그 같은 네이션의 '의식'을 근간으로 하는 '내셔널리즘'을 일종의 이념적 개념적 준거틀로 삼고 있다는 것이다." 김석근, 〈어양과 경장 그리고 네이션〉, 차남희 외, 《한국 민족주의의 종교적 기반》, 나남, 2010, 161쪽.

사건(General Sherman)을 비롯해서 신미·병인양요, 1867년의 병자수호조약, 1882년의 임오군란, 1895년의 민비 시해사건 등이 왕조체제를 위기로 몰아넣고 있었다.

이러한 위기는 외세의 침탈이나 천주교의 전교 때문만은 아니었다. 사회변혁을 요구하는 백성들의 욕구가 소용돌이쳤는데도, 왕조체제의 억압과 약탈로 백성들의 궁핍이 가중되었고 아사자가 속출했으며 유민이 거리에 넘쳐났다. 그러다 보니 백성에게는 군왕체제에 대한 충군의식도 사라지고 있었다. 우국충정에 가득 찬 지방 유생들의 체제옹호적인 상소가 빗발쳤지만, 이것은 그들의 관습적인 주장에 불과했으며 백성들의 삶과는 거리가 있었다. 사회적으로는 양반-상민의 신분구조도 유지될 수 없을 정도로 전통사회적 성격이 이완되고 있었다. 곳곳에서 민란이 일어났고, 동학을 비롯한 민중종교가 백성들의 저항의식을 점화시켰다.

이러한 시대에 새로운 각종 논리들이 주장되었다.[172] 지배층 일각에서는 북학론(北學論), 척사론(斥邪論), 개화론(開化論) 등이 주장되었고, 피지배층에서는 종교적인 주장으로 표출되었는데 그 대표적인 것이 동학(東學)이었다. 이들 가운데 시기적으로 먼저 등장했던 천주교의 유입으로 당시 노론 집권세력에 의해 관직에서 밀려났던 지배층 일부 인사들, 구체적으로 기호 남인계 인사들 사이에서 천주교 신자들이 늘고 있었다.

17세기부터 유입된 서학관련의 도서들은 그 시대 지식인들의 지적 호기심을 일으켰으며 그것을 통해 서구의 근대세계를 부분

---

172 김석근, 앞의 글, 161쪽.

적으로나마 접할 수 있었다. 이러한 움직임은 성리학에 고착된 집권세력에게 충격적인 일이었다. 천주교를 비롯한 서학 도서는 청나라에 내왕했던 연행사(燕行使)들에 의해 유입되었는데, 18세기 청나라에 다녀온 연행사들은 그곳 천주당을 찾아 서양신부들과 필담을 나눴으며, 서양문물에 대한 정보도 얻어왔다.[173]

이미 마테오 리치(Matteo Ricci)의 《천주실의》(天主實義)도 선조 말년, 즉 1567~1608년 무렵에 조선에 유입되어 고위 관직자나 지식인들 사이에서 읽혀졌다.[174] 이들 책자는 지식인들에게 서교(西敎)에 대한 관심을 증대시켰지만, 18세기 후반에 들어서면서 천주교와 성리학이 공존할 수 없음을 절감했다. 그러면서도 지식사회의 일각에서는 성리학에서 천주학으로 전이하는 현상이 일어났는데, 이들은 주로 기호 남인의 성호(星湖) 이익(李瀷) 문하의 녹암(鹿菴) 권철신(權哲身) 중심의 녹암계(鹿菴系) 인맥이었다.[175]

서학에 대한 관심은 권철신과 이벽(李檗)에 의해 1779년 주어사(走魚寺) 강학(講學)으로 이어졌다. 이승훈(李承薰)이 1784년 3월 북경의 북당에서 세례를 받고 귀국함으로써 1784년부터 선천주교회(先天主敎會)가 창설되었으며 1794년 12월에는 중국인 신부 주

---

173 盧大煥, 〈조선후기의 서학유입과 서기 수용론〉, 《震檀學報》 vol. 83, 1997, 130~131쪽.

174 이광호, 〈上帝觀을 중심으로 본 儒學과 基督敎의 만남〉, 《儒敎思想硏究》 제19집, 535쪽.

175 여기에 속했던 인물로는 金源星, 李存昌, 洪樂敏, 李承薰, 鄭若銓, 李潤夏, 尹有一, 李檗, 丁若鏞, 權相學 등이 있다. 이들 星湖학맥의 인사들은 《천주실의》에서의 "天主는 곧 上帝다"라는 논지를 처음에는 긍정적으로 수용했으며, 천주교에서의 천주는 유일 절대적인 창조주였는데도 이를 성리학적 관념에 따라 해석하려 했다. 이 점에 대한 한 연구에서는 "조선에 전래된 천주교관련 서적들이 주자학에 대한 補儒的인 입장이 아니라 원시유학의 天觀 내지 종교성과 관련된 補儒, 즉 문화적응주의 입장에서 바탕"을 두고 있었음을 인식함으로써 예수회 선교사들이 문화적응주의의 관점에서 서술된 저서라고 설명했다. 차기진, 《조선후기의 서학과 척사론 연구》, 한국교회사연구소, 2002, 21쪽.

문모(周文謨)가 조선에 입국했다.

천주교도에 대한 조선왕조의 탄압으로, 1801년의 신유박해(辛酉迫害)에서 300여 명, 1839년의 기해박해(己亥迫害)에서는 200여 명, 그리고 1866년 병인박해(丙寅迫害)에서는 8천 명의 교인이 학살되었다. 여기에 대한 천주교도의 대응책의 하나로 등장했던 것이 황사영백서(黃嗣永帛書)였다. 이 백서에는 주문모 신부 등 30여 명의 순교자에 대한 약전을 기술했고, 신유박해의 원인을 노론벽파와 시파 사이의 대립으로 설명했다.

그리고 신유박해로 폐허가 된 조선천주교회를 부흥하기 위한 5가지의 방책을 북경 주교에게 건의했는데, 여기에는 경제원조의 요청, 북경성당과 조선천주교 신도와의 연락방법, 로마교황의 유서(諭書) 간청, 조선 감호책과 서양 함선의 무력시위 등이 들어 있었다. 그 가운데 조선 감호책과 서양 함대의 무력시위에 의한 개교의 요청이 특히 관심을 끈다.[176]

이 논의에서 조선왕실이 시헌역(時憲曆)과 상평통보(常平通寶)를 사사롭게 만든 것을 트집잡아 청나라가 조선왕조를 문책하게 되면 조선을 청나라에 내복(內服)시킬 수 있을 것으로 설명하고 있다. 이렇게 되면 천주교의 포교는 물론이고 "나라의 복이 될

---

[176] 먼저 조선 감호책에 대해서 이렇게 적었다. "땅이 기름지고 산물이 많은 좋은 나라지만 李氏가 미약하여 끊어지지 아니함이 겨우 실오리 같고, 여군이 정치를 하여 세력 있는 신하들이 권세를 부리므로 정치가 뒤틀리고 문란하여 백성들이 탄식하고 원망합니다.……조선을 영고탑에 소속시킴으로써 황조의 근본 되는 땅을 넓히고 安州와 평양 사이에 按撫하는 관청을 개설하고 친왕을 임명하여 그 나라를 감독 보호하게 하되 은덕을 후히 베풀어 인심을 굳게 단결시켜 놓으면 전국에 변란이 있더라고 요양 심양 이동의 지역을 잘라서 웅거하여 그 험한 지역을 방위하고 장정을 훈련시켰다가 틈이 생기는 것을 보아 움직이면 이것이 만대의 기초를 튼튼하게 하는 것입니다. 黃嗣永, 尹在瑛 譯, 《黃嗣永帛書 外》, 正音社, 1975, 103쪽.

것"〔亦是國家之福〕이라고 주장했다. 또한 황사영의 백서에는 서양 함선을 조선 근해에 오게 해서 무력으로 조선에 천주교의 개교를 요구하면 조선왕실도 여기에 응하게 될 것이라면서 이렇게 적어 놓았다.

> 이 나라의 병력은 본래 미약하여 모든 나라 가운데 맨 끝인데다가 태평세월이 2백 년을 계속해 왔으므로 백성들은 군대가 무엇인지 모릅니다. 위에는 뛰어난 임금이 없고 아래에는 어진 신하가 없어서 자칫 불행한 일이 있기만 하면 와르르 무너져 버릴 것이 틀림없습니다. 만약 배 수백 척과 정병 5~6만 명을 얻어 대포 등 날카로운 무기를 많이 싣고 겸하여 글 잘하고 사리에 밝은 중국사람 서너 명을 데리고 바로 이 나라 해변에 이르러 국왕에게 글을 보내어 '우리는 서양의 전교하는 배요, 자녀나 재물 때문에 온 것이 아니라 교종의 명령을 받고 이 지역의 생령을 구원하려는 것이오.......[177]

천주교도의 수적 증가와 서양 함선의 빈번한 침탈은 조선왕조의 지배층과 성리학자들이 척사론으로 기울어지게 되는 계기가 되었다. 척사론은 제국주의의 침탈에 대한 강한 저항이었지만 그 논리의 밑바탕에는 왕조체제의 옹호를 일차적으로 깔고 있었다. 그뿐 아니라 사회변혁을 요구했던 백성들의 열망과도 거리를 보여 주었다.

척사론은 노론계 재야사림, 특히 외세의 침탈에 맞서려는 주전

---

177 위의 책, 108쪽.

론자들의 주장이었다. 척사론의 대표적인 주장자인 이항노(李恒
老)는 1866년 프랑스군의 강화도 침탈을 보고서 척사소(斥邪疏)를
대원군에게 상주했는데 이 글의 핵심 내용을 여기에 옮기면 아래
와 같다.

> 오늘의 국론은 화친과 전쟁으로 양분되었다. 양적(洋賊)을 공격해야
> 한다는 주장은 우리나라 측 사람, 즉 국변인(國邊人)의 주장이요, 양적과
> 화친을 맺어야 한다는 주장은 적변인의 주장이다. 전자를 따르게 되면
> 조선의 의상지구(衣裳之舊)를 보전할 수 있고 후자를 따르면 인류가 금수
> 의 지경으로 빠지게 된다. 조금이라도 근본을 잡는 신념, 즉 병폐지심을
> 가진 사람이라면 모두 이런 상황을 알 수 있을 것이다.〔今國論兩說交戰 謂
> 洋賊可攻者 國邊人之說也 謂洋賊可和者 賊邊人之說也 由此則邦內保衣裳之舊 由
> 彼則人類陷禽獸之域 此則大分也 粗有秉彝之性者 皆可以知之〕[178]

그는 인심도심설(人心道心說)에 바탕을 둔 화이론(華夷論)을 개
진했으며, 이(理)와 기(氣)를 구분해서 이를 지향하지 않는, 다시
말해 인심(人心)과 도심(道心)을 실천하지 않는 것을 사악한 것으
로 규정하여 이를 척사(斥邪)해야 한다고 주장했다. 이(理)를 지향
하는 도심(道心)만이 정의롭고, 이(理)야말로 우주질서의 보편성
이라고 강조했다. 이(理)를 따르지 않으면 기(氣)에 편승하는 것이
며 이는 곧 이(夷), 즉 오랑캐가 된다고 주장했다.[179]

이항노의 학맥은 김평묵(金平黙), 유중교(柳重敎), 최익현(崔盆

---

178 《華西集》卷三, 疏劄, 辭同副承旨兼陳所懷疏.

179 李澤徽, 〈한말의 斥邪衛正論議〉, 《한국정치연구》, 1987, 19쪽.

鉉), 유인석(柳麟錫), 홍재학(洪在鶴), 양헌수(梁憲洙), 박문일(朴文一) 등으로 이어졌으며 이들 가운데 김평묵의 '어양론'(禦洋論)은 척사의 중요 논리로 자리 잡았다.

김평묵은 1881년 황준헌(黃遵憲)의 《조선책략》(朝鮮策略)에 맞서서 외세 침탈에 대해 어양론(禦洋論)을 펼쳤다. 서세동점(西勢東漸)을 내수외양(內修外攘)으로 막아야 한다는 것이었다. 서구열강은 "사람의 모습은 갖추었지만 한낱 금수에 지나지 않은 존재"〔觀其情狀 人形雖具 眞是禽獸耳〕며, 이들의 침탈에 적극 맞서야 한다고 주장했다. 그는 서양의 침탈에 맞서서 얼마든지 승리할 수 있다면서, 밖으로는 외양(外攘)으로 맞서고 안으로는 내수(內修), 다시 말해 올바른 치도(治道)로 나라를 바르게 다스려야 한다는 것이다. 따라서 치도의 핵심으로 유교군주론인 수기치인(修己治人)을 강조했다.[180]

척사론이 외세 배척에 주안점을 두었다는 점에서 민족적이라는 논지가 주장되기도 했다. 그러나 그것은 민족을 위해서가 아닌 왕조와 성리학을 지키기 위한, 비현실적이면서도 시대변화를 외면한 전형적인 왕조체제론자들의 반시대적인 주장으로 민족주의와 연관이 없는 논리일 뿐이다.

한편 북학론자들은 노론계 관료 가운데 청나라에 내왕하면서 그곳 문물과 제도를 수용하자고 주장했던 인사들이었다. 이들은 송시열(宋時烈)의 노론학통에 속했지만 청나라 문물의 수용이 치국의 길이라고 여겼다. 북학파 인물로는 홍대용(洪大容), 박지원

---

180 김석근, 앞의 논문, 183쪽.

(朴趾源), 박제가(朴齊家), 이덕무(李德楙) 등을 들 수 있다. 이들 가운데 박지원의 손자인 박규수(朴珪壽)는 법고창신(法古創新)을 주장하여 뒷날 그의 문하에서 개화파 인사들이 나오기도 했다. 북학론자들은 청나라의 문물을 수용해서 부국강병을 도모하자고 주장했지만 이미 그 시점에는 청나라도 몰락기로 접어든 한낱 노쇄한 왕국으로 망국의 날만을 기다리고 있었다. 그 때문에 청으로부터 개혁을 모색한다는 것 자체도 한계가 있는 선　택이었다.

개화론자들은 개국을 주장했으며, 특히 일본과의 수교를 강조했다. 이들은, 민당(閔黨)이 개항한 뒤 청에는 영선사를, 일본에는 수신사를 파견하는 등 개국을 시도했던 시기에 등장한, 소장파 관료들이었다. 이러한 민당의 정책은 대원군 세력에게는 위협이었으며, 그 때문에 대원군과 연계된 노론계 산림 일부인 척사파(斥邪派)의 강한 반발도 불러왔다.

급진 개화파인 김옥균(金玉均), 박영효(朴泳孝), 서광범(徐光範), 홍영식(洪英植) 등은 개화사상의 실천에 조급했기 때문에 갑신정변을 감행했다. 이것은 일종의 친일쿠데타의 성격을 갖고 있었다. 이들은 문명개화의 본질이나 근대국가의 지향에 대한 인식보다는 단순히 외국제도, 특히 일본 제도의 수용을 개화라고 여겼다. 그 때문에 이들은 '개화＝친일'의 등식에서 벗어날 수 없는 한계점을 보여 주었다.

개화론자들은 친청 온건 개화파와 친일 급진 개화파로 구분할 수 있다. 친청 온건 개화파는 임오군란 이후 조선 주둔 청군의 위안스카이(袁世凱)가 추진했던 청한 종속관계의 재정립에 추종했던 인사들이었다. 대표적인 인물로는 김홍집(金弘集), 김윤식(金允

植), 어윤중(魚允中) 등을 들 수 있으며, 민당과 제휴관계를 맺고
있었다. 이들은 박규수의 북학론 인식을 계승했는데, 김윤식에게
서 이러한 성격을 찾아볼 수 있다.[181]

김윤식은 강대국과 수교로 이들 영향력의 균형과 견제에 의해
국권을 유지하자고 주장했다.[182] 그러나 뒷날 영선사로 청국의 양
무론자(洋務論者)와 접촉하면서 만국공법이 조선에 그대로 적용될
수 없다는 것을 알았으며, 이때부터 친청자주론자(親淸自主論者)로
선회하기도 했다. 그의 생각은 미국과 통상조약 체결에도 드러나
고 있는데, 그는 '조선은 중국의 속방' 이라는 구절을 조약문에 명
기할 것을 주장했던 이홍장(李鴻章)에게 동조했을 정도였다.[183]

이처럼 이 시기 여러 갈래의 주장들은 각기 다른 지향점을 보
여 주었다. 그러나 기본적으로 당시 한국 사회의 핵심문제인 왕조
체제에 대해서는 전혀 언급하지 않았으며, 그 때문에 공허한 주장
으로 흐를 수밖에 없었다. 그럼에도 이들 논리가 한국의 민족과
민족적 이념의 형성에 중요한 영향을 미친 것은 사실이었다. 그
결과 민족이나 민족적 의미로 주장되었던 관념이나 논리는 그 뒤

---

181 김윤식은 처음에는 대외관계를 근대적인 균세외교(均勢外交)로 타개하려 했다. 그는 만국
공법(萬國公法)에 의한 균세, 현대적인 표현으로는 세력균형(balance of power)을 전제했으
며, 당시 터키를 강대국의 분할에서 막아낸 것도 이 방법이라고 믿었다. 강대국들이 세력
균형을 이룩함으로써 서로 침범함이 없고 약소국은 이것에 의해 국가의 안전을 보전할 수
있다는 것이 그 논리였다. 이 시기 만국공법에 대한 대표적인 연구서인 다음 저서를 참고
할 것. 김용구, 《만국공법》, 소화, 2008.

182 이것을 옮기면 다음과 같다. "우리나라는 본시 청국과 일본에 대한 사대교린 이외는 타국
과는 교류하지 않았다. 수십 년 이래로 세계정세는 일변하여 서구가 웅장하여 동양의 제
국이 모두 만국공법을 준수하고 있다. 우리나라가 이를 지키지 않으면 세계에서 고립되고
도움을 받지 못해 스스로 보전할 수 없을 것이다. 청국과 일본은 서구 여러 나라와 수교를
맺은 것이 20개국에 가깝다." 金允植, 《雲養集》, 卷十四 雜著, 天津奉使緣起.

183 金允植, 《陰晴史》, 高宗 18년 12월 27일조.

한국 민족주의의 이론적 정립에는 오히려 무거운 짐이 되기도 했으며, 그것의 극복이 선행되어야 하는 상황에 놓이기도 했다. 따라서 이것의 이념적 극복은, 어느 면에서는, 한국의 민족과 민족주의적 논리를 정립하는 데 일차적인 과제일 수밖에 없다.

3

민족주의론의 전개와 노선의 분열

민족주의는 시대와 상황에 따라 각기 다른 모습을 보여 주었다. 이러한 성격은 한국에서도 예외는 아니었다. 한국에서 민족주의는 특정 지식인의 독창적인 사상이기보다는 외래적인 것으로 시종하고 있었다. 최초로 민족이나 국가, 사회 등의 용어 사용도 근대 서구사상이 유입된 시기부터였다. 구체적으로 이들 개념은 1800년대 말에서 1900년대 초의 개화기 때 사용된 것으로 알려져 있다.[184]

이 시기 언론에서 민족, 국가, 사회 등의 개념이 소개되고 있었다. 물론 그것의 정확한 인식이나 엄밀한 적용은 이루어지지 않은 상태였다. 한국적 상황을 전제로 한 이론의 모색이 이루어지지 못했기 때문이었다. 시대적인 요구와 인식의 편의에 따라 민족주의라는 말이 사용된 것 뿐이었다. 더욱이 외세의 침탈 때문에 민족에 대한 논의만 주장해도 애국적인 관점에서 존경받을 정도였다.

당시 한국의 전통적 지배세력은 외세의 침탈을 막을 능력도, 의지도 약했다. 오직 주변 강대국, 그것도 몰락 직전의 청나라에 의존했거나, 러시아나 미국의 힘을 빌리려 했다. 지배세력의 이런

---

[184] 한국에서 '민족' 이라는 표현은 《대한매일신보》 등에서 사용되었다는 연구를 찾아볼 수 있다. 박찬승, 《민족·민족주의》, 소화, 2010, 64쪽.

태도와는 달리 피지배계급, 구체적으로 백성, 민초, 우민 등으로 불렸던 민중들이야말로 외세의 침탈에 맞서면서 새 세상을 이루려는 민족의 가능성으로 남아 있었다. 이미 이 시기에는 왕실이나 지배층의 말 한마디로 백성들이 목숨을 던질 만큼 충군 애국적이지도 않았다. 당시 왕조의 지배체제는 고사 직전의 상태에 있었으며 통치의 효율성이나 동원력을 발휘할 형편도 아니었다.

시대적 변화에 대응해서 새롭게 주장된 것이 민족 개념이었다. 이 시기 민족에 대한 인식은 같은 인종, 같은 핏줄, 같은 전통과 문화로 이루어진 '우리'라는 정서적 동질의식의 소유집단으로 이해되었다. '우리'는 군왕을 위한 존재가 아닌, 군왕과 지배자가 '우리'를 위한 존재일 때 올바른 왕조가 이루어질 수 있다는 생각을 갖게 됐다. 만일 군왕이 지배층만을 위해 군림할 때 '우리'는 그 군왕에 맞설 수 있는 집단적 저항의지를 표출할 수 있다고 생각했다. 그 때문에 '우리' 속에는 동질체적인 일체감이 형성될 수 있었고 이를 바탕으로 이루어진 정치적인 제도화가 민족 중심의 근대 국민국가로 생각하게 되었다. 민족 중심의 국민국가에서만이 '우리'와 '민족'의 일치가 이룩될 수 있다고 믿었으며, 여기에서 '우리나라'로의 발전도 이루어질 것으로 확신했다.

이러한 인식은 중화사상에 말미암은 종속관계에 젖어 있었던 조선왕조 말기의 지배층에게는 생각할 수 없었던 혁명적인 발상이었다. 중국을 대국으로 부르면서 조공과 책봉을 사대교린의 의례로 합리화했고, 종속관계를 통치체제 정당성으로 활용했던 전통적 왕조 지배세력을 제거하는 것만이 민족의 관점에서 우선적으로 요청되는 과제였다. 나와 남, 우리나라와 다른 나라를 비교하면서 '우리나라'를 이루는 것이 그만큼 절실했기 때문이었다.

다른 하나는 '우리'에게 종주국으로 군림해 온 청나라나 침탈적인 일본의 배격이었다. '우리'의 관점에서는 기존의 왕조체제도 변혁의 대상이며, 청에 대한 저항감도 새로운 국제사회로의 정립을 위한 당면한 과제였다. 이러한 변화야말로 요즘 식으로 표현하면 패러다임 시프트였다. 새로운 '우리'와 '우리나라'에 대한 열망이 서서히 분출되고 있었으며, 이는 곧 한국에서 민족주의적 지향이 혁명적인 것이어야 함을 의미하는 것이었다.

물론 '우리'가 갖고 있었던 혁명적인 열정은 조선왕조 말기 기존 통치세력에 의해 탄압되었다. 군왕을 정점으로 한 전제적 왕조체제는 일본 등 한반도를 침탈했던 외세와 결탁해서 그 탄압을 가중시키고 있었다. 전통적 지배세력과 제국주의 세력의 연대는 '우리'가 이룩하려는 '새 세상'을 가로막았으며, 전자는 전통적 왕조체제의 지속을 추구했기에 '우리'와 '우리 의식'의 민중적 욕구와는 대립될 수밖에 없었다.

왕조체제의 지배세력과 일본 제국주의자들 사이의 연대는 민중의 열망을 억압했다. 더한층 심각했던 것은 민족의 의미와 내용을 지배세력에 의해 자의적으로 변용시켰다는 점이다.[185] 그들은 민족의 핵심인 '우리' 속에 군왕을 비롯한 지배세력까지 포함시켰으며 그들이 중심부를 차지했고, 왕조에 대한 충군사상을 '우리'

---

185 한국에서 최초로 민족이라는 표현을 사용한 것은 1907년 이후, 즉 梁啓超 《飮氷室文集》에 의해서라는 주장이 최근 한 연구에서 주장되었다. 이 연구에 따르면, 민족의 개념을 "지리, 혈통, 형질, 언어, 문자, 종교, 풍속, 경제생활의 공통성을 지닌 집단"으로 인식했으며 이것을 당시의 한국 지식인들이 그대로 받아들였다는 것이다. 박찬승, 《민족·민족주의》, 소화, 2010, 65쪽.

의 열망처럼 선전했다. 나아가 왕조체제의 유지 강화를 위한 배외적인 민족의식을 고양시키려고 했다. 특히 외세의 침탈 때문에 왕조가 위기로 떨어졌다는 사실만을 강조함으로써 왕조를 위한 민중 동원의 효과를 극대화하려 했다. 왕조 자체의 부패와 무능, 그리고 반민족적 반민중적 성격에 대해서는 외면함으로써 '우리'가 아닌 '그들'의 왕조를 지키는 것이 마치 민족주의적인 것처럼 선전했다.

1900년대로 접어들면서 일본의 조선 침탈이 본격적으로 행해지자 여기에 대응해서 민족의식도 한 차원 높아지고 있었다. 이 과정에서 민족 논리는 민족주의로 모색되었고, 이 시기 지식인들은 민족주의를 '민족을 최상으로 생각하는 주의'로 이해했다. 결국 민족주의의 이데올로기나 내용보다는 그 말의 뜻풀이에 한정된 논리가 주장되고 있었다. 이들 논리의 대부분도 일본에 유학했던 계몽적 지식인들의 주장이었기 때문에, 일본의 근대화과정과 근대국가건설을 한국에 이식하는 것 자체가 민족주의론의 핵심처럼 설명되었다.

그러나 이러한 성격, 다시 말해 근대화에 의한 서구화 지향과는 달리 한국의 본질적 지향과 전통에 근거한 한국 민족주의에 대한 논의는 1910~20년대를 지나면서야 비로소 민족주의적 이념화가 모색되었다. 한국 민족주의의 이러한 성격은 1910~20년대에 들어와서 박은식과 신채호에 의해 신유학적 민족주의와 역사적 민족주의로 발전할 수 있었다. 이 두 사람의 사상사적 기반 위에서 1920~30년대에 들어와 정인보는 민족주의 역사학을 전개함으로써, 이들 논리의 종합에 의해 그 뒤의 정통적 민족주의론으로 발전할 수 있었다. 즉 안재홍과 조소앙에 의해서 정통적 민족주의론이 주장될 수 있었다.

이러한 사실을 전제로 한국 민족주의에서는 1920년대 이전까지 다음과 같은 민족주의적 흐름을 찾아볼 수 있다.

　▨ 신유학적 민족주의론
　▨ 역사적 민족주의론
　▨ 계몽적 민족주의론
　▨ 민중적 민족주의론
　▨ 정통적 민족주의론

먼저 신유학적 민족주의론은 성리학의 전통적 가치관을 근대적인 관점에서 재해석하려 했으며, 유교의 기본 가치를 현대적으로 변용했다. 그 때문에 근대사회에 적실성이 있는 유학적 가치의 설정에 의한 사회변혁에 주력하고, 이를 통한 사회통합과 정치적 변화를 모색했다. 이러한 논의의 대표적인 주장자로는 박은식(朴殷植)을 들 수 있다.[186] 1859~1925년이라는 그의 생존연대에서 알

---

186 朴殷植은 1859년 황해도 황주의 빈곤한 가정에서 출생했다. 성리학자 박문일의 제자였으며, 1898년 독립협회의 영향으로 성리학과 척사론에서 벗어나 개화사상을 지니게 되었다. 그는 독립협회와 만민공동회에 참여했으며 1898년 《황성신문》의 창간에 관여, 주필이 되었다. 독립협회가 해산된 이후, 1900년에는 경학원 강사와 한성사범학교 교수를 역임했고 1904년 《대한매일신보》의 창간에 참여, 주필이 되었으며 1906년 이후 그는 변법적 개화사상가로 척사파와 유림을 강하게 비판하고 신학문의 수용을 주장했다. 1907년에는 신민회에 참가하여 서북학회의 실질적인 지도자로 활동했으며, 서북협성학교 교장으로 1911년 중국으로 망명, 역사서를 저술하여 한국혼을 천명했다. 1919년 대한민국임시정부에 참가했으며 1925년 임정의 대통령으로 선임되기도 했다. 《한국 민족문화대백과사전》 9권, 53~54쪽.

수 있듯이, 그는 조선왕조 말기의 애국계몽운동에 적극 참여했다.

박은식의 사상사적 논의는 유교개혁론에서 시작했다. 그는 초기에 척사론자로서 량치차오(梁啓超)와 옌푸(嚴復)의 사회진화론에 의해 중체서용(中體西用)의 관점에 서기도 했지만, 곧장 변법자강론(變法自强論)으로 나아갔다. 또한 천주교의 수용이나 일방적인 서구화에는 강한 거부감을 보이기도 했다.

그는 유학을 동양정신의 핵심으로 여겼으며 한국인이 지녀야 할 전통적 가치라고 믿고 있었지만, 성리학의 한계에서 벗어나 양명학의 실천에 관심을 가지기도 했다. 그는 《유교구신론》(儒敎求新論)에서 양명학의 심즉리, 치양지, 지행합일(心卽理, 致良知, 知行合一)이야말로 현실적인 실천성을 갖고 있다고 주장했다. 양명학이 간이직절(簡易直截)한 접근론은 물론이고 급변하는 시대상황에도 수시변응(隨時應變)의 장점을 가지고 있음을 강조했다.[187]

그는 또한 사회진화론에 입각해서 약육강식과 우승열패의 생존경쟁이 국제사회의 기본 법칙임을 전제했으며, 국제사회에서 강자가 약자를 약탈, 억압하는 것이 현실세계임을 인식했다. 여기에 대응해서 국체를 보전하는 유일한 방안은 국력을 키우는 것이라고 생각했다. 이를 위해 그는 교육구국론(敎育救國論)과 식산흥국론(殖産興國論)이라는 두 가지 방법을 제시했다. 교육구국론에서는 교육기관을 설치해서 청년들에게 근대적인 교육의 실시를 주장했다.[188] 식산흥국론에서는 무위도식하는 사람을 없애고 관리의

---

187 《朴殷植全書》 하권, 단국대학교 동양학연구소, 1975, 47~49쪽.

188 박은식의 애국계몽운동과 그 사상에 대한 논의는 다음 책에서 읽을 수 있다. 배용일, 《박은식과 신채호 사상의 비교연구》, 경인문화사, 2002.

부패를 일소하며, 공업과 상업의 천시풍조도 고치고 기술혁신으로 국부를 증대하자고 역설했다.[189]

박은식의 핵심 논지는 민족적 정체성의 확립에 두고 있었다. 그도 이 시기에 들어서면 민족이라는 말을 빈번하게 사용했는데, 그것은 사회구성원들이 자기 정체성을 확인함으로써 외국의 침탈을 막아 종속적인 굴종에서 벗어나는 기반이라고 여겼다. 이를 위해 나라는 국혼(國魂)과 국백(國魄)을 겸비해야 한다고 강조했는데, 국혼은 민족정신을 의미했다. 또한 국가는 경제적으로 국력이 강해져야 하는데, 이를 국백으로 설명했다. 박은식은 국혼과 국백의 고양을 통해서만 강한 국가를 이룩할 수 있다고 믿었고, 국혼이 먼저 올바르게 확립된다면 국백도 여기에 따라 이루어질 수 있다고 생각했다. 그렇기 때문에 국혼을 위해서는 양명학을 따른 새로운 국교의 정립이 필요하다고 주장하기에 이르렀다.[190]

박은식은 1905년 이후 친일단체인 대동학회의 조직적인 활동에 맞서기 위해서, 1909년 유학의 대동사상을 기본으로 한 대동교(大同敎)를 창설했다. 이는 강유위(康有爲)의 대동사상과 양계초(梁啓超)의 자강사상을 수용해서 제국주의와 서구문명의 한계점을 극복하려는 의도를 갖고 있었다.[191] 그는 대동사상에 의해 대동사회의 구현이 곧 세계평화주의의 지향이라고 주장했다.

한편 역사적 민족주의론에는 한국의 역사적 전통 속에 민족의

---

189 愼鏞廈, 《朴殷植의 社會思想研究》, 서울대출판부, 1986, 101~136쪽.

190 송석준, 〈한말 전환기 사상과 양명학—백암 박은식의 사상을 중심으로—〉, 《양명학》 제5집, 157쪽.

191 앞의 논문, 161쪽.

존재적 의미와 성격을 찾으려 했다. 한국의 역사에서 단일민족의 전통과 영웅적인 지도자를 중심으로 민족사회와 문화의 발전을 이룩하려 했다. 그 때문에 중국과 구분되는 한국만의 역사적 기원을 강조했고 민족의 시조인 단군에 대한 숭앙의식도 내세웠다. 그 밖에 민족사의 영웅들, 구체적으로 연개소문, 을지문덕, 강감찬, 이순신 등의 사적을 밝힘으로써 민족정신을 높이려 했다. 역사를 바로 알고 그 역사에서 부여받은 민족적 사명을 실천하는 것이야말로 올바른 민족주의의 길로 여겼다. 이러한 논리는 박은식과 함께 특히 신채호(申采浩)에게서 찾아볼 수 있다.[192]

신채호는 박은식의 민족관념을 받아들여 이를 발판으로 실천적인 민족투쟁을 전개했다. 초기에 그는 민족주체성 문제에 관심을 집중했는데, 이를 위해 민족정신의 필요성을 역설했으며 국수보전론(國粹保全論)과 유교개혁론, 영웅론, 신국민론(新國民論) 등을 주장했다. 신채호도 박은식과 같이 국가 흥륭의 방책을 교육에서 찾았으며, 민족독립의 실현과 교육의 연관을 강조했다. 교육이나 식산흥업도 모두 민족국가를 이룩하기 위한 것이며, 과거의 무정신(無精神)의 교육에서 벗어나 민족정신을 올바로 가르치는 신교육의 필요성을 주장했다. 그는 민족교육의 기본 목표는 오직 '국

---

192 신채호는 박은식보다 21년 뒤인 1880년에 충남 대덕에서 출생, 1936년에 사망했다. 성균관에서도 수학했고 젊은 나이에 독립협회에 참여했다. 《황성신문》 기자, 《대한매일신보》 주필로 주로 한국사와 논설을 발표했다. 28세에는 新民會에 참여했고 이어 중국에서 광복회를 조직 활동했으며 1913년에는 상해의 同濟社에도 관계했다. 상해임시정부수립에 참여했지만 이승만의 노선에 반대했으며 1922년 의열단의 초청을 받아 그 이듬해 초에 의열단선언, 일명 '조선혁명선언'을 집필함으로써 민중직접폭력혁명론을 내세웠다. 1925년에는 민족운동의 한 방편으로 무정부주의동방연맹에도 참가해서 활동했으며 1928년 5월 일본 관헌에 체포되어 여순 감옥에서 복역하다가 사망했다. 《한국 민족문화대백과사전》 14권, 19~20쪽.

가정신, 민족주의, 문명주의'의 실천에 있다고 역설했다.

박은식의 민족관념이 신채호에 이르면 민족주의적인 논리로 전개되는데, 이는 당시의 국제정세에 대한 반영이기도 했다. 그는 20세기를 제국주의와 민족주의, 자유주의의 시대라고 파악했다. 제국주의에 맞설 수 있는 것은 오직 민족주의뿐이며 그것이 민족의 보전을 중시하는 자유주의와 얽힌 것이 20세기 초의 시대상황이라고 생각했다. 따라서 일본의 침탈은 민족주의로 막을 수 있는데, 이를 위해서는 우선 '신국민'(新國民)을 양성해야 하고, 이들이 국권회복의 가능성이 될 것이라고 확신했다. 여기에서 그의 신국민, 즉 신민(新民)은 현실을 올바로 인식하고 이것에 대처할 능력을 지니며 자유와 평등사회의 추구로 민족국가로서 독립을 인정받는 일에 앞장서는 민족적 인격체라고 설정했다.

신채호는 신민을 양성하는 것이 민족문제를 극복할 수 있는 유일한 방안이며, 이것이야말로 민족주의의 길이라고 믿었다. 따라서 그는 신민의 존재와 기원에 대한 역사에 관심을 갖을 수밖에 없었고, 신민의 개념을 정립하기 위해 민족정신을 찾는 일에 매달리게 되었다. 그는 역사야말로 민족정신을 일깨우는 기본이며, 이 점에서 "아(我)가 국(國)을 사랑하려거던 역사를 독(讀)할지며"라고 강조했을 정도였다.[193]

그는 신민을 위한 국민독본으로 역사서를 제공하기 위해서 한국 역사의 위대한 인물 3명을 선정해서 이들에 대한 저서를 간행했으며 이를 국민필독서로 활용하려 했다. 을지문덕, 이순신, 최

---

193 《대한협회회보》 3호, 〈역사와 애국심과의 관계〉, 《신채호전집》 하권, 76~77쪽.

영이 곧 그가 선정한 민족의 위대한 지도자였다. 그가 1908년 8월
에서 12월까지 《대한매일신보》에서 연재했던 〈독사신론〉(讀史新
論)도 국민에게 역사를 알려주기 위한 그 자신의 주장을 담고 있
었다.

신채호의 역사인식은 '민족투쟁론'적 역사관의 표현이기도 했
다. 그는 신민을 양성하기 위한 역사에서 한 걸음 더 나아가 구체
적이고도 현실적인 실천논리로서의 민족투쟁론을 주장하게 되었
다. 그는 의열단의 '조선혁명선언'을 기초하면서 무력투쟁만이
독립운동의 유일한 방법이라고 역설했으며, 민족주의의 본질은
민족투쟁에서 표현되어야 하고, 이를 통해 민족의 존립도 이룩된
다고 확신했다.

그렇다고 하여 신채호가 단순히 혁명투쟁론만을 추구했던 것은
아니었다. 그는 국민의 일상에서 신민이 되기 위해서는 민덕(民
德)의 함양이 이루어져야 한다고 생각했다. 여기에서 말하는 민덕
은, 현대적인 개념으로는 시민성(civility)으로서, 한국 민족이 망국
의 비운을 맞은 것은 민덕이 낮았기 때문이라고 주장했다. 그는
조선왕조의 사람들이 강의(剛毅) 용감(勇敢)에서 벗어나 인유(仁
柔) 온후(溫厚)만 내세우는 도덕론의 지배로, 혁명가가 태어날 수
없는 전제적 도덕론의 지배를 받게 되었다고 말했다. 결국 공덕보
다는 개인 관계를 중시하는 사덕론(私德論)이 우세하여, 적극적이
기보다 소극적인 도덕론이 주도하게 되었는데, 여기에서 반드시
벗어나야 한다는 것이다. 그는 민족운동의 지향을 아래와 같이 강
조했다.

　　민중은 우리 혁명의 대본영이다. 폭력은 우리 혁명의 유일무기이다.
우리는 민중 속에 가서 민중과 제휴하여 不絶하는 폭력〔殺〕, 파괴, 폭동
으로써 강도 일본의 통치를 타도하고 우리 생활에 불합리한 일체 제도를
개조하여 인류로서 인류를 압박치 못하며 사회로써 사회를 剝削치 못하
는 이상적 조선을 건설할지니라.[194]

　그는 민족운동의 귀착점을 아나키즘으로 여기게 되었으며, 그것
만이 지배－복종의 제국주의적 침탈을 막을 수 있는 근원적인 해결
책이라고 믿었다. 이 점에서 박은식이나 신채호야말로 한국의 민
족을 위한 민족주의적 투쟁가로서의 삶을 살았다고 할 수 있다.
　이러한 박은식의 신유학적 민족주의론과 신채호의 역사적 민족
주의론은 그 뒤 민족주의 역사학의 이름으로 논리화 되었다.[195] 박
은식과 신채호의 주장이 중국과 한국을 무대로 전개되었던 독립
운동 과정에서 주장되었음에 비추어 볼 때, 민족주의 역사학은 정
인보나 문일평(文一平), 최익한(崔益翰), 안확(安廓), 권덕규(權悳
奎), 장도빈(張道斌), 황의돈(黃義敦), 안재홍(安在鴻) 등에 의해 한
국 내에서 그 연구가 이루어졌다. 특히 박은식의 신유학적 민족주
의론과 신채호의 역사적 민족주의론을 결합시켜 논리적으로 체계
화를 모색했던 것이 정인보였으며, 그 대표적인 주장이 ‘조선학’

---

194 〈朝鮮革命宣言〉, 《丹齊申采浩全集》 하권, 45~46쪽.

195 1920년대에서 1930년을 전후로 한 시기에 한국의 역사학을 흔히 민족주의 사학, 실증주의
사학, 사회경제사학으로 구분해서 설명하면서 여기에 신채호, 정인보, 문일평, 안재홍 등
을 대표적인 학자로 적고 있다. 그러면서도 이들의 주장이 학계에서 큰 흐름을 이루지 못
했음은 후학양성에서 오는 한계점에서 비롯되었다고 설명한다. 이 점에 대해서는 다음 글
을 참고할 것. 崔英成, 〈日帝時期 反植民史學의 展開: 申采浩, 鄭寅普, 文一平, 安在鴻, 白
南運을 중심으로〉, 《韓國思想과 文化》 vol. 9, 2000.

과 '조선의 얼'이었다. 그의 이러한 주장은 식민지 사관에 젖어 있었던 그 시대 실증주의 사학에 대한 전면적인 공격이었다. 정인 보의 민족주의 사학은 그가 활동했던 1930년대를 전후로 한국 민 족주의 이념화의 기반적인 연구로 그 의미를 갖게 되었다.

정인보는 조선왕조 소론명문가의 출신인 강화학파 이건방(李建 芳)에게 사사함으로써 양명학과 근대성을 함께 연계시키려고 노 력했다.[196] 그 때문에 한학의 지식을 바탕으로 조선후기의 사상사, 특히 양명학과 실학을 본격적으로 연구했다. 그는 1935년 《동아 일보》에 〈오천 년간의 조선의 얼〉을 발표함으로써 당시의 '식민 사학을 분쇄하기 위한' 민족주의적 도전을 감행하게 되었다. 물 론 그 이전 1929년 《성호사설》(星湖僿說)도 교간했고, 1931년 초에 는 《동아일보》에 〈조선고서해제〉(朝鮮古書解題)를 해제하는 등 이 른바 '조선학'의 깊이를 더하기도 했다.

정인보의 본격적인 연구는 한국의 고대사와 조선후기 실학으로 압축되었다. 특히 고대사는 일제의 식민주의 조선관학자들에 의 해 저질렀던 한국사의 날조를 바로 잡으려는 의지의 표현이었으 며, 실학에 대한 연구는 민족사의 주체적인 관점에서 현재와 미래 를 엮기 위한 역사의 재해석이었다.[197]

그는 고대사 연구에도 집중했으며 민족의 기원을 문헌고증주의 의 관점에서 밝히려 했다. 그 결과 중국과 다른 민족적 독자성을 논리화할 수 있었다. 동시에 실학에 대한 연구를 통해서 전통적인

---

196 위당 정인보 선생의 삶과 학문에 대해서는 다음 글을 참고할 것. 閔泳珪, 〈爲堂 鄭寅普 先 生의 行狀에 나타난 몇 가지 문제: 實學原始〉, 《東方學志》 13, 1972.

197 이완제, 〈정인보의 한국사 인식〉, 《韓國思想史學》 4·5 합병호, 1992, 474~476쪽.

성리학의 논리와 영향력의 지속에서 벗어나 민족적 주체의지의 기반을 제시하기 위해서 노력했다.

그의 민족과 민족주의적 사유는 기본적으로 한국의 민족사에 관류하는 '조선의 얼'을 밝히는 일이었다. 그의 '조선의 얼'은 한국인의 전통적 사유체계임과 동시에, 행위기반으로 작용했던 그 본질에 대한 규명이었으며, 민족적 전통성에 대한 하나의 기준이었다. 그러므로 '조선의 얼'을 통해서 식민지라는 시대상황의 한계적 현실도 넘어서려는 새로운 가능성으로의 열림과 펼침을 위한 민족정신의 토대를 확립하려는 것이었다.

이러한 성격은 정인보의 실학에 대한 주장에서도 읽을 수 있는데, 그 시대의 흐름과 부름에 대한 학자로서의 부응이었으며 이를 위한 창조적 가능성에 대한 논의였다. 이러한 사실은 그의 민족주의에 대해서 연구한 한 연구자의 다음과 같은 글에서도 읽을 수 있다.

> "정인보의 정치이념은 개인 도덕의 우선성과 민족사의 특수성을 강조한다는 점에서 민족주의 우파의 그것과 비슷한 것처럼 보인다. 하지만 정인보가 민족문화론의 대표 사상가이면서도 이들의 전체주의, 복고주의, 탈정치적 지향 등의 특성과 거리를 둘 수 있었던 것은 그의 민족문화론이 사회운동으로서 현실과의 긴장을 유지하여 부문역량 축적을 통한 정치참여를 목표로 하고 있었기 때문이다."[198]

---

198 李滉植, 〈위당 정인보의 유교개혁주의 사상〉, 《韓國思想史學》 제20집, 2003, 315쪽.

이 글에서 알 수 있듯이 정인보의 민족주의 역사학의 궁극적인 지향은 식민지적 현실을 극복하기 위한 민족주의적 정치참여의 이념적 기지를 마련하려는 것이었다. 결국 정인보를 필두로 한 민족주의 역사학자들의 주장과 논지를 바탕으로 민족의 독립과 자주국가를 이룩하기 위한 정치적 이념체제로서의 한국 민족주의의 정립에 치중할 수 있었다. 다시 말해 박은식과 신채호의 역사적 민족주의의 귀착점에 정인보의 '조선의 얼'과 '조선학'이 놓여 있었고, 이를 디딤돌로 그 뒤 정통적이고 정치적인 민족주의가 발전할 수 있었다. 이 점에서 정인보의 논의는 그 앞과 뒤의 민족주의 논리에서 중간지점에 놓인 교량이었다고 할 수 있다.

계몽적 민족주의는 한국이 식민지로 전락된 전후에 등장했던 논리로, 한국 민족의 미래는 지난날의 낡은 전통에서 벗어나 근대적으로 전환할 때만 가능하다고 생각했다. 다시 말하면, 서구 근대성의 수용과 그것에 따른 발전만이 한국 민족사회의 미래라고 생각했다. 따라서 서구 근대성을 받아들여 근대국가를 이룩한 일본을 본보기로 설정하게 되었다. 결국 이 논리는 친일적인 성격을 갖게 되었으며, 어느 면에서는 반민족적인 면도 보여 주었다. 계몽적 민족주의는 한국의 민족적 전통이나 가치의 보전보다도 그것을 극복의 대상으로 여겼다. 이러한 인식은 그 뒤에도 민족주의로 겉모양을 내걸었지만 실제로는 민족적인 본질에서는 벗어난 한계적인 일면도 보여 주었다. 이 논의에 앞장섰던 인사로는 최남선, 이광수 등을 들 수 있다.

앞의 3가지 논리는 전통적 지배세력의 정당성을 전제했기 때문에 조선왕조의 옹호논리로서의 성격도 부분적으로 갖고 있었다.

이것과는 달리, 민중적 민족주의는 '우리'를 역사적으로 왕조체제에서 억압받았던 백성, 곧 민초라고 생각했다. 왕조체제는 백성들의 일방적인 복종을 강제했다. 양반지배층의 약탈을 합리화했고 고통받았던 민중을 비인간적인 일상에 떨어지게 하여 '우리'의 실체라고 전제했다. 그 때문에 이들은 억압과 약탈이 없는 공생공존의 세상을 이룩하는 것이 기본 목표였다. 한시라도 빨리 왕조체제에서 벗어나려 했으며, 그 때문에 왕조체제를 지원하거나 그 영향력을 부식하려 했던 외세에 대해서도 배격적인 태도를 보여 줄 수밖에 없었다. 이들 민중적 민족주의론은 1980년대를 전후로 사회주의의 수용에 따라 그것에 적합됨으로써 좌파 민족주의, 또는 사회주의적 성격으로 전환되었다.

4

삼균주의의 민족주의적 지향

앞에서 설정했던 민족운동의 여러 유형 가운데, 정통적 민족주의론은 구체적으로 민족적 근대국민국가를 이룩하려 했던 정치이념적 성격을 갖고 있었다. 여기에 해당되는 대표적인 이론으로는 1930~40년대에서부터 해방정국까지 지속되었던 조소앙의 삼균주의와 안재홍의 신민족주의를 들 수 있다.

여기에서는 먼저 조소앙의 삼균주의부터 살펴보기로 하자. 해방정국에서 민족주의 운동은 사실상 대한민국임시정부에 따라 주도되고 있었다. 대한민국임시정부(이하 '임정'이라고 함)는 무력투쟁의 주체였기 때문에 그것에 대한 법통성을 주장할 수 있었다. 민족독립을 위한 임정의 민족투쟁은 앞에서 설정했던 역사적 민족주의와 민중적 민족주의를 동시에 추구하고 있었다. 즉 좌파의 사회주의적 성격과 우파의 역사적 민족주의의 성격을 포괄했다.

임정은 왕조체제의 단절을 주장했으며, 공화체제를 수립하려 했다. 그것은 새 시대, 새 사조의 수용이었으며, 어느 면에서는 변혁적인 정치체제로의 지향이었다. 그러므로 임정의 민족주의는 사회변혁적인 민중적 민족주의도 포함하고 있었다. 이러한 성격은 '대한민국건국강령'에서 드러나고 있다.

이 문건은 임정이 추구했던 정치적 지향성으로, 본래 임정을 주

도했던 김구의 한국독립당이 주도한 1945년 8월 28일 제5차 대표
자대회의 선언문으로 발표되었다. 여기에서 한국의 민족투쟁을
"……광영스러운 역사적 임무를 완성하기 위하여 우리의 민족운
동을 복국(復國), 건국(建國), 치국(治國)의 계단으로 분기 진행할
필요를 확인하였다"고 적어 놓았다. 이는 민족운동의 지향은 물
론이고 그 실천 방략을 밝혀 놓은 것이다. 여기에서 설정한 복국
은 잃어버린 조국을 되찾는 것이며, 한국에서 일본세력의 축출을
의미했는데, 이는 무력투쟁에 의해서만 이룩될 수 있다고 주장했
다. 또 임정은 광복군이 한국으로 진공해서 새롭게 국민대표를 선
출하고 헌법을 제정하는 건국과정을 설정하고 있다. 그것의 전개
과정은 임정의 정치이념에 따라 치국과정으로 설정되고 있다.

대한민국건국강령은 임정의 이론가인 조소앙의 작품이다.[199] 그
가 주장한 삼균주의는 임정의 민족투쟁의 이념적 기반이었다. 앞
에서 적어 놓은 복국, 건국, 치국도 조소앙의 삼균주의 정치사상
의 한 표현에서 비롯되고 있다. 그는 1931년에 삼균주의를 주창했

---

199 조소앙(趙素昻)의 본명은 용은(鏞殷)이며 소앙(素昻)은 호이다. 1887년 경기도 파주 출
생이며, 1902~1904년 성균관에서 수학했으며 황실유학생에 선발되어 일본 동경부립 제1
중학에 입학했다. 1906년 메이지대학(明治大學) 법학부에 입학하여 1912년 대학졸업 후
귀국한 뒤 경신학교, 양정의숙, 대동법률전문학교 등에서 교편을 잡았다. 1913년 중국으
로 망명하여 신규식(申圭植), 박은식(朴殷植), 신채호, 정인보 등과 동제사(同濟社)를 박
달학원(博達學院)으로 개편했으며, 항일단체인 대동당을 조직했다. 1919년 3·1운동을 전
후해서 만주에서 '대한독립의군부'를 조직, 부주석으로 선출되었으며 한성정부 교통부장
에 추대되었다. 그 뒤 상해 대한민국임시정부에 참여, 임정의 국체와 정체에 대한 이론적
기반을 마련했으며 국무위원이 되었다. 이후 파리 만국평화회의에 김규식과 함께 참여했
으며, 1929년 한국독립당을 이동녕, 이시영, 김구, 안창호와 함께 조직했다. 이 시기에 그
는 삼균주의의 사상적 내용을 정립했으며 1940년 한국독립당 부위원장이 되었다. 1945년
에 귀국 뒤 대한민국임시정부의 정통성에 기반을 둔 정치활동에 적극 참여했으며 1950년
5·30선거에 출마해서 전국 최고 득표로 당선되기도 했다. 한국전쟁에서 북한에 피랍되었
으며 1958년경에 사망한 것으로 알려졌다.

다.[200] 이 시기만 해도 한국의 독립운동은 이념 대립으로 심한 소모전을 겪고 있었다. 한편에서는 역사적 민족주의론에 의한 애국심의 고양이 주장되었지만, 앞으로 어떤 독립국가를 이룩해야 할 것인지에 대해서는 구체적으로 논의하지 않았다.

이때 역사적 민족주의자와 민중적 민족주의자, 즉 공산주의자 사이의 갈등을 극복하면서 미래 한국의 정치구조를 구상했던 것이 조소앙의 삼균주의였다. 삼균주의의 출발점은 독립국가, 곧 주권의 독립은 물론이고 사민평등의 균등사회를 이룩함으로써 근대 국민국가로의 발전을 모색하려는 것에 있다. 그것은 좌우파의 이념적 성격을 모두 포괄하려 했으며, 한국의 역사에서 민중의 열망도 온전하게 담아 이를 현실정치에 실현하려는 시도를 보여 주었다. 따라서 삼균주의는 한국의 전통사상인 제세이화(濟世理化)와 대동사상(大同思想)을 이념적 기반으로 삼았으며, 그 위에다 좌우파의 이념도 수용하려 했다.[201] 조소앙에 따르면 한국 전통사상의 핵심은 사민평등의 세상, 다시 말해 모두가 골고루 사람답게

---

200 洪善熹,《趙素昂의 三均主義 연구》, 한길사, 1982, 27쪽. 홍선희는 이 책에서 조소앙에 대한 연보를 정리하면서 삼균주의에 대한 이론체계의 정립을 삼균의 나이 44세인 1931년 1월로 적어 놓았다.

201 그의 이러한 주장은 그가 작성한 '대한민국건국강령'의 제2항에서 찾아볼 수 있다. "우리나라의 건국정신은 삼균제도의 역사적 근거를 두었으니 선인이 명명한바 首尾均平位하면 興邦保泰平하리라 하였다. 이는 사회 각층 각 계급의 지력과 권력과 부력의 향유를 균평하게 하며 국가를 진흥하며 태평을 보유하라 함이니 弘益人間과 理化世界하자는 우리 민족이 지킬바 최고 공리임"이라고 적어 놓았다. 三均學會,《素昂先生文集》상, 횃불사, 1979, 148쪽. 한편에서는 삼균주의와 손문의 삼민주의를 연관시켜 논의하는 경우도 있다. 그러나 이러한 논의는 단지 삼균주의와 삼민주의의 표현상의 유사성에서 비롯된 것이라는 주장도 있다. "1920년대 이후 삼민주의를 비판적으로 보고 그것을 넘어선 보다 진보적인 노선을 취한 것"이라고 설명한 홍선희의 주장이 설득력이 있다고 할 수 있다. 洪善熹, 앞의 책, 38쪽.

잘 살 수 있는 세상을 이루는 것이며, 이를 위해서는 사람들 사이에 균등도 보장받아야 한다고 확신했다. 그의 주장은 좌파의 계급혁명과 사회 평등사상과도 일정 부분 연계를 맺고 있었다. 그의 논리는 최소한 사람답게 살 수 있는 세상을 국가가 마련해 주어야 하며 이를 보장해야 한다는 것이다. 이 점에 대해 그는 이렇게 적어 놓고 있다.

> 본질적으로 고차적 생활문제를 합리하게 해결하기 위하여 정치, 경제, 교육의 삼균제도를 철저한 혁명적 방식으로 건립할 것을 갈구한다. 원래로 권(權), 부(富), 지(智) 3종은 인류의 중심문제이니 초보로 상당한 수준으로 제고할 것을 우리 3천만 동포의 유일한 임무로 규정한다. 그러므로 정(政), 경(經), 교(敎) 본신의 수립 발전을 통하여 균권(均權), 균부(均富), 균지(均智)의 종극구경(終極究竟)을 목표로 하여 돌진하여야 한다.[202]

이 글에서 그의 삼균주의, 즉 균권, 균부, 균지의 3가지 핵심사상을 주장하였다. 특히 균권은 주권재민의 원칙에 대한 천명이며 민주주의적 이념의 지향이었다. 그는 전제적 왕조체제나 소수의 특권층이나 집단에 따라 자행되는 통치권의 전유에 대해서 강력하게 반대했다. 그 대신 보통선거제도를 확립함으로써 모든 국민에 의한 평등한 정치참여를 주창했다. 이와 함께 국민 개개인에게 기본권을 확보하게 함으로써 노동권, 휴식권, 수학권, 참정권, 선거권, 피선거권, 파면권, 입법권, 결사권, 남녀평등 등을 구체적으

---

202 趙素昂, 〈三均의 大路〉, 《素昂先生文集》 下, 三均學會, 1979, 72쪽.

로 적어 놓고 있다.

균부는 부의 극단적인 불평등을 막으면서 모두가 사람답게 살수 있는 물질적 조건의 향유로, 경제적 균등을 추구하려는 것이었다. 특히 부의 근원인 토지제도의 근본적인 개혁으로 토지국유화를 주장했다. 이 점에 대해 그는 이렇게 적어 놓았다.

> 우리나라의 토지제도는 국유에 유법(遺法)을 두었으니 선현의 통론한바 준성조지공분수지법(遵聖祖至公分授之法)하여 혁후인사유겸병지폐(革後人私有兼倂之弊)라 하였다. 이는 문란한 사유제도를 국유로 환원하라는 토지혁명의 역사적 선언이다. 우리 민족은 고규(古規)와 신법을 참호하여 토지제도를 국유로 확정할 것임.[203]

그는 토지의 사적 소유가 경제적인 불평등을 가져오는 원인으로 파악했기 때문에 토지의 국유제를 확립하게 되면 불평등도 극복할 수 있다고 생각했다. 그의 주장은 계급 불평등에 대한 혁명적인 접근이었으며, 이는 어느 면에서는 좌파의 주장과도 상통하는 일면을 갖고 있었다. 대지주의 토지 겸병이 경제사회적으로 심각한 병폐로 작용했으며, 그것을 극복하기 위해서는 기본적으로 토지의 국유화만이 유일한 해결책이라고 확신했다.

물론 한국은 역사적으로 토지국유화에 기반을 둔 왕조체제였지만, 통일신라 이후 토지가 사적 소유로 굳어졌다고 파악하고 있다. 지배세력의 거듭되는 토지 겸병이 그 뒤에도 세습되고 있었기

---

203 앞의 책, 149쪽.

때문이다. 특히 조선왕조 말기 권문세가의 극심한 토지 겸병은 식민지시대에도 유지되었으며, 어느 면에서는 일본 식민지 통치자들이 그들과 협력관계를 맺을 수 있었던 제도이기도 했다. 이들 문제점을 고치기 위해서 조소앙의 삼균주의는 토지국유화를 강력하게 주장하게 되었다.

조소앙의 삼균주의의 또 다른 내용은 균육(均育)이었다. 이것은 "공비교육(共費教育)으로써 학권(學權)을 균(均)하는 것"이라고 설명하면서, 교육에 소요되는 비용의 국가부담을 의미했다. 그는 배움에 대한 사람들의 욕구야말로 기본권이고, 이를 학권이라고 규정하고 있다. 학권은 국가가 보장해야 한다.

조소앙은 학권의 확보, 즉 배움에 소요되는 모든 비용을 국가가 부담한다는 것은 모두에게 배움의 기회를 공평하게 갖게 하는 것이므로 한국 사회에서 중요한 의미를 지닌다고 생각했다. 한국에서는 전통적으로 문사를 중시했고, 그 문사로서의 관직출사야말로 교육의 기본 목표였기 때문이다. 문사들이 열망하는 관직 점유는 배움을 통해서만 얻을 수 있었다. 그러므로 부유한 가문이나 권문세가가 학권을 독점했으며, 그것에 따라 자신들의 특권을 세습할 수 있었다.

이러한 성격을 고치기 위해서 조소앙은 모두가 함께 배울 수 있는 기회가 제공되어야 한다고 주장했으며 특히 6세에서 12세의 초등교육과 12세 이상의 고등 기본교육의 일체비용을 국가에서 부담하는 의무교육제를 주장하고 있다. 교육에 소요되는 비용의 국가부담이야말로 사회혁명적인 변혁의 한 모습이었다.

이처럼 조소앙은 삼권의 균등한 접근을 보장하는 것이 평등사회를 실현하는 기본이라고 주장했다. 그가 설정했던 복국, 건국, 치국의 단계도 삼균주의의 구체적인 실천과정이었다. 이를 살펴보면, 복국도 3단계로 설정했다.

복국 제1기는 민족지사와 국민들이 조국의 독립을 선포하고 국호를 정함과 동시에 임시정부와 임시의정원을 조직하고 나아가 임시 약법과 법규를 제정 실시함으로써 "인민들로부터 납세와 병역의 의무를 이행하게 하고 군력과 외교와 당무와 인심이 서로 융합하여 적에 대한 혈전을 계속하는 과정"이었다. 다시 말하면 대한민국임시정부를 조직해서 일본에 대항해서 민족투쟁을 전개하는 단계이다.

복국 제2기는 독립운동 조직체인 당(여기서는 한국독립당을 의미)과 군대와 정치세력이 한국으로 진공해서 국토의 일부분을 탈환, 독립국가를 수립하고 이를 국제사회로부터 인정받는 단계다. 독립군이 한반도로 진군하거나 한국 내 국민들의 독립운동에 의해 일본 총독부를 물리치고 한국 내의 일정 지역을 독립군이 점령 통치하는 단계라고 할 수 있다. 국토를 일부 확보함으로써 국내에 독립운동의 기지를 확보하는 것이 곧 이 단계에 해당된다.

복국 제3기는 "적의 세력에 의하여 포위된 국토와 포로로 전락된 인민과 침점(侵占)된 정치 경제와 말살된 교육과 문화 등을 완전히 탈환하고 평등지위와 자유의지로써 각국 정부와 조약을 체결할 때를 복국의 완성기"로 설정했다. 복국은 조국의 땅에서 침략세력인 일본을 완전히 구축하는 것이다. 복국은 곧 완전독립을 의미했다.

복국이 이루어지고 난 뒤, 국민들의 의사에 따라 독립국가로서의 정치체제를 완성하는 것을 건국단계로 설정했다. 건국도 3단계로 나눠 설명했는데, 먼저 건국 제1기에 대해서는 아래와 같이 적어 놓았다.

> 적의 일체의 통치기구를 국내에서 완전히 박멸하고 국도를 준정하고 중앙정부와 중앙의회의 정식 활동으로 주권을 행사하며 선거와 입법과 임관과 군사와 외교와 경제 등에 관한 국가의 정령이 자유로 행사되어 삼균제도의 강령과 정책을 국내에 추진하기 시작하는 과정을 건국의 제1기라 함.[204]

건국 제2기는 삼균제도에 의해 토지의 국유화와 보통선거제 실시, 면비수학(免費修學)의 교육제도, 행정조직과 민중조직의 완비로 "경향각층의 극빈 계급의 물질과 정신상 생활정도와 문화수준이 제공 보장되는 과정"을 의미했다. 이어 건국 완성기인 제3기는 국가건국에 필요한 모든 요건을 구비하는 단계이다. 여기에 이르게 되면 군사, 교육, 행정, 생산, 위생, 경찰, 농, 공, 상, 외교 등 통치기구를 완벽하게 설립해서 실제 기능을 수행함으로써 국가로서의 명실공히 실적을 확립하는 것이다. 다시 말해 독립국가를 이룩하겠다는 기본 예정 목표를 과반 이상을 달성할 수 있게 되었을 때 비로소 건국의 제3기로 들어섰다고 말할 수 있다는 것이다.

조소앙의 삼균주의는 임정의 공식적인 지향이념이었기 때문에 현실적인 실천성에 대한 전략이라기보다는 이상주의적 지향성을

---

204 앞의 책, 151쪽.

강조한 측면도 없지 않았다. 그 목표를 구체적으로 어떻게 이룩할 것인가에 대한 논의나 실천적인 내용보다는 이룩하고 싶다는 욕구를 더 강하게 표현했기 때문이다.

삼균주의는 시기적으로 해방의 시점에서 실천적 지향을 위한 정책적 내용을 구체화했다. 1945년 8월 28일 중경에서 발표된 '한국독립당 제5차 임시대표대회선언'[205]에서 한국독립당의 당강, 당책 등으로 표기되고 있지만 실제로는 삼균주의의 성격을 담고 있었다. ①국가독립의 보위와 민족문화의 발양, ②계획경제의 확립을 통한 균등사회의 행복보장, ③전민(全民) 정치기구 건립을 통한 민주공화체제의 완성, ④국비교육 시설 완비를 통한 기본지식과 필수기능의 보급, ⑤평등호조를 원칙으로 한 세계 일가의 실현 등의 내용은 해방 이후 상황에 대한 삼균주의의 논리적 대응을 담고 있었다.[206]

물론 조소앙의 삼균주의는 좌우이념의 통합적인 성격을 갖고 있었으며, 여기에 한국 민중의 전통적 욕구까지 담고 있었다. 좌우이념의 어느 하나를 선택하는 것이 아니라 민중적 욕구를 우선적으로 전제했기 때문이다. 가령 삼균주의에서 강조한 평등은 맑스주의의 평등론과는 차이가 있었다. 맑스주의의 계급평등은 프롤레타리아에 의한 부르주아지의 제거가 전제된, 다시 말해 계급혁명이었지만, 삼균주의에서는 계급의 통합을 강조하고 있다. 또한 삼균주의에서 강조하는 민권은 근대적 민권개념을 그대로 받

---

205 삼균학회, 〈한국독립당 제5차 임시대표대회 선언〉, 《소앙선생문집》 상, 335~339쪽.

206 해방 후 삼균주의의 이러한 변화에 대한 설명으로는 다음 책을 참고할 것. 김기승, 《조소앙이 꿈꾼 세계: 육성교에서 삼균주의까지》, 지영사, 2003, 258~260쪽.

아들이고 있다. 즉 민권은 천부적이며 동시에 법 앞의 평등과 기회의 평등, 또는 법에 저촉되지 않는 범위에서의 자유의 보장을 전제하고 있다. 이는 인간은 천래적(天來的)으로 평등하며 어느 누구도 침범할 수 없는 존재임을 의미하는 것이다.

물론 삼균주의도 구체적인 실천성에서의 한계를 지적할 수도 있다. 그러나 당시 상황에서 한국 민족의 독립선언서의 성격을 갖고 있었기 때문에, 이와 같은 주장의 불가피한 면도 없지 않았다.

현실적으로 삼균주의는 좌파와 우파의 통합적 영향력을 발휘하려는 일면도 강하게 갖고 있었다. 식민지 시대 이후 우파만 해도 자유민주주의, 특히 반공논리에 집착했기 때문에 삼균주의의 토지국유화나 교육권 보장 등을 사회주의적인 주장으로 내몰았다. 좌파도 삼균주의가 사회혁명의 불철저성은 물론이고 사회혁명의 담지세력으로서의 전체 민족을 포괄함으로써 노동자와 농민 중심의 프롤레타리아 혁명에 지장을 주게 될 것이라고 비판했다. 이 점에서 삼균주의는 해방정국의 현실에서 실천성이 전제될 수 있는 이념이었음에도, 경직된 좌우의 대결 때문에 어려움을 맞게 되었다. 그 때문에 임정에 의한 민족투쟁 논리로만 인식되는 어려움에 놓일 수밖에 없게 되었다.

5

신민족주의론과 신민주주의론

　　해방 이후 국내 민족진영에서 주장된 정통적 민족주의론의 대
표적인 논리로는 안재홍의 신민족주의론을 들 수 있다.[207] 안재홍
의 민족주의는 조소앙의 삼균주의와 함께 한국 민족주의의 체계
적인 논리화라 할 수 있다. 그는 자신의 민족주의를 신민족주의라
고 불렀고, 민주주의도 또한 신민주주의라고 규정했다. 물론 그의
신민족주의론과 신민주주의론은 같은 궤를 달리고 있다. 실제로
그의 논리는 자신의 정치적 지향을 표현한 것이며, 그의 정치활동
은 이 두 이념을 추구하려는 의도에서 이루어졌다 해도 틀리지 않

---

207 안재홍은 1891년 12월 30일 경기도 평택에서 출생했으며, 서울의 경성기독청년회 중학부
에서 이상재, 남궁억, 윤치호 등에게 영향을 받았다. 일본의 와세다대학 정경학부 경제학
과를 다녔다. 귀국 후 1915년에 중앙고등보통학교의 학감으로 재직했고, 1916년에 중국
으로 망명, 신규식 등의 동제사에 가입했으며 여기에서 특히 신채호를 존경했다. 귀국 후
1917년 총독부의 압력으로 중앙고등보통학교 학감직에서 사퇴했다. 1919년 3·1운동에 참
여했으며 3년형을 선고받고 대구형무소에서 복역했다. 출소 후 최남선 등과 함께 1923년
에 《시대일보》를 창간, 논설위원이 되었다. 이어 곧 《조선일보》로 옮겨 주필, 이사, 발행인
이 되었다. 이 시기에 그는 물산장려회 이사로도 활동했다. 1927년 신간회에 참여 총무간
사로 일했으며 2차례 구금 옥고를 겪었다. 그는 《조선일보》에서 〈제남사건의 벽상관〉의
논설로 옥고를 치렀으며 《조선일보》 역시 무기정간을 받았다. 복간되었을 때 그는 부사장
을 거쳐 사장으로 일했다. 그는 1936년에 체포 2년형을 언도받았으며 1938년에는 흥업구
락부사건으로 구속되는 등 일제 치하 20여 년 동안 9번의 체포 구금과 7년 8개월의 옥고를
치렀다. 1942년 조선어학회 사건으로 수감되기도 했다. 해방 후 건국준비위원회 부위원장
으로 활동했으며 이어 여기에서 사임하고 국민당을 창당했다. 그는 1947년에 2월에 미군
정 민정장관으로 일했으며 1950년에는 제2대 국회의원에 당선되었고 1950년 9월 인민군
에 의하여 납북되었다. 1965년 3월에 사망한 것으로 알려졌다.

다. 그에 대한 평가는 평자의 관점에 따라 다를 수 있지만, 순정민족주의자로나 중도 우파 통합노선의 추구자로, 남북협상의 주창자, 좌우합작론자 등으로 설명되었던 그의 정치적 역정은 결국 순정민족주의자의 위치에 서 있음을 보여 주는 것이라 할 수 있다. 그의 삶이나 정치활동도 민족주의적인 틀에서 크게 벗어나지 않았으며, 이 점에서 그는 맑스주의나 서구 민주주의에 대해서는 비판적이었다.

안재홍이 주장했던 신민족주의는 삼균주의와는 차이가 있었다. 삼균주의가 한국의 전통성과 민중의 열망을 담아 그것의 정치적 실천을 민족과 평등의 관점에서 논술했다면, 신민족주의는 근대사회의 정치사에서 한국에 적실성을 가진 정통적인 민족주의의 지향과 그 모색에 시종했다. 특히 그는 이념적으로 순정민족주의자로 평가되지만, 엄격한 의미에서는 중도 우파의 성격을 보여 주고 있었다.

그가 자신의 주장을 신민족주의로 명명했던 것은 서구 민족주의 일반론과 다른 성격을 드러내기 위해서였다. 일반적으로 서구 민족주의는 자민족중심주의적 성격으로 대외적으로는 국가주의적 성격을 보여 준다. 그러나 그는 민족을 국가의 기본 단위로 설정하면서도, 그것의 발전은 다른 민족과의 대립이나 갈등에서 추구될 수 있는 것이 아니라, 국제사회에서 대등한 협력관계에서 이루어져야 한다고 생각했다. 독립국가의 수립이 이민족의 배척만으로 이룩되는 것이 아니라, 자기 민족의 일체성과 통합에서 이루어져야 한다고 믿었으며, 그렇게 이루어진 민족국가는 평화지향적 공존을 추구하게 될 것이라고 생각했다. 이러한 그의 논의는 다음의 글에서도 읽을 수 있다.

> 민족국가는 전(全) 국제사의 행정(行程)과 전(全) 국제정치의 연관에서 창성 및 행진하는 것이다. 따라서 안에서는 민족자존의 생활협동체요, 밖으로는 국제협동의 선의의 분담자인 것이다. 이는 배타독선의 그것과 엄별함을 요하는 신민족주의인 것이요, 그 민주주의도 신민주주의이어야 할 것이 규정된다. 서독의 민족주의와 민주주의는 대체 궁정을 중심으로 한 봉건귀족과 대지주, 자본가 등이 최초부터 특권벌적 독점으로 천하의 정권을 농단하여 계급적인 억압 착취였다가 시대의 진운에 따라 한 걸음씩 소시민, 노동자 및 농민 등 하층계급의 사람들에게 그 정치참여의 법을 활양한 소위 자본적 민주주의로 된 것이요, 그러한 사회적 기반 위에 구성된 민족주의로서 그 발생 및 발전의 역사가 거의 근본적으로 다르다. 오인(吾人)은 이제 동일 예속과 동일해방에서 모든 진보적이요 반항제국주의적인 지주와 자본가와 농민과 노동자가 한꺼번에 만민공생의 신발족을 함을 요청하는 역사적 명제하에 있으므로 만민공동의 신민족주의요 신민주의다.[208]

이 점에서 그의 신민족주의나 신민주주의는 사실상 기본적인 성격에서 동일했다. 그것은 마치 동전의 양면과도 같았다. 신민족주의의 확립이 신민주주의의 실현이며, 신민주주의에 의해서 신민족주의가 더한층 구현될 수 있다고 생각했다. 이러한 사실을 서구의 정치사, 즉 서구의 민족주의와 민주주의의 전개과정을 중심

---

208 安在鴻, 〈新民族主義와 新民主主義〉, 安在鴻選集刊行委員會, 《民世安在鴻選集》 2, 지식산업사, 1983, 50~51쪽.

으로 논의했는데, 독일의 경우 전근대에서 민족주의나 민주주의 사상이 궁정을 중심으로 한 봉건귀족과 대지주 자본가와 같은 특권 지배계급의 정권의 독점에서 비롯되었음을 지적하고 있다. 지배계급의 특권에 맞서서 새로 등장하게 된 소시민, 노동자, 농민 등 하층계급도 정치참여를 요구했고, 여기에서 이들의 참여를 점진적으로 인정해 준 것이 서구의 민주주의라고 설명했다. 그의 논리에 따르면, 서구의 민주주의나 민족주의는 일정한 사회 계급에 기반을 두고 발전했다. 따라서 서구에서는 특정 지배계급과 그것에 맞선 저항 계급 사이의 투쟁이 빈발할 수밖에 없었으며, 그러한 과정을 경과했던 것이 서구의 민족주의와 민주주의의 역사라는 것이다.

그러나 한국에서는 조선왕조 말부터 계급분화가 일어났지만, 일본의 침탈로 한국인 모두가 식민지적 피해자로 전락되었으며, 그 때문에 왕조시대의 피지배계급뿐만 아니라 지배계급까지도 모두 피지배계급적인 동일 상황에 놓이게 되었다는 것이다. 다시 말해 일본의 제국주의 세력만이 지배계급이었다. 그 때문에 서구의 계급 분화와 대립의 전개과정을 한국 사회에 그대로 대입한다는 것은 맞지 않는 논리라는 것이다. 즉 일본에 의해서 모두가 식민지적 피지배계급의 운명에 놓이게 되었으며, 그 때문에 한국은 일본에 예속된 피지배계급의 성격을 갖게 되었다는 것이다. 이 점에서 안재홍은 한국인은 모두 "동일 예속과 동일 해방에서 모든 진보적이요 반항 제국주의적인 지주와 자본가와 농민과 노동자가 한꺼번에 만민공생의 신발족을 함을 요청하는 역사적 명제하에 있으므로 만민공동의 신민족주의요 신민주주의"가 요청되는 상

황을 맞게 되었다는 것이다.[209]

더욱이 그의 신민족주의는 한국 역사와 시대성에 그 논리적 기초를 두고 있었다. 그의 논지에서 한국의 역사에 대한 인식은 신채호의 한국 상고사와도 맥락을 같이했다.[210] 한국 역사의 특수성이 민족사의 흐름으로 관류하고 있으며 그것이 민족의 고유사상으로 결집되었다는 것이다. 그는 한국의 고유사상에서 자신의 논리, 즉 '다사리'의 개념을 설정하고 있다. '다사리'는 한국 역사의 고유한 전통이며 현재의 상황에서도 그대로 관류하고 있다고 믿었다. 이 점에서 '다사리'야말로 그의 정치사상에서 핵심적인 명제였다. 그는 '다사리'에 대해서 이렇게 적어 놓았다.

> 다사리는 그 방법에서 전 인민 각 계층의 총의를 골고루 표백케 함이요, 그 목적에서 전 인민 각 계층의 '나'와 '나'를 '다 살리어' 유루(遺漏)와 차등 없이 함이니, '나라'요 '겨레'요 '다사리'요 하나의 통일된 민주적 국가가 정치, 경제, 문화, 사회 등 대중생활의 전 부면에 뻗치어 고유한, 그러나 생신한 민주주의에 말미암아 자아국가를 그의 신민족주의에의 태도에서 정진 매진케 하는 지도 이념이다.[211]

그가 말한 '다사리'는 '다 사린다'는 의미를 담고 있다. 다시

---

209 안재홍, 《신민족주의와 신민주주의》, 민우사, 1945, 42쪽.

210 안재홍의 역사관에는 신채호의 역사, 특히 고대사에 대한 인식이 깊은 영향을 미치고 있었고, 두 사람 사이에는 고대사 인식은 물론이고 한국사 전반에 대한 공감대를 찾아볼 수 있다. 이 점은 단재에 대한 기사나 논설이 안재홍이 활동했던 《조선일보》에 많이 실린 것에서 짐작할 수 있다.

211 안재홍, 〈국민당 선언〉, 《선집 II》, 62쪽.

말해 '모든 사람들로 하여금 다 말하게 한다'라는 뜻이다. 그는 여기에 모든 사람에게 언론의 자유는 물론이고 대등한 평등성의 가치를 실현할 수 있는, 각자의 주장을 자유롭게 말할 수 있고 이를 실천할 수 있는 민주주의의 전제적 성격을 포함하고 있다고 생각했다.[212]

그에게 '다사리'는 미래 한국 사회가 이룩해야 할 정치적 지향이었다. 다시 말해 '다 함께'를 지향하는 공동체적 정치를 설정했기 때문에, 서구의 자유민주주의적 정치체제와는 다른 모습으로 이를 설정할 수 있었다. 서구의 자유민주주의는 실제 정치사회에서 경쟁과 협력의 양극단적인 모습을 보여 주었는데, 이 경쟁에서 탈락한 세력이나 집단은 단지 시혜(施惠)의 대상으로만 여기고 있을 뿐이다. 따라서 이들 탈락집단에 대한 유일한 조치는 사회보장이나 복지제도였으며, 그것에 의한 통합만이 행해지게 되었다.

또한 그는 사회주의의 전체적인 집단성에 대해서도 강하게 반대했는데, 그러한 제도는 개인의 창의성이나 자발성을 배제하기 때문에 자유의 억압으로 흐른다고 지적했다. 물론 그도 사회주의 체제의 평등에는 깊은 관심을 표명했다. 이 점에서 서구 민주주의와 사회주의적 성격을 종합적으로 지향하려는 것이 그의 신민주주의라고 말할 수도 있다.

안재홍이 중시했던 것은 "조선민족이 하나의 균등, 평권의 협동 호애하는 결합체"[213]를 이룩하는 것이었다. 이를 통해 비로소

---

212 안재홍의 '다사리'를 연구한 한 저서에서는 그것이 민주주의의 기본이념인 萬民總言이라는 국민주권사상과 언론의 자유, 그리고 萬民共生의 공동체적 정의를 기본가치로 하는 민주주의의 이념을 도출했다고 주장했다. 정윤재, 《다사리 국가론》, 백산서당, 1999, 93쪽.

213 안재홍, 《한민족의 기본진로》, 조양사, 1949, 5쪽.

독립국가도 확립할 수 있다고 생각했다. 그러므로 그는 좌우파의 대립에서 벗어난 민족통합을 중요하게 여겼다. 이 점에 대한 그의 주장을 다음의 글에서도 읽을 수 있다.

> 현 단계에서 시급한 안은 조선의 통일민족국가를 하루바삐 완성하여 안으로 혼미에 빠진 대중을 유도 결집하고 밖으로 연합국과의 국교를 신속 조정하여 새 민족 천년의 웅대한 재출발을 하는 것이다.……오늘날의 최대 급선무는 신민족주의와 신민주주의를 목표로 삼는 통일 민족국가의 결성이다.[214]

이 글에서 나타난 이러한 인식은 그의 정치활동을 순정민족주의자의 길로 나아가게 했다. 그가 말한 순정민족주의는 극우와 극좌의 배격을 의미했다.[215] 이 문제를 집중적으로 연구했던 한 연구자는 "순정우익의 노선이 단순히 중간적인 입장에서 극단적인 좌우의 논리를 배격하는 기계적인 절충의 노선이 아니라 진정한 민주주의 노선, 즉 신민족주의 신민주주의 노선임을 밝히려 했다"고 적어 놓았다.[216]

그의 논리, 다시 말해 극우와 극좌에 대한 배척과 순정민족주의

---

214 안재홍, 《신민족주의와 신민주주의》, 민우사, 1945, 5쪽.

215 순정민족주의에 대해서는 다음 글을 인용할 수 있다. "안재홍은 이와 같은 자신의 신민족주의를 '중앙노선', '진보민족주의', '순정우익'으로 표현하며 사회민주주의와 등치시켰다. 그는 사회민주주의의 성향을 가진 중앙노선, 진보민족주의의 당위성, 지향성을 현실정치에서 순정우익의 집결로 외쳤는데 그가 규정한 바에 따르면 신민족주의의 정치노선은 중도 우파, 중간우파로 분류될 수 있다." 김인식, 《안재홍의 신국가건설운동: 1944~1948》, 선인, 2005, 20~21쪽.

216 윤대식, 〈안재홍의 신민족주의론에 내재한 정치적 의무관〉, 《한국사학보》 제20호, 2005, 302쪽.

에의 정치적 지향은 그로 하여금 중도 우파로 나아가게 했다. 그 때문에 그 자신은 좌우파의 대립과 갈등의 해방정국에서도 건국 준비위원회의 부위원장으로 나설 수 있었고, 미군정의 민정장관으로 그리고 그 뒤 반탁운동과 남북협상에도 앞장설 수 있었으며, 국민당의 당수로도 활동할 수 있었다. 그러나 좌우파의 극심한 대립의 상황에서 그의 위치는 사실상 좌우파로부터 협공당했으며, 그가 주장한 신민족주의와 신민주주의는 대동사회의 민족지향과 통합적 민주주의 발전을 주장했지만, 그것은 극심한 좌우 대결의 심연으로 침몰하는 실로 비극적 상황을 맞을 수밖에 없었다.

이는 한국 정통 민족주의의 좌초였으며 한국 민주주의의 유예를 의미했다. 그 때문에 민족주의는 분단민족으로 갈라져서 민족 존립의 기반을 상실하게 되었다. 이 점에서 안재홍의 신민족주의나 신민주주의는 한국 정치에서 지향적 가치로 인식되었으면서도 수용되지 못한 민족이념의 비극적 한계로 남게 되었다.

말할 것도 없이, 그의 신민족주의나 신민주주의는 좌우파의 갈등을 막아야 했고, 냉전체제의 이데올로기적 대립구도를 격파해야 했다. 또 당시는 국민국가로의 독립쟁취가 초미의 관심사였기 때문에 '다사리'의 논리를 바탕으로 한 그의 신민족주의는 공생과 협력체제의 당위적인 주장일 수 있었지만, 결국은 '광야에 외치는 소리'로만 지속되는, 통한의 이념으로 기억될 수밖에 없었다.[217]

---

[217] 해방을 맞은 한국 사회에 계급 대립보다 식민지로서의 억압을 받았다는 동일 경험을 가진 단일 집단적 실체만을 의미 있는 존재로 파악한 그의 논의에 대해서 한계적인 지적도 없지 않다. 해방 당시 한국 사회는 계급대립의 첨예한 상황에 놓여 있었다. 지주 소작인 관계는 물론이고 부유층과 빈민층 사이의 대립도 격화되고 있었다. 이러한 사정을 넘어 단지 제국주의에 의해서 억압받았던 민족으로서의 동일체만을 전제했다는 것은 당시의 사회구조에 대한 구체적인 상황을 외면했다는 지적도 가능하다. 이러한 사실에 대해서는 당

6

민족주의의 퇴각과 민족주의자의 좌절

해방정국에서 민족주의는 다른 어떤 이념보다도 국민적인 관심을 모았다. 민족주의자들이 정치의 핵심적인 위치로 올라서기도 했다. 식민지의 억압을 경험했던 민족에게는 민족주의야말로 구원의 이념으로 여겼기 때문이다. 그것에 의해서 민족의 미래를 열어갈 수 있다는 믿음이 팽배했으며, 특히 식민지의 고통에서 민족 독립과 미래를 위해 해외에서 투쟁했던 독립지사들의 존재야말로 국민들에게는 더 없는 숭앙의 대상이었다.

그러나 이러한 열망과 기대감도 해방정국 후반기에는 점점 무너지고 있었다. 해방정국 초기 단계에서 뜨겁게 달아올랐던 민족주의는 그 뒤 좌우의 격심한 이데올로기의 갈등으로 점점 경시되고 말았다. 그뿐 아니라 국민적 존경과 기대를 모았던 민족주의자들도 정치의 현장에서 그 영향력이 점점 뒤로 밀리고 있었다. 해방정국에서 민족주의와 민족주의자가 뒤로 밀리는 상황은, 곧 그것과 대척점에 놓여 있었던 다른 이념이나 정치인들이 정국을 주도했다는 의미이기도 했다. 민족주의는 점점 뒤로 밀리게 되었으

시의 농민층의 성격과 토지소유의 상황을 안재홍과 박문규의 글에서 비교 분석한 다음의 논문에서 읽을 수 있다. 김정, 〈해방 후 안재홍의 신민주주의론과 공산주의 비판〉, 《한국사학보》 제12호, 2002, 207~208쪽.

며 그 자리는 냉전적인 이데올로기가 차지했다.

주도권을 차지한 냉전적 이데올로기의 한편에서는 맑스주의가 더할 수 없는 기승을 부리고 있었다. 맑스주의는 필요에 따라 민족주의를 말하는가 하면, 심지어 그들만이 민족적 투쟁의 담당세력이었다고 주장했다. 그런가 하면 또 다른 한편에서는 우파에 의해서 민주주의라는 말이 민족주의의 논전을 뒤덮고 있었다. 말 그대로 이데올로기의 대결, 즉 맑스주의와 자본주의적 민주주의의 대결이 극단적으로 치달리고 있었다.

이러한 상황은 남북한에서 미소 군정의 실시로 점점 더 심화되었다. 소련군이 점령했던 북한에서 민족주의자들의 활동은 철저하게 차단당했으며, 극단적으로 억압받았다. 남한에서도 비슷한 상황이 빚어졌다. 민족주의자를 완고한 국수주의자로 내몰았으며, 민족주의는 지난날의 역사를 이야기하는 과거지향적인 주장으로 평가 절하되었다. 미소 점령군의 억압과 규제 속에 민족주의와 민족주의자들의 대응에도 한계가 있었다. 이는 민족주의와 민족주의자 자신의 문제에서 말미암은 면도 없지는 않았다.

해방정국에서 민족주의는 시대적 요구에 부응할 수 있는 논리적, 이념적, 정치적인 대응성을 새롭게 설정해야 했다. 한반도를 점령했던 미군과 소련군을 어떻게 평가하고 대응해야 할 것이며, 패전 일본의 조선총독부를 어떻게 조치하고, 새 나라를 어떤 방식으로 세울 것인가를 민족주의적 관점에서 논리화해야 했다. 그러나 당시의 민족주의는 시대상황에 대응할 수 있는 민중적 논리나 당장 실천해야 할 정책적 과제를 제시하는 데는 역부족이었다. 이러한 과제는 점점 더 유예되었으며, 이것에 대한 주장만으로도 중간파로 몰리거나 기회주의적 회색주의자로 배격당하기도 했다.

  민족주의자의 활동 무대는 점점 더 좁아졌다. 이렇게 좁아진 터전에 사회주의자들이 마치 민족주의자인양 앞장서서 활동했지만, 그들은 민족보다 소련에 충성을 다짐했다. 더한층 놀라웠던 것은 맑스주의자들도 민족주의자를 철저하게 배격했다는 것이다. 이 점은 해방정국의 한국 사회의 이념적 특징이기도 했다. 식민지에서 맑스주의는 기본적으로 민족주의자와 동지적 관계를 맺게 되며 민족투쟁에서 연대적 관계를 맺는 것이 기본이었다. 이러한 성격은 대부분의 비서구 식민지 민족투쟁에서 보여 준 맑스주의자와 민족주의자의 연대관계에서 찾아볼 수 있다. 구체적으로 중국의 마오쩌둥, 베트남의 호치민이 그러했다. 그러나 한국의 맑스주의자들은 민족주의자를 공박했고 민족주의를 반시대적인 논리로 비난했다.

  그런가 하면 미군정 아래의 우파들도, 한때는 대한민국임시정부의 지지를 선언했고 민족주의적 성격을 강조했지만, 어느 순간부터 친미 서구주의자로 전신해 버렸다. 그것을 마치 시대적인 흐름처럼 여겼고, 그렇게 행동하는 것이 합당한 것처럼 주장했다. 그러다 보니 민족주의는 좌우로부터 동시에 배격받았으며, 민족주의의 이론적인 주장도 현실적 실천성을 결여한 지난날의 이야기로만 저평가되는 상태에 놓이게 되었다.

  식민지시대 민족주의자로 활동했던 인사들도, 해방정국에서는 좌우의 극심한 이데올로기 대결과정에서 자신들의 위치를 더 이상 유지할 수 없게 되었다. 그것을 유지하기에는 민족주의의 조직화가 이루어지지 못했으며, 국민적인 지지와 결속을 이끌어 낼 정도로 민족주의에 대한 국민적인 열정이 뜨거운 것도 아니었다. 그 때문에 해방의 시점에서 민족주의자들은 개인적인 차원에서만 활동해야 했다. 그러나 그들도 좌우 이데올로기의 어느 한편으로 휩쓸릴 수밖에 없는 상황에 놓이게 되었다. 역사적 민족주의나 계몽적 민족주의 계보의 인사들은 우파 진영으로 편입되었고, 민중적 민족주의자들은 대부분 좌파 진영에 몸을 담았다.

그 시기에 김구를 비롯한 대한민국임시정부 요인의 귀국은 국내의 민족주의자들에게는 새로운 기대감을 안겨 주었다. 그것은 임정의 정치적 영향력과 그들의 민족적 투쟁이 국민들의 절대적인 지지를 확보할 수 있을 것으로 기대했으며, 나아가 그들의 주도 아래 새 정부도 수립될 것으로 기대했기 때문이다. 그뿐 아니라 임정에서 주장되었던 삼균주의며 건국강령 등의 구체적인 실천논리가 당장이라도 추진될 것으로 여겨졌다. 그러나 해방정국은 임정의 활동무대를 사실상 차단해 버렸다. 더욱이 임정이 주도했던 반탁운동이 소기의 성과를 얻지 못하게 되자, 한국의 민족주의는 식민지시대의 그것으로 봉인되는 상황을 맞게 되었다. 다시 말하면 다른 이념이나 조직체로의 편입이 강요되는 상황으로 내몰리게 되었다.

마침내 민족주의는 해방정국에서 한낱 정치적 구호로만, 또는 선언적인 논리로만 존재해야 했다. 실제적인 정치이념으로나 정책적 성격을 지닌 정치이념으로의 민족주의는 점점 약화되었다. 이러한 사실이야말로 '민족주의의 퇴각'이라는, 민족주의에 의한 근대 국민국가의 전개과정에서의 이탈현상을 보여 주었다. 그 결과 냉전적 이데올로기를 넘어서서 민족주의에 기반을 둔 민족적 통일국가의 수립에서는 점점 벗어나고 말았다.

'민족주의 퇴각'은 결과적으로는 민족주의가 놓여 있어야 할 자리에 사대주의적 이데올로기가 자리 잡게 했고, 결국 강대국의 영향력을 받아들여서 분단체제로 귀착하는 민족적 비극을 조성하게 되었다. 이는 비서구 식민지로부터 독립국가로의 지향에서 민족주의의 영향력이 차단된 특이한 정치상황이었다. 이러한 성격은 그 뒤 정권을 장악했던 통치세력에 의해서 민족주의를 왜곡 동원하는 일종의 민족주의의 타락현상까지도 보여 주었다. 이것이야말로 한국에서 민족주의의 실종이었으며 동시에 민족주의자의 좌절이기도 했다.

민족주의 없는 정치사회의 흐름은 남북한의 분단과 외삽적 국가체제의 한 특징이 되었다. 그 결과 한국 민족주의의 사상사적 전통성, 다시 말해 이익(李瀷), 정약용(丁若鏞) 등 실학의 정치이념적 기반이 박은식과 신채호를 거쳐 정인보, 조소앙, 안재홍에 이르는 정통적·역사적 민족주의 사상의 흐름을 소실시켰다. 이는 한국에서 민족주의의 실종은 물론이고, 구세제민(救世濟民)의 이념과 실천논리의 정립에 바탕을 둔 정치사상을 구축하려 했던 지식인의 논리화를 약화시키는 계기가 되었다. 이들 지식인이 사라진 그 터전은 관직자로 출사하려 했던 권력적 지식인이 앞장서는 지식사회로 변모되었으며, 그 때문에 한국에서 시민정치로의 지향도 권력정치에 의해서 차단되는 상황을 빚게 되었다.

제8장

지식인의 편 가르기와 정치담론의 전승

1

좌우파 문인들의 편 가르기

해방정국에서 지식인의 두드러진 성격의 하나는 이념적 편 가르기였다. 대다수 지식인들은 해방이 되자 곧장 편 가르기로 뛰어들었다. 이전에도 이러한 성격이 없지는 않았지만, 해방정국에서는 더한층 노골적으로 드러났다. 이러한 성격은 해방된 조국에 대한 지식인의 기대감과 개인적인 출사 위주의 지적 전통의 한 흐름으로 이해될 수도 있다. 그런데 이들의 정치참여는 처음부터 이데올로기의 투쟁이었으며, 이데올로기를 정치지향의 목표로 삼았고, 이것이 개인적인 욕구를 달성시켜 줄 것으로 믿고 있었다. 그만큼 이데올로기는 지식인의 정치참여의 유도요인이었고 정치참여의 기준이었다.

해방정국의 지식사회는 좌우파로 양분되었기 때문에 중간파나 독자노선은 존재하기가 어려웠는데, 이러한 현상은 문필가들의 경우에 더욱더 두드러졌다. 이들은 몇몇 정치지도자의 이데올로기적 주장을 맹목적일 정도로 추종했고 선전했으며, 그것만으로 지식인다움을 지키는 것이라고 여기기도 했다. 문필가들의 이념적 분열은 식민지 통치 초기의 특징적인 현상이 되었다. 이데올로기는 문필가에게 하나의 주술처럼 작용하고 있었으며 그들의 작품과 일상사를 얽매었고, 그 때문에 자기성찰이나 객관적인 비판은 사라지게 되었다.

　해방의 시점에서 문필가들의 이념적인 편 가르기는 좌파에서 먼저 시작되었다. 이들은 박헌영의 '8월 테제'의 지지 여부에 따라서 남노당계와 비남노당계로 구분되었다. 이러한 사실은 1945년 8월 16일 문단조직체인 '조선문학건설본부'의 출범에서도 읽을 수 있다. 이 조직체는 좌파의 성격을 갖고 있었지만 외관만은 좌우파를 망라한 것이었기 때문에, 초기에는 우파 인사들도 참여했었다. 이 조직체의 임원은 식민지 통치기 카프(KAPF) 맹원인 임화(林和), 김남천(金南天), 이기영(李箕永), 한설야(韓雪野) 등이며, 1930년대 모더니즘 운동에 가담했던 김기림(金起林), 정지용(鄭芝溶), 김광균(金光均), 오장환(吳章煥) 등의 시인과 이태준(李泰俊), 박태원(朴泰遠) 등 소설가도 함께하고 있었다. 해외문학파인 김광섭(金珖燮), 이양하(李敭河), 김진섭(金晉燮) 등도 참여함으로써 해방 이전의 중요한 문단 유파들 대부분이 참여했던 것으로 여겨질 정도였다.[218]

　이어 겉으로나마 범문화 예술단체로서 '조선문화건설중앙협의회'의 조직이 이루어졌다. 이에 대한 신문기사를 통해서 그 성격을 읽을 수 있다.

　　새로운 우리 정부가 탄생되어 문화예술의 새 정책을 새울 때까지 현

---

[218] 조선문학건설본부는 해방직후 최초의 범문단적 기구로 출범했으며 그 임원은 다음과 같다. 중앙위원장 李泰俊, 소설부에는 李箕永, 朴泰遠, 韓懷南, 李泰俊, 韓雪野, 金南天으로 시부에는 金起林, 金光均, 吳章煥, 林和, 鄭芝溶이며 평론부에는 李源朝, 朴致祐, 徐寅植, 趙潤濟였고 외국문학부에는 金晉燮, 金三奎, 金珖燮, 李敭河, 崔珽宇로 되어 있었다. 권영민, 〈해방공간의 문학사적 회복을 위하여; 문학사의 전체성 회복과 월북문인의 처리문제〉, 김윤식·심지연 공저, 《해방공간의 문학운동과 문학의 현실인식》, 한울, 1989, 326쪽.

단계의 문화전체에 관한 통일적 연락과 각 부문활동의 질서를 지키기 위해서 새로이 '조선문화건설중앙협의회'를 조직하였다. 이 협의회는 제1회 협의회를 18일에 열고 조선 문화의 해방과 건설 그리고 문화전선의 통일을 목표로 하는 행동강령까지 결정하였는데 협의회에 참석하였던 각 부문 협의회의 의원은 다음과 같다.

문학 : 이기영(李箕永, 缺), 이태준(李泰俊), 임화(林和), 박태원(朴泰遠), 김남천(金南天), 이원조(李源朝)

미술 : 고희동(高羲東, 缺), 노수현(盧壽鉉), 김주경(金周經), 이진섭(李鎭燮)

음악 : 박경호(朴慶浩, 缺), 김재훈(金載勳), 안병소(安炳玿), 김순남(金順男)

연극 : 서항석(徐恒錫), 송영(宋影), 안영일(安英一), 임선규(林仙奎), 김승구(金承久)

영화 : 이재명(李載明), 김정혁(金正革), 박기채(朴基采), 이병일(李炳逸), 윤상열(尹相烈)[219]

이날 발표된 성명서에는 "모든 것이 해방과 더불어 삼십 유여 년의 장구한 동안 제국주의 일본의 노예적 지배하에 있었던 우리 조선의 문화도 오늘날 그 무거운 철쇄(鐵鎖)를 끊었다. 유구한 역사와 아름다운 언어, 전아한 예술의 전통과 더불어 혈한(血汗)의 투쟁 속에 자라나던 신문화 30여 년간의 노력이 이제야 해방의 대평원에서 일로 전진할 날은 왔다!"[220]고 적어 놓았다.

이 조직체는 "우리 정부의 문화예술정책이 서고 그 기관이 탄

---

219 《每日新報》 1945년 8월 24일자; 國史編纂委員會 編, 《資料 大韓民國史 1》, 探求堂, 1970, 21쪽.

220 같은 책, 22쪽.

생하여 이 모든 임무를 수행할 때까지 우선 현 단계의 문화 제 영역의 통일적 연락과 각 부문 활동의 질서화를 위하여 형성된 협의기관으로서 현하 모든 문화의 총력을 모아 신조선 건설에 이바지하려는 것"이라는 논의에서 그 성격을 짐작할 수 있다. 여기에 간부진용으로 임화를 의장으로, 김남천을 서기장으로 발표함으로써 좌파 문필가의 조직체임을 드러냈다. 특히 1945년 8월 31일 조선문화건설중앙협의회 서기국을 통해 발표된 '문화활동의 기본적 일반정책'에서도 이러한 성격을 찾아볼 수 있다.

조선문화건설중앙협의회 서기국은 선언의 주지에 기초하여 소속 조선문학건설본부, 조선미술건설본부, 조선연극건설본부, 조선영화건설본부, 조선음악건설본부, 조선무용건설본부 준비위원회의 문화활동에 있어서의 기본적인 일반방책을 결정하고 각 본부의 구체적인 활동의 일체가 이 일반정책의 선을 좇아 전개되기를 요청한다.

1. 일본 제국주의에 의한 일체의 야만적이고도 기만적인 문화정책의 잔재를 소탕하고 이에 침윤된 문화 반동에 대하여 가책 없는 투쟁을 전개한다.

2. 문화에 있어서의 철저적인 인민적 기초를 완성하기 위하여 일체의 ①봉건적 문화요소와 잔재, ②특권계급적 문화의 요소와 잔재, ③반민주적 지방주의적 문화의 요소와 잔재의 청산을 위하여 활발한 투쟁을 전개한다.

3. 세계문화의 일환으로서의 민족문화의 계발과 앙양을 위하여 필요한 모든 건설사업을 전개한다.

4. 문화전선에 있어서의 인민적 협동의 완성을 기하여 강렬한 문화의

통일전선을 조직한다.

　5. 이상의 일반적 방책에 준한 각부 내의 구체적 활동을 위하여 활발한 우의적 논의를 전개한다.

조선문화건설중앙협의회 서기국[221]

이 문건에서 조직체의 좌파 지향성이 노골적으로 드러나지는 않았지만, 그 대신 민족적 통일전선의 성격을 보여 주기 위해 노력했음을 짐작할 수 있다. 그러나 이 조직체의 움직임에 대해서 점차 좌우파 양 진영으로부터 비판적인 지적이 나왔다. 우파 문인들, 그 가운데도 민족문학파와 해외문학파로 알려진 변영로(卞榮魯), 오상순(吳相淳), 박종화(朴鍾和), 이하윤(異河潤), 김광섭(金珖燮), 김진섭(金晉燮), 이헌구(李軒求) 등이 앞장서서 이 기구가 좌파 조직체라고 지적하면서 1945년 9월 18일 여기에서 탈퇴했다. 또한 좌파 이념에 서 있었던 이기영, 한설야, 한효(韓曉), 윤기정(尹基鼎), 송영(宋影) 등도 이 조직체가 자신들의 이념과는 다른 기회주의적인 성격을 보여 준다면서 별도로 '조선프롤레타리아문학동맹'을 조직했고, 이어 1945년 9월 30일에 음악, 미술, 연극, 영화 부분과도 손잡아 '조선프롤레타리아예술동맹'을 조직했다.

　좌파 문인들의 이념적 분화를 이해하기 위해서는 먼저 식민지 시대 좌파 문인의 이념을 살펴볼 필요가 있다. 식민지 통치기인 1925년에 좌파 문인들이 조직한 '조선프롤레타리아예술가동맹'(Korea Artista Proleta Federatio, KAPF)에는 박영희, 김기진, 이상화, 안

221　여기에서 인용한 문건은 권영민, 〈해방공간의 문학사적 회복을 위하여; 문학사의 전체성 회복과 월북문인의 처리문제〉에서 재인용한 것임. 김윤식·심지연 공저, 앞의 책, 327쪽.

석영, 송영, 이기영, 박팔양 등 문필가들이 핵심 구성원으로 활동했으며, 1926년에는 준기관지 《문예운동》도 발간되었다. 1930년대에는 안막(安漠), 김남천(金南天), 임화(林和) 등이 '예술 운동의 볼셰비키화'를 주장하면서 예술운동의 전 부문에 걸쳐 전국적인 동맹체로 활동할 것을 제의했지만 조선총독부의 억압으로 실현되지 못했다. 1931년에는 이른바 '1차 카프 사건'으로 김남천 등 11명의 동맹원이 체포됨으로써 카프의 활동도 위축되었고, 1933년부터는 이기영, 한설야, 윤기정(尹基鼎), 송영 등 23명이 체포되는 2차 검거사건을 겪게 되었다.

이 시기 여기에 참여했던 회원 가운데 몇몇은 일제 총독부의 강압으로 전향문을 작성했는데, 그 가운데 박영희의 전향문에는 "다만 얻은 것은 이데올로기요, 잃은 것은 예술이다"라는 구절이 들어 있을 정도로, 이 조직체가 좌파 이데올로기를 위한 문필 활동에 치중했음을 밝혀 놓기도 했다.

1935년 5월에 카프의 해체를 강요했던 총독부의 압력에 응해서 김기진의 이름으로 해산계가 제출됨으로써 이 조직체는 해체되고 말았다. 그러나 카프의 해체에 반발했던 이기영, 한설야, 안함광 등과 한효, 윤기정, 송영 등에 의해서 1945년 9월 17일에 '조선프롤레타리아문학동맹'이 별도로 창설되었으며, 프롤레타리아 문화 건설의 이념적 정통성과 사상적인 선명성을 강조하게 되었다.[222]

조선문화건설중앙협의회에 대해서 같은 좌파 단체인 조선프롤레타리아문학동맹은 이 조직체가 좌파 이념의 불투명성을 보여

---

222 권영민, 앞의 글, 328쪽.

준다면서 탈퇴해 버렸다. 결국 급진적 좌파 지향성을 가졌던 조선 프롤레타리아문학동맹은 ①프롤레타리아 문학건설, ②파시즘 문학, 부르주아 문학, 사회개량주의 문학 등 일체의 반동적 문학의 배격, ③국제프롤레타리아문학동맹의 촉진 등 3대 강령을 내세우면서 프롤레타리아계급혁명론을 주장했다. 그러나 조선문화건설 중앙협의회는 8월 테제에서 주장했던 부르주아 민주주의 혁명론을 지지했기 때문에, 이를 중심으로 한 통일적 문화전선을 촉구한 공산당의 지시를 따랐다. 1945년 12월 3일에는 조선문화건설중앙협의회 측의 임화, 이태준, 이원조, 김기림, 김남천, 안희남 등과 조선프롤레타리아문학동맹의 윤기정, 권환, 한효, 박세영, 송완순 등 11명이 합동위원회에서 앞의 두 단체의 통합을 결의했고 마침내 12월 13일에는 '조선문학동맹'으로 통합 발족했다.

조선문학동맹은 조선공산당의 산하조직체로 1946년 2월 8~9일 제1차 전국문학자대회를 개최했는데, 실제로 이 대회는 "민족문학건설이라는 이름으로, 좌익 계통의 전략적인 작전이 상당한 수준에서 조직화된 결과……해방된 지 반년의 기간 동안에 시적인 목소리는 어느 틈에 정치적인 목소리로 바뀌어졌으니 그 증거가 이 대회"라는 평가를 받게 되었다.[223] 이날 대회의 모습을 신문에서는 이렇게 전했다.

전국문학자대회는 예정대로 8일 오전 11시부터 서울중앙기독교청년회관에서 초청문학자 230명 중 84명의 출석 동맹원과 이날의 대회를 축

---

[223] 김윤식, 〈해방 후 남북한의 문화운동〉, 김윤식 편, 《해방공간의 민족문화연구》, 열음사, 1989, 27쪽.

복코자 온 각계 문화관계 방청자 1천여 명이 모인 중에서……대회는 사회자 권환(權煥)의 통제 아래 전원이 일어서서 장엄하게 애국가를 합창한 후 조선프로음악동맹원의 건국행진곡의 독창에 이어 대회회장 홍명희(洪命熹)의……열렬한 개회사를 이태준이 대독한 후 전원 점명이 있었다. 이어 임시집행부의 선거에 들어가 사회에게 일임 이태준(李泰俊), 김태준(金台俊), 임화(林和), 한설야(韓雪野), 이기영(李箕永) 등 오씨(五氏)가 의장에 피선되고 이 밖에 다섯 명의 서기도 결정지은 다음 회원의 긴급동의로 미국의 진보적 작가 업튼·싱클레어, 중국의 곽말약(郭抹若), 소련의 니코라이·치호노프 세 분을 동 대회 명예의장으로 만장일치로 추천하고 연합국 작가와 연합국에 보내는 감사문을 결의한 후 이원조(李源朝)의 경과보고가 있었다. 다음으로 소련작가 치호노프의 소련문학자동맹을 대표하여 보낸 메시지를 비롯하여 조선학술원, 과학자동맹, 중앙인민위원회, 조선연극동맹, 조선공산당, 조선영화동맹, 공청(共靑)서울시위원회 등의 대표 축사가 있은 다음 오전의 행사를 마치고 오후부터는 각 부문별 보고연설로 들어갔는데 제2일인 9일에도 아침 10시부터 속개하고 보고연설이 끝나면 강령, 규약통과, 위원개선과 기타 사항 등을 토의할 작정이다.[224]

그 다음날 2월 9일 오전 11시에 회의가 속개되었는데, 이날 사회는 이태준이 맡았으며, 작고 문인에 대한 묵념을 한 후에 부문별 보고연설을 가졌다. 이원조의 '조선평론에 관한 보고와 금후의 방향'이 이루어졌고, 신남철(申南澈)의 '민주주의와 휴머니

---

224 《朝鮮日報》 1946년 2월 9일자; 國史編纂委員會 編, 《資料 大韓民國史 2》, 探究堂, 1969, 47~48쪽.

즘', 임화의 '조선 소설에 관한 보고와 금후의 방향'에 대한 자기 비판과 조선 문학의 방향을 피력했다. 오후 회의는 2시 반부터 김 태준의 사회로 속개했으며, 김남천, 김영건(金永鍵), 김오성(金午星), 권환, 정지용, 박세영(朴世永), 이병기(李秉岐), 김태준, 이기영, 한설야, 안함광(安含光), 최명익(崔明翊) 등의 보고연설과 토의사항을 거쳐서 2일 동안의 대회가 마무리되었다.[225]

조선문학동맹은 이 대회를 마친 뒤 명칭을 '조선문학가동맹'으로 고쳤으며 임원으로는 중앙집행위원장에 홍명희, 부위원장으로는 이태준, 이기영, 한설야, 위원으로는 권환, 이원조, 임화, 김태준, 김남천, 한회남, 한효, 김기림, 윤기정, 정지용, 이병기, 김오성, 안함광, 박세영, 조벽암, 이동규, 홍구, 실무를 맡은 서기장으로는 이원조로 정해졌다.

좌파의 문인단체가 민족문학을 이야기하면서도 내면적으로는 조선공산당의 8월 테제에 의한 계급투쟁적인 문화전선의 조직화에 앞장서자, 여기에 맞서게 된 우파 문인들은 1945년 9월 18일에 박종화, 김진섭, 이헌구, 김광섭, 유치진, 김영랑, 오종식, 이하윤 등 30여 명의 이름으로 '중앙문화협회'를 먼저 조직했다. 해방정국의 이념논쟁이나 문학작품에서 좌파의 이데올로기가 지식시장에 활발하게 유통되자, 우파 문인들은 민주주의적 정치이념의 강조와 동시에 민족문화의 전통을 이어가자면서 좌파 문인들에 대응했다. 우파 문인들은 중앙문화협회를 확대 개편해서 '전조선문필가협회'를 결성했는데, 이 조직에서는 문학, 미술, 음악, 연극,

---

225 《朝鮮日報》 1946년 2월 10일자; 國史編纂委員會 編, 《資料 大韓民國史 2》, 探究堂, 1969, 49쪽.

영화, 무용 등의 영역뿐만 아니라 학술, 언론, 출판 등의 분야도 포함시켰다. 1946년 3월 13일에 조직된 전조선문필가협회 결성대회에 대하여 신문은 이렇게 적어 놓았다.

진실한 민주문화의 봉화 전조선문필가협회 결성대회는 13일 오후 1시부터 종로 기독교청년회관에서 역사적인 결성을 본 것이다. 회장에는 민주의원 김구 총리, 임정 외무부장 조소앙을 비롯하여 정당대표 유지 문화 각 분야에서 활동하는 남녀 문필가 등 500여 명이 참석하였는데 개회벽두 박종화로부터 "우리는 반만년의 찬란한 역사를 흔들어 버린 일제 밑에서 진정한 문화생활을 잃었다가 오늘 해방과 함께 다시 조선의 문화건설에 나선 것을 기뻐한다"라는 뜻의 개회인사가 있은 다음 대회의 의장으로 박종화를 추대하여 결성식을 진행하였다. 먼저 김광섭으로부터 대회취지의 설명이 있고 이어서 내빈축사에 들어가 민주의원 의장 이승만[이재희(李載熙) 대독], 임시정부 외무부장 조소앙, 국민당 당수 안재홍, 한국민주당 총무 원세훈, 민주당 총무 이종영의 열렬한 축사가 있은 다음 강령 규약을 통과시키고 문화 각 방면에 대하여 세계정세 "세기의 전망과 조선의 여명" 김정설(金鼎卨), 언론 홍양명(洪陽明), 문교 허영호(許永鎬), 문학 이헌구(李軒求), 연극 이서향(李曙鄕), 영화 안종화(安鍾和), 음악 채동선(蔡東鮮), 미술 도상봉(都相鳳), 과학 김윤기(金允基), 체련 이경석(李景錫) 등의 보고가 있었다. 그리고 세계 문필가에 보내는 메시지를 이하윤이 낭독하고 또한 미소공동위원회에 결의문을 보내기로 결의하고 기타 현하 당면한 중대 상황에 대하여 협의한 다음 오후 5시경 대회의 막을 내렸다. 이날 대회장에 모인 노유 남녀의 문필가들은 진실한 민족문화 건설에 이바지하려는 굳은 결의를 표명하였고 비인도적 세계 제패의 야망을 배격하기 위하여 필봉을 높이 들자는 소리가 우레와 같은 박수와 함께 회장 안을 진동하였다. 이날 대회에서 결정한 회장과 각부의 임원은 다음과 같이 선정되었다.

회장 : 정인보(鄭寅普)

부회장 : 박종화(朴鍾和), 설의식(薛義植), 이병도(李丙燾), 함상훈(咸尙勳), 이봉구(李鳳九)

언론부장 : 이선근(李瑄根), 문교부장 : 허영호(許永鎬), 문학부장 : 양주동(梁柱東), 연예부장 : 안석영(安夕影), 미술부장 : 이종홍(李鍾鴻), 음악부장 : 박경호(朴慶浩), 과학부장 : 김봉집(金鳳集), 체련부장 : 서상천(徐相天), 사무국장 : 이헌구(李軒求), 오종식(吳鍾植)[226]

이날 채택된 강령은 다음 4가지였다. ①진정한 민주주의 국가 건설에 공헌하자. ②민족자결과 국제공약에 준거하여 즉시 완전 자주독립을 촉성하자. ③세계문화와 인류평화의 이념을 구명하여 이의 일환으로 조선 문화를 발전시키자. ④인류의 복지와 국제평화를 빙자하여 세계제패를 꾀하는 비인도적 경향의 배격 등이었다. 그런데 이날 회의의 추천회원의 명단 속에는 작가만이 아니라 학자와 정치인, 사회유지도 포함되었으며 특히 '조선문학가동맹'에 들어 있는 인사들의 이름도 포함되었는데, 한설야, 윤곤강, 박태원, 신남철, 안희남, 이병기, 정지용, 홍명희, 홍기문 등이 그들이었다.

이로써 해방정국에서 문인들의 이데올로기적 편제화는 양분상

---

226 《東亞日報》 1946년 3월 13일자.

태로 굳어졌고, 이들 사이의 이념 분열은 유례없는 이데올로기적 대립으로 돌입했다. 그리고 아무리 문필가 위주의 이데올로기적 주장을 내놓아도 그것은 기본적으로 정치권력과 연관된 것이었다. 물론 이들은 정서적으로 민족전통에 기반을 두려는 순수함도 지녔지만, 그것이 어느 순간 그들의 사회배경에서 오는 계급적 성격에 따라 '해방에의 선구자'로 자처하는 이념 대립의 길로 달리고 있었다.

2

좌우의 이념 대결과 지식시장의 경쟁

해방정국에서 이념적 양분 현상은 지식인 사회를 편 갈랐기 때문에 지식인의 학문적인 연구나 이론화는 점점 뒤로 밀리게 되었다. 이념에 따른 공방이 지식인의 주된 활동이 되었으며, 극단적으로는 자기 집단의 이념적 정당성을 위해 다른 정파를 철저하게 배격했는데, 이는 이념의 전쟁이었다. 상대방에 대한 인신공격, 인명 살상에 이르는 테러나 집단 린치가 예사로 자행되었으며, 그 때문에 문인들의 지적 활동은 크게 위축받기도 했다.

그런데 이들 사이의 논리적 수준은 기껏해야 강대국의 제국주의적 이데올로기의 수용이나 그 주장으로만 흐르고 있었다. 우파만 해도 국제질서에서 미국 주도의 영향력을 기정사실로 받아들이기 위한 것이었으며, 부르주아 민주주의를 수용하는 것이 올바른 선택이라고 주장하기도 했다.

여기에 맞선 좌파 또한 맑스주의에서 벗어나지 못했으며 그것을 금과옥조로 삼아서는 매사에 이를 적용하려 했다. 이 과정에서 누가 맑스의 저서를 더 많이 인용했는가에 따라 지적 수준을 평가받는 식이었다. 그 때문에 한국에서 맑스주의 적용의 적실성 여부나 한국 사회를 위한 맑스주의의 이론적 전환 등은 별로 고려되지 않았다. 민족주의적 관념도 배격되었으며, 오직 소련이나 중국의 공산주의 논리만이 모방되었을 뿐이었다.

이 시기 문인들은 자신이 소속된 집단 지도자의 주장에는 절대로 비판적인 논의를 할 수 없었고, 단지 그것을 그대로 받아들여서 선전했을 뿐이다. 그 때문에 이들은 정치가의 추종세력으로 또는 그 동지적 위치에 서게 되었다. 결과적으로 문인이나 예술가들은 대부분 정치가들이 만들어 놓은 정치의 파장 속으로 떨어져서는 그들의 주장을 선전 선동하는 일꾼으로 활동하고 있었다.

해방정국에서 문인들은 그가 속한 정치집단을 위해서 이념적인 순교자와도 같은 희생을 감내해야 했다. 미군정 사찰 당국에 구금되어 심한 고통을 받았던 지식인이나 문인도 있었고, 이 과정에서 자신의 이념을 지키기 위해서 더 큰 희생을 치르기도 했다. 정치적인 희생에 바쳐졌던 이들 문인들에 대해서 대중의 큰 관심이 생겼으며, 그에 대한 찬사가 이어졌고, 고투에 찬 그의 정치적 역정에 대중의 감정적인 지원이 뒤따르기도 했다. 그러나 그것만으로는 그 문인들이 받았던 치명적인 고통을 회복시켜 줄 수는 없었다.

이때 정치적 지식인들은 자신들의 영향력을 높이기 위해서 문인들을 이념의 선봉대로 활용했다. 이들 문인들의 언설은 일반 대중에게 더 큰 호소력을 발휘할 수 있었다. 대중들로부터 정치적 지지를 확보하기 위해서는 문필가들의 감성적인 문장이나 대중 선동적 활동이 필요했기 때문에 이들의 활동은 정치적 선전 선동의 성격에서 크게 벗어나지 못했다. 그 때문에 정치인의 주장에 대한 옳고 그름보다는 자기편의 정치인이 내놓은 주장을 대중 속으로 선전하는 것이 문인들의 의무처럼 여겨졌고, 이렇게 함으로

써 문인들은 자신이 믿었던 정치적 미래가 열릴 것으로 확신하고
있었다.

이념적으로 양분된 정치담론은 정치지도자의 선봉대로 나섰던
문인들 사이에도 편 가르기의 치열한 경쟁으로 전개되었다. 이들
의 경쟁은 정치집단에 의한 감성적인 표현과 획일적인 구호의 반
복적인 주장으로 이어졌다. 더욱이 좌파의 이념이나 주장은 미군
정의 통제로 여러 면에서 어려움을 겪었지만, 우파는 미군정의 지
원을 받고 있었기 때문에 여러 면에서 유리한 위치를 차지할 수
있었다. 그러나 당시 대중의 정서는 좌파 문인들의 소설, 시, 가요
등에 더 지지적인 일치감을 보여 주었으며, 따라서 정치의 선전에
서는 유리한 고지를 점할 수 있었다.

좌파 문인들의 글이나 가요 등에는 고통 속에 놓여 있었던 민
중의 고달픈 일상이 적나라하게 표현되고 있었으며, 비록 구호와
같은 주장일지라도 민중들의 마음을 움직일 수 있었다. 이들이 되
풀이해서 주장했던 사회변혁적 논조도 기존체제에 반감을 가진
사람들에게는 새로운 가능성으로 받아들여졌으며, 그 때문에 그
들의 논리는 점점 더 과격성을 띄게 되었다. 이러한 그들의 논리
는 우파나 미군정 당국자와 적대적 대립관계를 더한층 심화시켰
지만, 지식시장에서는 대중의 수요를 더 많이 확보할 수 있었다.

지식상품의 거래에서도 우파의 상품과 좌파의 상품은 확연하게
구분되고 있었다. 지식시장에는 희귀상품이나 고가상품이 구매자
의 관심을 끌기보다는 인기상품, 즉 수요자가 많으면 인기품목이
될 수 있었고 그렇게 되면 높은 가치를 지니는 지식상품으로 여겨
졌다. 이러한 상황은 지식시장에서 정치적 선전물, 다시 말해 대

중의 충동구매를 자극할 수 있었던 지식상품이 대대적인 선전과 유행을 조장함으로써, 그것의 수요를 높일 수 있었다.

정치적 지식상품에 대한 선전은 신문, 방송, 잡지 등이 앞장섰다. 특히 정치담론의 책자들, 즉 평론, 소설, 시집 등의 판매고를 높이기 위해서 정치인이나 정치단체, 미 군정청의 지원도 뒤따랐으며, 우파의 언론매체까지 선전활동에 나서기도 했다. 그 때문에 겉으로는 우파 지향적 지식상품이 주도하는 것처럼 보였지만 실제로는 좌파의 지식상품이 주도하고 있었다. 우파의 지식상품이 주로 지배세력이나 중상층에 의한 수요층을 형성하고 있었다면, 좌파의 지식상품은 중하층이나 청소년층에 파급되고 있었다.

이러한 유통 경로를 가졌던 좌우파 지식상품의 논리를 보면 이념대결을 확연하게 구분할 수 있다. 좌파의 지식상품은 '8월 테제'의 지지를 근간으로 삼았으며, 그것에서 제시한 논리를 따르는 것이 민족해방의 올바른 길이라고 선전했다. 더욱이 해방 이후 한국 사회는 공산주의로 나아가야만 역사발전에 올바르게 부응하는 것이라고 주장하고 있었다. 심지어 한국의 민족운동사에서 반일투쟁의 유일 세력은 공산주의자라고 주장했으며, 이 점에서 공산주의 정치만이 당연한 귀결점이 되어야 한다고 강조했다. 이들의 논리에 따르면, 식민지 통치기에 우파 지도자의 다수는 일본 총독부에 협력했거나 타협적인 민족운동을 전개했을 뿐이지만 공산주의자가 주도했던 노농투쟁은 치열한 민족운동의 본류로, 그 연장선 위에 해방도 이루어질 수 있었으며 앞으로 공산주의 정권의 수립도 당연한 귀결이라고 주장했다.

또한 현실적으로 한국 사회는 소수의 지주와 상공업자가 다수의 농민과 노동자들을 착취하는 전형적인 부르주아사회이기 때문에, 여기에서 벗어난 노동자와 농민을 위한 정치의 실현이야말로 노농대중의 기본 욕구에 대한 부응이라고 강조했다. 더욱이 이들은 우파의 단정수립론이 소수 자본가와 지주를 위한 정치를 목표로 삼고 있기 때문에 배격되어야 마땅하며 노동자와 농민을 위한 공산주의 정권의 수립만이 시대적 요구라고 주장했다.

한편 좌파의 이러한 공세에 맞섰던 우파 진영은 먼저 반공론을 내세우며, 남한에서 단정수립의 불가피성을 강조했다. 우파의 반공논리는 공산주의자들이 노동자와 농민을 위한다고 선전하고 있지만, 실제로는 이들을 이용해서 권력을 잡으려는 정치적 선동이라고 공박했다. 그 때문에 공산주의자의 계급혁명론은 민족의 단합에서 벗어난 계급 대립만 조성할 뿐이라고 비판하며, 전 민족적 통합이 우선적으로 이룩되어야 할 시점인데도 민족 분열을 충동질하면서 단독정부의 수립을 지연시키는 것은 반민족적인 작태일 뿐이라고 공박했다. 또한 공산주의자들은 공산주의적 국제 연대를 주장하지만, 이는 소련의 세계 적화의 침략논리를 받아들이는 것이며, 만일 한반도에서 공산주의를 받아들이게 되면 그 순간 소련의 위성국가가 되고 말 것이라고 지적했다.

이처럼 반공론을 주창했던 우파 정치인과 이들을 지원했던 우파 문인들은 단정수립의 불가피성을 주장했다. 이를 위한 국민의 애국심을 고양시키는 방법으로 두 가지를 제시했는데, 그 가운데 하나가 한국사에서 애국적인 지도자의 추앙에 무게를 두는 것이었다. 수와 당의 침략을 막았던 을지문덕과 연개소문, 삼국통일을 이룩한 김유신과 김춘추, 백제 계백 장군의 숭고한 지도자적 희생정신과 애국심 등을 높이 찬양했다. 고려의 윤관이나 서희의 군사외교 활동도 찬탄했으며, 임진왜란에서 이순신 장군의 높은 충절과 영웅적인 활동이 민족지도자의 표본으로 숭앙하기도 했다.

식민지 통치 아래에서 독립운동에 앞장선 애국지사들, 안중근, 윤봉길, 이봉창 열사 등도 높이 찬양했다. 박은식, 신채호, 안창호 등의 애국투사와 이준, 유인석, 신돌석 등 의병장도 기렸으며, 3·1운동, 6·10만세사건 등의 역사적인 의미도 강조했다. 이들의 애국적인 활동을 널리 알림으로써 국민적인 애국심을 고취할 수 있다고 생각했으며, 민족지도자에 대한 존경심을 높임으로써 국민 단결도 확보할 수 있다고 믿었다. 우파의 이러한 활동은 독립국가를 시급하게 수립하기 위해서 "선거가 가능한 남한만이라도 국민의 선거로 단독정부를 수립하자"는 이승만의 남한단정론의 적극 지지로 귀결되었다.

여기에 맞서 좌파는 이승만의 단정론이야말로 남북한에 각기 다른 정권을 수립하게 하는 촉발 요인이 될 것이며, 결국 분단체제로 귀착되는, 민족분단론에 불과하다고 공박했다. 또한 남한단정론은 사실상 집권 욕망에 사로잡힌 이승만의 권력 욕망이 빚어 놓은 반민족적 분열의 주장이라고 비난했다.

좌파 지식인들은 한국의 현실 과제야말로 실질적인 해방의 실현으로, 그 하나는 국제적으로 미 제국주의에 맞서는 민족해방의 실현이며, 다른 하나는 국내의 부르주아계급에 의해 자행되는 계급적 약탈을 종식시키는 민중해방의 실현이라고 강조했다. 이 두 가지 해방의 동시 실현을 담당할 세력은 오직 민족-민중세력으로서의 프롤레타리아뿐이며, 이들의 투쟁에 의해서 공산주의 사회를 수립하는 것이야말로 역사의 필연적인 과정이라는 것이다. 이를 위해서는 해방정국의 중요한 민족 과제로 일본 식민지의 지배체제와 연관된 친일세력과 지주, 자본가에 대한 철저한 숙청이 시급하다고 강조했다. 좌파의 이러한 논리는 결과적으로 공산주의 체제를 수립하는 것이야말로 민족이 갈 길이며 역사 발전의 순리라는 것이었다.

우파의 논리는 주로 당시 유력 언론기관의 논설을 중심으로 발표되었는데, 해방정국에서 우파의 논리를 실었던 유력 신문의 구독자들은 대부분 한국 사회의 지도세력들이었다. 이는 곧 우파의 체제지지적인 논리가 상층 유력 인사들 사이에 유통되고 있으며, 이들이 정치 결정에 직접적인 영향력도 행사할 수 있었음을 의미했다. 이런 이유로 이들의 논리나 주장은 중하층의 관심이나 지지를 모으는 데 적지 않은 한계가 있었으며, 우파 지식인의 주장과 논의를 중하층으로 파급시키기 위해서는 행정관청이나 경찰이 앞장서야 하는 일종의 관제동원적 성격을 보여 줄 수밖에 없었다.

한편 좌파 지식인의 주장은 주로 중하층, 특히 청년 지식인층에 의해서 수용되었다. 이들의 주장도 《해방일보》와 같은 좌파 언론기관을 통해서 개진되었는데, 때로는 등사물과 같은 유인물 형태로 보급되기도 했다. 이들의 주장을 받아들였던 사람들은 조선공산당이나 그 산하단체의 구성원들, 젊은 청년층이 대부분이었다. 이들 독자층 또는 좌파 이론의 수용자들은, 그들 사이에 조직적인 집단활동을 전개했으며 정기적인 학습모임을 가지기도 했다. 이러한 과정을 거쳐 이들의 논리나 주장이 공동으로 학습되기도 했다. 물론 좌파 지식인의 논의는 다양성보다는 획일적인 지시문건의 수용으로 흘렀으며, 정치 선전의 성격으로 일관되었다.

좌우파 문인들의 주장은 예외 없이 선전 효과만을 극대화하려는 정치 선전이나 구호로 그 내용이 구성되고 있었다. 그 때문에 하나의 선전적 주장이 또 다른 선전적 주장을 불러오는, 선전의 지속성을 보여 주었다. 우파 지식인들이 주로 사용했던 선전구호로는 "민족통일", "조국건설", "공산주의의 배격", "소련 제국주의의 음모 분쇄", "자유민주주의의 승리" 등이었고, 좌파는 "친일파 숙청", "악질 반동 자본가의 제거", "토지는 농민에게로", "노동자 농민을 위한 사회혁명", "스탈린 원수 만세" 등이었다.

좌우파 사이의 이러한 대립은 1945~48년의 정치사에서 의당히 제기되어야 할 논의들과는 거리를 보여 주고 있다. 구체적으로 해방정국에서 신생국가의 민족적 지향이 어떻게 실천되어야 하며, 그것을 위한 정치세력의 연대와 통합을 위한 구체적인 실천의 모색, 그리고 한반도에서 미소 사이의 제국주의에 맞서는 민족적 대응책은 물론이고 신생국가로서 감당해야 할 여러 과제나 기능 등에 대한 논의와는 거리를 보여 주었다. 다시 말하면 이 시기의 정치적 지식인들의 논의는 대부분 비현실적인 논리와 과장된 정치구호의 나열로만 시종되고 있었다.

3

정치담론에서 '이념 이탈'의 사례

지식인의 논설에서는 시대적 요구나 민족적 소명, 지식인의 책무 등이 논의되어야 했으며, 이것에 대한 '춘추필법'의 대의가 천명되는 논설도 주장되어야 했다. 여기에서 벗어났음은 해방정국 자체가 이념의 정치를 표방했고, 그것에 기반을 둔 파당적인 권력쟁탈전으로 전개되고 있었기 때문이었다. 그 때문에 문필가들도 어느 특정의 정파나 이념을 지지 표명해야 했고 그것을 강조하는 논설도 집필해야만 했다.

그 때문에 정치적 지식인이 자신의 정치담론의 전개과정에서 자기가 소속된 집단의 '이념의 이탈'을 보여 주는 경우도 있었다. 자신이 추종했던 이념이 현실적으로 잘못된 길로 나아간다는 생각으로 이를 바로잡기 위해서, 자신이 그때까지 믿고 있었던 논리에서 벗어나 새로운 것으로 전환하거나 모색하게 되었다. 그런가 하면 자신이 소속된 집단에서 버림받았다는 생각 때문에 그 집단의 기존 논리를 비난하면서 더한층 올바른 이념적 지향이 필요하다는 식의 논지를 펼치기도 했다. 또는 자신의 생각이나 이념적 변화 때문에 그가 소속했던 집단의 이념적 변화를 요구하는 논리를 펼칠 때도 있었다.

어느 경우나 이러한 성격은, 한편으로 '자기 이념의 분열'일 수도 있고, 다른 한편으로 지식인 자신이 그때까지 믿고 있었던 집단의 논리로부터 이탈하는 일종의 '이념에서의 자기 위치의 변경'일 수도 있었다. 당시 지식인에게 이러한 이념 공세나 전환은 자신이 그때까지 소속했던 정치집단의 이념에의 반역일 수도 있었고, 그 집단으로 하여금 새로운 변화로의 전환을 요구하는 것일 수도 있었다. 물론 그 집단의 지도체계에 대한 도전이기도 했다. 심한 경우 이는 곧 자신이 소속된 집단이나 지지에 대한 전면적인 충성심의 철회일 수도 있었다.

해방정국에서 정치적 지식인의 이러한 성격은 드물게 나타났다. 좌우파의 격렬한 이념 대립이 지식인에게 자기 위치를 명시하도록 강요했으며, 그것에 따라서 집단적인 행동도 자행되어야 하는 정치상황에 놓여 있었기 때문이었다. 그 당시 지식인들은 자신의 정치적 위치를 분명하게 밝혀야 했으며, 이를 바탕으로 이념의 진영을 조직했다. 이 시기만 해도 특정 이념에 대한 종속성 자체가 지식인에게는 불변의 가치로 여겨졌으며 그것에 대한 이탈이나 변화와 같은 것은 생각조차 할 수 없었다. 그러므로 한 진영 안에서 이념적 논전이나 분열은 말할 것도 없고 다른 진영으로의 전환은 때로는 지식인에게는 '치명적인 모험'일 수도 있었다.

해방정국에도 이념 분열이나 자기 이념의 이탈을 보여 준 경우도 없지 않았다. 이것에 대한 한 사례로 조봉암의 경우를 생각해 볼 수 있다. 조봉암(曺奉岩)은 조선공산당의 초기 운동에서부터 최고 지도급 지도자로 활동했다.[227] 그러나 해방정국에서 박헌영 주

---

227 조봉암의 개인사를 살펴보면, 그는 1899년 9월 25일 경기도 강화군 원면에서 가난한 농민의 둘째 아들로 태어났다. 4년제인 강화공립보통학교와 2년제의 농업보습학교를 마친 뒤

도의 조선공산당에 대한 자신의 생각을 밝히면서 박헌영의 새로운 지도성을 요구하는 주장을 내놓았다. 조봉암의 이러한 성격의 '자기 이념의 이탈'은 좌우 이념의 첨예한 대립으로 지속되었던 해방정국에서는 일대 충격이었다. 더욱이 식민지 통치기에 대표적인 공산주의자로, 공산주의 운동에 앞장섰고 공산당 지도부의 핵심인사의 한 사람이었던 조봉암이 박헌영의 지도노선을 공격함과 동시에, 이것을 계기로 공산당에서 벗어나 대한민국의 정부수립에 참여했다는 사실만으로도, 당시로는 충격적인 '이념 이탈'

군청의 고원으로 일했다. 이 시기에 기독교도로서 1919년 3·1운동에 적극 참여, 1년간 감옥살이를 했다. 서울로 올라와 YMCA중학부에서 공부했으며, 1920년 7월 일본에서 고학으로 세이소쿠(正則)영어학교를 거쳐 주오대학(中央大學) 전문부 정경과에 입학했다. 조봉암은 이 시기에 사회주의를 접했으며 조선인 유학생 사상단체인 흑도회(黑濤會), 풍뢰회(風雷會), 흑우회(黑友會), 북성회(北星會) 등에 참가했다. 귀국 후 사회주의 운동에 적극 참여했으며, 1922년 코민테른의 지시로 러시아의 베르흐노이진스크에서 개최된 상해파 공산주의자와 이르쯔구파 공산주의자의 연합대회에 참가한 뒤 모스크바로 가서 그곳의 동방노력자공산대학, 세칭 모스크바 공산대학에서 8개월간 수학한 뒤 1923년에 귀국했다. 서울에서 화요회를 비롯한 공산주의 조직에 관계했고 대중강연 등으로 사회주의 사상의 전파에 몰두했다. 1924~25년에는 《조선일보》 기자로 활동했으며 1925년 조선공산당 창당에도 참여, 모스크바의 코민테른에서 조선공산당이 '유일기초단체'로 인정받도록 활동하기도 했다. 1932년 상해에서 일본경찰에 체포되어 국내로 압송, 7년간 투옥당했다. 1939년에 출옥한 조봉암은 인천에서 비강조합(粃糠組合)의 조합장으로 활동했다. 1945년 1월 일본 헌병사령부에 구금되었으며 해방을 맞아 석방되었다. 해방 후 조봉암은 인천 중심의 공산주의 활동을 전개했으며 건준 지부에서 활동했고 '민주주의 민족전선'의 인천지부 의장이기도 했다. 인천에서 그의 활동은 공산주의 운동의 중심부에서 멀어지게 되었다. 그는 조선공산당의 박헌영에게 〈존경하는 박헌영 동무에게〉라는 제목의 공개편지를 발표함으로써 사실상 공산주의로부터 전향했다. 그는 미군정과 일정한 관계 속에서 '민주주의 독립전선'에 주도적으로 참여했으며 신중간노선의 정치적 행보를 걸었으며 5·10 총선거에 참여, 인천에서 국회의원에 당선되었다. 이어 초대 농림부장관으로 임명됨으로써 대한민국에서 진보적 노선으로 달려갔으며 제2대 국회에서는 국회부의장으로, 1952년 대통령 직선제 선거에서 대통령후보로 출마했다. 이어 1956년에는 진보당 전국추진위원회를 발족시켰으며 진보당의 제3대 대통령 후보로 출마했다. 1958년 '진보당 사건'과 '양명산 간첩 사건'으로 1959년 7월 31일 사형으로 처형당했다. 조봉암에 대한 연구저서로는 다음 저서를 들 수 있다. 박태균, 《조봉암연구》, 창작과 비평사, 1995; 서중석, 《조봉암과 1950년대》, 역사비평사, 1999; 정태영·오유석·권대복 엮음, 《죽산조봉암전집》, 세명서관, 1999.

이기도 했다. 물론 그의 이러한 성격은 이념의 실천 문제와 그 시대 공산주의 헤게모니를 장악했던 박헌영계와의 대립에서 연유된 것으로 이해될 수도 있다.

그의 '이념 이탈'은 박헌영의 공산당 지도노선에 대한 공격이었다. 그가 집필했던 〈존경하는 박헌영 동무에게〉라는 공개서한이 1946년 5월 7일 《대동신문》, 《한성일보》, 《동아일보》, 《조선일보》 등 우파신문에서 보도됨으로써 이러한 성격의 첫 시작이 알려지게 되었다. 이 서한에서 그는 공산당과 그 지도부에 여전히 충성을 다하고 있음을 전제했지만, 실제로는 박헌영의 지도노선에 대한 공격을 통해서 결과적으로는 박헌영의 조선공산당과 메별(袂別)을 선언한 것이었다.[228]

조봉암은 그의 사신(私信) 형식의 이 글에서, 박헌영의 공산당 노선이 ①조선공산당이 주도했던 인민위원회와 인민공화국의 조직시기나 선거, 조직방법에서 졸렬했다는 점을 지적하면서 이를

---

[228] 조봉암은 자신의 서한이 당시 우파 신문에 공개된 것에 대해서 '반동파'의 모략선전에서 빚어진 것이라는 요지로 1946년 5월 15일자 《현대일보》 기자의 질문에 답하고 있다. 이 점에 대해서 그는 이렇게 주장하고 있다. "이것(공개서한)은 내가 각 신문에 투고한 것이 아니고 반동파들의 모략인 것이다. (1946년) 3월 중순경에 인천 CIC(Counter Intelligence Corps, 미군방첩대)에서 민전회관을 불시에 습격하여 현장에 있던 나의 몸을 수색한 일이 있다. 그 편지의 초고를 가지고 있었기 때문에 그들에게 빼앗겼다. 이것은 원래 사신(私信)이므로 3일 이내에 돌려준다고 약속하고 지금까지 반환치 않는 일이 있는데 그 편지의 초고가 이들 우익신문에 일제히 발표된 것"이라고 말했다. 그러면서 그는 "우리 당내에 있어서는 물론이고 일반사회에 대하여도 대단히 미안하게 생각합니다. 지금 조선의 반동파들은 자기네의 정치적 야망을 채우기 위해서는 수단을 가리지 않고 염치도 잊어버린 모양이요. 남의 사신을 무단히 공개하고 또 그것을 악용함으로써 진정한 인민의 통일체인 '민주주의 민족전선'을 흔들려 하며 또 우리 공산당 내부에 무슨 내분이나 있는 것 같이 꾸며 보려 하지마는 조선민중을 벌써 그런 따위의 모략에 빠지기에는 너무 현명하다는 것을 알아야 될 줄 안다……"라고 적어 놓았다. 정태영·오유석·권대복 엮음, 《죽산 조봉암 전집 1》, 세명서관, 1999, 35~37쪽.

신랄하게 공격했다. 더욱이 그 운영에서도 당시 인민위원회라는 조직을 조선공산당 안에 중용되지 못했던 공산주의자들의 한낱 정치 클럽처럼 만들어 버렸으며, 중앙인민위원 가운데 비공산주의자의 숫자가 소수라는 점도 지적했다. ② '민주주의 민족전선'의 조직은, 그것이 합작 통일전선의 성격을 가지고 있었음에도 아랑곳하지 않고 공산당원이 과도하게 침투했기 때문에, 비당원이 다수인 군중에 의한 능동적인 활동을 제약했다고 비판했다. ③모스크바 3상회의의 결정을 지지했던 공산당의 투쟁에 대해서도 그 전개과정은 기술적인 면에서는 졸렬했으며, 조직군중에게 공산주의 노선을 이해시키는 데도 많은 시간을 허비하여 미조직 대중을 적(敵)의 편에 빼앗기는 결과가 되고 말았으며, 다수의 사람들에게는 회의의 구렁 속으로 빠지게 했고, 그들을 옳은 노선으로 다시 끌고 가기 위해서는 무한한 노력과 시간이 필요해졌다고 강하게 공박했다. ④공산당의 중요 당직 임명의 인사문제에도 문제가 있음을 적어 놓았는데, 첫째로는 무원칙하며, 둘째로 종파적이고, 셋째로는 봉건적이며, 넷째로는 집요하게 추진되어야 함에도 그렇게 하지 못했다고 비판했다. ⑤박헌영 자신이 보여 준 겸양의 태도만 해도 스스로 무기력함을 드러내는 것에 지나지 않았으며, 이러한 태도는 "김일성, 무정 두 동무의 영웅주의에 대해서도 최대로 경계해야 할 것은 물론이오"라고 적어 놓았을 정도로 박헌영의 지도력을 비판하고 있었다.

끝으로 자기 자신에 대한 박헌영계 공산당원들의 비난, 구체적으로 공산당의 공금을 사용(私用)했다는 문제, 비당원과의 결혼했다는 점, 상해에서 강도짓을 했다는 등의 오명, 일제시대 감옥에서 출옥한 뒤 이권을 얻어 부자로 살았다는 비난 등에 대해서도 해명했으며, 일제 감옥에서 전향서를 제출했다는 비난이 허위라는 점을 밝히기도 했다.

그는 이 글의 끝에 "······이상 몇 가지는 참고하시고 내 개인문제는 시급히 처벌해 주시오. 당내에서나 당 외에서나 적당한 방법을 확실히 표시해 주시오. 그래야 나도 마음 편히 일할 수 있고 당내, 당 외의 영향도 좋을 것입니다. 오늘은 이것만 쓰고 길이 동무의 건강 건투를 빌어 마지않소"라고 적어 놓았다.[229]

이어 1946년 6월 23일 인천에서 개최된 좌파의 '미소공위 촉진 시민대회'에서 조봉암 명의의 성명서가 유인물로 대량 살포되었는데, 여기에서 그는 "비 공산 정부를 세우자"고 주장함으로써 조선공산당과 갈라섰음을 알리기도 했다.[230]

이처럼 지식인의 '이념 이탈'과 여기에서 온 자신의 정치적 '위치 변경'은 그때까지 지녔던 이념이나 이데올로기에서 벗어남이나 다른 이념으로의 전환이었지만, 때로는 정치적 지식인 사이의 헤게모니 경쟁에서 빚어진 것일 수도 있다. 실제로 조봉암과 박헌영은 식민지시대의 공산주의 운동에서부터 경쟁적 대립관계에 놓여 있었다. 1925년 11월 신의주에서 국경 청년연맹회원의 폭

---

229 본래 이 글은 사실 신문에 발표된 1946년 5월 7일보다 2개월 전에 작성된 것인데 미군 CIC에 빼앗긴 것으로 조봉암의 의사와 무관하게 언론에 발표되었으며, 그것은 본래의 글과는 달리 문장이 고쳐졌고 덧붙여진 것도 많은 것으로 알려지고 있다.

230 조봉암의 전향 이유로는 한 연구자의 저서에서는 다음 사실을 기록하고 있다. ①박헌영의 조선공산당과의 마찰, ②일제 통치기에는 그 자신이 민족운동의 한 방편으로 공산주의 활동을 했을 뿐이며 해방 후의 공산당 활동은 민족의 진로에는 별로 도움이 되지 않을 것이며, ③조봉암의 전향의 결정적인 계기는 미군정의 공작 때문이었다고 적어 놓고 있다. 박태균, 《조봉암 연구》, 창작과 비평사, 1995, 123~125쪽.

행사건으로 일제 경찰이 회원 가택 수색을 하게 되었는데, 여기에서 고려공산청년회 간부 박헌영이 상해의 조봉암에게 보내는 보고 문건이 발견되어 공산주의자들이 검거되는 제1차 공산당 사건이 일어났다. 이 과정에서도 상해 코민테른 원동부(遠東部)의 조선담당위원인 조봉암과 서울의 박헌영 사이에 빚어졌던 대립적인 일면을 찾아볼 수 있다.[231] 이들의 관계는 해방 이후 박헌영이 조선공산당의 간부진용에 사실상 조봉암을 제거한 것에서도 짐작할 수 있다. 결과적으로 그 뒤 조봉암의 정치 역정은 대한민국의 정부수립에 참여하게 되었으며, 그 뒤의 신산한 정치적 고난을 거쳐서 결국 1959년 11월 사형에 처해지는 비극을 맞게 되었다.

이처럼 조봉암의 경우 그가 소속했던 정치집단에서 벗어나 자신의 위치를 변경함으로써 이전의 소속집단으로부터는 '변절자'로 비판받게 되는, '이념 이탈'이라는 극단적인 상황을 조성하게 되었다. 어느 경우나 지식인의 정치담론에서 '이념의 이탈'에 의한 '위치 변경'은, 그것이 새로운 이념의 모색이나 또 다른 이념으로의 전환일지라도, 대부분의 경우 이를 변절, 또는 이탈로 매도하는 것이 일반적이며 그 때문에 지식인에게는 치명적인 모험이 될 수 있다.

---

231 김준엽·김창순 공저, 《한국공산주의운동사》 2권, 고려대학교아세아문제연구소, 1973, 353~356쪽. 조봉암과 박헌영의 이 당시 관계를 "옥신각신과 티격태격이 비롯되고……"라고 적어 놓았다. 김성동, 《현대사 아리랑: 꽃다발도 무덤도 없는 혁명가들》, 녹색평론사, 2010, 293쪽.

4

지식시장에서 정치담론의 전승

정치적 지식인의 이념은 때로는 지식인 자신을 구속하는 쇠사슬이 될 수도 있다. 그런데도 지식인은 그것의 유혹에서 벗어나기가 힘들다. 그만큼 지식인에게 이념의 주장은 매혹적이기 때문이다. 그것에 따라 자신의 지적 충족감도 얻을 수 있으며, 자신의 지적 논리나 이념을 현실정치와 사회에 투입할 수 있다는 자신감을 가질 수 있기 때문이다. 지식인에게 학문적인 이론이나 고등 담론의 설정은 사실상 어려운 일이기 때문에, 그것을 위해 때로는 만권의 서책을 뒤져야 하고 선학(先學)의 연구도 살펴야 하며 연구실에서 칩거해야 할 때도 있다.

이것에 견주어 현실정치나 사회문제를 지지하거나 비판하고, 새로운 정치의 가능성을 주장하는 것이야말로 당장 어떤 결실을 얻을 수 있을 것 같은 자신감을 갖게 해준다. 지식인에게는 정치적인 집회나 정치적인 사건을 계기로 자신의 정치적인 주장을 펼치는 일이야말로 순수한 연구 그 자체보다는 더 쉽고 현실적이며 신나는 일로 여겨질 수도 있다.

그런데 이러한 정치적 논리의 전개에는 기존체제에 대한 지지나 반대를 포함하게 된다. 체제지지적인 경우도 있고 그 반대에 설 때도 있는데, 먼저 앞의 경우 기존체제의 지속과 강화를 위한 정치적 지향성과 구체적인 정책을 지원해 줌으로써 집권세력으로부터 관심을 얻을 수 있다. 이렇게 되면 그는 점점 더 체제지지적인 논리를 주장하게 되고, 그 결과 그의 주장에는 집권세력의 정치적 기대감을 투영하게 되며 그것에 따른 정치적인 보상도 받을 수 있게 된다. 그의 논리를 지지하거나 수용하는 사람들에게 그는 국가와 사회 발전을 위한 선각자로 인정받기도 한다. 물론 체제반대파의 진영에서는 그의 이러한 논리는 한낱 어용적인 지식인의 권력 접근을 추구하는 것으로 폄하될 때도 있다.

그런가 하면 기존체제를 비판하는 논리의 전개에 앞장서는 지식인은 지배세력과 정치제도, 과정 등을 신랄하게 비판하면서, 피지배 민중이 당하는 정치적인 압제나 역압을 지적하고 이들의 정치적인 욕구의 대변자로 자임한다. 이들의 논리에서는 시대와 상황에 따르는 당위성이 유달리 강조되기도 한다. 따라서 이들의 논리에도 찬반의 논리가 제기될 수 있으며, 특히 집권세력에 대한 강한 비판은 반체제적인 진영이나 민중들로부터는 큰 호응을 얻게 된다. 이들의 비판적 논리는 지배세력에 대한 강한 도전일 수 있으며, 그 체제를 극복하기 위한 주창이기 때문에, 그 자신은 반대진영의 논리적 주창자로 올라설 수 있게 된다.

이처럼 이들의 논의는 정치사회적으로도 다수의 지지자를 확보할 수 있다. 그 결과 이를 주장한 지식인은 정치현실의 잘못에 맞서는 기골찬 지식인으로 추앙받고 그를 따르는 다수의 문도(門徒)도 생기며 그의 주장은 책자로 간행되어서는 다수의 독차층도 확보하게 된다. 다시 말하면 지식시장에서 높은 수요를 창출함으로써 강한 유통망을 형성할 수 있다. 물론 해방정국에도 기존체제에 대한 지지-반대의 논리, 그 가운데는 일정한 정치적 지향성을 담은 소설, 시, 평론 등을 통하여 독자층으로서의 지지자를 확보하면서 그 속에 정치적 주장이나 선전을 포함시킬 때도 있다.

해방정국에서 이들이 빈번하게 주장했던 주제는 자유, 평등, 민족혁명, 민주주의, 민족사상, 자유주의, 반공, 국가발전, 계급투쟁, 민족통일 등과 같은 개념이었다. 그 때문에 깊이 있는 논의나 철학적인 사유, 그리고 정치체제의 전개에서 살펴봐야 할 것들에 대해서 단순히 정치적인 지지-반대로만 주장되기도 했다.

1945~48년에 제기된 지지-반대의 논리는 마치 하나의 정률(定律)처럼 정해졌으며 그 뒤에도 이러한 성격은 그대로 지속되었다. 해방정국 이후 지배세력의 구성에는 약간의 변화를 보여 주었지만 여전히 우파에 의한 지배체제의 지속성이 유지됨으로써 집권세력과 도전세력의 정치담론은 이전과 큰 차이를 보여 주지 않았다. 이러한 사실을 다음과 같이 구분해 볼 수 있다.

	집권세력의 담론 개념	도전세력의 담론 개념
해방정국	자유, 단정수립, 반공전선, 조국통일, 민주발전, 자유사회	친일파 제거, 계급혁명, 생존권 보장, 평등사상, 남북협상
이승만 통치기	자유진영, 반공체제, 북진통일, 산업보국	서민생활 보장, 노동조건 개선, 평화통일, 노동자 농민운동

해방정국에서의 좌우파의 이념 대립은 그 뒤 집권세력과 도전세력의 대립으로 그대로 지속되었다. 정치담론의 주요한 관점은 정치체제의 변혁이었지만, 실제로는 이전과 별 차이가 없는 논리

적인 지속성을 보여 주었다.

이처럼 서로 다른 정치담론은 각기 지지세력을 확보하기 위해서 치열하게 경쟁했는데, 이는 곧 지식시장의 점유를 위한 체제지지적 담론과 그것에 맞서는 변혁적 담론의 문화 헤게모니 경쟁이었다. 구체적으로 우파 담론은 중요 일간지나 월간지를 통해 주장되었으며, 이들 가운데는 우파적이면서도 우파 정부의 문제점을 비판적으로 지적했던 논리도 개진되었다.

한편, 도전세력의 정치담론은 1947년 이후에는 표면상 사라졌다. 간혹 유인물 형태로 비밀리에 보급되기도 했는데, 이는 경찰 등에 의한 탄압 때문이었다. 더욱이 변혁적인 정치담론은 해방정국 초기에 그들의 발표기관으로 출판, 잡지, 각종 연구 서클 등을 조직해서 사실상 지식시장을 주도했으며, 문화 헤게모니의 점유를 위한 경쟁에서도 유리한 위치를 점하고 있었다. 구체적으로 변혁적 정치담론의 언설이나 저서 등이 지식시장에서 유통됨으로써 사실상 문화정치의 주도적인 위치를 점하고 있었다.

이 시기의 정치담론은 단순히 논설의 형태로 출간되기보다는 점차로 일종의 연(軟)문화 장르(Soft Genre of Culture), 다시 말해 영화나 대중음악, 만화, 소설 등으로 간행되었는데, 이들 가운데는 기존체제의 극복을 전제로 하는 정치담론이 지식시장에 유통됨으로써 폭 넓은 수요층을 확보하게 되었다. 이러한 성격의 문화장르를 수용하는 독자층도 특정 정치적 사항에 대해 객관적인 인식이나 평가보다는 정감적인 성격을 수용했으며 그 결과 정치담론에도 영향을 미치게 되었다.

어느 시대나 정치담론이 갖고 있는 대중선동적인 성격은 해방정국은 물론이고 그 이후에도 지속되었으며, 여기에는 다음과 같은 문제점을 내포하게 되었다.

- 구체적인 분석보다 감성적인 논의에 치중하는 대중 추구성.
- 사색과 성찰보다 지지나 반대를 전제로 하는 행동의 유도.
- 비교론적인 평가보다 저항적인 주장에 높은 가치성 부여.
- '소영웅주의'적 행동이나 '군중적 지지'로 기울어지는 경향.

이처럼 정치적 지식인의 정치담론은 해방정국과 그 이후에도 그 시대의 '고담준론'처럼 선전되었으며 강한 정치적 지향성을 드러내고 있었다. 그 때문에 이들 논리의 주장자들은 한국 지성사의 '대 논객'으로 대접받기도 했다. 또 지식시장에서 다수의 추종자를 확보하게 되면 '경제적 부의 획득+권력구조에서 영향력 행사+사회적인 스승으로서의 예우'를 받게 되는 지적 상황도 조성되었다.

이러한 성격은 해방정국에서 제기되었던 좌우파의 정치담론이 미해결 상태로 그 이후에도 승계되었음을 의미한다. 다시 말해 해방정국에서 논의되었던 정치담론이 지식사회에서 자율적인 논박으로 수정, 보완, 극복되기보다는 권력에 의해 재단됨으로써, 오히려 그것이 다음 세대로 전승되는 특이한 현상이 나타나게 되었다. 그 때문에 억압받는 정치담론일수록 더 큰 생명력을 지속할 수 있었으며, 때로는 지하에서 관류하다가도 지상으로 분출될 수도 있었다. 그와 반대로 정치권력에 의해 지원받았던 정치담론은 스스로의 힘으로 지속되기보다는 소멸되거나 겨우 원형만 유지하는 쇠잔된 모습을 보여 주었다.

　이러한 의미에서 해방정국에서 논의된 정치담론의 성격에 대한 엄정한 논의와 그 한계의 논리적 극복이야말로 하나의 지적 과제로 전승되고 있다. 이것에 대한 비판과 성찰의 지적 논의가 가능할 때 비로소 해방정국의 한계적인 정치담론의 유산도 정리될 수 있을 것이다.

제9장 결 론

정치적 지식인을 위하여

1

관직출사의 비극적 운명

한국의 지식인은 대부분 정치와 함께 험한 길을 걸어왔다. 정치적 지식인의 경우 그러한 길을 걷는 것 자체를 당연하게 생각했다. 그 길을 걷는 것이 지식인의 사명이며 그렇게 함으로써 더 많은 사람들에게 행복을 마련해 줄 것으로 믿고 있었다. 이를 위해 그 자신이 앞장서서 권력을 점유하려 했으며 관직으로 나아가기 위해 노력했다. 그 과정에는 개인적인 욕망, 즉 부귀공명의 기대감도 있었지만, 그러면서도 세상을 바로잡으려는 더 높은 열망에 스스로를 다져 왔다.

한국 역사에서 이름난 지식인치고 높은 벼슬아치 아닌 경우가 드물다. 이들은 자신의 학식을 정치에 적용하기 위해서 권력의 자리로 올라서야 한다고 믿었다. 그렇게 되어야 민초들의 고통도 덜 수 있고 왕조 사직도 굳건하게 지킬 수 있다고 생각했다. 이를 위한 관직출사는 때로 그 자신에게 치명적일 정도의 희생도 안겨 주었다.

구체적으로, 조선왕조 시대만 해도 이들은 성리학의 이념을 실현하기 위해 환로(宦路)로 뛰어들어, 그 과정에서 현실과 이상 사이의 높은 벽도 절감했고 때로는 그 앞에서 무너져 내리기도 했다. 대부분의 경우 그 높은 벽은 당파의 정적에 의해 쌓여지고, 우유부단했던 국왕과 권력투쟁에 쉴 날이 없었던 외척들이 축조했다. 물론 그것은 자신이 소속되었던 정치집단의 오랜 유습이기도 했다. 개혁적인 정치적 지식인은 대부분의 경우 사약을 마셔야 했고 처단당하기도 했다. 이렇게 자신들의 정치 이상을 위해 목숨까지 버렸던, 그리하여 뒷날의 지식인들로부터는 깊은 숭앙을 받게 되었다.

이처럼 한국의 지식인에게 정치는 현실참여를 위한 무대였으며, 그들은 끝내 그 무대로부터 내려올 수 없었다. 그 이유가 단순히 개인적인 이해 때문만은 아니었다. 그의 이념적 기반인 성리학적 가치, 다시 말해 종묘사직과 민중에게 덕화를 베푸는 일이야말로 관료적 지식인의 당연한 의무로 여겼기 때문이다. 성리학적 사유는 그 자신의 정치적 이상세계에 대한 가치관이었고 시비곡직을 가리는 기준이었으며, 그것에 따라 지식인의 길을 걷는 것이야말로 그들이 받아들여야 할 운명이었다.

조선왕조 시대의 대다수 지식인은 관인이자 정치인이기에 이러한 과정을 어릴 때부터 학습했다. 어릴 때는 관직을 얻기 위해서 학문 수학에 전념했고→과거에 합격한 뒤→관직자로 출사해서는 성리학적 이념에 따라 일신과 가문의 영광을 이룩하려 했으며→때로는 환로나 정계에서 자신의 당파를 위해 다른 정파와 쟁론했고→그 과정에는 자신이 배척받는 경우도 있었으며→심하게는 역신(逆臣)으로 몰려 사사(賜死), 처형되는 운명도 받아들였다.→이러한 비극적인 삶도 후세의 지식인들로부터는 깊은 숭앙의 대상이 되기도 했다.

지식인이자 관료로 이러한 길을 걷는 것 자체가 지조 높은 지식인의 당연한 과정이었다. 개인적으로는 비극이었지만 그 시대 지식인에게는 뿌리칠 수 없는 유혹이었다. 그런데 문제는 이러한 성격이 오늘날 지식인에게도 전승되고 있다는 점이다. 특히 지식인을 양성하는 교육기관도 성리학적 지식인을 길렀던 학숙(學塾)과 별 차이를 보여 주지 않는다. 오늘의 학교교육도 관직이나 그것과 유사한 사회적 직위를 얻기 위한 준비 기관처럼 되어 버렸다. 관직출사로 입신양명하려는 젊은이들에게 학교는 예전 서당에서 배웠을 법한 것들을 그대로 가르치고 있다. 이들에게 학교는 진리 탐구라는 명분을 내걸었지만 현실적으로는 여전히 관직출사나 사회적 지위 확보에 더 많이 치중하고 있다.

더욱이 해방정국은 시대적으로 지식인에게 관직 점유의 가능성, 한마디로 정치적 지식인의 기회를 더 많이 제공해 주었다. 조선총독부를 대신했던 미 군정청에도 그들을 도와줄 한국인 관리가 필요했다. 조선총독부의 고위직으로 '출세'했던 몇몇 한국인 관료에게는 친일파라는 비난이 따랐지만 그것 자체가 미 군정청의 고위 관직자로 올라서는 데는 저해 요인이 되지 못했다.

조선총독부의 과장급 관료나 군수, 판검사, 경찰서 간부, 일본군 장교였던 이들이 그대로 미 군정청에서도 일할 수 있었다. 이들 가운데 영어해독자는 더 높은 관직을 차지했다. 대학이나 관립학교에서는 일본인 교사들이 물러났기 때문에 한국의 지식인들이 대거 그 자리를 차지했다. 이들 가운데는 그 자리에 나갈 정도의 지식이 없었는데도 별다른 제약을 받지 않고 그 자리로 나아간 이도 적지 않았다. 경찰 등 치안 분야에서는 더한층 그러했는데, 총독부 친일 경찰 간부도 그 직책을 유지했거나 더 높은 직책을 얻을 수 있었다.

지식인들에게 더 많은 기회를 제공했던 것은 해방정국에서의 좌우파의 대립과 투쟁이었다. 각종 정치단체들은 당장이라도 집권할 것처럼 그들 조직체 구성원의 수를 늘리기 위해 경쟁적으로 지식인들을 결집시켰다. 조금이라도 이름이 알려진 지식인이면 자신들의 조직체에 영입했는데, 이러한 현상은 서울만이 아니라 지방에도 마찬가지였다. 지식인의 수요는 폭발적이었지만 이를 충족시킬 지식인의 숫자는 턱없이 모자랐다. 그 때문에 낮은 지적 수준으로도 지식인으로 행세할 수 있었던 '지식인 호경기'의 시대였다.

정치적 지식인도 그들 사이에 일종의 서열화, 또는 집단적 구조화를 형성했다. 좌우파는 각기 최고지도자를 중심으로 하나의 영향력 구조를 형성했는데, 이들 구조에는 ①핵심적인 최고지도자가 중심을 이루고 그 아래에는 ②관리적 지식인이 있었는데 이들은 핵심지도자를 적극 지지했으며 그 지시에 추종했다. 그 다음 단계에는 ③추종적 지식인으로, 이들은 영향력 구조의 최정상부에서 결정된 사실을 충실히 받아들여 앞장서서 수행했다.

이처럼 지식인의 영향력 구조의 서열화는 지식으로 결정되기보다는 최고지도자와의 개인적인 친소관계로 이루어졌다. 이들의 친소관계를 결정했던 요소는 학연과 지연 등으로, 더욱이 학연의 경우는 동문 선후배가 중요한 영향력을 미치기도 했다. 이러한 관계는 한번 영향력 구조가 형성되면 상당기간 지속되었으며, 이것이 결국 관직 점유를 위한 긴 대열을 이루는 또 다른 요인이 되었다. 그런데 이렇게 해서 관직을 점유하고 출사했던 경우도 자신의 정치적 신념이나 지향에 의해서 활동하기보다는 이미 이루어진 그 영향력 구조의 상층부에서 결정된 것을 충실히 추종함으로써 한낱 추종적 성격만을 보여 주었을 뿐이다.

이처럼 지식인에게 관직출사와 그것에 대한 열망은 권력을 정점으로 한 영향력 구조 안에서 지식인의 줄 세우기를 가져왔다. 이는 또한 이념에 의한 편 가르기로 획정됨으로써 마치 조선왕조 시대의 사색당쟁이 재연되는 것과 같았다. 다시 말해 지식인과 권력의 관계는 숙명적이었으며 그것에 의해 지식인의 전체성도 규정되었다. 이러한 현실은 지식인에게 관직출사로만 자신의 존재 의미를 규정해야 하는 반지성적 상황을 받아들일 수밖에 없게 만들었다. 이것이야말로 지식인 스스로를 잃어버리게 되는 비극적인 운명일 수밖에 없었다.

2

산림처사와 정치적 지식인

정치적 지식인만 정치에 관심을 갖는 것은 아니다. 정치적 지식인이 다른 사람보다 정치권력에 더 민감하게 반응하는 것은 사실하다. 하지만 지식인 가운데 지식과 권력을 엄격하게 구분해서 별개로 생각하면서 권력과는 일정한 거리를 유지하려는 지식인도 없지 않았다. 이들은 정치는 정치인만의 영역이고 지식인은 지적 연구에만 몰두해야 한다고 생각했다.

그러나 현실적으로 이러한 구분은 거의 불가능하다. 왜냐하면 해방정국에서 정치는 어느 누구도 그것에서 벗어날 예외성을 인정해 주지 않았기 때문이다. 다시 말해 그 시대는 아무리 의도적으로 정치에서 벗어나려 해도 벗어날 수 없었던 정치의 중압감이 가중되었다. 지식인이라면, 정치적 지식인이 아닐지라도 현실정치와 어떤 식으로든 관계 맺을 수밖에 없었다. 현실적으로는 정치의 옳고 그름을 논해야 했고 특정 정치문제를 해결하기 위해서 다른 사람과 함께 활동해야 했으며, 그것을 해결하기 위한 모색도 해야 하는 등 정치적 지식인의 성격을 보여 줄 수밖에 없었다.

반면에 지식인 가운데 직접 정치에 나서지 않으려고 애쓴 이들도 없지는 않았다. 그러나 해방정국에서 현실적으로 정치와 연관되지 않는 문제란 거의 없었으며, 정치가 모든 것을 결정했던 정치의 시대였다. 정치문제에 대해 시비곡직을 말해야 했고, 자신의 주장을 내세우기도 했다. 그 때문에 어떤 때는 스스로 정치에 적극적으로 직접 참여할 수밖에 없었다. 그러면서도 그들은 늘 정치와는 무관해야 한다면서 스스로 산림처사처럼 살아야 한다고 다짐하기도 했다.

그런데 왕조시대의 산림처사를 올바로 인식했다면, 그 시대 산림처사도 정치에서 완전히 벗어났던 존재는 아니었음을 알 수 있을 것이다. 산림처사는 성리학적인 인격수양과 제자 교육에 몰두했던 선비였다.[232] 그러나 이들도 때로는 왕의 부름을 받는 경우가 있었고 그러면서도 산림에 은거, 학문을 연마하면서 자신의 일상에 소요되는 경제적인 욕구를 스스로 조달했다. 그러다 나라가 위난에 놓이면 모든 것을 내걸고 분연히 일어나 왕조와 백성을 구하기 위해 한 몸을 던졌다.

대표적인 산림처사로 흔히 화담(花潭) 서경덕(徐敬德)과 남명(南冥) 조식(曺植)을 들게 되는데,[233] 이들은 분명히 산림처사로 학문을 궁구했고 후학을 가르쳤지만, 왕조가 위난하면 서슴없이 정치로 뛰어들기도 했다. 산림처사의 표본으로 알려진 남명 조식만해

---

232 山林處士에 대해서는 山林과 經濟를 비교해서 논의한 다음의 글이 이 분야에 대한 적절한 설명을 해주고 있다. "산림이란 선비가 벼슬하지 않고 속세를 벗어나 자기 수양을 하는 공간을 뜻한다. 이에 비해 경제란 선비가 벼슬에 나아가 세상을 다스리고 백성을 구제〔經世濟民〕하는 행위를 말한다." 조창록, 〈사대부의 생활 이상과 《임원경제지》: 산림의 처사에서 임원의 생활인으로〉, 《漢文學報》 제19집, 2008, 805쪽. 그리고 조선시대의 선비에 대한 논의로는 다음 책을 참고할 것. 한영우, 《한국선비지성사》, 지식산업사, 2010.

233 산림처사로서의 선비에 대한 논의, 특히 그 대표적인 선비로 남명 조식을 다룬 다음의 글을 참고해 볼 수 있다. 신병주, 〈조선시대 선비 정신과 선비 학자들의 활동: 16세기 선비들을 중심으로〉, 《南冥學研究論叢》 제13집, 2004; 설석규, 〈남명 조식의 도학적 세계관과 선비정신〉, 《南冥學》 제14집, 2009.

도 그는 성리학의 의(義)와 경(敬)을 기본 덕목으로 삼아 이를 실천하는 데 온 힘을 다했다. 국난의 어려움이나 어지러운 정치 현장을 극렬하게 비판했는데, 국정의 혼돈을 논박하는 상소를 올려 권력자의 잘잘못에 추상같은 주장을 펼치기도 했다. 그는 벼슬에서 벗어나 향리에다 서사(書舍)를 짓고 후학을 길렀으며, 오직 경(敬)과 의(義)를 추구하는 삶을 살았다. 그를 두고 벽립천인(壁立千仞), 태산교악(泰山喬岳), 추상열일(秋霜烈日), 부시일세(俯視一世)라고 평했음도 산림처사로서 그의 치열한 일상 때문이었다.

해방정국의 지식인 가운데 이러한 산림처사로 자처한 이가 있었다 해도, 결국에는 정치의 잘못을 질타할 수밖에 없었고 정치의 길로 뛰어들 수밖에 없었다. 이들의 비판이 때로는 정권의 치부를 폭로하고, 국민적인 경각심을 불러일으키면서 정치세력에 위협적일 때도 있었다. 또 권력자의 잘못을 질타함으로써 민주주의는 물론이고 민족을 옹호하는 것일 수도 있었다. 그 때문에 지배세력으로부터 불이익을 당하거나 인신이 구속되는 고통을 겪었다.

그렇다고 이들이 이전의 산림처사와 같다는 식으로는 규정할 수 없다. 왜냐하면 이들은, 물론 스스로 권력을 추구하지 않았지만, 옳은 정치를 위한 자신의 주장과 참여를 일관되게 주장했기 때문이다. 양자 사이의 차이는 시대의 다름에서 오는 것이다. 산림처사의 시대는 군왕체제였기에 정치나 정책에 대한 반대도 종묘사직을 위한 충군사상의 행동이었다. 그러나 해방정국의 정치는 그때와는 달리 정치는 정치세력들 사이의 대립과 경쟁이었으며, 복합적인 사회관계에서 이해와 갈등으로 엮어져 있었다. 따라서 종묘사직과 충군사상으로 일관된 군왕체제적 관념이나 행동을 해방정국에서 그대로 받아들여 행한다는 것은 불가능했으며, 그만큼 복합적인 정치상황으로 엮어져 있었다. 이는 그 시대의 어떠한 지식인이 정치권력에서 멀리 떨어져 지내고 싶어 해도, 사실은 이전의 산림처사와 같은 존재로는 살아갈 수가 없었다는 것이다.

실제로 그 시대의 지식인은 여러 가지 방식으로 정치에 참여해야 했다. 권력과의 관계를 맺고 있었던 정치적 지식인도 처음에는 다양한 접근 통로를 거쳐서 정치권력으로 다가설 수 있었는데, 이러한 사실을 아래와 같이 정리해 볼 수 있다.

- 특정 정치집단을 위한 개인적인 자문역으로의 활동.
- 정치집단 안의 핵심인사와의 학연, 지연 등 개인적인 연계.
- 정치쟁점에 대한 지지 활동으로 정치세력으로부터 초빙.
- 출판물에서 정치세력에 대한 지지로 그 세력과의 관계.
- 정치집단의 집권과정에 지지적 참여로 관직자로 충원된 경우.

여기에 설정한 해방정국 지식인의 정치참여를 분류해 보면, 정치적 지식인의 행동을 지지와 저항으로 구분할 수 있다. 그러나 지지나 저항도 처음부터 그렇게 결정된 것은 아니었다. 대부분의 저항적 지식인은 주로 앞에서 말한 산림처사와 같은 관점에 서려고 했던 경우도 적지 않았다. 그러다 어느 순간 집권세력이나 정치적 현실이 보여 주는 모습이 더 이상 수용될 수 없는 모순을 갖고 있다는 비판의식에서, 이를 바로잡으려는 의도로 정치적 비판을 가하거나 여기에 맞서서 반대 진영에 참여할 수 있었다. 이렇게 정치에 참여하게 된 지식인은 집권세력으로부터는 억압의 대상이 되었고, 반대편의 정치세력과는 동지적 연대관계를 맺게 되었다. 다시 말하면 정치세력 가운데 어느 한편에 가담하는 상황에 놓이게 되었다.

그에게 가해지는 집권세력의 탄압은 그의 주장에 동조하는 지지층을 형성하게 되었으며, 그 때문에 그의 정치적 영향력도 증대될 수 있었다. 그는 자신의 주장에 동조하는 지식인이나 정치인들과 손잡고 적극적으로 지배세력에 맞서는 정치세력과 연대하게 되었다.

이 단계에 이르면 그의 비판활동은 더 적극적이고, 마침내 스스로도 권력을 추구하는 정치적 지식인으로 변모되고 만다. 그는 지배세력에 대한 투쟁과정에서 민족, 민중, 평등, 또는 사회정의와 같은 논리로 자신의 활동을 천명했다. 특히 자신의 정치이념을 실천하고자 정치에 참여하였음을 천명함으로써 정치적 지식인으로서 본격적인 활동도 보여 주었다. 그러나 그도 지배세력이 되는 즉시 권력자의 모습, 다시 말해 권력의 사유화에 따르는 특권의 향유자가 되어서는 기성의 정치인과 같은 성격을 그대로 드러내게 되었다. 어느 면에서는 직업정치인보다도 더 치열하게 권력적 지향성을 추구했다.

해방정국의 정치적 지식인 가운데 체제지지적 지식인과 저항적 지식인으로 양분된 것도 이러한 지적 흐름과 연관이 있다. 사실상 이 시기부터 한국의 현대 정치사에서 체제지지적 지식인과 저항적 지식인으로의 구분이 나뉘었다. 그것은 좌우의 이념 대립을 시발점으로 하여 형성되었으며, 그 뒤 우파가 집권세력이 되었을 때는 좌파는 저항세력으로 지하로 스며들게 되었다. 다만 여기에서 다시 한 번 적고 싶은 것은 해방정국에서 처음에는 산림처사로 자처했던 지식인들도 정치에 참여하게 되었고, 이들의 모습은 좌파에서도 우파에서도 찾아볼 수 있다는 점이다.

3

정치적 지식인의 한계와 극복

지식인 사회는 하나의 관점에 의해서만 정치적 성격을 모두 파악할 수는 없다. 지식인 사회의 성격이나 내용은 그만큼 다양하고 복잡하기 때문이다. 일률적으로 어느 한 성격만을 지식인 집단의 특성으로 규정할 수도 없다. 다만 특정 시대를 기준으로 그 시대 지식인의 일반적인 성격에 대해서만은 논의할 수 있으며, 그렇게 함으로써 이를 기준으로 지식인의 개인적인 정치활동에 대한 평가도 시도해 볼 수 있다.

한 시대 지식인의 정치지향성은, 대부분의 경우 정치적 지식인에 의해서 표현된다. 지식인의 존재성이나 의미는 학문 연구를 통해 새 이론의 정립과 그것에 의한 지적 실천을 중요시 한다. 그 때문에 연구실이나 실험실, 집필실 또는 그 밖의 중요한 지적 모임을 통해서 지적 담론을 논의하고 모색할 수 있어야 한다. 여기에서 얻어진 지적 담론이나 가치체계에 따라서, 지식인은 자기 성찰과 실천을 다짐하고, 그 연장선 위에서의 정치참여가 바람직할 수 있음을 인식하게 된다.

그런데 해방정국의 지식사회는 권력에 접근하려는 정치적 지식인이 주도하고 있었다. 이들도 지식인의 가치 관념이나 지적 논리를 정치현장에 적용하려 했지만, 대부분의 경우 다음 몇 가지 물음에는 긍정적이기보다는 부정적이었다. 첫째로, 그가 모색했던 지적 논리나 관념이 정치문제의 해결에 얼마나 도움이 되었는가를 자신 있게 응답하기 어려웠다. 둘째, 그의 정치참여의 동기가 개인적인 권력 욕망을 넘어서서 사회 구성원 모두를 위한 것인가에 대해서도 대답해야 했다. 만일 특정 정치문제를 해결할 방안조차 없는데도 오직 권력 점유의 욕망만으로 정치의 세계로 뛰어들었다면 그것은 의미 있는 정치참여라고 말할 수는 없다. 이 점 또한 긍정적인 평가를 기대하기란 어려울 수밖에 없다. 아무리 민족을 말하고 계급을 주장하면서 이상적인 미래를 천명해도, 그 기본적인 이면에는 스스로 권력자의 위치로 올라서려는 개인적 욕망이 강하게 작용했기 때문이다.

지식인의 정치참여에는 앞에서 제기한 두 가지 사실, 구체적으로 특정 정치문제의 해결을 위한 정치적 방안과 실천 능력, 그리고 국가와 국민에 대한 기여가 그 출발점이 되어야 했다. 그러나 대부분의 경우 이 시기의 정치적 지식인에게는 이러한 사실을 찾아볼 수 없었다. 그럼에도 이들은 정치에서 주도적인 활동을 전개했고 그 뒤에는 관직자가 되어서 다른 사람보다도 더 유리한 조건을 향유할 수 있었다. 이들은 권력을 점유함으로써 자신의 사회적 위치를 강화할 수 있었고, 어느 면에서는 정치사회적인 문제를 해결했음을 자신하기도 했다. 그러나 이들의 주장은 곧장 반론을 받을 수밖에 없을 만큼, 해방정국의 정치상황은 정상성이나 가치지향적인 것과는 거리가 멀었다.

이 시기의 정치적 지식인의 정치활동은 때로는 '반지성적'일 수도 있었다. 권력과 연관된 자신들의 권력 점유가 주된 관심사였기 때문에 그 뒤의 전업적 정치인과도 별 다른 차이를 보여 주지 못했다. 다시 말하면 정치적 지식인은 지식인다움보다는 직업적 정치인의 속성을 더한층 강하게 보여 주었다. 그 때문에 이들이 주도하는 지식사회도 지적 연구를 중시하는 풍토와도 점점 더 멀어지게 되었다. 이렇게 되면서 정치적 지식인들이 점점 더 기승을 부리게 되었고 결과적으로는 반지성적 성격이 주도하는 지식사회를 조성하게 되었다.

해방정국에서 비롯된 정치적 지식인의 한계는 결국 그 뒤의 지식사회에도 그대로 지속되었다. 이는 곧 정치적 지식인에 의한 지식사회의 주도는 올바른 지적 성찰이나 논리의 전개와 같은 지성사적 가능성이 이루어질 수 없었음을 의미했다.

이 점에서 한국 지식사회의 중요한 과제 가운데 하나로 지식사회의 정상성 회복의 문제가 제기되었다. 그것은 학문적인 연구와 지적 탐험을 근간으로 전통을 승계하고 새로운 가치의 모색이나 실험에 몸을 던진 지식인들이 지식사회의 대종을 이루어야 하며, 그러한 연구나 지적 모색과 실험은 연구실이나 실험실 또는 수다한 지식인 모임에서 치열하게 시도되어야 했다. 이를 위해서는 여러 방안이 강구될 수 있지만, 가장 필요한 것은 지식인 스스로 자기 다짐, 특히 정치권력과의 관계에 대한 자기 결단이었다.

지식인도 정치사회의 구성원이기 때문에 정치권력에 접근을 시도할 수는 있다. 직업정치인이나 관료들이 권력점유에 강한 집념을 갖고 있듯이, 정치적 지식인도 그럴 수는 있다. 하지만 정치적 지식인의 권력에 접근은 지식인의 이름으로 이루어지기 때문에 지식인다움만은 유지되어야 한다. 그런데도 한국의 현대 정치사에서 정치적 지식인의 정치권력적 참여는, 다음 몇 가지 성격 때문에, 그들도 한낱 직업적 정치인과 다를 것이 없었음을 보여 주었다.

▨ 정치적 지식인의 정치권력에의 접근은 직업정치인의 그것과 별 차이가 없었다. 직업정치인의 집권 열망은 일상적이지만, 정치적 지식인은 특정 상황이나 시대적 요구로 정치에 참여한다는 식으로 설명되었다. 현실적으로 양자의 구분은 불가능했다.

▨ 정치적 지식인의 정치참여에 대하여 참여 초기에는 한시적이거나 특정 정치세력에 대한 지원으로만 설명될 때가 많았다. 그 때문에 이들의 정치참여는 영속적이기보다는 일시적인 것으로 이해되었고, 그의 역할이 끝나면 이전으로 되돌아갈 것이라고 생각되었다. 그러나 현실적으로 정치적 지식인도 권력과 관계를 맺는 그 순간부터 전업적 정치인과 마찬가지로 권력에 대한 영속적 집권의지를 보여 주었다.

▨ 정치적 지식인은 스스로 정치조직체를 갖기보다는 기존의 정당이나 정치조직체와 느슨한 연관을 맺는 것으로 설명된다. 그 때문에 자신의 정치사회적 위세를 지속적으로 유지하기 위해서, 자신을 추종하는 지식인을 더 많이 확보하는 것에 관심을 쏟게 되었다. 이를 위해 책자도 간행하고 방송매체에 출연해서 자신의 주장을 설명했으며, 대중의 관심을 얻기 위해서 때로는 선동적인 주장도 내놓았다. 이렇게 되면서, 그의 논리는 사실상 지적 담론이 아닌 정치적 선동성을 갖게 되었

으며, 지적 영역으로부터는 점점 멀어져 결국 직업적 정치인의 그것과 차이가 없어졌다.

▨ 정치적 지식인은 자신이 획득한 정치적 지위를 지속하고자 정치권력의 변동과정에 편승해서, 다른 정치체제로 옮겨가는 경우도 있었다. 새롭게 집권한 정치체제에서 재 등용을 기대했기 때문에 이전 주장에서 벗어나서는 그 체제를 위한 주장이나 논리를 내세울 때도 있었다. 이는 자신의 능력을 인정받아 그 정치체제에도 권력적 직위를 차지하거나 유지하려는 의도 때문이었다. 이러한 모습은 때로는 사회여론에 의해 '영혼을 팔아버린 지식인'으로 비난받게 되었지만, 이를 무시함으로써 전형적인 직업적 정치인의 모습을 그대로 보여주었다.

▨ 정치적 지식인은, 자신의 정치직위나 관직의 점유를 민족이나 국가를 위한 자신의 희생으로 주장할 때도 있었다. 자신이 정치에 나선다는 것은 자신의 전문지식을 국가와 사회를 위해 봉사하는 것이라고 주장하면서, 그것은 개인적으로는 큰 희생이라고 강조했다. 그러나 그의 정치참여는 그 자신의 개인적인 권력 욕망의 한 표현일 뿐이다. 그가 갖고 있는 전문지식이란 사실상 보잘 것 없으며, 문제의 해결이나 더 좋은 사회로의 지향에는 별다른 도움이 되지 못하기 때문이다.

이처럼 정치적 지식인은 정치참여를 지식인의 당위적인 사명으로 설명하지만, 실제로는 직업적 정치인과 차이가 없다. 이들은 결국 모든 것은 권력으로 이어진다는 사고에 젖어 지식사회에도 영향을 미침으로써, 이들에 의해 주도되는 반지성적 영향을 받게 되었다. 학문이나 연구, 새로운 실험적 모색을 중심으로 하는 지적 논의나 지식인 담론의 광장은 위축되었으며, 그 대신 특정 정치체제나 지배세력을 옹호하는 정치적 시장이 펼쳐지는, 결국은 그 시장이 특정 정치적 지식인에 의한 독점무대로 점유되는 상황을 빚어 놓기도 했다.

4

시민정치를 위한 지식인의 관점

앞에서도 말했지만, 어느 면에서 지식사회의 정상성은 정치적 지식인의 한계적인 활동이나 영향력의 차단에서 얻어져야 한다. 물론 이것은 지식인과 정치권력과의 올바른 관계 정립에서만 기대할 수 있다. 그렇다고 지식인의 종국적인 길이 정치권력에 참여라고는 말할 수 없다.

바람직한 정치사회를 이룩하기 위한 비판적인 논리나 대안적인 정책의 제시는 중요하다. 그래야 지식인이 직접 정치에 참여해서 권력의 자리로 올라서지 않아도, 사회에서 제기된 문제 해결의 대안을 심도 있게 논의 제시할 수 있기 때문이다. 이를 위해 때로는 정치현실을 이론적으로 분석할 수도 있고, 정치문제를 해결하기 위한 정책도 제시할 수 있으며, 그것의 실천에 힘을 기울일 수도 있다. 이렇게 하는 것이야말로 어느 면에서는 지식인다운 정치참여일 수도 있으며 나아가 정치사회를 권력정치로부터 시민정치로 옮겨가게 하는 하나의 계기가 될 수 있다.

이 점에서 지식인의 정치참여는 현실 정치사회를 권력정치로부터 시민정치로 발전시키는 것에 그 자리를 마련해 주어야 한다. 왜냐하면 정치에서 소수에 의한 다수의 지배라는 전통적 사유는 더 이상 통용될 수 없기 때문이다. 이러한 논의가 가능했던 것은,

지배자의 능력이나 지식수준이 대중의 그것에 견주어 월등하게 높았을 때만 가능했다. 그러나 분명한 사실은, 오늘의 시대는 사람들 사이의 지식의 점유나 수준에서 그 차이가 극도로 적어졌다는 것이다. 누가 누구에 의해 지배받는다는 식의 논리는 더 이상 적용될 수 없는 시대가 되었다. 결국 모두가 지배자가 되어야 하고 모두가 피지배자가 되는, 한마디로 정치에서 대등성이 확립되어야 할 시점이다. 이러한 시대적 상황에 대한 적실성 있는 정치적 대응이 곧 시민정치라고 할 수 있다.

여기서 구체적으로 시민정치에 대해 생각해 보기로 하자. 이미 앞에서도 말했지만 지식인의 정치에 대한 관점 자체가 권력정치와 시민정치로 구분해서 설명될 수 있다. 거듭 주장하지만 지식인의 당위적인 지향은 권력정치를 시민정치로 바꾸는 것이어야 한다. 그렇다면 구체적으로 시민정치란 무엇인가? 이를 인식하기 위해서 먼저 다음 몇 가지 문제를 생각해 보기로 하자. 하나는 시민에 대한 개념이며 이것과 연관된 시민사회, 그리고 시민정치체제에 대한 것이다.

먼저 시민을 이야기하면 그리스 시대만 해도 그것은 법 앞에 평등권을 가졌던 자유민으로 '자기가 소유한 재산을 자기 마음대로 처분할 수 있는 권리의 행사자'로 한정되었다. 이들은 법에 따라 재산소유와 그 행사에 따른 권력을 보장받았으며, 자신의 삶을 공동체의 테두리 안에서 자유롭게 유지할 수 있을 만큼 재산도 소유했고, 공동체의 도덕성도 지켰던 사람들이다. 이러한 조건을 소유했는가의 여부를 개개인에게 명백하게 검증될 수는 없었지만, 다른 사람과의 관계를 통해서나 또는 공동체의 일정한 도덕률의 준수를 통해서 평가받을 수 있었다. 물론 이 경우 시민이 지켜야 할 도덕률로는 엄격한 자기 규제와 애국심, 경건성, 공공성 등을 중요한 덕목으로 설정했다.

　이러한 시민 개념이 중세의 도시국가로 들어와서는 '자율성을 소유한 시민'으로 발전되었으며, 이때의 자율성은 자기 선택과 자기 이행의 권리를 의미했다. 이어 근대로 넘어가자 법에 따라 시민권의 소유자가 구체화됨으로써 법적 보장을 받을 수 있는 존재라고 인식되었다. 따라서 이 시대의 시민권은 ①정치적으로는 참정권, ②사회적으로는 사회적 성원의식과 책임완수, ③공동체의 문화적 관점에서는 문화적 가치의 창조와 향유로 설명되었다.

　시민에 대한 논의는 현대사회로 넘어오면서부터 '시민사회의 구성원으로서 공공성을 지키면서 자율적이고도 자기 선택적인 정치참여를 이행하는 사람'으로 설명되었다. 자율성과 자기 책임성을 이행하는 존재를 시민으로 규정할 때, 이들에 의해 이루어진 사회야말로 시민사회며, 시민사회에서는 시민에 의한 자율적 시민단체가 그들의 의사와 욕구를 상당부분 반영할 수 있어야 했다. 그러므로 시민정치는 다음과 같은 성격을 추구하게 되었다.

　▨ 정치적 지향이념 : 자율적인 공동체 시민 참여체제 지향
　▨ 정치제도적 성격 : 주민 참여에 의한 심의 민주주의
　▨ 정치적 성격 : '강한 시민사회, 작은 국가'로의 정착

　권력정치에서는 정치의 의미를 '누가, 언제, 무엇을, 어떻게 소유하는가를 결정하는 것'으로 설정했지만, 시민정치에서는 '다

함께 참여하고, 다 함께 논의하면서, 모두가 결정하는 정치'라고 인식하게 된다. 그러므로 여기에는 특정 권력집단이나 지배세력과 같은 존재는 인정되지 않는다. 지배세력으로 정치인은 존재할 수 없으며, 모두가 함께 지배하고 지배받는 정치이기 때문에, 행정적인 처리를 책임지는, 말 그대로 시민의 공복일 수밖에 없게 된다.

시민정치는 자율적인 공동체 사회의 구현에 중점을 둔다. 그 때문에, 어느 면에서는 사람들이 오래전부터 갖고 있었던 자기 결정권의 행사를 위한 것으로, 어느 면에서는 정치의 복권이며 말 그대로 '잃어버린 정치를 되찾는 것'일 수도 있다. 이렇게 함으로써 공동체의 구성원들 사이에는 서로 연대와 협력으로 '다 함께'라는 동일체 의식을 공유하게 된다. 어느 누구나 정치에 함께 참여하고, 다 함께 그 결과를 소유하면서, 다 함께 책임지는 그러한 정치사회의 실현이야말로 시민정치의 궁극적인 지향이다. 물론 시민 정치지향의 사상사적 기반은 시민공화주의(Civil Republicanism)에서 찾아볼 수 있다.

권력정치에는 권력을 소유하는 소수 지배자를 전제하지만, 시민정치에서는 모두가 지배자이자 피지배자인 정치사회로, 어느 면에서는 직업적 정치가 중심의 특정 집단적 존재를 배격하게 된다. 이러한 정치야말로 '그들의 정치'로부터 '우리들의 정치'로 되돌리는 것이며, 이것이야말로 민중으로서의 시민을 전제로 하는 참정치의 실현일 수 있고, 이를 이룩하기 위해 앞장서는 것이야말로 지식인의 책임일 수 있다. 이는 직업적 정치인이나 지배세력이 누려 온 지배와 억압의 통치 기제를 극복하는 것이며, '가장 작게 지배하는 정치체제'로의 지향일 수 있다.

강한 국가는 지배자의 통치의지에 따라 움직이는 정치사회가 아니라, 공동체를 위한 모두의 결단과 책임을 지는 사회며, 이를 위한 시민의 활동이야말로 더없이 소중한 가치일 수 있다. 직업적 정치인의 소멸을 전제로 하는 새로운 시대의 실현이야말로 지식인에게 부여된 중요한 과제이자 의무이다.

이러한 사실을 구체적으로 실천하기 위한 지식인과 정치와의 관계를 설정하려면 먼저 지식인이 정치에 관여하게 되는 정치참여 단계와, 정치적 영향력을 행사하는 권력점유 단계로 나눠 살펴볼 수 있다. 대부분의 지식인들은 평상시에는 시민으로 정치에 참여하게 된다. 이들의 정치참여는 기존체제에 대한 지지일 수도 있고 비판일 수도 있다. 그러나 지식인이 정치에 냉담하면서 탈정치적인 모습을 보이는 경우도 있는데, 이것이야말로 때로는 자기 기만일 수도 있고 시민적인 배신일 수도 있다.

정치에 대한 냉소나 배격을 지적 행동처럼 여기는 것은 자신 속에 일고 있는 정치에 대한 열정을 애써 외면하는 것에 지나지 않는다. 정치의 옳고 그름을 주장하고 그것에 대한 지지나 반대의 선택은 시민의 의무이자 책임이며, 지식인에게도 중요한 과제다. 그러므로 지식인의 정치참여는 정치권력을 점유하기 위해서가 아니라 정치의 현실성에 대한 잘잘못을 밝히고 미래의 지향을 논의하는 시민적인 활동일 수 있다.

정치적 지식인의 경우는 정치참여 그 이상의 것, 다시 말해 권력점유도 시도할 수 있게 된다. 그런데 이러한 시도에는 다음 몇 가지 요건이 충족되어야 한다. 정치권력을 점유하기 위해서는 먼저 자신의 정치지향과 목표부터 논리적으로 제시해야 한다. 그뿐 아니라 권력을 점유함으로써 어떤 유익함을 시민과 공동체에 제 공할 수 있는지 소상하게 밝혀야 한다. 특히 그가 권력에서 물러 났을 때는, 어떻게 처신할 것인지도 사전에 말해야 한다. 이러한 전제가 마련되었을 때 비로소 지식인의 정치참여는 시민정치를 위한 것일 수 있게 된다.

시민정치의 관점에서 정치참여는 특정 인사나 집단을 권력자로 만들어 그를 중심으로 한 권력정치의 틀의 지속 강화가 아니라, 모두의 참여와 책임으로 이끌어 갈 수 있는 공동체적 연대로서의 시민정치적 지향일 수 있다. 이 점에서 지식인의 정치참여는, 거 듭 주장하지만, 권력정치의 관점에서 벗어난 시민정치의 지향이 어야 한다.

5
지식인의 정치적 과제

1945~48년의 해방정국에서 지식인의 모습은 이념적으로는 공산주의를 주장했던 좌파와 자유민주주의를 추구했던 우파의 대립이었다. 사회계층적으로는 상류계층에 속했던 도시 중상층과 지주들이 한편을 주도했고, 여기에 맞서서 도시 중하층 출신의 지식인과 농민, 도시 노동자에게 지지받았던 다른 한편으로 양분된 대립구도였다. 이러한 구분은 단순히 이념이나 계층에 의한 도식적인 것이기보다는, 실제로 하나의 저류로 그 시대의 정치를 관통하고 있었다. 이 점에서 해방정국은 이념을 중심으로 한 전면적인 대립구도였다. 따라서 지식인도 이 대립구도의 어느 한편에 서는 것을 당연하게 여겼으며 자신의 선택에 따르는 당위성만을 논리화하려 했다. 편 가르기와 그 선두에 섰던 지식인들은 자신의 지식을 수단으로 각 편에서 권력적 직위로 올라서기 위한 정치적 지식인의 길로 달려갔다.

이념 대립의 격화로 분단체제가 등장했고 끝내 전쟁으로 치달렸던 민족적 비극도, 사실상 강대국의 이익 획정에 위한 패권체제에서 비롯되었으며, 그 시대 정치적 지식인이나 정치인들은 강대국을 우선적으로 고려하는 상황을 빚기도 했다. 그 때문에 해방정국의 정치적 지식인은 자신들의 이념과 강대국의 이익에 봉사했

던 철저한 분열주의자로 전락되고 말았다. 그들에게는 맑스가 중
요했고 아담 스미스가 소중했다. 따라서 민족 분열에서 파생되는
모든 고통은 고스란히 민족과 민중에게 떠넘겨졌다. 엄격한 의미
에서, 이들은 자신들의 권력장악을 위한 분열주의자였고 강대국
추종주의자에 지나지 않았다. 이러한 과정을 거쳐서 통치권을 장
악했던 이들 지배집단을 미화했던 역할은 전적으로 권력적 지식
인에게로 넘겨졌다.

분단과 대립의 현대사를 생각하면, 오늘의 한국 지식인에게 부
과된 지향가치는 한층 더 명백해진다. 앞에서 말한 시민정치의 관
점에서 이를 다음과 같이 정리해 볼 수 있다.

▨ 구성원 직접 정치참여 = 심의 민주주의의 확립
▨ 분단 극복에 의한 통합으로의 지향 = 민족통합과 사회적 연대
▨ 인간화를 위한 균등사회 실현 = 인격적 균등사회 실현
▨ 시민 가치를 위한 문화 기반의 조성 = 시민문화의 지향
▨ 공존과 평화 그리고 환경 보호 = 평화적 생태주의

위에서 적은 것은 이들 몇몇 지향가치를 단순하게 나열한 것이
아니다. 이들 가운데 어느 하나의 선택만을 강조하기 위해서도 아
니다. 이 5가지, 구체적으로 참여주의, 통합과 연대, 평등의 실현,
시민문화, 공생적 생태주의는 동시에 구현되어야 할 정치의 지향
이자 가치체계다.

먼저 참여주의는 군중적인 참여, 다시 말해 선동적 참여와는 다
르다. 소수의 권력장악을 위해 선동으로 군중 참여를 이끌어 내는

식으로는 시민정치는 실현할 수 없다. 성찰과 비교의 과정을 거칠 때 시민의 올바른 참여가 가능해지며, 모두가 참여하고 함께 더 좋은 것을 찾는 과정만이 심의 민주주의를 지향할 수 있다. 어느 하나만이 옳고 다른 것은 틀렸다는 식의 선택이 아니라, 함께 더 옳은 것을 찾는 전원일치적인 의사 결정과정이 절실하다.

지난날 한국 정치는 의회주의라는 이름의 다수가결에 매몰됨으로써 정책결정자의 욕구와 국민의 의지 사이에는 거리감이 조성되었다. 다수가결이나 의회주의는 만능일 수 없는, 오히려 모두를 합치는 과정에는 장애물이 되기도 했다. 다수가결이 지배하는 의회주의 대신에, 심의 민주주의에 의한 시민 참여체제의 정립이야말로 대안적인 제도일 수 있다. 이 일을 위한 지식인의 개척적인 활동이 기대될 수밖에 없다.

또한 통합과 연대도 한국 정치에서는 더할 수 없이 중요한 과제다. 민족분열과 국토분단은 냉전시대 이데올로기의 산물로, 오직 분열주의자들만이 이것에 의해 권력을 장악할 수 있었다. 하나의 민족이, 그것도 단일 국가로 지속된 민족이 강대국의 패권체제에 편승해서 권력장악을 위한 경쟁으로 분단되었다는 것은, 어떤 논리로도 정당화될 수 없는 민족의 비극이며, 역사는 이들에게 그 책임을 준절하게 물어야 할 것이다. 이러한 상황을 극복하는 것은 민족의 오랜 과제며, 이는 통일은 물론이고 그것을 넘어서서 통합을 이룩하는 것이며 서로 사이에 굳건한 연대를 실현하는 것이다.

오히려 이러한 당위에서 벗어나 민족 분열로 동족상잔의 전쟁까지 치루게 되었으며, 이를 조성했던 분단론자들의 주장이야말로 당장이라도 극복되어야 할 대상이다. 패배자와 승리자의 구분이 없는, 모두를 승리자로 만드는 통합을 이룩하기 위해서 서로가 함께 손잡는 것이야말로 연대의 참의미일 수 있다. 또한 분열과 배척의 정치로 권력을 장악했던, 특히 특정 지역이나 집단을 중심으로 한 정치는 더 이상 지속되어서는 안 된다. 살벌한 지역주의에도, 대결적 이념에서도 벗어나야 한다. 한국의 지식인이라면 민족통합과 사회 갈등을 넘을 수 있는 연대의 모색이야말로 지식인의 지적 과제임을 받아들여야 할 것이다.

거듭 말하거니와, 사회적 평등은 단순히 산술적인 평등만을 의미하지는 않는다. 그것은 어느 면에서는 모두에게 제공되는 기회의 평등이며, 실패자에 대해서도 다시 한 번 일어설 수 있는 가능성을 제공하는 사회적 지원 제도라 할 수 있다. '모두가 다 똑같아야 한다!'는 식의 논리가 아니라 '모두가 대등하게 대접받고, 그럴 수 있는 기회를 보장해 주어야 한다'는 뜻이다. 이것은 최선을 기준으로 모두를 똑같게 만들려는 식의 평등이 아니라, 일정한 수준 이하의 상태에서 벗어나게 하고, 나아가 그 이상으로 지향할 수 있는 기회를 보장해 주는 것이라 할 수 있다. 자기를 실현하고 인간화를 이룩할 수 있는 기본적인 수준의 보장이며, 다른 말로 표현하면 최고 수준으로 나아갈 출발선 위에서 대등한 조건과 기회의 보장일 수 있다.

그런데 한국 사회는 평등보다 경쟁을, 배분보다는 성장에 치중했던 지난날을 경험했다. 때로는 이 일에 지식인이 앞장서서 강조했고 북돋았다. 물론 그 때문에 유례없는 급속한 산업화와 경제 성장도 이룩할 수 있었지만, 여기에 수반되었던 온갖 문제들이 성장의 그늘에 가려지고 있었다. 성장의 과실은 몇몇 특정 기업체에 의해 독점되었으며, 수많은 노동자들은 상대적인 빈곤 속으로 떨어졌다. 성장의 그늘에는 햇볕까지 스며들 수 없게 몇 겹의 차양막이 쳐졌으며, 과시성의 소비조장에 의한 자본주의적 메커니즘은 도시민들에게 허황된 기대감만 극도로 안겨 주고 있다.

선동적인 미디어는 특정 기업체의 경제활동이나 자산축적이 국민 모두의 것인 양 착시현상의 조성에 앞장서고 있지만, 불평등구조에 대한 국민적인 분노감은 이제 더 이상 이를 참아내려 하지 않는다. 신중산층의 급격한 몰락은 빈곤 그 자체보다도 배분적인 불평등에 말미암은 상대적 박탈감을 조성했으며, 이는 민중의 저항의식에 불을 붙이고 있다. 불평등구조에서 벗어난 균등사회로의 지향이야말로 지식인의 최대의 중요한 관심사일 수 있다.

또한 시민문화는 사회의 공공성을 유지하고 공동체 구성원에게 사람답게 살 수 있는 기회를 제공해야 한다. 문화는 개인적인 향유의 대상이지만 동시에 사회적인 공유 개념이며 더 나은 일상을 가치적으로 구현할 수 있는 공동체적 생활양식이어야 한다. 공공성의 확보로 인격적인 일상을 향유할 수 있게 하는, 그 결과로 인간의 존엄성을 실현하는 비물질적 영역이야말로 문화 그 자체일 수 있다. 그 속에는 기존 가치에 대한 올바른 전승과 전통에 대한 새로운 접근을 가능하게 함으로써 궁극적으로는 개인이나 공동체를 위한 응집적 요소로 공동체의 연대를 이룩할 수 있는 출발점이어야 한다.

현대사회에서 물질적 풍요는 그 대부분이 자연의 파괴에서 얻어진 결과물이며, 한번 파괴된 자연은 회복불가능의 상태에 놓이게 되었다. 역사에 유례없는 과소비가 빚어 놓은 자본주의적 생활

양식은 자연파괴를 가속화시켰고, 그 결과 이제 인간의 생존조차 감당할 수 없을 정도로 위기상태로 내몰리고 있다. 자연의 파괴는 인간을 비롯한 모든 생명체의 종말을 예고하고 있다. 그런데도 인간의 탐욕은 자연 파괴를 끝없이 밀어붙이고 있다.

이를 막기 위해서는 사람들이 누리는 물질적 탐욕에서 벗어나야 한다. 사람은 자연의 정복자가 아니라 자연의 한 부분임을 받아들여야 한다. 과학기술에 의한 자연의 복원도 한낱 희망사항이며, 오히려 과학기술이 자연을 점점 더 위기로 내모는 경우도 있다. 그러므로 이들 문제의 해결은 환경보전을 비롯한 생태주의적 평화에서만 얻어질 수 있다.

말할 것도 없이 전쟁이야말로 환경파괴의 최대 주범이다. 전쟁에서 벗어나기 위한 평화 운동은 이제 자연을 지키는 생태주의와 손잡음으로써 위기 해결의 기본적인 실천이어야 한다.

이처럼 오늘의 지식인은 권력을 점유해서 정치사회를 자신이 꿈꿔 온 방식으로 세상을 변화시키려는 권력정치의 관점에서는 벗어나야 한다. 그러한 방식으로는 결국 정치사회에서 소수지배자와 다수의 추종자를 조성하는 '그들만의 잔치'가 지속될 뿐이다. 여기에서 벗어나서 모두가 정치의 주체자가 되고 다 함께 정치의 수혜자가 될 수 있는 시민정치로의 지향만이 지식인이 서야 할 정치의 터전일 수 있다.

6

지식사회의 정상성을 위하여

　지식인은 때로 '용렬한 기회주의자'로 비난받기도 한다. 그만큼 그의 논리가 지식인 자신이 서 있는 곳의 부름에 부응하기보다는 거기에서 고개를 돌리고 있기 때문이다. 암담한 시대의 긴급한 과제에 대해서도, 이웃의 울부짖음이 진동하고 있는데도 여전히 그는 자신만의 세계에 침잠하고 있다. 지식인의 목소리는 민족이나 민중의 갈급한 욕구를 반영하기보다는 자신만의 현학적인 취향에 도취했거나 현실과 동떨어진 저편의 세계를 거닐고 있을 때도 있다. 이러한 모습은 현실에 맞설 용기조차 없는, 현실도피자로 여겨지게 된다. 설혹 현실에 참여해도 그의 논리나 주장은 자신에게 얼마나 큰 박수를 불러올 것인가에 민감하게 계산하고 있다. 그 때문에 그의 논리는 선동적이거나 기회주의적이라는 소리를 듣게 된다.

　그런데 참여를 능사로 여기는 지식인에게도 문제는 있다. 옳고 그름보다는 어느 것이 더 많은 박수를 받을 수 있는가를 계산하거나 심하게는 자신의 주장을 담은 책자가 얼마나 많은 독자층을 불러올 수 있는가를 먼저 헤아리게 되는 지극히 상업주의적 성격을 보여 주는 경우가 있기 때문이다. 그 때문에 많은 사람들은 이제 지식인의 주장을 시장의 물건 팔기에서 손님을 부르는 소리와 차

이를 두지 않고 있다. 분명한 것은 잘 팔리는 지식상품이라고 모두가 지적인 주장은 아니다. 그런데도 그에 대한 평가는 지식시장에서 판매고로 매겨지고 있다.

이러한 현상으로 흔히 말하는 용기 있는 지식인의 현실참여조차 그의 지식상품의 물건 팔기 행위와 연관해서 생각할 때도 있다. 그만큼 지식인의 정치참여가 옳고 그름을 밝히는 엄격한 비판 정신에서 비롯되기보다는 자신을 널리 알리는 선전 수단으로 활용되는 경우가 많았기 때문이다. 물론 지식인의 참용기는 정치참여에서만 오는 것은 아니다. 기존의 주장이나 관념에 맞서서 새 논리를 찾아 이를 실천하려는 지적 활동이야말로 의미 있는 참여일 수 있다.

사실 지식인의 주장이 '진리에의 외침'이라 해도 그것은 과장된 것일 수도 있으며, 결과적으로는 어느 한편을 편들기 때문에 자신의 이익 추구의 방도일 수도 있다. 물론 그러한 주장이 때로는 지배세력의 통치권 강화에 도움을 줄 때도 있고, 이것과는 달리 기존 담론이나 논리의 붕괴에 앞장서는 저항적인 경우도 있다.

지식인의 정치적 주장은 결과적으로 어느 한쪽을 편들고 만다. 그러한 편들기는 어용이라고 욕하고 꾸짖음을 들을 때도 있고 기존체제에 대한 매서운 공격 논리 때문에 용기 있는 주장으로 찬탄받을 때도 있다. 그의 비판 논리가 통치 권력에 의해 억압받게 되면 그는 더 큰 찬탄과 지지를 얻게 된다. 이렇게 되면 그의 주장을 추종하는 사람들에 의해 '정의로운 지식인'으로 미화되지만, 권력자에 의한 억압은 그를 강단이나 직장에서 떠나게 하는 경우도 있다. 심하면 저술된 책자를 판금시키기도 한다. 그 때문에 그는 더 큰 목소리로 청중을 향해 외치게 되고 외롭고도 힘겨운 고통도 감내해야 한다. 그렇지만 그의 주장은 어느 순간부터 일약 시대적인 지성으로 올라서는 계기를 맞게 되며, 한 시대의 사상가로 존경받기도 한다. 그의 주장이나 논리, 또는 실천적 지향성의 지적 수준이나 인식체계는 별로 문제되지 않으며, 오직 기존의 정치권력에 저항한다는 사실만으로도 그런 평가를 받게 된다.

이처럼 '시대적 지성'이나 '위대한 사상가' 또는 '진리에의 외침'이 유달리 많이 배출되는 시대일수록 실제 현실에서는 '그렇고 그런 지식인의 행렬'이 더 긴 줄을 이루고 있음을 목도할 뿐이다. 이들의 주장은 지적 차원이나 학문적인 영역에서도 한계적인 일면을 보여 주며, 순수한 의미에서 지적 논리라기보다는 자기주장으로 엮어진 그 시대의 정치사회사의 한 단면에 지나지 않는다.

특히 여기서 지적해야 할 또 다른 성격의 지식인, 한마디로 권력적 지식인이면서도 지사형 지식인처럼 행동하는 경우도 찾아볼 수 있다. 이들도 자신들이 지지하는 정치세력이 집권하면 상당한 정치적 예우와 직위도 차지할 수 있다. 그러면서도 그들은 여전히 지식사회에서 비판적인 지식인처럼 행동한다. 저항적인 지사처럼 행동하기도 하고 특정 정치문제가 제기될 때마다 그들끼리 조직체를 만들어 자신들의 주장을 외친다.

결국 정치적 지식인은 체제지지나 저항에 의해 주도되는 지식상황에서는 벗어나야 한다. 이를 위해서는 먼저 다음 몇 가지를 생각해 볼 수 있다. 첫째 지식사회에서도 이념, 이론, 논리에 따라 다양한 지적 분화가 이루어져야 한다. 정치적 지식인이 있다면 이들을 비판하는 저항적 지식인도 있어야 한다. 그렇다고 이들에 의

한 양분적인 구도로만 지식사회가 분열되는 것은 바람직하지 않다. 양분적인 것에서 벗어나 다분화적인 전개가 이루어져야 한다. 그것은 정치만이 아니라 학문적인 이론도 마찬가지다. 항시 새로운 논리나 지적 담론이 주장되는 지적 활동으로 앞에서도 말했던 양분적인 지식사회의 틀이 부수어져야 한다.

둘째로 지식사회에서 지적 영향력의 행사 영역은 일차로 이론이나 담론이 미치는 지식사회 안쪽에서만 한정되어야 한다. 그 논의나 담론에 의해서 이루어지는 지적 활동, 즉 학담이나 언설, 또는 교육 등이 지식인 사회만의 지적 공간에서 먼저 행해질 수 있어야 한다. 그러한 활동이나 지식인적 영향력이 전체 사회로의 영역적인 확대는 그 다음의 문제일 수 있다. 그보다는 먼저 지적 영역 안에서 논리적인 담론의 광장과 교육 등 담론의 실천영역이 그 분야의 지식인 사이에 치열하게 모색되고 논의될 수 있어야 한다. 이러한 모색과정에서 지적인 비판과 논박이 이루어짐으로써 새로운 담론의 정립과 실천의 기회가 마련될 수 있다.

셋째로 지식사회의 영역을 확대함으로써 지식인의 생활영역, 다시 말해 경제적 조건도 유리하게 확보될 수 있어야 한다. 지식인도 생활인이다. 따라서 생활을 위한 경제적 조건이 필요해질 수 있다. 이를 위해서는 지식시장의 다양화에 따른 저변 확대가 이루어져야 한다. 지식인 자신의 경제적인 생활의 근거를 튼튼히 확보하지 않는 한, 지식인 자신의 논의나 지적 활동도 자유로울 수 없다. 이 점에서 지식시장의 활성화야말로 지식인의 연구에서 독립성을 확보하기 위해서도 더 없이 소중한 내용일 수 있다. 그렇다고 지식의 상행위가 절대적으로 요청된다는 뜻은 아니다. 지식상품의 판매는 그 상품을 중심으로 한 비판과 이론적 검증이 신중하게 그리고 철저하게 먼저 이루어지는 지적 구조부터 마련해야 한다. 그렇지 않고 단순히 몇 마디 말을 유행어로 만들어 이를 책자로 유포하거나 생경한 조어를 조작해서 마치 대단한 연구나 사상처럼 포장하는 매명적 상업주의는 지식사회의 정상성을 위해서는 일차적으로 극복되어야 할 과제이기도 하다.

넷째로 지식인 사이의 학문적인 담론에 따른 학파의 형성도 절박하다. 현실적으로 지식인의 지향성이나 연구, 그리고 실천에는 그 나름의 일정한 학문적인 바탕에서 먼저 이루어져야 한다. 따라서 그 바탕을 이룩하는 학문 세계, 다시 말해 학문적으로는 학파가 다양하게 터를 잡을 수 있어야 한다. 해방정국에서 오늘에 이르기까지 한국 지식사회의 한계로 무엇보다 학파의 부재가 심각하게 지적될 수 있다. 이념적인 파쟁은 있어도 학파는 없었고, 참여의 논리는 많아도 그것을 뒷받침하는 사상적인 기반이 없었다. 기껏해야 이데올로기의 깃발만이 나부끼었다. 그것이 학파의 구실을 맡았으니 지식사회의 경직성은 뻔했다.

이데올로기는 학문연구에서 하나의 적일 수도 있다. 이데올로기로 시종되는 연구는 선언서에 불과할 뿐이다. 그것을 넘어서는 비판적인 인식이 필요하다. 이 점에서 학파의 형성을 위한 이론적 논리의 전개와 이를 위한 지식인의 집합적인 담론의 전개가 지식사회를 주도할 수 있어야 한다. 이를 위해 앞에서도 비판했던 이데올로기의 깃발부터 내리는 것이 중요하지만 그것 못지않게 중요한 것이 상업주의에서 벗어나는 일이다. 지적 이론이나 주장의 가치성은 시장의 수요에 따라 결정되지 않기 때문이다.

　지금까지 한국의 지식사회를 위한 새로운 지향으로 다분화적 지적 논리의 전개, 담론형성에서의 비판적인 인식, 지식시장의 활성화, 지식사회의 학파로의 지향성을 지적했다. 물론 이것만이 전부일 수는 없다. 그보다 더 소중한 것은 지식인의 자기 다짐, 구체적으로 지식은 끝없는 자기와의 고투에서 얻어지는 종국적인 자신의 지적 표현이며, 지식은 지식인 개개인의 생활 도구가 아닌 오늘과 내일을 위한 지적 기여를 위한 것임을 인식해야 한다.

　그러기 위해서는 한국 지식사회의 가장 우선 되어야 할 일은 정치권력과의 관계를 통해서 권력을 잡기 위해 목매고 있는 정치적 지식인이나 변혁적 지식인이 주도하는 지식사회를 종식시키는 일이다. 그들이 서 있는 지식사회의 자리를 좁혀야 한다. 이들을 대신해서 비좁은 연구실이나 서사의 단칸방, 심하게는 냉기 감도는 작업실 등에서 올곧은 지적행보를 추구하는 지식인들에게 지적 발전을 위한 선구자로서의 격려를 보낼 수 있는 지식사회를 만들어야 한다. 그렇게 되어야 지난 천여 년 동안 한국 지식사회를 사로잡았던 지식인의 관직출사에의 주술(呪術)에서 벗어날 수 있게 될 것이며, 새로운 지식담론의 창출로 시대와 상황을 변혁적으로 발전시킬 수 있을 것이다.

후 기

1.

이 책의 원고 뒷부분을 정리하면서 몇 가지 미진한 생각 때문에 마음이 개운치 않았다. 이 책에서는 해방정국의 지식인들에 비판적인 격려를 보낼 생각이었는데도 마음대로 잘 되지 않았기 때문이다. 고통의 세월을 살았던 그 시대 지식인들을 정치적 지식인이라는 말로 한데 묶어서, 그것도 오늘의 관점에서 비판했다는 것 자체가 마음에 걸리는 것이 사실이다.

이 책의 맨 앞에도 썼지만 그들이야말로 시대와 세상을 위해서 온몸을 다 바쳤던, 그 과정에는 이데올로기로 스스로를 다짐했고, 민초의 아픔을 덜기 위해 정치투쟁의 맨 앞줄에 서는 고통도 감수해야 했다. 그들은 정치권력을 장악해서는 세상을 바꾸고 민중을 위한 새 세상을 이룩하기 위해 울부짖었을 것이다. 그것은 어느 면에서 자신을 내던진 지식인다운 숭고한 결단일 수도 있었다. 그런데도 이들의 일상을 까탈스럽게 어떤 기준을 정해 놓고서는 그것에 따라 마구 재단했으니 마음 편할 리가 없다.

왜 그랬을까? 굳이 답한다면 그들에 대한 '존경에 찬 원망' 때문이었다. 어릴 때부터 그들은 우리들의 마음을 사로잡았고, 본받고 싶은 어른들이었다. 마음속에 스승으로 섬겼으며, 때로는 치기 어린 불평도 말할 수 있었던 분들이었다. 그런 불평은 마치 어린이가 어른에게 철없이 대드는 식이었는데, 이것은 어느 면에서는 어른에 대한 존경감에서 온 어리광일 수도 있었다. 이런 감정이 이제는 한번쯤 이들을 똑바로 쳐다보고 싶다는 생각이 들게 했고, 우리 정치 현실에 대한 원망도 여기에 담아 시원하게 털어놓으면 해결의 길을 찾을 수 있을 것 같은 생각이 들기도 했다. 그런 마음의 끝자락에서 이 작업이 시작되었기 때문에 비판적인 논리가 강할 수밖에 없었다.

그렇다고 이러한 원망이 불평으로만 이어졌던 것은 아니다. 다만 이들이 왜 그렇게 권력지향적이었을까를 되묻는 데 관심을 두었기 때문에, 이런 작업으로 이루어질 수 있었다. 그렇게 해서 얻은 답은, 답이랄 것도 없지만, 지식사회의 오랜 전통에서 빚어졌음을 절감할 수 있었다.

관직에 대한 열망, 다시 말해 지식인의 정치적 지향성은 권력을 마치 예복처럼 여겼다는 생각을 하게 되었다. 옛 어른들이 나들이 할 때면 의관을 점잖게 차려입고 문밖을 나섰는데, 그때 관 쓰고 도포 입고 외출했던 모습이 떠올랐기 때문이다. 이들에게 정치권력이란 도포와 같았을 것이라는 생각이 들었다. 으레 그렇게 차려입어야 바깥출입이 가능했듯이, 지식인이라면 관직자로 출사해서 권력을 잡는 것이 지극히 당연한 것으로 여겨졌을 것이다. 그것은 끝내 권력정치의 터전에다 자신만을 위한 연단을 만들어, 그 위에 서서 큰 소리로 군중들에게 호령하는 것이 정치를 생각할 수 있었을 것이다.

말할 것도 없이, 그들에게도 기아 상태에 떨어졌던 민중들의 아픔이 진하게 전해졌을 터이고, 나라 잃은 백성들의 고통도 절감했을 것이다. 그 때문에 자신이 나서서 그것을 구원해야 한다는 생각에 노심초사했을 것이고, 그 때문에 민중이며 민족이며 계급, 또는 진보와 같은 말로 채워진 이데올로기의 '깃발'에 유난히 관심을 쏟았을 것이다. 이 점이 그 시대의 지식인이 그처럼 열렬하게 몇몇 이데올로기에 매달렸던 이유라고 생각된다. 실로 그 시절은 이데올로기를 만능으로 여겼던 세상이었다. 그것에 의해 독립할 수 있을 것이고, 노예 상태에서 벗어날 수 있을 것이며, 전근대적인 암흑 세상에서 탈출할 수 있을 것으로 자신했을 것이다. 더욱이 다른 나라에서 일어났던 정치적 변혁을 바라보면서 그것의 가능성을 더한층 확신했을 것 같다. 이데올로기의 깃발로 러시아 혁명이 이루어졌고, 중국공산당 홍군의 대장정도 이데올로기의 이름으로 그처럼 뜨겁게 달구어졌음을 알았기 때문이다. 그 깃발을 하늘 높이 치세우고 달리는 것이야말로 지식인들에게는 가장 먼저 해야 할 일로 여겼을 수도 있다.

2.

그런데 문제는, 그 이데올로기를 진선진미한 절대적인 논리로 생각했다는 점이다. 언제나 그렇듯이, 진선진미한 것은 비현실적일 수 있다. 이데올로기의 깃발은 실현될 수 없는 환상을 보여 줄

때가 많다. 또 모든 논리가 그렇듯이, 깃발에는 구체적인 현실성
보다는 추상적인 색채로 그려지기 마련이다. 마침내 이데올로기
를 위해서 사람들이 도구로 활용되고 마는, 실로 전도된 상황만을
안겨 주었을 뿐이다. 그런데도 그것이 모든 것을 다 해결해 줄 것
으로 믿었으니!

　이것이 그 시대 지식인과 이데올로기가 그처럼 뜨겁게 마주한
모습이었다. 거듭 말하거니와, 이데올로기는 환상만을 잔뜩 심어
주었을 뿐이다. 그것은 신기루와도 같았다. 당장이라도 이루어질
것 같은, 그러나 절대로 이룩될 수 없는, 고작 그런 주장만으로 한
두 사람의 야심가가 영웅적인 전제자로 올라서되는 기막힌 상황
만을 연출했을 뿐이다.

　그렇다면 이데올로기의 깃발로 정치권력을 잡았던, 한마디로
성공을 거둔 나라에 대해서는 어떻게 설명해야 할까? 이 질문은
식민지시대 우리의 지식인들이 집요하게 파고들었어야 할, 그러
한 물음이기도 했다. 그런데 이들은 이러한 문제에 대해서는 관심
조차 보이지 않았고 오직 맹목적일 정도로 이데올로기에만 매달
려, 모든 것을 그것에 의해 대답하려 했다. 그러다 보니 특정 이데
올로기의 교조적인 한두 줄 문장에 따라 세상을 재단해 버리기도
했다. 이데올로기의 이러한 지향이 민족에게는 더할 수 없는 비극
만을 안겨 주었다. 왜냐하면 이데올로기는 언제나 나와 남을 구분
하는 분열의 잣대였으며, 기존의 현실을 파괴하는 충동이었고, 배
격의 주장으로 일관되었기 때문이다.

　식민지시대 민족해방은 분열이 아니라 통합으로 지향되어야 했
고, 서로의 손을 잡는 연대라야 했다. 물론 적과 내통한 사람들은

같은 민족일 수 없기에 마땅히 제외시켜야 했다. 적의 진영에 의탁해서 부귀영화를 누리는 사람은 절대로 같은 동포일 수 없었다. 그러나 내 마음에 들지 않는다고 적과 내통했다거나 민족의 배신자로 내몰 수도 없는 일이다. 내 마음의 선호와는 무관하게 서로를 보듬고 손잡아야 민족의 미래도 열릴 수 있기 때문이다.

이 점에서 그 시대 이데올로기가 기여적인 모습을 보여 주려면 먼저 민족주의와 손잡아야 했다. 민족주의적 지향과 함께하는 이데올로기라야 그 나름의 평가도 받을 수 있게 된다. 그렇게 되어야만 식민지 민족운동에서도 올바른 방향으로 그 투쟁이 이루어질 수 있을 것이다.

민족의 미래를 위해 필요하다면 다른 이데올로기도 받아들여 손잡는 것, 그것이 이데올로기에 대한 기본 태도라야 했다. 이러한 사정은 곧 민족주의를 바탕으로 필요에 따라서는 다른 이데올로기도 이용할 수 있음을 의미했다. 다시 말하면 민족주의가 주(主)고 다른 이데올로기가 종(從)이어야 했다. 그런 사례를 멀리서 찾을 필요는 없다. 중국의 공산주의가 그랬고, 베트남의 공산주의도 마찬가지였다. 물론 관점에 따라서 공산주의가 민족주의를 이용했다고 말할 수도 있을 것이다. 그러나 분명한 것은 이들 나라에서 공산주의도 자기 민족을 최고로 여겼고, 이데올로기 때문에 민족분열이며 국토 분단과 같은 짓은 절대로 취하지 않았다.

말을 바꿔서, 이러한 사실을 한국 사회에 대입하면 상황은 아주 달라지고 만다. 공산주의며 다른 특정의 이데올로기를 위해서 민족주의는 배격되었고, 자신이 믿는 이데올로기를 위한 순교자로 나서는 것을 스스로 자랑했다. 마치 존주대의(尊周大義)를 위해 자신들과 다른 논리를 사문난적으로 내몰았던 왕조시대의 완고한 성리학자들을 다시 보는 것만 같았다. 그러나 그런 이데올로기는 오직 분열만을 가져다줄 뿐이고, 민족주의를 배격하는 순간, 이데올로기는 결국 반민족적인 것으로 전락될 뿐이다.

3.

책의 후기치고는 조금 딱딱한 글이 되고 말았다. 그렇게 된 이유는 하고 싶은 말이 조금 더 남아 있기 때문이다. 해방정국에서 지식인들이 이데올로기의 싸움으로 나날을 지새웠고, 이데올로기 때문에 끝없는 분열로만 치달렸던 사실이 새삼 떠올랐기 때문이다. 이런 모습이야말로 민족주의의 실종이었다.

으레 민족주의라면 다른 나라나 민족을 배격하는 것으로 여기고 있다. 천만의 말씀이다. 우리 민족이 잘 살기 위해서는 필요하다면 적대국가와도 손잡아야 하는 것이 민족주의다. 다른 나라나 다른 민족을 배격하는 것은 절대로 민족주의가 아닌 배타적인 쇼비니즘일 뿐이다.

사실 민족주의는 민족의 전통성을 바탕으로 같은 민족끼리 함께 살려는 공동체적 의지이다. 그렇다고 해서 다른 민족을 배격하자는 것은 절대로 아니다. 그들의 터전에서 자기 식으로 살 수 있는 민족적 자유의지를 보장해 주기 위해 노력해야 하며, 다른 민족도 마찬가지로 그렇게 해야 한다. 그 때문에 자기 문화에 대한 자긍심도 상대적일 수 있음을 전제해야 한다. 뒤떨어진 민족문화도 있을 수 있고, 고쳐야 할 것도 있을 수 있다. 그것을 우열의 성적 매기기라고 할 수는 없다. 민족문화나 전통만이 우리 것이기 때문에 무조건 이를 보듬고 안아야 한다는 식의 주장도 옳지 않다. 필요하다면 과감하게 고칠 수 있어야 한다.

곰보 어머니도 내 어머니이듯이 민족도 그럴 수는 있다. 그러나 어머니도 어머니다움의 존재성과 역할이 전제되어야 한다. 어머니의 숭고한 모성애가 어머니로서 우리의 가슴을 적셔야 한다. 민족이기 때문에 무조건 받아들이고 지지하는 것은 옳은 민족주의적 지향일 수는 없다. 그 때문에 민족주의는 전통문화도 새롭게 다듬고 고칠 수 있어야 하며 더 좋은 것을 마련하기 위해 항상 애쓸 수밖에 없다. 심지어 다른 민족과도 손잡고 함께 어울릴 수 있어야 한다. 배격이 아니라 선택적 수용이며, 대립이 아니라 연대라야 민족문화도 살찌우고 발전시킬 수 있다. 문을 닫아걸고 순수만을 고집한다면 마침내 고사하고 마는 것이 세상의 이치다.

이 점에서 그 시절, 정확하게는 식민지시대부터 해방정국의 기간은 어느 때보다도 민족주의가 필요했던 시기였다. 억압받았던 민족을 되살려 내야 했고, 민족 구성원 모두가 손잡고 새 나라를 세워 사람답게 살 수 있는 새 세상을 만드는 것이 최우선의 과제였기 때문이다. 이 목표를 이룩해야 할 민족주의의 존재성과 구실을 몇몇 이데올로그들은 자기 이데올로기만을 전부로 여겼으며, 그 때문에 민족주의를 낡은 것으로 여겨 그 등에다 반역의 비수를 꽂아 버렸다. 끝내 민족 분열의 반민족적인 만행도 서슴없이 자행했다. 이들의 이데올로기적인 분열이 민족주의도 종식시켰고 왜곡시켰으며, 제국주의를 불러오는 초빙사가 되고 말았다.

거듭 말하거니와, 해방정국에서 민족주의를 질식시킨 그 지식인들이 남과 북에서 정치적 지식인으로 활동했고 그들 일부는 권

력을 잡기도 했다. 그 때문에 신식민지적 상황이 연출되는 반민족
적 성격이 그대로 되풀이되었다. 놀랄 일은, 이들도 필요에 따라
서는 민족주의를 활용했다는 점이다. 남과 북이 갈라져서 한편에
서는 특정 집권자의 우상화며 족벌체제를 만드는 과정에 민족주
의를 도용했다. 민족주의를 특정 지배자에 대한 복종의지의 강화
논리로 악용했음은 실로 반민족적인 폭거였다. 또 다른 한편에서
는 민족주의를 왜곡해서 특정 세력의 권력장악과 장기집권을 위
한 국민 동원의 논리, 이른바 국가민족주의로 변용시켜 버렸다.

　이처럼 남과 북의 몇몇 집권세력에 의해서 민족주의를 본래의
모습에서 벗어나게 함으로써 끝내 민족주의의 소진이라는 비극적
인 상황을 초래했다. 민족주의가 바탕이 되지 않으면 그 어떤 나
라도 정상적일 수는 없다. 그런 나라는 '뿌리 뽑힌 나무'에 비유
할 수 있다. 설사 그것이 살았다 해도 가탁식물(假託植物)일 뿐이
다. 제힘으로 꽃도, 열매도 맺을 수 없기 때문이다. 나무는 땅속
깊이 뿌리 내려야 무성한 잎과 아름다운 꽃을 피우고 좋은 열매도
맺을 수 있다. 한 나라의 정치도 마찬가지다. 민족이라는 대지에
깊숙이 뿌리 내리지 않는다면 나뭇잎도, 꽃도, 열매도 기대할 수
없다. 참된 문화, 민족문화가 없는 열악한 문화정치의 상황을 맞
게 되면 아무리 경제가 번성해도 신야만사회를 예비할 뿐이다.

　4.

　정확하게 날짜까지는 기억할 수 없지만, 4·19혁명으로 사람들
의 기대가 한껏 부풀었던 그 해 여름, 시골집을 찾았을 때였다. 그
곳에서 모교의 선생님을 찾아 뵙고 이런저런 말씀을 들을 수 있

었다. 그러다가 이야기가 이관술(李觀述)에게로 미쳤을 때, 선생님 집안의 먼 친척 어른이시라면서 이런 말씀을 해주시는 것이었다. "머리도 수재고, 집안도 좋았고, 체력도 있었는데, 왜 공산주의자로 살았는지……." 더는 구체적인 이야기를 듣지 못했지만 이관술이라는 이름만은 그 뒤에도 좀처럼 지워지지 않았다.

이관술과 같은 공산주의자들, 이재유(李載裕), 정태식(鄭泰植), 이주하(李舟河), 이강국(李康國)의 이름도 지워지지 않았다. 이들은 개인사나 가정사에서 더할 수 없는 비극을 겪었고, 이념을 위해 자신을 내던졌던 투사들이었다. 일제의 식민통치에 저항했고 억눌린 민중을 위한 투쟁에 앞장섰으며, 앞으로 닥칠 새날을 온몸으로 예비했던 지식인이었다. 그런데 이들의 순수함과 열정적인 반제투쟁이 왜 공산주의자로만 이어져야 했을까? 그리고 공산주의라는 특정 이데올로기가 민족과 시대에 적실성을 가졌다고 여기게 된 이유는 무엇이었을까? 더욱이 민족주의를 그처럼 외면했던 이유는 또 어떻게 설명해야 할까?

물론 여기서 이 물음에 대해서 완벽하게 대답할 생각은 없다. 그래도 그것에 대한 핵심 이유로는 시대성을 먼저 들 수 있을 것이다. 한 시대를 휘몰았던 시대사조 같은 것이 지식인들의 사유와 관념에 영향을 미쳤을 것으로 짐작된다. 이 시기에 공산주의를 받아들인 젊은이 대부분은 일본유학생이었거나 국내에서 고등교육을 받았던 젊은이였다. 그 때문에 새로운 지적 흐름에 관심이 컸을 것이고, 시대의 조류에도 민감했을 것이다. 어쨌거나 그 시대의 지배논리는 사회주의라 해도 좋을 그런 상황이었다. 그 때문에 이들은 일본 사회주의자들의 논리에 빠져들었을 것이고, 나아가

러시아며 독일의 사회주의 사상가에 귀 기울였을 것이다. 그리고
는 그것이 이 땅에도 꼭 이룩될 것으로 믿었을 것이고, 여기에서
민족주의야말로 어느 순간 그들이 믿는 이데올로기와는 대립적인
것으로 생각했을 것이다.

다른 하나는 이들의 순수성이 한 요인으로 작용했을 것 같다.
그 당시의 한국 사회는 7~80퍼센트가 농민이었고, 그 대다수는
소작농이었는데, 이들은 지주로부터 온갖 약탈을 당하고 있었다.
춘궁기는 고사하고 일년 내내 빈곤 속에 허덕였던 이들 민초들의
일상을 생각하면, 이 땅의 젊은이들로는 당연히 피가 솟구쳤을 것
이다. 여기에다 그 시대 민중 약탈의 최선봉에 서 있었던 일본의
대지주며 공업 자산가들의 만행도 눈감을 수 없는 증오의 대상이
었을 것이다. 또한 조선총독부의 억압과 약탈에 동참했거나 지지
했던 조선인 유지나, 친일파·친일관료들도 증오 대상으로, 처단해
야 할 대상으로 여겼을 것이다. 이들이야말로 이 시대 민족적 순
수성을 가진 젊은이들에게는 같은 하늘 아래 함께 살 수 없었던
존재였을 것이다.

시대사조와 젊은이로서의 순수성이 이들을 급진적 이데올로기
에 관심을 두게 했을 것이며, 여기에다 국내 민족지도자들이 보여
주었던 불철저한 민족운동에도 반감을 갖게 되었을 것이다. 결국
젊은이다운 순수성이 이들로 하여금 공산주의자로서 외롭고도 험
한 길을 걷게 했을 것이고, 그 과정에서 당해야 했던 총독부 경찰
의 온갖 억압과 만행이 이들을 점점 더 강골의 공산주의자로 나서
게 했을 것이다. 공산주의만이 민족을 살릴 수 있는 길이며, 타협
없는 투쟁만이 민족해방을 위한 최선의 방책이라고 믿었으며 실

천했을 것이다.

이들의 열정 때문에 공산주의만이 가장 민족주의적인 것으로 믿었을 것이고, 그 때문에 민족주의를 내걸었던 당시 우파지도자들에 대해서는 오히려 반민족적이라고 배격했을 것이다. 물론 이들의 이러한 태도, 구체적으로 대결적이고 과잉적인 이념성은 끝내 민족의 분열은 물론이고 그들 자신들도 온갖 고통 속에 떨어지게 했으며 형장의 이슬로 사라지는 비극적 일생을 맞게 되었다. 이데올로기로 현실을 극복하려 했던 이들의 열정은 결국 신화의 영역으로만 그 이름을 남겨 놓게 만들었다.

사실 이들의 일생을 생각하면, 그 가운데도 앞에서 말한 이관술, 이재유, 정태식, 이주하, 이강국 등을 떠올리면 다시 한 번 착잡한 마음에 사로잡히고 만다. 이들이 확신했고 끝내 목숨과 맞바꾼 공산주의에서 민족주의란 무엇인지를 밝혀 보고 싶었지만 이 책에서는 이를 다 다룰 수 없었다. 아쉬움을 갖고 여기에 몇 자 적는 것만으로 뒷날의 연구 과제임을 밝혀 놓으려고 한다. 그래야만 그들의 일생을 위한 조그만 진혼곡이라도 될 것 같기 때문이다.

5.

이 책을 쓰면서 여러 사람들의 도움을 받았다. 같이 이야기를 나눴던 사람이며, 자료의 수집, 그리고 원고의 교정 등에 이르는 일들에 도움을 준 사람들이 한둘이 아닌데도, 이들의 이름을 여기에 다 적지 않기로 했다. 그 이유는 간단하다. 이 글이 혹시나 나이 든 사람의 생각이라 그들의 젊음에 누가 될 수도 있다는 생각 때문이다. 나이를 말하는 것 자체가 어색한 표현이지만, 그래도 이처럼 보잘 것 없는 책자에 젊은이들의 이름을 적는 것은 어쩐지 맞지 않다는 생각을 하게 된다. 이들 젊은이들과 함께 새 길을 밝히고 나아갈 수 있는 동행의 세월이 많지 않을 것이라는 생각에 모든 것이 뒤로 밀쳐 지게 되었다. 거듭 고맙다는 말로만 이들 모두에게 양해를 구해야 할 것 같다.

본래 이 책은 이화여대 이화학술원의 '한국 지성사총서' 가운데 한 권으로 계획되었다. 처음에는 시기적으로 이보다 앞선 1900년대 초기를 다루기로 했던 것을 우선 손쉬운 시대로 내려와서 해방정국을 그 대상으로 삼게 되었다. 그러다 보니 그 이전이나 이후와는 시기적으로 연계되지 않을 것 같아서, 결국은 뒷날의 과제로 남겨 둘 수밖에 없었음을 밝혀 두어야 할 것 같다. 그러면서도 이 과제를 내가 앞으로 할 수 있게 된다면 참 좋겠지만 장담할 수 없는 일이라 그저 하늘의 뜻에 따르기로 했다.

이 책을 출간하면서 이번에도 큰 신세를 지게 된 분이 지식산업사의 김경희 사장님이다. 오랜 친구라는 말로 고마움을 표하면서도, 어느 면에서는 이 책을 함께 집필했다고 말해야 옳을 것이라는 생각도 하게 된다. 결국 김경희 사장님의 꼼꼼한 읽기와 날카로운 지적으로 두 번에 걸친 고침을 단행했지만 그 과정이 전혀 힘들지 않았다는 말로 감사의 뜻을 에둘러 표현하고 싶다. 문장의 흐름과 교정에도 정성을 다해 주신 지식산업사 편집부의 최윤정 님께도 감사를 드린다.

마지막으로 덧붙이고 싶은 것은, 지식인의 반열에는 절대로 올라설 수도, 그럴 생각도 해서는 안 될 필자가 이 땅의 가장 힘들었던 시기에 지식인으로 앞장서서 활동했던 이들을 다루면서 정중

하게 예의를 다 갖추지 못했음을 송구스럽게 생각한다는 점만은
꼭 밝혀 두고 싶다. 거듭 말하거니와 정말로 어려웠던 시절에 이
땅의 민족과 민초를 위해 앞장서서 고생했던 이들 지식인들에게
아픈 마음을 갖고, 이 글을 끝맺으려 한다.

2011년 7월
西隱齊에서
진 덕 규

참고문헌

1. 사기, 문집 및 신문

《三國史記》　　　　《素昻先生文集》　　　《雲養集》

《陰晴史》　　　　　《丹齋 申采浩全集》　　《民世安在鴻選集》

《朴殷植 全書》　　　《飮氷室文集》　　　　《資料 大韓民國史》

《華西集》　　　　　《東亞日報》　　　　　《每日新報》

《서울신문》　　　　《自由新聞》　　　　　《朝鮮日報》

《한국 민족문화대백과사전》

2. 저서 및 논문

강덕상, 《여운형평전 1》, 역사비평사, 2007.

강명관, 〈일제초 구지식인의 문예활동과 그 친일적 성격〉, 《창작
　　과 비평》 16권 4호, 1988.

강재언, 정창열 역, 《한국의 개화사상》, 비봉출판사, 1981.

고재석, 〈이인직의 죽음, 그 보이지 않는 유산〉, 《한국어문학연
　　구》 42, 2004.

古下先生傳記編纂委員會　編,《古下宋鎭禹先生傳》,　동아일보사,

416

1965.

김기승, 《조소앙이 꿈꾼 세계: 육성교에서 삼균주의까지》, 지영
    사, 2003.

김기협, 《해방일기 1》, 너머북스, 2011.

김남식·심지연 편저, 《박헌영 노선비판》, 세계, 1986.

김동노, 〈한말 개화파 지식인의 근대성과 근대적 변혁〉, 《아시아
    문화》 14호, 1998.

김명호, 《환재 박규수 연구》, 창비, 2008.

金福順, 〈신라의 유학자—삼국사기 유학자전을 중심으로〉, 《신라
    문화제학술논문집》 25집, 2004.

김석근, 〈어양과 경장 그리고 네이션〉, 차남희 외, 《한국 민족주의
    의 종교적 기반》, 나남, 2010.

김성동, 《현대사 아리랑: 꽃다발도 무덤도 없는 혁명가들》, 녹색
    평론사, 2010.

金世潤, 〈신라하대의 도당유학생에 대하여〉, 《한국사연구》 37,
    1982.

김영하, 〈신라 중대의 유학수용과 지배윤리〉, 《한국고대사연구》
    40, 2005.

김용구, 《만국공법》, 소화, 2008.

김윤식, 《이광수와 그의 시대》, 한길사, 1986.

———, 《해방공간의 민족문학연구》, 열음사, 1989.

———·심지연 외, 《해방공간의 문학운동과 문학의 현실인식》, 한
    울, 1989.

김인식, 《안재홍의 신국가건설운동; 1944~1948》, 선인, 2005.

김정, 〈해방 후 안재홍의 신민주주의론과 공산주의 비판〉, 《한국
    사학보》 12호, 2002.

김준엽·김창순 공저, 《한국공산주의운동사》 2권, 고려대학교아세아문제연구소, 1973.

金俊淵, 《獨立路線》, 時事時報社出版局, 1947.

盧大煥, 〈조선후기의 서학유입과 서기 수용론〉, 《震檀學報》 83, 1997.

리처드 E. 라우터백크, 국제신문사출판부 역, 《한국 미군정사》, 국제신문사출판부, 1948.

몽양학술심포지엄 논문자료집, 《여운형을 말한다》, 아름다운 책, 2007.

박찬승, 《민족·민족주의》, 소화, 2010.

박태균, 《조봉암연구》, 창작과 비평사, 1995.

배용일, 《박은식과 신채호 사상의 비교연구》, 경인문화사, 2002.

森田芳夫, 《朝鮮終戰の 記錄: 米ソ兩軍の 進駐と 日本人の 引揚》, 東京: 巖南堂書店, 1964.

서경요, 〈유교문화권에서 중세적 사유의 형성; 조선조 전기 중세적 사유체계의 형성〉, 《동양철학연구》 25. 2001.

서중석, 《조봉암과 1950년대》, 역사비평사, 1999.

설석규, 〈남명 조식의 도학적 세계관과 선비정신〉, 《南冥學》 제14집, 2009.

설의식, 〈소련의 극동정책과 조선 1〉, 《동아일보》 1945년 12월 25일자.

———, 〈진설이면 피로써 항쟁—부동항 요구의 풍설을 듣고〉, 《동아일보》 1946년 1월 12일자.

———, 〈탁치는 소련이 주장; 미국의 모략이라고 좌파가 일격〉, 《동아일보》 1946년 1월 11일자.

孫炯富, 《朴珪壽의 開化思想研究》, 一潮閣, 1997.

송남헌,《解放三年史 1; 1945~1948》, 까치, 1985.

송석준,〈한말 전환기 사상과 양명학―백암 박은식의 사상을 중심으로―〉,《양명학》5, 2001.

스칼라피노, 李庭植 역,《韓國共産主義運動의 起源》, 한국연구원 도서관, 1961.

신병주,〈조선시대 선비 정신과 선비 학자들의 활동: 16세기 선비들을 중심으로〉,《南冥學硏究論叢》13집, 2004.

愼鏞廈,《朴殷植의 社會思想硏究》, 서울대출판부, 1986.

안재홍,《신민족주의와 신민주주의》, 민우사, 1945.

───,《한민족의 기본진로》, 조양사, 1949.

앨빈 굴드너, 박영신 역,《지성인의 미래와 새 계급의 성장》, 이대출판부, 1983.

呂運弘,《夢陽 呂運亨》, 靑廈閣, 1967.

윤대식,〈안재홍의 신민족주의론에 내재한 정치적 의무관〉,《한국사학보》제20호, 2005.

이광린,《한국개화사상연구》, 일조각, 1979.

이광수,〈박영효씨를 만난 이야기〉,《동광》1931년 3월호.

이광주,《지식인과 권력: 근대 독일 지성사 연구》, 문학과 지성사, 1992.

이광호,〈上帝觀을 중심으로 본 儒學과 基督敎의 만남〉,《儒敎思想硏究》19집, 2003.

이영근,〈8·15해방 전후의 서울 정계〉,《통일조선신문》1970년 8월 15일자.

이완범,〈해방직후 공산주의자들의 혁명단계론〉,《정신문화연구》31권 3호, 2008.

李完宰,《韓國近代 初期 開化思想의 硏究》, 漢陽大學校出版部,

2000.

李佑成, 〈朝鮮前期 性理學과 士大夫〉, 《국학논집》 2집, 1980.

이정식, 《대한민국의 기원》, 일조각, 2006.

───, 《시대와 사상을 초월한 융화주의자 여운형》, 서울대출판부, 2008.

이준식, 〈일제 강점기 친일 지식인의 현실 인식; 이광수의 경우〉, 《역사와 현실》 37, 2000.

장규식, 〈개항기 개화지식인의 서구 체험과 근대인식; 미국유학생을 중심으로〉, 《한국근현대사연구》 28, 2004.

전병무, 〈일제시기 조선인 사법 관료의 형성과정: 문관고등시험 사법과 합격자를 중심으로〉, 《한국근현대사연구》 46, 2008.

정병준, 《몽양 여운형 평전》, 한울, 1995.

정윤재, 《다사리 국가론》, 백산서당, 1999.

정태영·오유석·권대복 편저, 《죽산조봉암전집》, 세명서관, 1999.

조대엽, 〈지식의정치와 사회운동: 사회운동에 관한 지식 형성론의 이해〉, 《비교사회》 제3호, 2000.

趙炳玉, 《나의 회고록》, 民敎社, 1959.

차기벽, 《차기벽저작집 3, 민주주의의 이념과 역사》, 한길사, 2006.

차기진, 《조선후기의 서학과 척사론 연구》, 한국교회사연구소, 2002.

차남희 외, 《한국 민족주의의 종교적 기반》, 나남, 2010.

최상룡, 《민군정과 한국 민족주의》, 나남, 1988.

최진식, 〈갑신정변을 전후한 개화파의 외교인식론〉, 《부산사학》 32집, 1997.

한영우, 《다시 찾는 우리역사》, 경세원, 2004.

─────, 《한국선비지성사》, 지식산업사, 2010.

허동현, 〈朝士視察團의 일본 경험에 보이는 근대의 특성〉, 《韓國思想史學》 19, 2002.

許興植, 〈고려 과거제도의 검토〉, 《한국사연구》 10호, 1974.

현상윤, 《조선유학사》, 민중서관, 1949.

洪善熹, 《趙素昻의 三均主義 연구》, 한길사, 1982.

黃嗣永, 尹在瑛 譯, 《黃嗣永帛書 外》, 正音社, 1975.

Bender, T., *Intellect and Public Life*, The Johns Hopkins University Press, 1993.

Brinton, C., *The anatomy of revolution*, W.W. Norton, 1938.

Brym, J. R., *Intellectuals and Politics*, George Allen & Unwin, 1980.

Collins, R., *A Global Theory of Intellectual Change*, Harvard University Press, 2000.

Hofstadter, R., *Anti-intellectualism in American Life*, Alfred A. Knopf, 1963.

Kurzman, C. and Owens, L., "The Sociology of Intellectuals" *Annual Review of Sociology*, no.28, 2002.

Lipset, S. M., *Political Man*, Doubleday, 1960.

Posner, R., *Public Intellectuals*, Harvard University Press, 2001.

Sertillanges, A. G., *The Intellectual Life*, The Catholic University of america Press, 1987.

찾아보기

ㄱ

갑신정변　98, 99, 279
강감찬(姜邯贊)　302
강기덕(康基德)　133
강병순(姜炳順)　136
강수(强首)　68
강유위(康有爲)　301
강진(姜進)　183
개화기　88
개화론(開化論)　286, 292
개화사상　84
개화파　89, 91, 279
건국(建國)　18
건국강령　331
건국동맹　125
건국인민대표자대회　130
건국준비위원회(건준)　117, 125, 126,
　167, 170, 194, 199, 226, 327
건국치안대　125
경성제대(京城帝大)　105, 175
경성콤 그룹　185, 186

경신학교　17
계몽운동　279
계몽적 지식인　84
계백(階伯)　350
고려공산청년회　360
공공성　387, 395
공산주의　276, 349, 350, 351
공화제　12
과거제　68, 70
관념(idea)　47
교양 시민층(Bildungsbürgertum)　42
교육구국론(敎育救國論)　300
국민국가　64, 99, 100, 221, 251, 277
국민당　327
국민대회소집준비회　145
국백(國魄)　301
국수보전론(國粹保全論)　302
국수주의자　329
국자감　68
국제연합한국임시위원회　162
국학　69

국혼(國魂)　301

권동진(權東鎭)　146

권력의 사유화　377

권력적 지식인　59, 66, 109, 332, 399

권력정치　56, 58, 62, 332, 386, 387, 390, 396

권오직(權五稷)　183

권위주의적 독재체제　25

권철신(權哲身)　287

권환(權煥)　342

균권(均權)　313

균부(均富)　314

균세외교(均勢外交)　94

균육(均育)　315

근대국가　53, 308

근대 국민국가　181, 284, 296

근대성　85, 86, 87, 88, 108, 278

근대적 지식인　108

근대화　88, 103

근대화 민족주의　25

근대화의 이행기　38

급진 개화파　292

기해박해(己亥迫害)　288

기호 남인　287

길재(吉再)　73

김광균(金光均)　335

김광섭(金珖燮)　335, 338, 342

김구(金九)　126, 131, 132, 146, 152, 153, 157, 161, 184, 229, 231, 232, 235, 237, 238, 241, 242, 244, 246, 247, 249, 268, 269, 271, 272, 311

김규식(金奎植)　131, 132, 133, 152, 153, 161, 182, 229, 231, 238, 241, 243, 253, 254, 259, 268, 271, 272

김기림(金起林)　335, 340, 342

김기진(金基鎭)　338, 339

김남천(金南天)　335, 337, 339, 342

김달현(金達鉉)　272

김대문(金大問)　69

김도연(金度演)　144, 146

김동원(金東元)　136

김두봉(金枓奉)　268, 272

김병로(金炳魯)　127, 132, 133, 144, 146, 203, 247

김봉집(金鳳集)　344

김붕준(金朋濬)　153, 271

김삼규(金三奎)　182

김삼룡(金三龍)　183

김상덕(金尙德)　152

김성수(金性洙)　131, 132, 133, 136, 144, 182, 193, 268

김성숙(金星淑)　153

김숙자(金叔滋)　73

김약산(金若山)　231

김약수(金若水)　127, 147, 203

김영건(金永鍵)　342

김영랑(金永郎)　342

김오성(金午星)　342

김옥균(金玉均)　97, 292

김용무(金用茂)　127, 136, 147

김원봉(金元鳳)　133, 153, 249, 271

김유신(金庾信)　350

김윤식(金允植)　94, 95, 96, 292, 293

김일성(金日成)　224, 260, 271, 358

김일성 정권　241

김일성 주체사상　25

김재홍(金在弘)　125

김종직(金宗直)　73

김준연(金俊淵)　182, 198, 199, 200, 202, 209
김진동(金振東)　152
김진섭(金晉燮)　335, 338, 342
김창숙(金昌淑)　271
김창준(金昌俊)　271
김철수(金綴洙)　183
김춘추(金春秋)　350
김태준(金台俊)　342
김평묵(金平黙)　290, 291
김홍집(金弘集)　94, 292

ㄴ

나용균(羅容均)　147
남경조약　92
남북협상(론)　170, 268, 272
남조선과도입법의원　258
남조선대한국민대표 민주의원　244
남조선신민당　256
남한단독정부수립론(남한단정론, 단정론)　170, 260, 262, 265, 267, 268, 269, 271, 273, 351
냉전적 이데올로기　331
냉전체제　327
노론 집권세력　286
노론학통　89, 291
녹암계(鹿菴系) 인맥　287
니시히로시 타다오(西廣忠男)　136

ㄷ

다사리　21, 324, 325, 327
단군　302
대구 10·1사건　259
대동교(大同敎)　301

대동단결론　149
대동당　18
대동법률전문학교　17
대동사상(大同思想)　312
《대동신문》(大東新聞)　357
대동아공영권　104, 166
대원군　93, 290, 292
대한국민대표 민주의원　247
대한독립촉성국민회　262
대한민국건국강령　310, 311
대한민국임시정부　18, 126, 134, 143, 144, 151, 153, 155, 156, 157, 184, 198, 230, 232, 234, 235, 237, 242, 245, 316, 330, 331
덜레스(John Foster Dulles)　267
도시국가　387
도시 부르주아　211
도학자적 지식인　59, 112, 114
독립촉성중앙협의회　150, 157, 242, 244
독서층　43
동도서기론(東道西器論)　91, 97
《동아일보》(東亞日報)　143, 198, 357
동제사　18
동학(東學)　286
드레퓌스(Alfred Dreyfus)　51
디드로(Denis Diderot)　51

ㄹ

량치차오(梁啓超)　300
러치(A. L. Lerch)　265
레닌　193
레오나드 버치(Leonard Bertsch)　253

ㅁ

마오쩌둥(毛澤東)　188
마테오 리치(Matteo Ricci)　287
만국공법(萬國公法)　94, 95
만들어진 지식인　48, 49, 50
맑스-레닌주의　183
맑스주의　108, 177, 251, 279, 318,
　　321, 329, 346, 392
망명정부　168
맥아더(Douglas MacArthur)　146, 148
메논(Crishna Menon)　268
모더니즘 운동　335
모스크바 3상회의　162, 170, 209,
　　227, 228, 230, 233, 235, 236, 240,
　　245, 261, 262, 358
모스크바 코민테른　280
무정　358
문창범(文昌範)　146
문화국민(Kulturnation)　42
문화 권력자　47
문화 헤게모니　364
미군정　183, 330, 347, 348
미 군정청　204
미군진주환영회　205
미소공동위원회(미소공위)　228, 233,
　　235, 236, 237, 239, 240, 260, 266
미일수호통상조약　92
미 제국주의　351
민영목(閔泳穆)　94
민영완(閔泳琓)　152
민족 개량주의자　192
민족개조운동　104, 105, 171
민족독립　64, 109
민족문학건설　340, 342

민족문학파　338
민족부르주아　135, 189, 192
민족운동　106, 113
민족자결주의　269
민족주의　19, 20, 22, 23, 24, 25, 42,
　　53, 54, 103, 108, 112, 177, 181, 209,
　　213, 276, 277, 278, 280, 284, 295,
　　298, 303, 328, 329, 331, 332, 346
민족주의의 퇴각　331, 332
민족주의자의 좌절　330, 332
민족주의적 근대화론자　105
민족지도자　351
민족해방　53, 281
민족혁명당　153
민주사회주의　155
민주의원　250, 252
민주주의 민족전선　244, 248, 252, 358
민주화 투쟁기　38
민중해방　54, 63, 64, 109
민태호(閔台鎬)　94

ㅂ

박경호(朴慶浩)　344
박규수(朴珪壽)　90, 92, 94, 292
박규수의 북학론　293
박명환(朴明煥)　127
박문규(朴文逵)　132
박문일(朴文一)　291
박세영(朴世永)　342
박영효(朴泳孝)　97, 292
박영희(朴英熙)　338
박용희(朴容羲)　147
박은식(朴殷植)　81, 277, 299, 301,
　　302, 332, 351

박정애(朴正愛)　272
박제가(朴齊家)　91, 292
박종화(朴鍾和)　338, 342, 344
박지원(朴趾源)　90, 291
박찬희(朴瓚熙)　127
박태원(朴泰遠)　344, 335
박팔양(朴八陽)　339
박헌영(朴憲永)　140, 142, 149, 151,
　　155, 161, 167, 184, 185, 195, 196,
　　203, 241, 244, 246, 248, 249, 252,
　　257, 268, 271, 335, 355, 358, 360
박헌영계　357
반공논리　350
반탁운동　232
백과전서파(The Encyclopaedists)　51
백관수(白寬洙)　127, 144, 146, 203
백낙준(白樂濬)　144
백남운(白南雲)　183, 249, 271
백남훈(白南薰)　144, 146
백용희(白庸熙)　249
백정갑(白正甲)　152
법고창신(法古創新)　90, 292
변법자강론(變法自強論)　300
변영로(卞榮魯)　338
변혁적 지식인　402
병인박해(丙寅迫害)　288
병인양요　286
병자수호조약　286
보릿고개　159
보성　105
보정부(保定府)　96
보통선거제도　313
복국(復國)　18
볼테르(Voltaire, François–Marie Arouet)　51

봉건귀족　323
부국강병　98, 278
부르주아계급　42, 318, 351
부르주아 민주주의(혁명)　190, 340, 346
부르주아사회　350
북조선노동당　256
북조선 분국　225
북학　89
북학론(北學論)　286
분단체제　24
비교적(秘敎的)　33
비상국민회의　240, 246, 249
비상정치회의　244, 245, 246
빈센트(J.C Vicent)　227

ㅅ
사대교린　296
사대외교　95
사대주의　88, 163
사림파　73
사문난적　81
사색당쟁　72, 372
사원경제(寺院經濟)　70
사회민주주의　192
사회주의　19, 20, 53, 106, 177, 325
사회혁명　60, 281
산업화 통치기　38
삼균제도　20
삼균주의　18, 19, 20, 311, 312, 315,
　　317, 318, 319, 320, 321, 331
3·1운동　168, 171, 173, 279, 351
상평통보(常平通寶)　288
새로운 계급(new class)　43
서경덕(徐敬德)　374

서광범(徐光範)　97, 292
서구민주주의　177
서금(瑞金)시대　194
서상일(徐相日)　146, 203
서상천(徐相天)　344
서재필(徐載弼)　146
서희(徐熙)　351
선우진(鮮于鎭)　152
선천주교회(先天主敎會)　287
설의식(薛義植)　182, 198, 209, 344
설총(薛聰)　68, 69
성균관　11
성리학　67, 72, 76, 80, 84
성주식(成周寔)　153
《성호사설》(星湖僿說)　306
세력균형(balance of power)　94
세속오계　68
셔먼호 사건(General Sherman)　285
소수지배자의 원칙　57
소중화(小中華)　89
손문(孫文)　134
손진태(孫晉泰)　181
송시열(宋時烈)　89, 291
송영(宋影)　338, 339
송을수(宋乙洙)　271
송진우(宋鎭禹)　123, 136, 144, 146,
　　161, 182, 193, 199, 200, 206
수기치인(修己治人)　291
수신사　92
숭실　105
쉬크(Lawrence E. Schick)　136
《시대일보》(時代日報)　18
시민권　387
시민문화　392, 395

시민사회　387
시민정치(론)　56, 58, 60, 62, 332,
　　386, 387, 390, 396
시민 참여체제　387, 393
시헌역(時憲曆)　288
식량대책위원회　125
식산흥국론(殖産興國論)　300
신간회　172
신강옥(申康玉)　133
신국민론(新國民論)　302, 303
신남철(申南澈)　341, 344
신돌석(申乭石)　351
신미양요　286
신민족주의(론)　18, 20, 22, 320, 321,
　　322, 323, 324, 326, 327
신민주주의　22, 320, 322, 326, 327
신유박해(辛酉迫害)　288
신유학적 민족주의론　299
신익희(申翼熙)　132, 133, 153
신전술　259
신지식　103
신지식인　102
신채호(申采浩)　277, 302, 332, 351
신탁통치　162, 209, 227, 239, 260
신한민주당　153
신화적인 존재　49
실력양성론　104
실력양성운동　105
실학　91
실학파　89
심의 민주주의　387, 392

ㅇ

아나톨 프랑스(Anatole France)　51

아놀드(A.V.Arnold)　136, 148, 152, 154
아담 스미스(Adam Smith)　392
아베 노부유키(阿部信行)　115, 136
아펜셀러(Henry.G.Appenzeller)　253
안기영(安驥泳)　96
안막(安漠)　339
안미생(安美生)　152
안석영(安夕影)　338, 344
안재홍(安在鴻)　15, 22, 23, 25, 119,
　　124, 128, 131, 181, 182, 247, 277,
　　305, 320, 325, 327, 332
안중근(安重根)　351
안창호(安昌浩)　351
안함광(安含光)　342
안희남　340, 344
양계초(梁啓超)　301
양명학　300
양무론자(洋務論者)　95, 293
양반지배층　71
양정의숙　17
양주동(梁柱東)　344
양헌수(梁憲洙)　291
어윤중(魚允中)　94, 96, 293
엄항섭(嚴恒燮)　152, 153, 184, 259
에밀 졸라(Emile Zola)　51
엔도오 류사쿠(遠藤隆作)　117
여운형(呂運亨)　117, 118, 119, 120,
　　123, 124, 125, 129, 131, 136, 140,
　　141, 148, 151, 161, 167, 170, 183,
　　194, 200, 202, 241, 242, 248, 249,
　　253, 254, 256, 259, 261
여운홍(呂運弘)　129
역사적 민족주의　312
연개소문(淵蓋蘇)　302, 350

연(軟)문화 장르　364
연행사(燕行使)　287
연희　105
영국노동당　155
영선사　92
영웅론　302
옌푸(嚴復)　300
오리엔탈리즘　278
오상순(吳相淳)　338
오세창(吳世昌)　146
오영수(吳永壽)　136
오장환(吳章煥)　335
오종식(吳鍾植)　342, 344
오지영(吳知泳)　249
온건 개화파　292
왕도정치　76
외세주의자　163, 284
용산 철도노조 파업　259
우당(虞唐)　82
우승규(禹昇圭)　182
원광(圓光)　68
원세훈(元世勳)　146, 183, 203, 253
원용석(元容奭)　125
위안스카이(袁世凱)　94, 292
유교개혁론　302
《유교구신론》(儒敎求新論)　300
유동열(柳東悅)　152
유득공(柳得恭)　91
유림(柳林)　153, 231
유사민족주의　25
유억겸(俞億兼)　144
유엔소총회　273
유영준(劉英俊)　249, 271
유인석(柳麟錫)　291, 351

유중교(柳重教)　290
유진동(柳振東)　152
유치진(柳致眞)　342
6·10만세사건　351
6·25 한국 전쟁　38
윤경빈(尹慶彬)　152
윤곤강(尹崑崗)　344
윤관(尹瓘)　351
윤기익(尹基益)　136
윤기정(尹基鼎)　338, 342
윤봉길(尹奉吉)　351
윤치영(尹致暎)　144
윤치호(尹致昊)　175
을지문덕(乙支文德)　302, 350
이강국(李康國)　128, 132, 148, 183, 249, 256
이건방(李建芳)　306
이건혁(李健赫)　182
이관술(李觀述)　131, 133
이광수(李光洙)　104, 175, 308
이극로(李克魯)　249, 271
이기붕(李起鵬)　144
이기영(李箕永)　335, 338, 339, 342
이념에서의 자기 위치의 변경　355
이념이탈　356
이덕무(李德懋)　91, 292
이데올로기　26, 54, 55, 64, 105, 109, 114, 158, 173, 184, 196, 197, 211, 215, 218, 221, 274, 327, 329, 331, 334, 342, 345, 346, 401
이동규(李東珪)　342
이동화(李東華)　183
이만규(李萬珪)　132, 133, 183
이반 치스챠코프(Ivan Chistiakov)　223

이벽(李檗)　287
이병기(李秉岐)　342, 344
이병도(李丙燾)　344
이봉구(李鳳九)　344
이봉창(李奉昌)　351
이상화(李相和)　338
이선근(李瑄根)　344
이순신(李舜臣)　302, 351
이순탁(李順鐸)　203
이승만(李承晩)　131, 132, 133, 146, 147, 148, 150, 152, 161, 229, 237, 239, 241, 242, 244, 247, 256, 258, 260, 261, 268, 271, 351
이승훈(李承薰)　287
이시영(李始榮)　146, 152
이양선(異樣船)　285
이양하(李敭河)　335
이여성(李如星)　130, 249
이영길(李永吉)　152
이용설(李容卨)　136
이원조(李源朝)　336, 340, 341, 342
이익(李瀷)　287, 332
이인(李仁)　127, 144, 146, 147, 203
이재선(李載先)　96
이정윤(李廷允)　183
이종홍(李鍾鴻)　344
이주상(李胄相)　133
이주하(李舟河)　183
이준(李儁)　351
이태준(李泰俊)　249, 335, 340, 341
이하윤(異河潤)　338, 342
이항노(李恒老)　290
이헌구(李軒求)　338, 342, 344
이현상(李鉉相)　183

이홍장(李鴻章)　96, 293
이화　105
이화세계(理化世界)　19
인민공화국　357
인민당　249, 256, 261
인심도심설(人心道心說)　290
인퇴적 지식인　62
일본유학생　102
일본조선군관구사령관　121
일본 총독부　103, 204, 349
임오군란　92, 93, 96, 286, 292
임화(林和)　335, 337, 339, 340, 342
입법의원　265

ㅈ

자강사상　301
자기 이념의 분열　354
자본가　350
자본주의　20, 276
자유민주주의　206, 325, 391
자유주의　303
자치운동　172
장건상(張建相)　153, 249, 259
장권(張權)　125
장덕수(張德秀)　144, 146, 147, 182
장도빈(張道斌)　305
장준하(張俊河)　152
장택상(張澤相)　147
저우언라이(周恩來)　162
저항적 지식인　109, 114
전국청년단체총연맹　156
전업적 정치인　34, 382
전용순(全用淳)　136
전조선문필가협회　342

전통문화　53
전통사상　20
전통적 지식인　70, 108, 113, 159, 274
절대주의체제　42
정몽주(鄭夢周)　73
정백(鄭栢)　128, 133
정신대　220
정약용(丁若鏞)　332
정읍　260
정인보(鄭寅普)　181, 277, 305, 332, 344
정지용(鄭芝溶)　335, 342, 344
정치권력　107
정치담론　348, 363, 365
정치적 지식인　26, 39, 64, 66, 114, 158, 162, 274, 354, 373, 376, 382, 383, 399, 402, 403
정태식(鄭泰植)　132, 183
정판사 위폐사건　157, 252, 259
제국주의　53, 84, 92, 218, 219, 303, 353
제섭(Philip C. Jessup)　273
제세이화(濟世理化)　312
조경한(趙擎韓)　153
조만식(曺晩植)　133, 136, 224, 268
조미수호조약　92
조벽암(趙碧巖)　342
조병옥(趙炳玉)　144, 146, 147, 182, 198, 199, 203, 204, 206, 209
조봉암(曺奉岩)　355, 359, 360
조선건국동맹　124
조선공산당　171, 174, 193, 225, 233, 234, 246, 248, 256, 257, 258, 261, 340, 357
조선문학가동맹　342, 344

조선문학건설본부 335
조선문학동맹 340, 342
조선문화건설중앙협의회 214, 335, 337, 339, 340
조선인민공화국 128, 130, 157, 198, 245
《조선일보》(朝鮮日報) 18, 357
《조선책략》(朝鮮策略) 291
조선총독부 113, 115, 117, 119, 124, 135, 166, 170, 172, 174, 183, 200, 202, 220, 222, 224, 282, 329, 370
조선프롤레타리아문학동맹 338, 339
조선프롤레타리아예술가동맹 338
조선프롤레타리아예술동맹 338
조성환(曺成煥) 153, 271
조소앙(趙素昻) 15, 18, 22, 23, 25, 153, 154, 156, 184, 229, 231, 271, 277, 311, 312, 315, 317, 320, 332
조식(曺植) 374
조완구(趙琬九) 153, 259, 271
조윤제(趙潤濟) 181
조일강화도조약 92
종주국 297
좌우합작 5원칙 254
좌우합작 7대원칙 257, 258
좌우합작 8원칙 255
좌우합작운동 257
좌우합작위원회 258, 264
주문모(周文謨) 287
주어사(走魚寺) 강학(講學) 287
주희(朱熹) 80
중앙고등보통학교 17
중앙문화협회 342

중화사상 296
중화주의 80
지사형 지식인 399
지식상품 50, 82, 349
지식시장 46, 362, 364, 398, 400
직업적 정치인 381
진골귀족 69

ㅊ

척사론(斥邪論) 286
척사파(斥邪派) 93, 292
천주교의 전교 286
《천주실의》(天主實義) 287
청한(淸韓) 종속관계 94, 292
총리교섭통상사의(總理交涉通商事宜) 96
최남선(崔南善) 104, 175, 308
최동오(崔東旿) 247
최린(崔麟) 175
최명익(崔明翊) 342
최승우(崔承祐) 69
최언위(崔彦撝) 69
최용건(崔鏞健) 272
최용달(崔容達) 128, 132, 133, 148
최익한(崔益翰) 133, 305
최익현(崔益鉉) 290
최익환(崔益煥) 194
최치원(崔致遠) 68
충군사상 10
충군애민 76
친로파 208
친밀한 기인 49
친일세력 352
친일적 근대화론자 105

친일쿠데타 292
친청자주론자(親淸自主論者) 95, 293

ㅋ
카프(KAPF) 335
코민테른 172, 280

ㅌ
태평양 전쟁 116
통역정치 226
통치 이데올로기 79

ㅍ
8월 테제 167, 185, 186, 188, 189, 191,
　192, 195, 214, 335, 340, 342, 349
패권체제 391, 393
포츠담 선언 126
프롤레타리아 42, 194, 318, 319, 351
프롤레타리아 혁명 190

ㅎ
하지(John Reed Hodge) 135, 138, 140,
　148, 235, 241, 253, 258, 260, 265
하필원(河弼源) 133
학병동맹사건 250
한국독립당(한독당) 18, 153, 240,
　261, 311, 318
한국민주당(한민당) 139, 144, 145,
　157, 167, 193, 203, 205, 237, 238,
　240, 242, 258, 261, 269, 271, 273
한빈(韓斌) 249
한설야(韓雪野) 335, 338, 342, 344
《한성일보》(漢城日報) 357
한회남 342

한효(韓曉) 338, 342
함상훈(咸尙勳) 144, 147, 198, 344
《해방일보》(解放日報) 352
해방정국 63, 112, 276, 278, 283, 328,
　370
해외문학파 338
허성택(許成澤) 271
허영호(許永鎬) 344
허정(許政) 146
허헌(許憲) 128, 131, 132, 148, 249,
　268, 271
현상윤(玄相允) 74, 78, 181
혜화 105
호치민(胡志明) 162
홍구(洪九) 342
홍기문(洪起文) 344
홍남표(洪南杓) 133, 248, 249
홍대용(洪大容) 91, 291
홍명희(洪命熹) 183, 259, 271, 342
홍성하(洪性夏) 182
홍영식(洪英植) 97, 292
홍익인간(弘益人間) 19
홍재학(洪在鶴) 291
홍진(洪震) 153, 247
화이관(華夷觀) 285
화이론(華夷論) 290
황사영백서(黃嗣永帛書) 288
황실장학생 11
황의돈(黃義敦) 181, 305
황준헌(黃遵憲) 291
황진남(黃鎭南) 253
황학수(黃學秀) 153
훈정기 206